国家自然科学基金项目"供应商参与新产品开发中知[...]
(71872148)

国家自然科学基金项目"企业产品创新中供应商创新[...]
视角"(71372172)

国家自然科学基金项目"供应商参与新产品开发的驱动、使能因素及对产品开发的
影响研究"(70672090)

国家社会科学基金项目"制造企业激发供应商创新的机制与管理策略研究"
(23BGL073)

国家社会科学基金项目"供应商参与产品开发对装备制造业自主创新能力的作用及
对策研究"(07XJY007)

经管文库·管理类
前沿·学术·经典

采购与供应管理
理论前沿

THEORETICAL FRONTIERS IN PURCHASING AND SUPPLY MANAGEMENT（PSM）

李随成 等著

经济管理出版社
ECONOMY & MANAGEMENT PUBLISHING HOUSE

图书在版编目（CIP）数据

采购与供应管理理论前沿 / 李随成等著 . 北京：

经济管理出版社，2024. 11（2025. 3重印）. -- ISBN 978-7-5096-9818-1

Ⅰ. F252

中国国家版本馆 CIP 数据核字第 2024M319R1 号

组稿编辑：杨国强

责任编辑：白　毅

责任印制：许　艳

责任校对：陈　颖

出版发行：经济管理出版社

　　　　　（北京市海淀区北蜂窝 8 号中雅大厦 A 座 11 层　　100038）

网　　　址：www.E-mp.com.cn

电　　话：（010）51915602

印　　刷：北京厚诚则铭印刷科技有限公司

经　　销：新华书店

开　　本：710 mm × 1000 mm/16

印　　张：26.25

字　　数：513 千字

版　　次：2024 年 11 月第 1 版　2025 年 3 月第 2 次印刷

书　　号：ISBN 978-7-5096-9818-1

定　　价：98.00 元

采购与供应管理（Purchasing and Supply Management，PSM）最初出现时，侧重于文书处理式、被动反应性的物料采买活动。20 世纪 80 年代是真正意义上对采购在企业战略中所起作用转变态度的时期，"降低 1% 的采购成本相当于增加 10% 的销售额"的说法提升了采购的形象和重要性，人们逐渐认识到采购是企业提高竞争地位的有力战略武器；90 年代以后，采购逐渐向聚焦于长期的、增值性活动的战略采购转变，采购在战略管理中的作用是使采购管理人员制定更好的采购策略，对其研究体现了将采购（一种操作执行）拓展并整合进供应管理（一种战略模式）的思想，企业更加重视与供应商的长期发展，颠覆了以往以成本为中心的采购执行活动，供应商关系在互动形式上由低级的短期简单交易转向紧密、复杂、长期的高级合作关系，供应商关系管理成为战略视角下研究的一项关键构成。经过 30 多年的研究，从战略视角进行研究的相关成果非常丰富，主流学术期刊发表了大量这一领域的学术成果（如 *Journal of Supply Chain Management*、*Supply Chain Management：An International Journal*、*Journal of Purchasing and Supply Management*），一些外围重要管理学期刊（如 *Management Science*、*International Journal of Production Research*、*Industrial Marketing Management*）涉及该领域研究的刊文数量不断攀升，PSM 相关专业机构开始增多和快速发展，创新、绿色、可持续等重要因素被引入到 PSM 相关问题的讨论中，围绕战略采购、供应商关系管理、供应商开发、利用供应商创新、供应商参与新产品开发、可持续采购与供应管理等问题的研究日益充裕和成熟，经过学术界的不断探索和努力，PSM 已成为一门新兴的独立学科。

然而，国际上 PSM 领域的权威学者多是对该领域某一问题进行深入研究，视角较为分散（如探讨供应商关系管理问题的著作 *Best Practices in Supplier Relationship Management and Their Early Implementation in the Air Force Materiel Command*，探讨供应商创新问题的著作 *Perspectives on Supplier Innovation：Theories，Concepts and Empirical Insights on Open Innovation and the Integration of Suppliers*，探讨可持续采购与供应管理问题的著作 *Purchasing and Supply Chain Management：A Sustainability Perspective* 等），缺乏战略视角下对整个 PSM 领域的系统研究。另外，该领域研究在我国的开展相对薄弱，与国外有相当大的差距，且国内企业对采购与供应管理的职能认识及实践水平相对落后。因此，迫切需要总结和分析国际学术界研究成果，对战略性 PSM 的前沿理论展开研究，推动我国学术界在该领域的研究和企业采购管理实践水平的提升。

本书研究团队 30 多年围绕采购与供应管理，紧跟国内外该领域的理论前沿进行长期跟踪性研究，取得了一批高水平研究成果，承担科研项目并获得奖励多项。为了引领国内采购与供应管理学科科学研究和促进企业实践水平的提升，由此有了进行该项前沿理论研究、总结国内外学术界研究成果并出版研究专著的动机。

透视 30 多年学术界的研究成果，几项关键议题逐渐成为学者重点探讨的主流方向：①采购与供应管理作为一项战略职能，在企业获取持续性竞争优势上，其作用日益重要，成本、质量、柔性、交货等竞争优先权对 PSM 提出了更高要求，许多学者注意到采购职能更大程度地参与支撑企业战略所能为企业带来的好处，由此，采购策略制定、战略采购实施成为带来企业竞争优势的重要支持性活动；②供应商关系在互动形式上由传统交易关系、物流协调关系、合作伙伴协作关系逐渐迈进协同关系阶段，学者逐渐开始沿着供应基缩减、巩固契约关系、与最优质供应商建立长期关系、帮助供应商提升能力与绩效、供应商整合等研究脉络展开探讨，将供应商管理作为 PSM 的关键议题展开深入研究，研究视角从企业—供应商间二元关系转向供应网络不断拓展；③具备创新性并能快速响应市场成为企业竞争优先权的一个重要来源，战略性地聚焦于产品创新与核心能力彻底革新和拓宽 PSM 所能发挥的作用，让供应商参与产品设计与开发、从供应商处获取创新等成为企业补充自身资源的重要考量；④PSM 理论研究继续与实践相结合，传统的以财务驱动的企业战略受到批判，企业除追求经济目标，还关注社会目标与环保目标等，绿色、低碳、可持续采购与供应管理等研究开始涌现，企业与供应商展开环保协作，以更好地应对环境变化并激发绿色创新，由此提升企业竞争力和树立企业良好形象。

基于此，本书对采购与供应管理内容构成框架进行综合分析和体系重构，以"采购管理与策略""供应商管理""集成供应商创新""可持续采购与供应管理"四篇内容，支撑并构建起战略视角下 PSM 理论全新的内容框架，这与以往非研究性质的教材体系存在很大的不同。本书共分为四篇十章，导论部分主要介绍 PSM 的演变历程和发展概况，并建立战略视角下 PSM 理论的内容构成框架；第一篇为采购管理与策略，主要围绕采购管理的研究脉络展开，包括战略采购和采购策略两章；第二篇为供应商管理，包括供应商关系管理、供应商开发、供应商整合和供应商网络管理与治理四章；第三篇为集成供应商创新，由供应商参与新产品开发、供应商创新性开发与管理两章；第四篇为可持续采购与供应管理，围绕可持续采购与供应管理的研究进展、理论基础及其相关研究成果展开。

本书在多项国家自然科学基金、国家社会科学基金基础上，由西安理工大学经济与管理学院李随成带领的研究团队共同完成，相应章节的内容与该研究团队已发表的研究成果密切相关。李随成负责整个书稿框架的设计和总纂，具体编写分工如下：第一章（武梦超、李随成），第二章（禹文钢、武梦超），第三章（李娜、李随成），第四章（李娜、武梦超），第五章（栗玉忠、武梦超），第六章（武梦超、栗玉忠），第七章（李娜、候文静），第八章（武梦超、栗玉忠），第九章（崔贺珵、张欣怡），第十章（乔建麒），由李随成做全书的统稿和定稿。

本书的出版，参考和借鉴了国内外许多同行的优秀研究成果，在此致以衷心的感谢。同时，本书在 PSM 理论的内容构成框架上做了新的尝试，作为反映战略视角下 PSM 理论发展的研究专著，难免存在偏颇和疏漏之处，本书研究团队诚恳地希望国内外同行提出宝贵的批评和指正。

作者
2024 年 5 月

第一篇　采购管理与策略

第四篇　可持续采购与供应管理

▶ 第一章　导论

采购管理从早期一般的物料购买职能活动，逐渐演变成支持企业战略的采购与供应管理，成为一门独立学科。战略性采购与供应管理近 30 年获得了巨大发展。本章将追溯采购与供应管理（Purchasing and Supply Management，PSM）的演进历史，通过战略管理理论和生产管理理念的发展，梳理采购与供应管理的相干性变化过程，在此基础上，聚焦向战略性采购与供应管理转变期的研究，结合采购与供应管理领域研究进展，汲取部分学者从不同角度所提出的代表性采购与供应管理框架研究成果和理论见解，构建战略性采购与供应管理理论体系架构。

第一节　采购与供应管理实践与理论的演进

采购最初以物料采购（Purchasing）或获取（Acquisition）形式出现，是工业企业一项重要的业务支撑职能。回顾采购与供应管理的发展历程，大致经历了四个主要阶段：第一阶段，起源阶段，采购职能往往侧重于文书处理的被动、反应性的简单购买活动；第二阶段，采购重要性伴随物料管理的兴起而受到关注；第三阶段，采购向战略性职能转变的关键阶段，采购的战略贡献被识别，采购职能被提升到战略高度；第四阶段，人们开始探讨战略视角下 PSM 如何实现的问题。通过追溯采购与供应管理的发展和演变，梳理 PSM 如何从一个被动反应且侧重于文书处理的内向性购买功能演变为积极应变的战略性概念，理解作为成本中心的"采购"活动到作为增值性活动的"供应管理"的巨大变化。

一、PSM 的起源

采购作为一种经济活动，伴随工商业的发展而自然存在。铁路行业的发展主导了早期采购的发展。1887 年，芝加哥西北铁路公司的审计官编写了第一本针对采购的书——《铁路供应的解决对策——采购与部署》（*The Handling of Railway Supplies—Their Purchase and Disposition*），标志着采购理论开始产生，采购逐渐成为一个专业术语出现在人们视野中。

由于战争中获取物资的重要性，采购在第一次世界大战期间开始受到重视，然而采购仍然停留在原材料购买的粗浅认识层面。第二次世界大战期间，企业开始关注供应源的相关问题，即用足够的供应商和存货来保证企业安全运营，采购意识有所提高但并未延续到战后，如企业只是将采购视为交易时无法避免的一种成本，倾向于用成本降低工具（Cost Reduction Function）描述和界定企业的采购活动，侧重于可替换物料、协商、采购工具和库存管理等方面。部分学者认识到，采购管理不善会阻碍企业发展，但企业仍然聚焦于生产、营销和财务等职能部门，采购往往作为附属组织，扮演"被动、反应性采购"的角色。

二、"物料管理"的兴起

20世纪60年代以后，采购被企业视为正式管理职能，进行有意识地管理和控制。短期日常采购活动和长期采购政策逐渐被区分开，且开始强调供应市场导向的组织结构对采购的重要作用。采购参与企业范围自制—购买（Make-or-buy）决策、管理与供应商关系以及跨国采购风险管理等问题开始被关注。另外，采购需要（Purchase Needs）和供应基（Supply Base）概念开始出现，使采购被视为消极职能（Passive Function）的观念逐渐减弱。这一时期，物料管理（Materials Management）的思想得到快速发展，企业的竞争优势主要来源于产品成本的缩减与控制。由于物料（原材料）成本占据产品总成本的60%左右，企业管理者将物料管理作为降低产品成本的重点，并提出适时、适质、适地、适量、适价的"5R原则"，与此同时，MRP、MRP Ⅱ、JIT等生产管理思想逐渐出现和成熟，企业通过控制库存周转率和安全库存量、监督物料采购价格等一系列做法达成双重目的：在保证物料供应不中断的同时，降低物料库存与生产成本。

虽然由于物料管理的兴起，采购有了重要发展，企业认识到采购是一种利润贡献职能而不仅仅是例行的订购活动，但在实践中，采购职能仍被局限于运作层面，且仅在物料短缺的情况下才被企业管理者所重视。1973~1974年的石油危机、物料短缺及价格剧烈上涨引起人们对采购的极大关注，然而企业高管仍然没有用行动去响应意识，提升采购在企业战略中的作用。

在理论界，Ammer（1969）的经典著作 *Materials Management as a Profit Center* 首次面世，提出将采购职能作为企业利润中心的观点。美国供应管理协会（ISM）1965年创办 *Journal of Purchasing*，1974年更名为 *Journal of Purchasing and Materials Management*，反映出学术界也将采购向物料管理扩展和转变。

三、向战略性PSM转变

20世纪70年代，日本制造业率先在采购管理领域进行了一系列方法与理念上的革新，随后，美国著名咨询公司科尔尼公司在吸纳日本制造业成功经验的基础上，提出"战略采购"（Strategic Purchasing）的概念和一系列实施方法，企业逐渐开始了解采购的潜在贡献。20世纪80年代是真正意义上对采购在企业战略中的作用转变时期，采购逐渐成为企业提高竞争地位的有力战略武器。在这一时期，采购源策略（Sourcing Strategies）、供应基重构（Supply Base Restructuring）、精益生产、精益供应等概念和方法得到推广，学术界重点探讨将采购战略与企业战略进行整合。

90年代，随着经济全球化步伐的不断推进和信息技术的不断进步，促使企业将采购重新定义为：一项重要的战略过程，探索获取竞争优势的新途径。核心能力理论和价值链概念逐渐得到企业实践的认可，企业开始重点关注自身核心能力，采购职能对企业竞争优势和财务绩效的重要程度不断增大。这一时期IT使采购职能角色转变有了技术支撑。企业实践方面，汽车行业模块化采购（Module Sourcing）、单源和多源采购（Single vs. Multiple Sourcing）及准时交货（Just-in-time Delivery）等概念及实践被大量推广及实施。学术研究方面，ISM进而将 *Journal of Purchasing and Materials Management* 改名为 *International Journal of Purchasing and Materials Management*，探讨全球化影响下的采购管理问题（Carter and Ellram，2003），许多学者注意到采购可以通过早期参与产品开发、支持生产过程、监控供应环境等，对企业做出战略贡献。学者呼吁将采购职能充分整合到公司的战略规划过程中，并与供应商建立合作伙伴关系，将其作为一种高层次的战略性职能。

四、聚焦战略性PSM

20世纪中后期，人们已经充分认识到采购的战略重要性，围绕PSM职能的战略作用发挥展开广泛研究，聚焦于战略（性）PSM如何实现问题，从战略采购、采购策略、供应商关系管理、供应商开发与整合、供应商网络、供应商创新性、供应商参与新产品开发、可持续采购与供应管理等方面展开并取得长足进展，完全改变了人们对PSM职能的认识，促进了企业PSM实践的变革与水平提高。

很长一段时间内，PSM都被视为生产与运作管理的一个子学科，但近20年，由于外购、全球化和电子商务的不断发展，PSM逐渐被理论界和实践界视为一个独立学科，研究如何管理商品、服务、能力和知识等外部资源，这些外部资源对于运转、维持和管理企业要素和支持企业流程是必不可少的。为适应这一阶段PSM的发展变化，ISM进一步将学会刊物改名为 *Journal of Supply Chain Management* 来反映更为广泛的供应链管理问题，但该刊仍然保持PSM的核心和基础研究地位（Carter and Ellram，2003）。Van Weele 和 Van

Raaij（2014）指出，PSM 正在朝少量更突出、占主导地位的相关理论不断发展。

第二节　伴随战略管理与生产管理理念发展的 PSM

一、战略管理理论发展与 PSM

从 20 世纪 60 年代开始，经历了战略规划、竞争战略、创新战略、资源基础战略、利益相关者战略等理论阶段（Van Weele and Van Raaij，2014），如表 1-1 所示。战略管理理论的发展要求 PSM 职能与其相适应，为企业生存发展与竞争优势提供支撑。伴随战略管理理论的发展，PSM 所能发挥的战略性作用不断凸显。

战略规划与营销理论。第二次世界大战后，美、欧等国产业复苏，迎来技术飞速发展和不断增长的消费需求。Ansoff（1957）率先提出战略规划理论，强调企业需分析内外环境，长远规划经营活动。战略规划与营销理论成果包括 Ansoff（1957）的产品—市场扩张 2×2 矩阵和哈佛商学院的 PIMS（Profit Impact of Market Strategies，战略与绩效分析）研究，强调企业需追求市场占有率。BCG（Boston Consult Group，波士顿管理咨询公司）提出波士顿矩阵，研究有选择地投资新产品和市场，证明经验曲线效应。此时，产业繁荣与战略规划实践推动企业追求市场份额提高。由于市场需求大于供应，企业关注原材料、零部件等生产供应问题，后向一体化成为主要战略。占据市场份额侧重于物料采购的有效性，采购管理核心是根据战略和生产计划制订采购计划。这一时期，战略管理理论关注成长机会和市场选择，采购被视为后勤保障，如何培育专业化的 PSM，战略规划理论并未给出答案。

竞争战略。20 世纪 70 年代末 80 年代初，仅追求市场占有率不再有效。外部竞争变化迅速，可能会迅速消耗企业的竞争优势，竞争战略由此应运而生，"竞争战略之父"迈克尔·波特提出三大战略、五力模型和价值链理论。波特强调企业可在成本领先、差异化和集中化战略中选择，采购可通过买方—供应商合作支持三大竞争战略。80 年代的"降低 1% 采购成本相当于增加 10% 销售额"强化了采购的形象和重要性，供应商参与新产品开发等活动为企业提供了创新想法，对差异化产品与服务的实现至关重要。因此，采购管理、供应商管理与合作创新成为支撑企业竞争战略的重要力量，带动了可持续采购与供应管理的理论与方法的发展。在波特的五力模型中，供应商被视为决定产业吸引力的关键因素之一。在市场需求与供给的变化中，供应商的议价能力通过影响价格、成本等决定企业盈利能力。在企业价值链

表 1-1 企业战略理念的演变

作者	理念	1960年 战略规划和组合管理	1970年 竞争战略	1980年 创新战略	1990年 资源基础战略	2000年 利益相关者战略	导向
Ansoff（1957）	战略规划，产品市场矩阵，SWOT矩阵						财务导向/股东导向/企业导向
哈佛商学院，PIMS研究（1974~1980）	市场份额会带来获利，市场聚焦						
波士顿咨询矩阵（1980）	组合管理，市场增长/市场份额矩阵						
麦肯锡管理咨询公司，Peter & Waterman（1982）	7S模型：目标、战略、结构、系统、风格、技能、职员						
波特（Porter，1985）	竞争战略和价值竞争战略：三种基本竞争战略，五力模型						
波士顿咨询矩阵/麦肯锡管理咨询公司（1990）	创新模型：聚焦创新和面市时间						
Wermerfelt（1984），Barney（1991），Rumelt（1991）	能力管理：平行管理一组能力						
Prahalad & Hamel（1990），Quinn（1992）	能力模型：聚焦于核心能力，将非核心业务外包						价值导向/利益相关者导向
Donaldson & Preston（1995），Freeman 等（2007）	利益相关者理论：协作模型，同时管理内外部资源						价值链与网络导向

资料来源：Van Weele 和 Van Raaij（2014）。

中，采购被认为是能够为企业带来竞争优势的重要支持活动，波特对比认为"procurement"比"purchasing"的含义更广泛。竞争战略的兴起引发了"对采购在企业战略中的定位和利用"的关注，尽管对此的主流研究仍相对有限。

创新战略、能力管理。20 世纪 80 年代，创新成为竞争和盈利的关键。BCG 和麦肯锡强调市场首创者的重要性，创新和灵活市场响应成为竞争优势。学者在创新理论和战略方面做出深入探讨。资源基础观（RBV）认为企业独特、难模仿、有价值的资源与使用方式导致绩效差异，买方—供应商关系被视为重要资源。与供应商建立合作关系、让其参与产品设计与开发、获取资源成为企业补充核心能力的手段。90 年代初，Prahalad 和 Hamel（1990）提出企业应专注核心能力，将非核心部分外包给供应商。企业越来越倾向于从供应商处购买非核心业务，强调"自制—外购"决策对竞争优势的重要性。RBV 和核心能力为采购与供应管理者提供了决策思路，帮助他们在"自制—外购"决策中确定是否与供应商合作。战略性地关注产品创新和核心能力改变了 PSM 的角色，企业更依赖于供应商的关系来补充资源、实现创新和提升竞争优势。买方—供应商关系对采购在企业战略中的作用有重要影响，但企业管理者仍需解决如何充分利用采购与供应的知识和专长的问题。

从内部资源管理转向外部资源管理。学者在 RBV 的基础上形成了关系观（Relational View）和资源依赖理论（Resource Dependence Theory，RDT），强调有效管理外部资源是决定企业竞争力的关键。关系观认为，外部供应商掌握的互补资源和与之建立的关系是竞争优势的来源之一。RDT 认为，企业需与供应商建立紧密关系，获取有价值的资源，对适应和预测供应链环境至关重要。两者一致认为，与优质供应商建立有效关系是获取外部资源、创造客户价值、培养竞争力的关键。利益相关者理论（Stakeholder Theory）进一步强调根据不同利益相关者的需求创造价值，包括社会和环境目标，推动绿色、低碳供应管理等研究。企业与供应商环保协作，以更好适应环境变化，激发绿色创新，提升竞争力和企业形象。关系观、资源依赖理论、利益相关者理论强调企业通过与供应商协同创造价值，将买方—供应商关系管理提升至战略层面，PSM 职能的战略性在企业日常实践中得以贯彻。

二、生产管理理念演进与 PSM

Womack 等（1990）认为，日本很多企业（尤其是丰田公司）是"精益"的，出版了《改变世界的机器》（*The Machine that Changed the World*）一书，吸引了许多学术领域的人关注。该书详细介绍了生产方式如何从手工作坊生产向大批量生产演变，并最终产生精益生产的思想。日本制造企业凭借其先进的生产管理模式，迅速超越欧美等一些发达国家并占据市场优势，其提出的精益生产、准时化生产等先进管理理念，促使 PSM 的战略重要性在全球范围内开始引起广泛关注。借助 Womack 对生产制造模式的历史发展过程的梳理，可以概括和阐释 PSM 的演进历程如下：

手工作坊生产。19 世纪，生产方式以手工作坊为主，企业雇用熟练工人操作简单工具，制作定制产品，但因工时长故而费用高。采购职能仅仅是简单的基本购买，根据客户定制化产品需求而采买质量可接受、选择空间有限的相应原材料，采购管理水平低。

大批量生产。第一次世界大战后，福特与通用推动"大批量生产"，降低产品价格，使美国在全球快速占领市场。企业采用单一设备生产标准化产品，降低成本，但导致生产僵化、产品种类有限。在大批量生产中，企业以成本控制为主，如福特、通用让核心工程师设计产品并让供应商竞标，以获得市场竞争优势和连续供应。多源采购、短期合同、竞价招标是主要采购策略。同时，大批量生产要求企业实现内部整合，企业更愿意通过自制完成产品生产，未充分认识采购与供应商管理的重要性。第二次世界大战后，"自制还是外购"引起争论，Hahn 等（1986）认为促进供应商竞争并非总能降低成本，Kiser（1976）指出采购策略受采购类型和供应商市场的影响，这些问题引发学者极大兴趣。

精益生产（Lean Production，LP）。第二次世界大战后，日本丰田公司开始倡导 LP 的概念，利用这种卓越系统很快获得竞争领先地位。相比于大批量生产，LP 理念"精"在：使用更少的工人、生产设施、工具设备、产品开发周期和库存量，在持续降低生产成本的同时追求产品的零缺陷和种类的丰富多样。丰田认为应与供应商加强合作从而降低产品成本并提升质量，丰田精简供应基（Supply Base）规模，将供应商分成不同级别并赋予不同责任，让一级供应商参与到新产品开发中，鼓励一级供应商间相互讨论产品设计的改善思路，将二级供应商组成供应商集团，相互交流制造技术相关信息，成立供应商协会、运作管理咨询部门以及自愿学习小组，并定期进行企业间员工转移，创造一个高效的知识共享网络。在 LP 生产方式下，供应管理、供应商管理成为日本 LP 的基石，采购与供应管理的战略意义大大增强。

除生产方式引致的 PSM 角色变化外，在企业采购与供应管理中，EOQ、MRP、MRP Ⅱ、JIT、TQM、TOC、TBC、SCM 等先进生产管理理念的发展也对采购与供应管理提出越来越高的要求，如表 1-2 所示。

表 1-2　先进生产管理理念及对 PSM 的要求

管理理念	年份	优点	缺点	对 PSM 的要求
EOQ	1915	为了独立需求，把库存成本降到最低程度	并不适合独立要求	保证物料供应不中断的同时，降低物料库存与生产成本
MRP	1965	为了从属需求，把库存成本降到最低程度	①需要精准的信息②很难实施	明确物料需求数量，为物料需求计划制订提供基础数据
MRP Ⅱ	1970	把财务、市场营销计划与生产计划整合	需要众多硬件、软件和计算机专家	有效地计划、组织和控制各种制造资源，以与生产和供应过程协调
JIT	1975	通过减少库存水平和改进过程来消除浪费	①采用成本降低策略，重点在工厂内部②过分依赖于供应商准时供货	按需求方要求，按照指定品种、规格等将物资不早、不晚、不多、不少地送到指定工序或地点
TQM	1980	重点在质量和过程的连续改进	重点在工厂内部，缺少对过程改进的关注	采购部门与其他部门紧密协作，把控原材料从进厂、工序间到最终产品的质量
TOC	1985	重点在约束上改进生产产量	在工厂内部对约束的关注有限	找出并打破采购工作的瓶颈，持续改善
TBC	1990	①力图缩短供应链②重点在竞争优势的一个变量——时间上	①受限于有多少供应链可以缩短②竞争对手可以很快采用相同的策略	保证产品质量和成本的基础上，尽可能压缩产品从开发到生产等环节上的时间，加速推出新产品
SCM	1995	把重点扩充到包括供应商和客户	一旦某一局部出现问题，马上会扩散到全局	重视减少总成本，须积极应对环境变化，建立良好及长远的供应商伙伴关系

注：EOQ（Economic Order Quantity，经济订货批量）；MRP（Materials Requirement Planing，物资需求规划）；MRP Ⅱ（Manufacturing Resource Planning，制造资源规划）；JIT（Just-in-time，准时制生产）；TQM（Total Quality Management，全面质量管理）；TOC（Theory of Constraints，约束理论）；TBC（Time-Based Competition，基于时间的竞争）；SCM（Supply Chain Management，SCM）。

资料来源：Lysons 和 Gillingham（2003）。

企业对物料需求计划、准时制生产、产品质量、生产力等逐渐重视，推动传统采购理念革新。企业订货方式从多货源订货到供应基缩减和单源采购，企业与供应商关系由一般交易演变为紧密合作，长期采购契约替代短期采购。这些理论演进使 PSM 向战略性转变，管理者更注重提升产品质量、成本、交付、柔性、创新和可持续性，对采购职能提出更高要求。

第三节　向战略性 PSM 转变期的研究

多源采购、短期合同、竞价招标是企业所常用的采购策略。但这些策略最终导致低效率和供应商间关于需求和市场条件的不确定性，并为买方企业带来较高的长期成本（Ellram and Carr，1994）。变革传统采购策略是企业发展的必然结果，从传统采购向战略性采购与供应管理（S-PSM）的转变经历了一个长期过程，主要有三个关键关注点。

一、对采购策略的关注

采购策略涉及"采购职能面临的关键战略问题和选择"，学者主要关注采购职能日常策略及其对其他管理职能的影响。学者从不同视角挖掘，"营销视角"强调供应商市场选择和相关市场的产品策略（Kiser，1976），以及成本控制与营销定价策略兼容（Jain and Laric，1979）等问题；在"采购视角"下，Hahn 等（1986）强调改变传统采购策略，Watts 等（1995）指出通过改善买方—供应商关系提升采购在企业战略中的作用。

二、支撑企业战略的采购作用

20 世纪 80~90 年代，采购在企业战略方面的关键作用备受关注（Ellram and Carr，1994），包括监测供应市场趋势、解读对企业的影响，并满足公司战略需求。采购通过提供及时的价格和物料信息，支持企业竞争优势，对实现战略目标有潜在影响。管理高层认识到将采购纳入整体战略计划的必要性。采购部门不仅接受最高管理部门的指令，还要了解和有效作用于职能部门和 / 或组织的目标及战略。采购成为企业战略的支持部分，通过买方—供应商间合作伙伴关系、采购早期参与新产品开发过程等支持企业战略定位，并强调在制定采购策略和部门决策时，要与企业的整体战略衔接一致。

三、采购作为一项战略性职能

20 世纪 90 年代以后，学术界给予战略采购高度关注，战略采购有别于常规的采购方法，其"战略性"的一个重要体现是采购职能被提升到战略高度来对待。采购从聚焦于短期的、带有适应性和操作性、指向有限目标的"战术采购"向聚焦于长期的、增值性活动的"战略采购"转变。同时，战略规划技能对于采购人员来说已经变得越来越重要，采购在战略管理中的作用是将采购管理人才从技术人员培养为影响企业利润并作出更好采购决策的战略决策者。战略采购的战略特性使制造企业的采购活动更具有战略眼光，企业更加重视与供应商的长远发展，积极与供应商互动，以协调合作中出现的各种冲突。对于许多公司来说，战略采购通过多种方式（如早期参与产品开发、支持生产过程、监控供应环境、为未来生产需求预测物料的可获取性和成本）影响企业和产品战略，采购职能在企业战略规划中实现增值。

"供应"（Supply）这一术语长期以来与采购紧密相关，这意味着采购物资和将物资提供给需求方是一个不可分割的过程。Kraljic（1983）在《采购必须纳入供应管理》（*Purchasing must become Supply Management*）一书中提出作为公司采购组合分析工具的卡拉杰克矩阵，并明确指出企业要从采购（一种操作执行）转变为供应管理（一种战略模式）。一些企业将职能名称从采购管理改为供应管理（如美国的 National Association of Purchasing Management 更名为 Institute for Supply Management），以反映采购职能的跃迁：从以交易为基础的战术职能发展到以流程为导向的战略职能。19 世纪 80 年代中期，采购领域的诸多学者视供应管理为创造竞争优势的一种新方法，并发表对战术性采购向战略性供应管理转变的看法。90 年代以后的研究更加聚焦 PSM 的战略性，也体现了将采购拓展并整合进供应管理中的思想（Van Weele and Van Raaij，2014）。

把采购视为战略重点的首要原因是竞争环境产生的许多压力。随着时间推移，PSM 从文书时代进入交易时代，再演变到了战略时代。采购在企业中的角色有了根本性变化，由传统的反应性采购转变为主动性采购，由为库存而采购变为为订单而采购，采购管理转变为外部资源管理，与供应商间的关系由一般交易关系转变为战略协作伙伴关系。采购与供应战略从以防御性为主向进攻性为主转变，前者是为了保持企业竞争力，以避免故障为特征，后者则是为了满足企业长期和短期的目标而采取的一种战略性方法，以利用机会为特征。

第四节　PSM 总体研究状况

随着 PSM 向战略性职能转变，研究从聚焦采购策略问题向战略性 PSM 的实现途径不断延伸，学术领域的很多学者开始关注企业如何通过战略采购、买方—供应商关系管理、合作创新等一系列做法实现战略性 PSM，甚至有学者拓展到 PSM 中的环境管理问题，针对绿色 / 低碳供应管理做了大量研究工作，PSM 的研究成果和学科体系越来越丰硕及完善。

许多学者针对 PSM 进行了文献综述和文献计量工作，其研究结论可以体现和支持以上研究发展概况。较为典型的综述性研究包括：Das 和 Handfiled（1997）对采购相关博士论文的梳理；Carter 和 Ellram（2003）针对 *Journal of Supply Chain Management* 35 年（1965~2001）的 744 篇 PSM 相关论文所做的综述工作；Zsidisin 等（2019）在 *Journal of Purchasing and Supply Management* 创刊 25 周年之际，围绕 PSM 领域的主流话题进行的回顾，如图 1–1 所示。

图 1–1　采购与供应管理领域话题分布

资料来源：Zsidisin 等（2019）。

此外，Johnsen（2018）针对 20 世纪 70 年代以来 PSM 研究进行了系统性文献综述，认为对工业营销领域的学者来说，随着供应网络复杂性和风险不断攀升，PSM 研究未来可从三个方向展开：①供应网络概念的理论化；②重新审视供应网络管理的概念；③讨论 PSM 中已建立的"最佳实践与做法"。在此基础上，作者识别了 *Industrial Marketing Management* 期刊上所发表论文中出现的 PSM 主题，如表 1–3 所示。

表 1–3 *Industrial Marketing Management* 期刊上所发表论文中所出现的 PSM 主题

主题	子主题
采购—营销整合	采购营销的共同管理、将采购与营销共同用于价值创造或新产品开发活动中
采购参与新产品开发 / 供应商参与新产品开发	供应商参与新产品开发、采购参与新产品开发、识别创新型供应商
采购服务	通过专业服务采购实现创新、营销服务采购、产品服务 / 全系统采购、服务采购中的交互和关系
网络	网络变化和动态性、市场网络、可持续供应网络、网络图景、网络战略化

资料来源：Johnsen（2018）。

Spina 等（2013）针对 2002~2010 年发表于 PSM 领域的 20 多种刊物上的 1055 篇文献进行了综述研究，对研究主题进行分类，并对研究趋势（论文数量、分析单元、竞争优先权等方面）进行分析；此外，Spina 的研究团队在 2016 年对其 2013 年的研究工作进行进一步补充，总结整理了 PSM 领域研究的一些重要理论支撑。Spina 团队所使用的文献数据集较为新颖，同时对研究趋势从多方面进行分析。Spina 等（2013）按照以下标准选取期刊：明确聚焦于 PSM 领域或有很大科学影响力的 PSM 相关管理期刊，利用 SCOPUS 数据库 2002~2010 年的 1055 篇 PSM 相关文献，将 PSM 主题划分为 Why（PSM 策略）、What（PSM 流程）、How（PSM 实践和 PSM 组织）三类。对 PSM 研究趋势进行分析得出：① 2002~2005 年 PSM 相关的论文数量增速和增加率都相对平稳，2006 年论文数量有了明显跃迁，2006~2010 年 PSM 相关论文数量的增长趋势更加稳健，此时 PSM 领域相关研究的这种明显变化与实践中"越来越多的企业将 PSM 活动视为竞争优势的来源"是有相关联系的。② PSM 研究的分析单元逐渐从买方视角向供应网络视角扩展，而这种转变受到外包、全球化的广泛影响。③竞争优先权中"成本"是企业关注的重点，相关论文数量在 2003 年、2006 年和 2009 年各有一次跃迁，"创新""质量"较"成本"稍少，但仍有学者不断强调其重要性，学者逐渐将焦点由"效率"向"效果""战略贡献"转移。④ "可持续性"在 21 世纪初被忽视，之后几年其重要性渐渐地与"创新""质量"持平，近些年的实践界与理论界将"可持续性"作为一个新的主题来重点研究。

Spina 等（2016）与 Johnsen（2018）总结了 PSM 领域内广泛使用的外部大理论（External Grand Theories，EGTs），包括交易成本经济学、资源基础观、知识基础观、权变理论、博弈论、资源依赖理论、社会交换理论、代理理论、制度理论、网络理论、信息处理理论、动态能力理论等。

　　在过去将近20年的时间里，PSM得到快速发展，可以明显观察到：①论文数量不断攀升。PSM相关期刊、营销与运作管理类期刊以及一些一般管理类和经济类期刊上，针对PSM领域相关研究的刊文数量快速攀升，已经达到了所有出版论文总量的10%左右（Van Weele and Van Raaij，2014），如表1-4所示。②PSM相关专业机构快速发展（Matopoulos et al.，2016）。如英国皇家采购与供应学会（Chartered Institute of Purchasing and Supply，CIPS）、美国供应管理协会（Institute for Supply Management，ISM）、供应链管理专业人士协会（Council of Supply Chain Management Professionals，CSCMP）等。③PSM逐渐被广大学者认可为一个独立学科。很长一段时间内，PSM都被认为是生产与运作管理学科下属的一个子学科，但近些年，许多学者针对PSM究竟是否可以作为一个独立学科而展开讨论，并逐渐达成共识，认为其是一个正在日趋完善的新兴学科，同时，多种重要管理理论也被用来分析PSM相关问题。④研究视角不断扩展。PSM相关研究开始从企业视角、供应商视角向二元关系视角向供应网络视角不断拓展（Johnsen，2018）。⑤创新和可持续性成为重要因素被引入到PSM相关问题的讨论中。学者针对供应商参与新产品开发、企业—供应商间合作创新、绿色/低碳与可持续供应管理（环保监控、环保协作）等问题展开广泛探索。

表1-4　期刊列表

	Journal of Supply Chain Management
PSM 相关期刊	Supply Chain Management：An International Journal
	Journal of Purchasing and Supply Management
营销和运作管理期刊	Journal of Operations Management
	International Journal of Production Economics
	Journal of Marketing Management
	International Journal of Operations and Production Management
	Industrial Marketing Management
	International Journal of Production Research
	Production Planning and Control

一般的管理类期刊和经济类期刊	*Strategic Management Journal*
	Organization Science
	Research Policy
	Journal of Management Studies
	Technovation
	Management Science
	Journal of Product Innovation Management
	Decision Science
	European Economic Review
	Harvard Business Review

资料来源：Spina 等（2016）。

第五节　PSM 的实践与研究主题模型

从学科角度讲，Harland 等（2004）依据学科相干性、知识的广度与深度、质量标准三条学科标准，指出 PSM 是一个正处于理论发展阶段的、尚不完善的新兴学科。况且，PSM 转变为战略性、增值性职能的时间距今也不长，20 世纪 80 年代中期前的研究成果大多是指导企业实践活动，缺乏专门针对 PSM 理论框架的研究。因此，理论界尚未形成统一的关于 PSM 的理论框架。一些学者为了对该理论研究成果分析总结的方便，从不同角度，如从 PSM 战略制定过程/步骤、PSM 主题分类、供应链管理等角度提出了一些代表性的研究主题模型，对战略性 PSM 理论框架的建立有重要启示。

一、Monczka 和 Trent 的全球采购与供应管理过程模型

如何设计 PSM 战略？哪些步骤可以有助于 PSM 战略的制定？通过比较壳牌、飞利浦、可口可乐等企业的 PSM 过程，Monczka 和 Trent（1991）认为，出于对卓越采购的追求，提出全球采购与供应管理过程模型（Global Procurement and Supply Chain Benchmarking Initiative），同时指出企业需要关注战略管理流程，共包括八个步骤，如图 1-2 所示。

（1）**内购/外购**。针对自制或外购做出明确的决策，决策标准为：该活

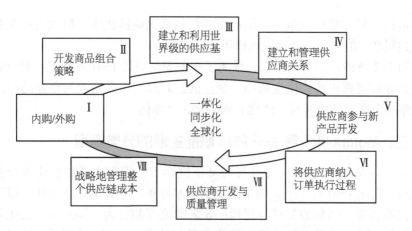

图 1-2　全球采购与供应管理过程模型

资料来源：Monczka 和 Trent（1991）。

动是否有助于企业获取竞争优势、该项活动是否以一种具有竞争力的方式由企业执行。

（2）**开发商品组合策略**。从广义上讲，这里的商品包括原材料、技术和高科技的部件、现货产品等。企业需要对采购花费进行分析，考虑以下问题：在什么产品上、在哪个供应商身上进行花费，同时要考虑企业有多少供应商。商品策略涉及以下考虑：是否要追求产品标准化？是否要缩减供应商数量？应该发展哪种类型的关系？由谁负责每一项活动？什么时候实施？过程如何监控？

（3）**建立和利用世界级的供应基**。要对供应商进行详细调查并设定基准，同时进行详细审核。供应基管理即要确定供应商数量、供应商应满足的要求或具备的资格，以及如何选择最优质供应商。

（4）**建立和管理供应商关系**。即对供应商进行分类，确定哪些是商业性供应商（Commercial Suppliers）、哪些是优先供应商（Preferred Suppliers）、哪些是合作伙伴型供应商（Supplier Partners）。

（5）**供应商参与新产品开发**。与最优质供应商建立在新产品开发领域具有建设性的关系，让供应商的技术专家参与到研发小组内部。

（6）**将供应商纳入订单执行过程**。摩托罗拉是为数不多的将供应商整合进客户焦点小组的企业之一，企业和供应商为赢得终端客户最大化满意这一共同目标而努力。

（7）**供应商开发与质量管理**。供应商需要为企业提供改善建议，这成为企业新想法的一个重要来源。企业会对供应商想法进行斟酌并合理实施。

（8）**战略地管理整个供应链成本**。企业会制定详细的成本模型，并对供应链进行分析和提供对策，与供应商一起降低供应链成本，但这只有在双方拥有共同利益的情况下才能发挥作用。

图 1-2 所涉及的八个阶段，描述了企业如何设计 PSM 战略以及相应的步骤。企业需要真正地将供应商纳入企业的经营过程，采购要与企业的整体经营战略相关联，从而实现一体化、同步化和全球化。

二、Matopoulos 等关于 PSM 职能主题的分类模型

Matopoulos 等（2016）通过与 PSM 研究学者、管理人员和企业进行多年的沟通，指出 PSM 有 7 个关键主题受到学术界和实务界的广泛关注，即①供应商关系管理；②契约签订与管理；③采购流程和行为；④人员、技能和采购 / 供应组织；⑤策略和政策；⑥信息通信技术（ICT）；⑦风险 / 缓解。并依据涵盖视角和聚焦层面两个方面对这些关键主题进行分类，如图 1-3 所示。近年来，PSM 研究视角逐渐从运作层面提升到战略层面，而所聚焦的层面也从单个职能部门拓展到整个组织。

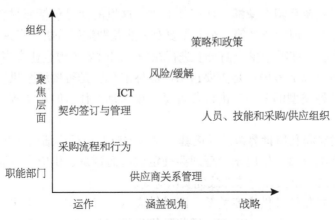

图 1-3 PSM 职能主题分类模型

资料来源：Matopoulos 等（2016）。

三、Wynstra 的 PSM 研究主题分类框架

Wynstra（2010）指出，PSM 领域的核心研究对象——企业采购过程与买方—供应商关系。Wynstra 认为，没有专门针对 PSM 研究的详细主题分类框架，通过参照 Van Weele（2005）的采购过程模型（强调战术与运作采购流程）、Monczka 模型（强调战略流程和潜在使能因素），以 JPSM 期刊 1994~2009 年的 351 篇文献为依据，通过对研究文献和实际采购业务活动的

分析，提出了有关 PSM 研究主题的一个新框架，主题内容包括：①战略过程；②战术和运作过程；③绩效维度；④支持性过程，如图 1-4 所示。其中，战略过程包括 PSM 策略和企业战略、供应基管理 / 采购策略、供应商关系、PSM 组织；战术与运作过程包括自制 / 外购、定义规格、选择供应商、签订合同、订购、评估；绩效维度包括价格与成本、创新、质量、交付；支持性过程包括变革式管理与领导、信息通信技术（ICT）、PSM 的人力资源问题、国际化、法律问题、可持续问题（社会、伦理与环境问题）、研究方法。

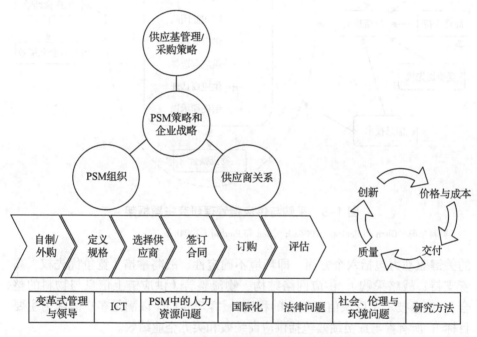

图 1-4　PSM 研究主题分类框架

资料来源：Wynstra（2010）。

四、Chen 和 Paulraj 的采购与供应链管理研究主题框架

Chen 和 Paulraj（2004a，2004b）从采购与供应、物流与运输、运作管理、营销、组织理论、管理信息系统、战略管理等研究领域的 400 多篇文章中挖掘采购与供应链管理研究主题框架，如图 1-5 所示。

该框架包含三个方面：①买方—供应商关系管理；②培养和维持良好买方—供应商关系的关键驱动力；③所有参与成员绩效。其中，买方—供应商关系管理包括供应基缩减、长期关系、沟通、跨职能团队及供应商参与、供应商选择、供应商认证、信任和承诺；培养和维持良好的买方—供应商关系

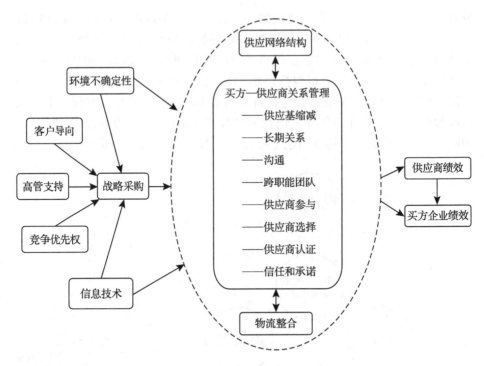

图 1-5　采购与供应链管理研究主题框架

资料来源：Chen 和 Paulraj（2004a）；Chen 和 Paulraj（2004b）。

的关键驱动力包括六个方面，即环境不确定性、战略举措（竞争优先权、高管支持、战略采购）、供应网络结构、物流整合（供应链上信息与物料的整合）、信息技术（反映信息整合的程度）、客户导向（以满足客户需求为主要目标）；所有参与成员绩效包括供应商绩效和买方企业绩效。

供应管理（Supply Management，SM）与供应链管理（Supply Chain Management，SCM）二者高度相关但却有明确区别，如图 1-6 所示，供应链的构成是以企

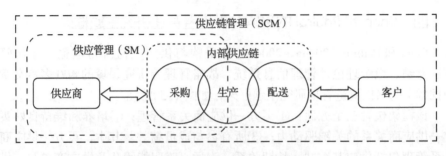

图 1-6　SM 与 SCM 的关系

资料来源：Chen 和 Paulraj（2004a）。

业为中心，由上游的供给环节和下游的配送环节组成，企业对上游、企业内部和下游的职责分别对应于供应管理、库存管理和物流管理，SCM 即管理从供应商到终端客户的整个链条上的产品流、信息流和资金流的过程（Spina，2013）。而 SM 面向供应商进行采购管理，关注上游供应商一侧的"供应管理"，主要强调买方—供应商关系管理，包括对供应商选择、评估、审核并与之建立良好关系、展开协作等活动。因而，PSM 所关注的焦点是上游段的"供应管理"，仅为全面供应链管理的一部分。由于 Chen 和 Paulraj（2004a）考察的是供应链管理的框架，其不仅考虑上游供应管理——"买方—供应商关系管理"，还考虑下游配送管理——"物流整合"。但是，PSM 理论框架的构成考虑的是上游供应管理问题，不应将物流整合纳入 PSM 的理论框架中。

综上所述，Monczka 和 Trent（1991）主要关注 PSM 实施步骤，Matopoulos 等（2016）关注不同视角、层面下的 PSM 主题问题，Wynstra（2010）从过程和绩效考察 PSM，Chen 和 Paulraj（2004a，2004b）关注 PSM 的发展趋势和所沿用的成熟理论。以上学者未形成一个固定研究框架，说明 PSM 领域仍处于不断完善和发展的过程中。

第六节　战略性 PSM 理论体系构成

随着战略管理与供应链管理的兴起，PSM 作为一项重要管理职能，在企业获取持续性竞争优势上，其作用日益重要。学术界围绕 PSM 职能的战略作用发挥展开了广泛的研究，在国际知名学术期刊上发表了成千上万篇学术论文，围绕采购管理、供应商关系管理、供应商创新性以及可持续采购与供应管理等问题的研究取得了长足进展，已完全改变人们对 PSM 职能的认识，同时促进企业 PSM 实践水平不断提高。

围绕战略视角下的 PSM，在汲取部分学者从不同角度所提出的代表性 PSM 实践与研究主题模型及其见解的基础上，对 PSM 领域前沿理论进行综合分析和体系重构，认为"采购管理与策略、供应商管理、集成供应商创新、可持续采购与供应管理"四个部分深刻反映了战略性 PSM 的核心内容——采购职能所采用的具体策略、采购职能如何支持企业其他职能战略和企业整体战略、如何将采购作为一个战略职能加以利用。同时，考虑 PSM 关键驱动力（环境不确定性、客户导向、信息技术采用、高管支持和竞争优先权等）和 PSM 的作用结果（买方企业绩效和供应商绩效），构建战略性 PSM 理论发展的内容构成框架，如图 1-7 所示。

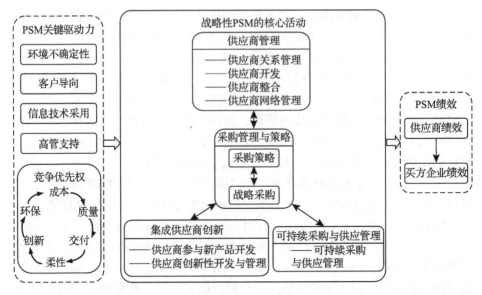

图 1-7　战略性 PSM 理论发展的内容构成框架

一、PSM 关键驱动力

PSM 的关键驱动力包括环境不确定性、客户导向、信息技术采用、高管支持和竞争优先权五个重要方面。其中，①环境不确定性是所有组织的根本问题，供应不确定性、需求不确定性和技术不确定性等环境不确定性的诸多构成方面，会驱动企业实施战略性 PSM 活动以应对挑战；②赢得客户满意、为客户创造价值是企业实施战略性 PSM 的初衷；③组织间信息流、物料流的交换等离不开信息技术的支持，信息技术其实扮演了"信息整合"的重要角色；④高管在战略性 PSM 活动中的作用不容忽视，高管需要意识到采购职能更大程度地参与支撑企业战略所能为企业带来的好处，才会驱使企业实施战略性 PSM 活动；⑤ Wheel（1984）提出竞争优先权概念，将其理解为一种战略偏好，包括成本、质量、交付和柔性 4 种竞争优先权。企业所确定的竞争优先权，既是企业内部资源和能力的特质及优劣的客观反映，更代表企业发展的战略目标和要求。现有研究主要采用运作层面（成本、质量、交付和柔性）的竞争优先权来研究企业实施战略性 PSM 的驱动力。相关研究指出，实施战略性 PSM 能够降低成本、提升产品质量、保证交付和实现柔性生产。事实上，随着创新和环境保护被加入到企业竞争优先权的范畴中，增强企业创新能力和环保水平成为实施战略 PSM 活动的关键驱动力。

二、战略性 PSM 的核心活动

战略性 PSM 为大多数现代企业的成功做出显著贡献，通过探索企业开展哪些活动、企业要如何做才能实现 PSM 的战略性作用，并汲取部分学者从不同角度所提出的代表性 PSM 框架研究成果和理论见解，对 PSM 领域前沿理论进行综合分析和体系重构，研究认为"采购管理与策略、供应商管理、集成供应商创新、可持续采购与供应管理"四个部分深刻反映了 PSM 的核心内容——"采购职能所采用的具体策略""采购职能如何支持企业其他职能战略和企业整体战略""如何将采购作为一个战略职能加以利用"。能够代表 PSM 领域最新的理论研究动向。

"采购管理与策略"部分主要围绕战略采购（Strategic Purchasing）和采购策略（Purchasing Strategies）两个重要主题展开。采购策略与战略采购有本质区别，采购策略涉及采购职能所采取的、能实现其目标的特定行为，如采购职能可实施物料、零部件和服务的标准化战略，但不足以证实这种采购策略将发挥战略性作用，因为此采购战略可能出于采购职能自身的考虑，而无视企业整体战略的期望和要求。相反，当企业切实采纳战略采购思想时，视采购职能为战略性工具，采购职能将扮演战略决策者角色，参与企业战略制定过程。因此，准确区分战略采购与采购战略之间的区别和联系，不仅有助于加深对战略采购概念的理解，更有助于企业有效实施恰当的采购策略。

"供应商管理"部分主要围绕供应商关系管理（Supplier Relationship Management）、供应商开发（Supplier Development）、供应商整合（Supplier Integration）和供应商网络管理（Supplier Network Management）四个重要主题展开。供应商关系管理作为一种致力于实现与供应商建立和维持长久、紧密伙伴关系的管理思想，通过加强与供应商之间的合作、协调与交流来持续改善双方协作的效率。供应商开发是基于买方企业与其供应商之间的长期合作，提高供应商技术、质量、交货及降低成本，并进行持续改进。供应商整合是企业为满足客户需要、实现供应链利益最大化以及提升供应链整体竞争优势等一系列目的，通过与外部供应商展开紧密的互动与协作，充分利用供应商的资源和能力，实现彼此战略、流程和实践等的同步、协调和一致化的过程及活动。供应商关系管理、供应商开发和供应商整合多是基于"买方—供应商间二元关系"为分析单元而展开的，随着研究的不断深入，基于供应商网络视角的供应商管理已逐步替代企业—供应商二元关系成为开展采购与供应管理研究和实践的重点。

"集成供应商创新"部分主要围绕供应商参与新产品开发（Supplier Involvement in New Product Development）、供应商创新性（Supplier Innovativeness）

的开发与管理两个重要主题展开。供应商参与新产品开发是供应商参与到产品开发的全过程，协同企业实现产品、工艺与服务的改进与创新，其在改进产品开发效率与效果方面的作用显著，使其成为企业提升竞争优势的重要战略选择。供应商创新性是买方—供应商关系中，供应商生成并实现新想法、新技术或运作方式的能力，以及将生成和实现的新产品、工艺和技术应用于与买方合作中的意愿。识别创新型供应商以及增强供应商创新性并不是企业的最终目标，企业如何通过对供应商创新性的开发与管理，将供应商创新性转化为企业竞争优势是企业关注和重视供应商创新性的根本目的。

"可持续采购与供应管理"部分，首先回顾"可持续"这一思想的起源，详细探讨了可持续思想的发展历程，以及如何逐渐与采购供应管理相融合；其次对可持续采购与供应管理领域研究涉及的相关理论进行归纳总结，并介绍了可持续采购供应管理的主要研究团队、研究成果、研究趋势，通过梳理可持续采购与供应管理的研究成果，形成较为系统的研究框架，主要包含可持续采购供应管理的实践、形成与作用机制以及可持续供应商管理等内容。

PSM 作为一项战略职能，在企业获取持续性竞争优势的作用日益重要。许多学者注意到采购职能更大程度地参与支撑企业战略而能为企业带来的好处，PSM 能够通过实施战略采购、采购策略、供应商关系管理、供应商开发、供应商整合、供应商网络管理、供应商参与新产品开发、供应商创新性开发与管理、可持续采购与供应管理等一系列战略实践影响企业获益能力和竞争力。

三、PSM 绩效

战略性 PSM 活动可以产生不同的绩效结果。考虑到实施战略性 PSM 活动的主体成员包括买方企业和供应商，因此将 PSM 绩效划分为买方企业绩效和供应商绩效。当关注战略性 PSM 活动能否给企业带来好处，以及能带来何种好处时，有必要同时考察战略性 PSM 活动对买方企业和供应商的双重作用结果。

第一篇　采购管理与策略

第一篇 采购与供应管理

▶ 第二章 战略采购

随着采购与供应管理理论的发展以及采购在企业中地位的变化，采购职能向战略角色转变、开始发挥其战略性价值。本章从采购职能的基本概念与管理过程出发，详细梳理支持型的采购管理向战略采购转变的演进历程，以及采购如何参与企业战略决策、采购职能对企业竞争优势的贡献、企业如何有效设计采购职能等研究成果，能够全面且准确理解采购职能的功能、掌握现有战略采购的研究进展。

第一节　采购与供应管理及其实践活动

一、采购概念演进

在采购与供应管理发展过程中，关于采购运作管理，理论界使用过多个"采购"概念。尽管都用于理解采购职能，但它们生于不同的背景，各自间也有相应的差别。对这些"采购"概念的对比与分析有助于更准确地应用这些概念实现对采购职能的分析与描述。这些"采购"概念主要包括采购（Purchasing）、源采购（Sourcing）、采购获取（Procurement）、供应管理（Supply Management）。

Dobler 等（1996）在其著作"采购与供应管理"中对采购活动、采购获取活动和供应管理活动进行了区分，他们认为采购概念仅包括采购部门实施的一系列运作活动，如从物料需求的识别开始直到追踪采购活动的进展情况。而采购获取概念的涵盖范围更大，除采购活动外还包括其他一些活动。供应管理概念在内涵上对采购获取进行了扩充，且三者的战略性程度也不同，如图 2-1 所示。

除 Dobler（1996）等对这些概念的区分，理论界仍有大量相关文献，这里将针对每一个"采购"概念做进一步的比较与分析。关于采购概念，Trent 和 Monczka（1998）将采购定义为对物料流动和物料信息的日常管理。还有些学者认为契约管理（Contract-centered）是采购概念的典型特性，且往往是交易型任务，对企业绩效有短期影响。Kaufmann（2002）不仅将采购视为企业职能部门，同时将其视为由此采购部门管理人员所实施的管理活动。总体来讲，针对"采购"这个词，现有研究大多认为其所代表的含义较小，仅包括

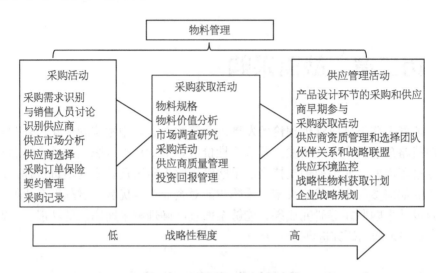

图 2-1　采购相关概念区别

一些简单的识别供应商、物料购买、订单管理等基本物料管理活动。

对于"源采购"，Kaufmann（2002）将其理解为对所有供应商关系进行设计与管理的综合性方案。Trent 和 Monczka（1998）认为，源采购是跨部门管理活动，不仅局限于采购部门相关人员，还涉及工程设计、质量管理、生产制造、营销等其他部门。另有些学者认为源采购是计划并处理外部资源的一个过程。除此之外，Arnold 用源采购概念代表"采购获取"策略的一个要素，即采购源（如供应商）的数量，如系统采购（System Sourcing）或单源采购（Single Sourcing）。Dubois 和 Fredriksson（2008）、李随成等（2014）的三元采购策略概念（Triadic Sourcing Strategy）便属于源采购的这个含义。另外，部分学者在描述战略采购概念时也有使用"sourcing"这个词，用"strategic sourcing"描述战略采购概念。

"采购获取"包括产品规格制定、价值分析、供应商市场调查、库存控制、契约管理和运输等活动，显然此采购获取概念比采购概念范围更大，也与 Dobler 等（1996）的观点相符。Dobler 等认为，除作为企业范围的管理过程外，采购获取还包括经济和技术方面的供应。而 Trent 和 Monczka（1998）则认为，采购和采购获取两个概念是可以互换的，他们认为采购获取是对物料流动和物料信息的日常管理。尽管采购获取活动在企业内涵盖多个职能部门的资源获取活动，但这些活动大多停留在日常操作和管理层面，其战略重要程度仍较低，也因此部分学者认为采购和采购获取两个概念可以互换。

对于供应管理概念，Dobler 等（1996）认为，供应管理不仅涵盖采购和采购获取活动，同时包括其他一些对企业有战略意义的管理活动，采购职能的战略性地位得到明显提升，如图 2-1 所示。Kaufmann（2002）将供应管理视为从外部向企业提供直接或间接物料、服务、产权和机器设备的所有相关过程，供应管理致力于为企业创造可持续竞争优势。这个概念既包括战略层面的管理活动，也涵盖操作层面的相关行为，且供应管理活动大多是跨职能执行的。值得注意的是，Kaufmann（2002）认为，此供应管理概念与采购获取和源采购概念是可以相互替换的。

Kaufmann 同时将供应管理概念与物流、物料管理和供应链管理等概念进行区分。具体地讲，物流管理活动可能会超越企业边界，如入库物流（Inbound Logistics）、内部物流（Internal Logistics）和出库物流（Outbound Logistics）。物料管理概念不仅包括接纳和储存企业所获取的资源，也涵盖资源所进入的产品生产和其他运作管理环节。这些活动显然也超出了供应管理概念的范畴。Harland 等（1999）认为，供应管理是用于管理企业间协作网络中运营管理的综合性方法，通过产品、服务、供应网络结构等方面的创新，供应管理能形成并有助于实现满足最终消费者需求的管理策略。Day 和 Lichtenstein（2006）指出，企业供应管理主要包括外包、伙伴关系和战略联盟、战略采购。另外，有学者使用"采购与供应管理"概念对企业采购运作管理进行分析与讨论，如 Baier 等（2008）指出，采购与供应管理涵盖从传统采购到供应管理的所有操作层面和战略层面相关活动，应包括能满足企业物料需求并能实现企业竞争优势的所有供应基管理活动。

二、采购与供应管理实践

随着采购与供应管理理论的发展以及采购在企业中角色地位的变化，对采购管理的实践活动的认识不断深入，具体表现为：

（一）一般采购与供应管理视角下的采购管理实践

采购与供应管理领域关注其概念所涵盖的内容要素，以及所包含的具体管理实践。在所涵盖内容要素方面，Kaufmann（2002）借助价值链的概念，认为供应管理致力于为企业创造可持续竞争优势，并将供应管理视为从外部向企业供应直接或间接物料、服务、产权和机器设备的所有相关过程。采购与供应管理价值链活动内容如表 2-1 所示。

表 2-1 供应管理价值链

供应管理价值链活动内容	
使能或支持过程	明晰供应管理在实现企业可持续竞争优势中的角色和作用
	设计源采购策略

续表

供应管理价值链活动内容		
使能或支持过程	对供应管理过程进行组织管理	
	建立信息和沟通系统	
	成本和现金管理	
	人力资源管理	
	供应风险管理	
基本过程	协商准备活动	协商	协议执行或实施

Cousins 和 Spekman（2003）提出战略供应（Strategic Supply）的概念，强调从整个企业的层面分析企业与供应商间协作关系，认为只有当企业内部职能部门与外部供应商共同协作时，企业才能更有效地获取并利用供应商优质资源，才能更好地实现企业目标。他们通过文献研究、半结构化访谈和企业调研的方式，提出战略供应管理的一个概念模型，呈现出战略供应管理所应包含的各内容要素，如图 2-2 所示。

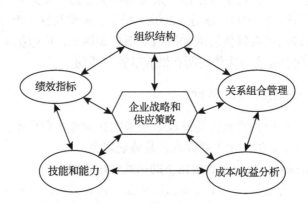

图 2-2　战略供应管理

Chen 等（2004）研究了战略采购和供应管理对企业绩效的影响，归纳总结出三种供应管理能力：与少数关键供应商的紧密关系、长期导向和沟通。换句话说，为培养合适的供应管理能力，制造企业应积极实施与上述三种能力相关的采购管理实践活动。

从交易成本理论的购买与外购决策出发，结合社会资本和网络分析方法，Day 和 Lichtenstein（2006）从企业层面对供应管理实践进行了研究，并构建了供应管理实践内容分析框架，认为供应管理实践不仅包括由买卖双方关系开发和供应商绩效评价组成的外部实践活动，同时包括由供应管理成熟度、组织设计和再结构化、采购过程的开发和应用等内部供应管理过程，如图 2-3 所示。

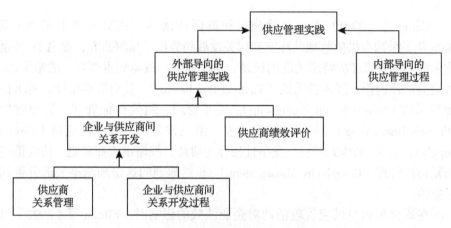

图 2-3　供应管理实践分析框架

以香港电子行业部分企业为调查对象，Lee 和 Humphreys（2007）探索关系（Guanxi）在企业供应管理中的作用，他们认为供应管理是针对企业所识别出的战略性关键供应商而实施的，供应管理各实践活动间存在较强的相互影响关系，也正是这些相互影响和交互能帮助企业更好地获取供应商资源和能力。他们认为供应管理实践主要包括战略采购、外包行为和供应商开发活动。

以资源依赖理论（Resource Dependence Theory）为基础，Paulraj 和 Chen（2007）指出，供应管理概念一个重要特征是相应管理活动间的相互依赖性。通过有效的管理并控制企业与供应商间协作关系，供应管理能增强企业的竞争优势。他们认为，战略供应管理主要包括战略采购、企业与供应商间长期关系导向、企业间沟通、跨组织团队和供应商集成。Lawson 等（2009）在研究供应管理实践对买方绩效改善的影响时，归纳总结了三项供应管理实践：社会化机制（Socialisation Mechanisms）、供应商集成和供应商响应。

基于资源基础观和价值网络（the Value Net）理论，Kähkönen 和 Lintukangas（2012）集中探讨企业供应管理的价值创造能力。他们认为，供应管理水平（Level of Supply Management）、供应商的角色和作用、企业与供应商间资源联结和聚合以及企业与供应商间协作水平是供应管理为企业创造价值的关键所在，其中，供应管理水平概念主要指供应管理的成熟度（Maturity）、地位和战略性本质。也就是说，企业供应管理必须重点关注这四方面内容才能为企业创造价值。另外，他们还指出，仅关注于二元关系（Dyadic Relationships）

或供应链关系已不足以维持企业的竞争优势，供应管理还必须关注三元价值创造（Triple Value Creation），必须从网络管理的视角考虑供应管理实践的实施。

Carter 等（2000）通过文献分析和调研访谈的方式对未来十年内（至2008 年）采购与供应管理的环境和相关发展趋势做了预测研究，提出 18 项企业采购与供应管理应特别关注的议题：电子商务、战略成本管理、战略采购、供应链伙伴选择、战术性采购（Tactical Purchasing）、采购策略设计、需求拉动型采购（Demand-pull Purchasing）、关系管理、绩效指标管理、流程解构（Process Uncoupling）、全球供应商开发、第三方采购、虚拟供应链（Virtual Supply Chain）、采购源开发、竞争性招标与协商、战略供应商联盟、协商策略和复杂性管理（Complexity Management）。显然他们的这份预测绝大部分得到了应验。

在研究采购与供应管理活动对企业绩效的影响时，Ellram 等（2002）对采购与供应管理最佳实践活动进行了归纳总结，并证实对企业绩效的积极影响。他们提出的最佳采购与供应管理实践活动具体包括提升采购与供应管理活动的受重视程度、制定清晰且内部协调的采购与供应管理战略、严格管理外部供应市场、与关键供应商建立长期合作关系、在对采购与供应管理进行绩效评价时引入战略性指标并定时向高层管理者汇报、总拥有成本（Total Cost of Ownership）分析、实施战略成本管理实践、应用先进信息技术。

通过引入战略适配和采购效力概念，Baier 等（2008）重点探索企业采购与供应管理的设计及实施问题，研究提出采购与供应管理实践应与采购策略相适配的观点，为企业实施有效的采购与供应管理、有效获取供应商资源和能力提供了可靠的理论基础。他们应用新圣加仑管理模型中的文化、结构和战略三要素分析框架，对企业采购与供应管理活动进行识别和选择，最终确定出文化和能力管理、人才管理（Talent Management）、采购集成、组织结构管理、跨职能协作、绩效管理、知识和信息管理、供应策略设计、核心供应过程管理和供应商管理等采购与供应管理实践。

Hartmann 等（2012）指出，实施有效的采购与供应管理是企业提升绩效表现的重要途径。他们指出，采购与供应管理的核心职责是对采购过程的管理，企业实施适当的供应商管理以更好地管理企业的供应基（Supply Base）。研究指出，采购与供应管理对企业成本、质量和创新绩效的提升程度源于企业对以下实践活动的实施程度：供应商管理、跨职能整合、采购策略设计、人力资源管理和采购与供应管理控制。

Schneider 和 Wallenburg（2013）对 1962 年以后发表的 212 篇有关采购运作管理的文章进行研究与分析，并从中整理出 12 个较为关键的研究内容：结构与程序（Structure and Formalities）、关系管理、战略绩效和指标管理、日常过程和政策、采购职责演进、战略适配、购买中心和采购的地位、人力资源和变革管理、决策制定管理、组织学习、领导力和文化以及信息技术和电子商务。

（二）战略采购视角下的采购管理实践

战略采购是传统文书式采购向积极支撑并创造竞争优势角色的战略性转变（Narasimhan and Das，1999），强调采购职能具备提升企业竞争优势的价值和潜力，倡导企业提高对采购职能的重视程度，更建议逐步让采购职能参与战略决策过程（Ellram and Carr，1994；Watts et al.，1995；Yang et al.，2013）。战略采购思想在肯定采购职能战略性潜力和价值的同时，对采购运作管理提出新要求。采购职能应获取所需关键资源和信息以确保企业战略目标的实现，采购人员应主动与其他职能部门和外部供应商进行沟通和交流、参与职业培训提升自身技能水平，形成与企业战略要求相适应的采购能力（Narasimhan et al.，2001）。已有战略采购理论相关研究主要探讨战略采购思想下企业采购职能所发生的变化、所应做出的应对措施，强调采购职能的角色转变。另外有些学者探讨更具体的战略采购管理实践问题。

Carr 和 Smeltzer（1997）运用实证分析的方式对战略采购的操作化定义进行研究，研究指出，战略采购构念主要由四个因素解释：采购职能在企业的地位、采购知识和技能、采购职能承担风险的意愿以及采购资源。地位因素主要包括其他职能认为采购职能在企业的地位、采购职能是否能被其他职能认同和高层管理者对采购职能的认可程度。知识和技能因素包括采购职能对供应商市场知识的识别和分析技能、采购绩效评价方法。承担风险的意愿包括：采购职能愿意识别并利用机遇的程度和对未来风险的洞察能力。资源因素包括：采购职能收集信息的能力和对信息技术的利用能力。Paulraj 等（2006）在实证探索制造企业战略采购实施水平或阶段时，指出可用采购职能的战略集中点、在企业战略中的参与程度和在企业内的受关注程度来理解战略采购，并可进一步实现对企业战略性采购实施水平或阶段的实证分析。

Narasimhan 和 Das（1999）将战略采购定义为企业通过供应商响应性和供应商参与以获取并利用供应商能力实现企业柔性目标的过程。供应商响应性意味着企业选择具备快速响应生产计划和设计变化能力的供应商并与其建立合作关系，而供应商参与则意味着允许供应商参与企业产品和工艺的设计和创新环节。

Narasimhan 和 Das（2001）提出采购集成（Purchasing Integration）的概念，认为采购集成意味着战略性采购管理实践与企业目标之间的良好适配。他们通过文献研究和理论分析的方式提出三类战略性采购管理实践：供应基管理（supply base management）、企业与供应商关系开发和供应商绩效评价。

以美国制造业所经历的严峻变革为切入点，Rossetti 和 Choi（2005）指出，美国制造行业经历了多次再造工程（Re-engineered）和重组（Restructured）过程，企业员工被大量解雇、组织部门被缩减、部分子公司也被剥离。这种情境下将部分业务向外部供应商进行外包变得越来越普遍，也更重要，战略采购变得越来越受重视。Rossetti 和 Choi 认为，战略采购应能实现企业与关键供应商间战略决策方面的同步和一致，提升企业与供应商之间的信任水平，大幅度降低企业与供应商之间的交易成本。但他们也发现，错误的理解或应用战略采购概念，比如在与供应商建立长期合作关系后，却转而实施成本驱动、短期导向的供应商管理，将难以实现战略采购对企业的积极作用，甚至导致供应商成为企业的直接竞争对手。也因此 Rossetti 和 Choi 更强调企业应加强对战略采购的正确理解，并在实践中提高战略采购实施的有效性。他们指出，战略性采购管理包含以下内容：供应基合理化、物料管理（Commodity Management）、费用集中（Spend Consolidation）、全球采购、独家采购协议（Sole Sourcing Agreements）、长期合作协议和准时化采购（JIT Purchasing）。

Kocabasoglu 和 Suresh（2006）认为，战略采购的出现有两个原因：①新制造技术和信息技术的引入要求采购周期与产品生产相适应；②为保持竞争优势成本控制越来越重要，战略采购能够更好地帮助企业控制成本，并削减非价值增值活动。他们进一步以美国和荷兰部分企业为调查对象，探索研究战略采购构念测度模型，指出采购地位、内部协调、与供应商的信息共享和关键供应商开发四个因素可用于解释并实现战略采购。同时研究指出，为实现战略采购，企业应同时实施以上四项实践活动。

Salhieh L 等（2023）证实了战略性采购实践促进了采购战略优先事项与企业战略目标的战略契合，并探讨了基于路径—目标理论的领导风格在其中的调节作用。为了使采购部门通过参与商业战略制定来提升其在组织中的地位，它必须采用和实施具有战略性质的实践。然而，当采购经理采用具有战略性质的实践时，组织必须注意领导风格，因为组织可以采用四种被调查的领导风格中的任何一种来促进"采购战略实践与采购参与商业战略制定之间的关系"。

（三）供应（商）网络管理视角下的采购管理实践

以保健供应商为案例，Harland（1996）研究保健供应网络战略制定和实施问题，从竞争优先权、供应网络结构和供应网络基础设施三个要素构建供应网络战略制定模型，并开发了内部中立、外部中立、战略支持和竞争优势提供者四个供应网络战略阶段。同时简要介绍了实现供应网络战略的实践活动。

Harland 和 Knight（2001、2005）运用角色理论，分别研究了供应网络战略中角色及能力需求和管理供应网络时的组织角色问题，指出尽管网络的出现带有较大的偶然性，但网络是能够被管理的。同时，综合运用文献分析和实证研究的方法提出六种网络管理角色：网络结构代理（Network Structuring Agent）、协调者（Co-ordinator）、建议者（Advisor）、信息中介者（Information Broker）、关系中介者（Relationship Broker）和创新倡导者（Innovation Sponsor）。尽管研究仅提及少数几项用于管理供应网络的采购实践活动，例如，发挥网络结构代理角色的管理和影响供应市场的竞争力活动，防止供应商受到零散采购不利后果的影响；发挥建议者角色对采购政策和战略提供建议等。网络管理的六种角色为分析采购管理实践活动提供了分析框架。

以供应网络环境中企业战略供应商组合（Strategic Supplier Portfolios）管理为研究主题，Wagner 和 Johnson（2004）指出，并非每个供应商都可以或应该成为企业的密切合作伙伴，只有实施合理的供应商组合关系管理，企业才可能形成有效的供应基结构，进而有效获取供应商优质资源。基于此，它们提出管理供应网络中战略供应商组合的过程，并指出通过对供应基的组合设计、供应商开发活动以及将供应商集成进产品开发和制造，战略供应商组合将对企业竞争优势的提升产生重要作用，如图 2-4 所示。其中，计划阶段主要涉及企业应与哪些供应商合作，监督和控制阶段主要关注目标导向的管理以及预警工具的建立。执行阶段的供应基设计管理、供应商开发和供应商集成构成战略供应商组合管理的核心内容，其中，供应基设计管理主要包括缩减供应商数量、分割（Segmenting）供应基以及对供应商进行评价和选择；供应商开发指企业通过各种措施帮助供应商提升企业所需的技能和能力；供应商集成包括供应商分别在产品设计和生产制造环节的参与。

图 2-4　战略供应商组合管理

以企业供应网络的形成与结构变化为切入点，Holmen 等（2007）研究企业如何才能形成自己的供应网络，以及供应网络结构在哪些实践活动作用下会发生变化，希望借此帮助企业更有效地管理供应网络。研究指出，在供应网络结构发生变化的过程中，以下管理实践发挥了重要作用：供应基中的供应商数量、减少供应商数量、供应绩效管理、供应基中供应商的层级管理、企业与供应商组合关系管理。

Dubois 和 Fredriksson（2008）以源采购策略为研究主题，在对比分析平行采购（Parallel Sourcing）和网络采购（Network Sourcing）的基础上，提出三元采购策略（Triadic Sourcing Strategy），将其理解为企业同时引入两个具备部分相同生产能力的供应商，通过构建两个供应商间的竞争或合作关系以实现企业采购目标的采购管理策略。此种三元采购策略的核心概念是三元结构（Triads），而三元结构是分析供应（商）网络的最小分析单元。三元采购策略为制造企业提供了一种在供应（商）网络情境下管理并利用供应商资源和能力的重要管理策略，同时为制造企业理解并有效设计供应（商）网络提供了重要的理论基础。

Liao 等（2010）引入供应商网络管理，以供应柔性（供应商柔性和供应网络柔性）为研究主题，研究供应管理对供应柔性及供应链绩效的影响关系。研究指出，供应管理意味着采购职能由传统交易型管理向战略性角色的转变，供应管理是联结外部供应商与企业内部组织运作的重要环节。为最大化提升企业对外部市场环境变化的响应程度，供应管理参与企业战略决策的程度越来越深。研究指出，在供应商柔性和供应网络柔性提升供应链绩效的过程中，供应管理过程的供应商选择、供应商开发和战略供应商联盟发挥了重要作用。

第二节　采购与供应管理和企业竞争优势的关系

Porter 证实供应商在市场竞争中的关键作用，Kraljic（1983）指出，采购必须从单纯购买行为转变为供应管理行为以及丰田生产方式依靠良好供应管理所取得的巨大成功（González-Benito，2007），预示采购职能将承担更多的职责和任务，开启了理论和实践界对采购职能战略性价值的讨论。战略采购研究者集中于采购职能在企业战略落地过程中的作用，探讨采购职能所应担负的战略性职责、采购行为如何参与战略决策及采购如何成为企业战略性职能等问题（Yang et al.，2013），极力强调采购职能对企业竞争优势的重要价值，呼吁应持续提升采购职能在企业中的战略地位。

尽管战略采购研究学者已证实采购职能对企业的重要价值，但对采购职能能否创造竞争优势的问题并未给出令人信服的观点和证据。关于采购职能对企业竞争优势的价值，部分学者引入租金概念予以讨论和证实。租金属于一种超额利润，被理解为"与在完全竞争市场可获取利润水平相比所超出的部分"。Montgomery 和 Wernerfelt（1988）指出，只要能通过专用性资产等维持合作关系，企业便能以资产所有者合作伙伴的身份共享其资产，从而获得李嘉图租金。Ramsay（2001）指出，通过企业与供应商之间资产共享所获取的李嘉图租金是采购职能对企业竞争优势贡献的主要源泉。然而，企业追求的并非转瞬即逝的产品优势，任何能被竞争对手轻易模仿并获取的租金都没有战略价值。企业能否通过采购职能创造可持续竞争优势取决于其管理活动能否被竞争对手轻易模仿。

在对企业如何获取竞争优势进行分析与理解的过程中，资源基础观（Resource-based View）指出，企业外部因素相比，有效管理内部资源和能力组合更易创造竞争优势（Barney and Clark，2007）。资源是资源基础理论中一个重要概念，任何被企业控制的资产、组织过程、信息、知识等都可视为企业资源，是确保企业能提升经营效益和效率的关键力量（Das and Teng，2000）。资源可在要素市场（Factor Markets）获取，或通过企业经验和"干中学"（Learning by Doing）逐渐建立。企业员工、机器设备、技术专利等都可成为创造企业竞争优势的战略性资源。能力源于一系列能为企业创造价值的有形资源和无形资源之间的相互影响和配合，声誉、研发技巧和技术能力等均属于这类价值能力（Valued Capabilities）。

独特性（Distinctiveness）和异质性（Heterogeneity）是资源基础观中的重要概念，资源基础观提出，企业产品的独特性源于生产此产品所用资源的独特性。关于资源和能力对企业竞争优势的作用，资源基础观进一步提出，只有当企业资源和能力相对于其他企业是异质的，且资源和能力在企业间难以自由流动（Be Immobile）的时候，企业才能通过这些资源和能力创造竞争优势（Grant，1991）。异质性资源能创造企业产品的独特性，而成本等流动障碍（Mobility Barriers）会阻止其他企业直接获取或加大其他企业模仿这种异质性关键资源的难度，进而使企业能够独享这种异质性资源和能力创造的竞争优势。因此，能够用于创造企业竞争优势的资源概念的内涵范围变得更小、更具体，即资源必须有价值，能提升企业经营效力或效率；必须是稀缺的；必须难以被模仿，企业专用、难以自由流动；资源可替换程度较低，其他资源难以实现同等效用（Barney and Clark，2007）。对企业有价值且稀缺的资源有助于企业创造独特竞争优势，但难以确保竞争对手进行模仿或找到可替换资源从而削弱企业的竞争优势；难以模仿、可替换程度较低等特征能帮助企业在较长时间内维持其竞争优势（Barney，2012）。

制造企业—供应商间关系管理的最终目的是对资源和能力的控制及积累。有学者指出，通过采购获取相关资源无法创造可持续竞争优势，因为这些资源是可以被自由交易的。Barney（1991）曾指出，企业不能指望在市场上"购买"获取可持续竞争优势；相反，企业只能通过自身控制的稀缺性、不可复制和不可替代的资源去创造独特的竞争优势。Ramsay（2001）从资源基础观视角探索分析采购职能能否以及如何创造企业竞争优势。在分析过程中，Ramsay 从反面角度出发，假定采购无法创造可持续竞争优势，意味着所有企业均可轻易模仿各自的采购策略和行为。也就是说同时存在四个条件：①职能同质性，所有企业间采购职能完全相同（Be Homogeneous）；②完全竞争信息，任何企业对其他企业采购策略相关信息了如指掌；③被采购资源完全流动性，所有企业都能轻易获取其他企业所采购的任何资源；④普遍的模仿吸引力（Imitation Attractiveness），模仿行为永远有利可图。Ramsay 证实四个条件在现实市场竞争中显得极为荒谬。历史因素、社会复杂性、人员技能差异和工作经验、资产优先购买（Asset Preemption）优势及转换成本等均会形成采购职能的异质性（Functional Heterogeneity）；因果模糊性（Causal Ambiguity）则加大了采购职能对其他企业采购活动信息的获取难度（Imperfect Competitor Information）；资产专用性（Asset Specificity）等因素限制了被采购资源的自由流动（Imperfect Resource Mobility）；模仿过程中的搜索成本（Search Costs）和开发成本（Development Costs）等使得模仿行为不可能必然获利。也就是说，采购职能的异质性、因果模糊性、资产专用性、搜索和开发成本等因素使得采购活动自身难以被竞争对手轻易模仿。只要能持续增强竞争对手的模仿难度，采购职能便能成为企业竞争优势的强力源泉。

在实践方面，Ramsay（2001）提出三个措施帮助采购职能获取独特且难以模仿的资源和能力：①在竞争对手情报外识别满足企业资源要求的供应商，并与之建立合作关系，即实现一种将优质供应商"隐藏"起来的状态。企业通过这些供应商获取的资源和能力自然成为竞争对手察觉不到、难以模仿的优质资源，企业便能建立自身的竞争优势。当然，要想实现这种"隐藏"策略，企业采购职能必须能够准确地判断行业发展趋势、具备准确识别潜在且有价值供应商和资源的能力，并能够先于竞争对手获取这些供应商的资源。②通过保密协议、长期合作关系、专用性投资等方式"锁定"（Enclose）供应商优质资源和能力，以实现企业所获取资源的独特性和难以模仿性，从而达到保护其竞争优势的目的。③以一种独特的、难以被模仿的方式管理供应商并获取供应商优质资源，也即采购职能需具备相应的有效管理供应商的技巧和内部能力。这些措施开始强调采购职能对企业战略及采购策略的支持作用，采购职能应尽力满足企业战略和采购策略要求，在成本领先战略下采购职能应提供"物美价廉"的原材料，而在实施差异化战略时，采购职能需提供独特的物料和服务，其实质类似于采购运作管理或供应商管理实践的设计与实施问题。

第三节 战略采购的产生及其内涵

一、战略采购的产生

采购职能所负责获取的物料／资产大约等值于制造业企业平均销售额的65%，因此企业逐渐认识到采购职能的增值能力。而仍将采购职能视为纯粹的成本控制活动将导致企业丧失竞争优势。一些企业如本田、空中客车公司和洛克希德马丁公司认识到，通过有效利用供应基资源和能力企业能获得其可持续竞争优势的提升。

长久以来，采购职能被视为管理企业原材料、服务和子配件等输入品的重要工具。这些输入品的获取，不仅要保证可靠的供应来源、符合特殊的质量标准和交货计划，同时确保符合特定的质量和时间标准、交货计划及最低的价格。这些规则是传统的采购管理模式，依靠对所获取物品和服务的高效管理以支撑企业生产制造活动。但在当今市场环境中，这种偏重于文书式管理的采购管理模式已不再适应企业的发展，也在发生显著变化。采购职能正被作为一种动态的、多模式化的管理行为。

采购职能从对物品和服务的管理转向对供应过程的管理。其主要区别在于对整个供应过程的管理意味着采购管理渗入整个企业组织，同时负责管理企业内部和外包资源。对整个供应过程的管理关系着企业的未来竞争力，只有具备有效的供应过程管理，企业才能快速适应外部环境的变化。例如，企业业务从组装向研发设计的转变势必对企业供应结构做出新的要求，只有采购职能满足这种要求时，研发设计的新业务才可能获得成功。与以往仅关注企业核心竞争力培养不同，供应过程管理思想更侧重于搜索、培养并挖掘外部资源以实现企业自身的综合竞争力。

供应管理核心在于通过对组织内产品和服务的流动管理以实现企业竞争力的提升，归根结底是实现最终消费者的满意。采购管理应在关注所采购产品和服务价格的同时，强调成本降低技术、改善产品生命周期、缩短产品上市时间等。对外部供应商的管理方面，采购职能管理应加强对供应基（Supply Base）的开发和管理，使其供应商能达到世界级水平，并能充分利用供应商资源和能力以满足市场要求。对制造企业而言，激烈的竞争环境变化使制造企业对供应商的要求越来越高，供应商必须提供确保关系双方均能维持竞争优势的资源和能力。

在战略采购思想的产生过程中，市场竞争变化、物价压力和消费者需求转变等外在因素发挥了极为重要的推动作用；但同时，采购职能是联结外部供应商和企业内部生产等需要的唯一界面，采购职能是挖掘供应商资源和能力，从而满足企业内部物料和服务需求、适应外部环境和需求变化的重要工具，采购职能的自身特征和功能是引发其战略性价值讨论的本质力量。Anderson 和 Katz（1998）指出，战略采购的产生背景，其中之一是全新生产制造和信息技术的应用，促使物品采购与制造需求的紧密结合；另外，采购与供应管理在企业成本压制中的重要作用，是体现采购职能战略性价值的关键，并且伴随核心能力理论所不断加强的外包战略（Outsourcing Strategy）进一步加强了企业对外部供应商资源和能力的依赖，也是推动采购职能战略性价值的重要力量。

战略采购思想出现之初，被误解为采购战略/策略。采购战略与战略采购有本质区别。采购战略涉及采购职能所采取的、能实现其目标的特定行为。如采购职能可实施物料、零部件和服务的标准化战略，并且可能规划良好、实施有效，但不足以证实这种采购战略将发挥战略性作用。因为此采购战略可能处于采购职能自身的考虑，而无视企业整体战略的期望和要求。相反，当企业切实采纳战略采购思想，视采购职能为战略性工具，采购职能将扮演战略决策者角色，参与企业战略制定过程。这种情况下采购职能所采取的管理行为和策略将直接面向企业整体战略。因此，准确区分战略采购与采购战略之间的区别和联系，不仅有助于加深对战略采购概念的理解，更有助于企业有效实现采购职能的战略性价值。

在理解并应用战略采购思想时还有一个易被误解的地方，即战略采购概念中"战略（性）"这个词的理解。"战略"简单理解为一种从全局考虑谋划实现整体目标的规划，而"战略性"（strategic）一词有以下几种释义：战略性的、战略（上）的、有战略意义的、至关重要的。在应用战略采购概念时，部分学者简单从"重要的"释义出发，战略采购变为一种应激性（Reactive）措施，会引致实践中战略采购思想的不恰当应用。"战略性"一词的理解应结合企业战略概念，体现其规划、超前思考（Forward Thinking）和主动出击（Proactive）等含义，只有这样才能进一步体现采购职能参与企业战略决策过程、有效支撑企业战略目标的内涵。

在企业实践中，为体现这种战略性特征和功能，采购职能需清楚理解企业面对哪些压力，同时明晰如何应对这些压力。其中一个核心内容是供应结构（Supply Structure）的转变，不仅是物料和服务的获取，更强调整个供应过程、将企业输入变为产品输出。战略采购思想下的采购与供应管理包括设计外包策略、检查供应商质量特征和类型、授权供应商层级、培养供应商联盟等。战略采购思想应充分发挥采购职能作为企业与外部供应商之间唯一界面的特质，从企业整体层面，考虑企业内部跨职能协作，更强调与供应链成员之间的沟通和合作。部分学者对战略采购概念的理解和界定如表 2-2 所示。

表 2-2 战略采购概念界定

学者（年份）	概念理解和界定
Walker（1988）	是一种关乎"自制或购买"决策的方法，以交易成本理论为基础，内容核心集中于资产的战略性价值和专业化水平
Venkatesan（1992）	是一种关乎"自制或购买"决策的方法，决策过程中强调零部件对企业竞争优势的重要性
Welch 和 Nayak（1992）	一种物资获取方法，通过在"自制或购买"决策中考虑技术和战略相关因素分析生产制造成本
Carr 和 Smeltzer（1997）	对战略性和运作性采购决策进行计划、实施、评价和控制的过程，目的是实现采购管理活动满足企业能力要求并最终实现企业长期战略目标
Anderson 和 Katz（1998）	建立在所有者总成本概念上的一个分析框架，通过分析外购件在实现企业绩效目标和顾客满意度方面的重要性帮助企业确定各外购件的采购策略
Narasimhan 和 Das（1999）	即设计并管理供应网络使其与企业运作和组织绩效目标相适应的管理行为和过程
Paulraj 等（2006）	战略采购主要用来体现采购职能的战略核心、采购职能的战略参与度和采购管理人员的可视性 / 地位三方面内容

当然，其他采购与供应管理领域学者也从不同的角度对战略采购概念进行特定的分析和解读，这里不再做更详细的介绍。

二、战略采购管理的演化模型

战略采购思想体现的是企业采购职能从文书式管理到战略性管理的不断演变，采购职能逐步从单纯的成本控制转变为企业有效利用外部供应商资源和能力支撑其整体战略目标的关键力量。Paulraj 等（2006）认为，战略采购体现为采购职能的战略核心、采购职能的战略参与度和采购管理人员的可视性三方面内容，而这三方面内容在战略采购思想演化过程中体现出不同的水平和程度。战略采购研究领域，部分学者提出了战略采购的演化阶段和不同模型。

Reck 和 Long（1988）以"Purchasing: A Competitive Weapon"为题，集中讨论采购职能在建立并维持企业竞争优势方面的价值和潜力。它们以 15 家包括一般消费产品和工业用产品企业为访谈对象，试图了解采购职能在企业战略目标实现过程中的作用和价值，并提出从文书式角色到战略性角色的阶段式发展过程。研究得出从消极（Passive）、独立（Independent）、支持（Supportive）、集成（Integrative）四个发展阶段。

（一）消极阶段

采购职能没有明确的战略目标，主要应对其他职能的要求，其特征：①采购职能大部分时间集中于快速解决问题和日常业务；②采购职能和采购人员绩效评价以效率为标准；③采购职能的低可见性及由此带来很少的职能间沟通；④供应商选择以价格和可替换性为标准。

（二）独立阶段

采购职能开始采取最新的采购技术和手段，但采购战略目标仍独立于企业竞争战略，其主要特征：①采购职能和采购人员评价以成本降低和效率为标准；②采购职能和技术部门之间逐渐出现沟通和协调；③高层管理者认识到职业水平发展的重要作用；④高层管理者认识到采购职能对于改善企业利润的潜力。

（三）支持阶段

采购职能开始通过采取能够提升企业竞争优势的采购技术和手段来支持企业的竞争战略目标，主要特征：①采购人员参与销售业务团队；②认为供应商是重要竞争来源，并谨慎选择供应商；③有经验、有意愿的采购人员被认为是重要资源；④采购职能持续监管并分析市场、产品和供应商状况。

（四）集成阶段

采购战略完全集成进企业竞争战略，采购职能与其他职能一起制订并实施战略计划。主要特征：①实施采购职业执行官的跨职能培训；②采购与其他职能之间建立长久的沟通机制；③采购职业发展集中于竞争战略核心因素；④采购绩效评价以其对企业战略目标的贡献为标准。Reck 和 Long（1988）所提出的这个采购职能的战略性发展阶段，为理论和实践界理解战略采购思想提供了重要的理论支撑，相关学者对战略采购思想的后续研究大多以此发展阶段为基础。四个阶段更为详细的特征区别如表 2-3 所示。

表 2-3　采购职能的发展阶段特征区别

	消极阶段	独立阶段	支持阶段	基础阶段
长期规划实质	无	产品或程式	战略支持	战略内部成分
变革动力	管理要求	竞争对抗	企业竞争战略	集成管理
职业晋升	有限的	小可能	可能性较大	无限的
评价基准	投诉	成本降低和供应商绩效	战略目标	战略价值贡献

续表

	消极阶段	独立阶段	支持阶段	基础阶段
组织可见性	很低	有限的	较高	很高
计算机系统侧重	重复性任务	技术和效率	特定决策要求	决策制定者要求
新观点来源	考验和失败	当前采购实践	竞争战略	职能间信息交换
资源可替代基础	有限的	任意/价格合理	战略目标	战略需求
供应商评价基准	价格、可替换程度	最低总成本	战略目标	战略价值贡献
对供应商态度	敌对的	可变的	企业资源	相互依赖
职业化发展侧重	认为不必要	当前新实践	战略要素	跨职能理解
总体特征	文书职能	职能效率	战略促进	战略贡献

Freeman 和 Cavinato（1990）以"Fitting Purchasing To The Strategic Firms：Frameworks，Processes，and Values"为题，重点讨论采购职能如何与企业战略相适应，书中也提出一个与采购职能战略性发展相关的阶段模型，如表2-4所示。

表2-4 采购职能战略性发展相关阶段模型

采购属性	专注于基础财务规划	专注于预期规划	专注于外部导向规划	战略采购管理
所处领域	购买（Buying）	采购（Purchasing）	获取（Procurement）	供应（Supply）
战略侧重	获得下次购买更好价格	维持最优价格	业务支撑	企业家团队成员
采购预期	成本最低	成本最小、成本压制、保证质量	通过价值分析、价值工程创造贡献	采购参与产品开发和企业业务管理
管理方式	应激型	应激型但规划长远	与其他职能规划相适应	积极主动
主要活动	采购订单和合同过程	购买过程管理	购买周期与产品周期适应	管理交易关系、长期购买
获取产品范围	MRO物件、办公用品	原材料、MRO物件、办公用品	资本产品、原材料、MRO物件、办公物品、外包管理	提供采购源、提供产品变化建议

41

续表

采购属性	专注于基础财务规划	专注于预期规划	专注于外部导向规划	战略采购管理
预算方法	成本中心	成本中心、未来规划	供应链管理、规划采购结构使其与企业业务相符	真正供应管理
管理风格	文书式 / 应激型	管理、预测	管理、规划	团队成员
关键人员技能	任务导向	特定管理事务	管理人际间关系、分析能力	采购决策是企业业务决策
核心内容	遵循惯例、工艺问题	基本管理事项、侧重范围 / 集中化权力	供应链管理	输出和结果是关键

除了两个发展阶段模型，有部分学者针对采购职能和采购策略的类型进行相关研究，体现了采购职能管理的不同模式，也反映出战略采购部分特征。Svahn 和 Westerlund（2009）以物料供应管理中的采购策略为研究主题，引入战略采购概念和供应网络情境，以采购目的（效率或效益）和关系复杂性两个维度为基础提出六种采购策略，如表 2-5 所示。

表 2-5　采购策略类型

		采购目的	
		效率（Efficiency）	效益（Effectiveness）
关系复杂性	交易型关系	最低成本（Price Minimiser）	适应型（Adaptator）
	伙伴关系	协定价格（Bargainer）	项目管理（Projector）
	协作网络	机械型（Clockwiser）	革新型（Updator）

Cousins 等（2006）以 "An empirical taxonomy of purchasing functions" 为题，侧重于采购职能的分类管理，用实证方法提出采购职能构型的集中形态，并指出不同形态采购职能对企业组织绩效的不同影响。借助对英国 151 位采购执行官的调研数据，基于采购职能参与战略决策过程的程度、高层管理者眼中采购职能的地位、内部集成水平和采购技能四项内容，将其作为聚类标准通过聚类分析的方法证实存在战略的（Strategic）、有能力的（Capable）、闻名的（Celebrity）和未开发的（Undeveloped）四类采购职能形态。各形态下采

购职能参与企业战略决策的水平、采购职能在企业内部的地位、采购技能等呈现出较大差异，因此会形成不同的绩效表现。除此之外，Paulraj 等（2006）以 "Levels of strategic purchasing：Impact on supply integration and performance"为题，在研究战略采购如何影响供应集成及企业绩效过程中，提出战略采购水平的观点，识别出战略采购的战略核心、采购职能的战略参与度和采购管理人员的可视性 / 地位三个内容维度，并以此为聚类标准进行实证聚类分析，得出战略采购的三种实施水平。各实施水平下，此三个内容维度表现各不相同。同时，战略采购的三种不同实施水平对供应集成及企业组织绩效的影响效果也各不相同。这三种实施水平体现出企业战略采购思想的不同管理模式。

这些研究清晰表明了采购职能的战略性演化，在现有理论及企业实践中被广泛接受，更为重要的是，帮助企业在理解采购职能对企业的价值贡献、指导企业实施更为有效的采购管理实践，如制造企业—供应商关系管理、供应商开发、供应商参与新产品开发、可持续采购等方面发挥了极为重要的作用。

三、战略采购的构念研究

Carr 和 Smeltzer（1997）以战略采购的操作化定义为研究核心，借助 739家企业调研数据实现了对战略采购的构念研究，作者从企业战略规划过程角度出发，明确企业内外部环境与企业使命及公司层、业务层和职能层战略之间的关系之后，提出战略采购的一个定义，即战略采购是对战略性和运作性采购决策进行计划、实施、评价和控制的整体过程，其目的是实现采购管理活动满足企业能力要求并最终实现企业长期战略目标。在此之后提出战略采购水平概念，用采购管理目标与公司层、其他职能和供应商目标的适配、采购参与战略规划制定和采购职能设置并执行战略规划衡量战略采购水平。同时，提出四个影响战略采购水平的因素：地位、知识和技能、风险和资源，构建四个因素与战略采购水平之间的影响关系模型，如图 2-5 所示，最终证实四个因素对战略采购水平的显著影响关系，得出四个因素可作为战略采购概念的内容组成成分。其中地位变量包括其他职能对采购的态度、采购被视为其他职能同伴、高层管理者对采购的态度；知识和技能包括对供应商市场的知识和分析技能、采购绩效衡量；风险包括采购职能识别并利用新机会的意愿、采购预测；资源包括采购能否获取信息、采购应用信息技术的能力等。

Kocabasoglu 和 Suresh（2006）以美国 140 家制造企业为分析单元，重点展开对企业战略采购思想的理解和实施问题。借助 Narasimhan 和 Das（1999）对战略采购的定义，即设计并管理供应网络使其与企业运作和组织绩效目标相适应的管理行为和过程；借助已有相关战略采购内容维度的综述，如

表 2-6 所示。

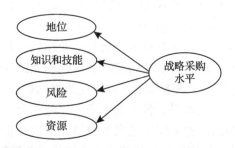

图 2-5　Carr 和 Smeltzer 的战略采购影响因素模型

表 2-6　战略采购内容维度

	Reck 和 Long	Welch 和 Nayak	Pink 和 Baldwin	Anderson 和 Katz	Narasimhan 和 Das	Sislian 和 Satir
采购地位						
高管意识到采购的作用	√			√	√	
采购与其他职能地位相同	√					
采购参与进公司层战略制定	√					
内部协调						
频繁的职能间沟通	√					
参与销售提议	√			√		
参与并行工程团队	√			√		
采购执行官的跨职能培训	√			√		
信息共享						
产品生产信息共享			√			
生产同步化			√	√	√	
成本信息共享			√	√		
供应商开发		√				
与供应商共同投资			√			

续表

	Reck 和 Long	Welch 和 Nayak	Pink 和 Baldwin	Anderson 和 Katz	Narasimhan 和 Das	Sislian 和 Satir
对供应商的财务资助			√			
对供应商的技术帮助			√	√		√
对供应商的培训			√	√		√

对战略采购概念进行构念研究，如图 2-6 所示。采购地位包括三个题项：公司高层管理者强调采购职能的战略角色、CEO 认为采购职能与其他职能同等重要、采购职能参与公司层战略规划。内部协调包括四个题项：采购和其他职能之间频繁沟通、采购人员参与销售活动、采购人员参与并行工程团队、给采购执行官安排跨职能培训。信息共享包括三个题项：与供应商共享生产计划、与供应商同步生产计划、与供应商共享成本信息。供应商开发包括四个题项：与供应商共同投资特定机器、给予供应商财务支持、给予供应商技术帮助、对供应商人员进行质量培训。

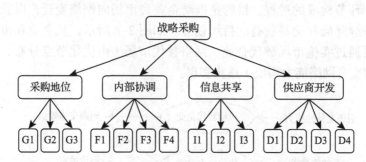

图 2-6　Kocabasoglu 和 Suresh 的战略采购构念模型

Paulraj 等（2006）在探讨战略采购对供应集成及企业绩效的影响效果时，提出了战略采购的内容维度，并以这些维度为标准提出战略采购水平的概念，类似于类型学概念。他们用采购职能的战略核心、采购职能的战略参与度和采购管理人员的可视性／地位三方面内容实现对战略采购概念的测量。其中，战略核心包括 2 个题项。采购职能具备正式的长期规划、采购职能的核心侧重于危机和不确定性等长期事务；战略参与度包括 5 个题项。采购职能参与企业战略规划制定、采购职能熟知企业战略目标、采购绩效的衡量以其对企业的价值贡献为标准、采购职业发展侧重于竞争战略要素、高层管理者强调采购职能的战略性角色；可视性／地位包括3个题项。高层管理认为采购职能是公司战略的重要组成部分、采购人员的观点对大部分高层管理者十分重要、首席采购官在高层管理者中地位很高（见图2-7）。

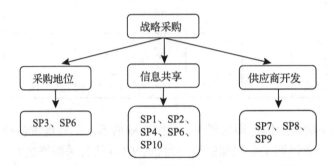

图 2-7　Paulraj 等（2006）的战略采购内容维度模型

徐金发和卢蓉（2006）以"战略采购的过程模型及其作用模式"为题，并以交易成本／交易效益双边动态理论为基础，探讨战略采购的过程模型及作用机理，试图更好地解释网络环境下企业和市场的运行和发展规律，指出战略采购是一个由市场替代企业、优化网络节点、固化网络联结和整合网络能力四个环节构成的过程，目的是推动企业和市场向网络变迁，以获得交易成本的持续降低和交易收益的持续创造。如图2-8所示，从企业和市场转换到网络要通过实施市场替代企业、网络替代市场（由优化节点分布、固化网络联结和整合网络能力构成）逐步实现。

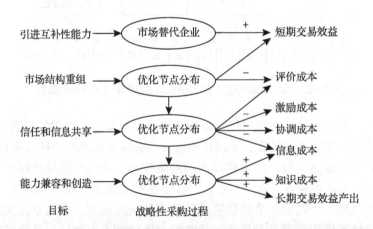

图 2-8　徐金发和卢蓉 (2006) 的战略采购过程模型及其作用模式

以上文献侧重于战略采购的构念研究，加深了理论和实践对战略采购概念的认识和理解。其他战略采购相关实证研究大多引用以上构念研究内容维度实现对战略采购（实施）的测量。如 Chen 等（2004）在研究战略采购、供应管理和企业绩效之间关系时，用采购参与企业战略规划过程、采购熟知企业战略目标、以采购对企业的价值贡献为标准进行评价、采购人员发展侧重于企业竞争战略要素、采购部门在采购职能管理中发挥核心作用、采购核心任务不局限于风险和不确定性、采购管理有正式的长期规划等题项测量战略采购变量。Nair 等（2015）在研究战略采购参与、供应商选择、供应商评价和采购绩效时，用采购与其他部门共同工作以实现主要业务目标、采购在公司战略议题中发挥重要角色、采购提出建议或改变最终产品和产出、采购代表高层管理者等题项测量战略采购参与变量。

第四节　采购竞争力理论：采购职能战略性价值的实现

2000 年，Das 和 Narasimhan 首次正式提出采购竞争力概念，他们从供应链竞争力的角度出发，指出采购竞争力与生产竞争力和物流 / 分销竞争力（Logistics/marketing Competence）是构成企业供应链竞争力的核心要素。Das 和 Narasimhan（2000）把采购竞争力界定为企业培养和管理供应基（Supply Base）并使其与制造和竞争战略相适配的能力，指出采购竞争力源于却不同于采购管理实践，采购竞争力是企业内在的培养和管理供应基的特质，而采购管理实践是外显的、可被直接评测的管理行为。此研究最终证实，供应基合理化、关系开发、供应商能力评估和采购集成四项实践活动是企业采购竞争力的主要构成要素。

延续此采购竞争力思路，Narasimhan 等（2001）关注那些保证采购策略有效实施的使能因素，认为采购职能的竞争力源于使采购职能足以承担企业战略性职责的那些特质，即此研究所提出的分权、员工才能、采购参与产品生产和质量控制、采购参与新产品开发及关系管理等行为要素。对比分析此两项研究成果可以发现，Das 和 Narasimhan（2000）的采购竞争力概念直接面向企业外部供应基，侧重于对外部供应商的管理；Narasimhan 等（2001）以分权、员工才能等内部导向要素（Internally Focused Initiative）为主，同时强调采购职能参与产品生产和质量控制、参与新产品开发等职责。这些研究通过探索采购竞争力概念内容构成的方式识别出供应基合理化、采购集成、员工才能和采购参与新产品开发等实践要素，一定程度上加深了对采购管理实践的理解。

同样以采购竞争力概念为研究重点，González-Benito（2007）以探索采购职能对企业的价值贡献为出发点，借鉴 Vickery（1991）所提生产竞争力概念，开创性地将采购竞争力分解为战略适配（Strategic Alignment）和采购效力（Purchasing Efficacy）两部分，并证实采购职能对企业绩效的贡献大小取决于采购能力支撑企业竞争战略的程度。战略适配特指采购策略目标和企业竞争战略的匹配，而采购效力指采购能力要素和采购策略目标的匹配，如图 2-9 所示。战略适配用于体现或评估采购部门主管所确定的采购运作管理的优先任务满足企业竞争战略要求的程度，这种适配程度可被视为采购职能参与企业战略决策过程水平的直接结果。采购效力代表采购部门所具备的人力资源、技术资源等能力要素水平，以及这些能力能实现采购策略目标的程度或水平。此研究最终证实，采购效力和战略适配两概念间的互动和相互作用会显著影响企业的经营和财务绩效，战略适配会影响采购效力对企业绩效的作用效果。

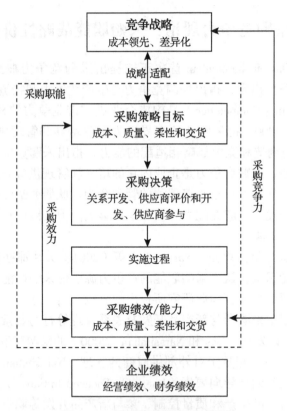

图 2-9 采购竞争力概念框架

显然，此结论与上述 Das 和 Narasimhan（2000）以及 Narasimhan 等（2001）所探讨的采购竞争力概念存在明显差异：他们将采购竞争力与企业采购管理行为联系在一起，认为采购竞争力直接体现为企业具体管理实践组合；González-Benito（2007）更强调采购能力要素，认为采购竞争力源于采购能力要素、采购策略与企业竞争战略三者之间的良好匹配关系，只有能有效实现采购策略目标且能支撑企业竞争战略目标的采购职能才具备竞争力。González-Benito（2007）对采购竞争力概念的理解更为深入，也更便于揭示采购职能的战略性价值。González-Benito（2007）将企业采购能力归于成本、质量、柔性和交货四个要素，虽然较为完整地涵盖了采购职能所能为企业做出的贡献，但缺乏能显示采购职能本质的特质要素，并且这种采购能力视角的采购竞争力研究很难直接帮助企业解决采购管理实践的实施问题。尽管如此，González-Benito（2007）所提出的采购竞争力的战略适配，尤其是采购效力概念完全适用于采购管理实践研究，并且这种采购管理实践视角的采购效力概念在之后其他学者的研究中也得到了验证。

Baier 等（2008）沿用 González-Benito（2007）所提出的战略适配和采购效力概念，通过引入采购管理实践变量，构建它们与企业财务绩效之间的影响关系来解释采购运作管理对企业的战略性价值。Baier 等（2008）不再集中于采购能力要素，而将采购效力概念归于采购实践活动与采购策略间的匹配，着力解决如何设计采购实践活动以保证其与企业采购策略相适应的问题。研究指出，成本领先的采购策略应以知识和信息管理、组织结构管理、绩效管理及心态和抱负（Mindsets and Aspirations）等为主；侧重于质量目标的采购策略应以供应商管理、人才管理、采购集成和核心采购过程为主；而创新领先的采购策略应以核心采购过程、人才管理、采购集成及心态和抱负为主。此项研究从采购管理实践的角度对 González-Benito（2007）所提出的采购竞争力概念进行了重新解读，所得出的研究结论更具清晰的实践指导意义，为企业实施采购管理实践提供了可靠的理论基础。但严格来讲，此研究仍存在需要改进的不足之处。他们在构建采购管理实践构念时借用了新圣加仑管理模型（the New St. Gallen Management Model）中的文化、结构和战略三要素，识别出文化和能力、结构和系统及战略和执行三方面的 10 项采购管理实践。

另外，Paulraj 和 Chen（2007）将战略采购、长期关系导向、企业间沟通、跨组织团队和供应商集成等概念纳入战略供应管理（Strategic Supply Management）框架，强调企业采购管理与所采纳战略采购思想的适应和搭配，即在战略采购思想下，企业更应与供应商建立长期关系导向、强化企业间沟通、重视跨组织团队及供应商集成等措施，只有这样才能真正落实战略采购的价值创造潜力。Rossetti 和 Choi（2008）指出，部分美国制造企业在采纳战略采购思想后，却转而实施短期导向、成本优先的供应商管理行为，其结果使得部分供应商成为这些制造企业的直接竞争对手。也就是说，战略采购思想的不合理应用不仅难以实现其应有的价值创造潜力，反而会助长企业与供应商合作中的不忠实行为、加剧双方之间的竞争。

　　以采购竞争力理论为基础，禹文钢和李随成（2015）侧重于采购效力概念，集中探讨如何确保采购职能有效支撑企业战略目标、实现其潜力和战略性价值的问题。战略采购思想强调采购职能积极参与企业战略决策制定过程、强调采购职能对企业战略目标的支撑作用。但很显然，企业面对不同的外部环境将确定不同的战略目标，如成本领先、差异化或集中化战略，成本、质量、柔性、交货或创新等竞争优先权。战略适配和采购效力概念所组成的采购竞争力理论便致力于解决面对不同的竞争战略企业应实施怎样的采购策略、针对特定的采购策略目标企业又应实施怎样的采购管理实践。禹文钢和李随成（2015）认为，应从系统的角度理解采购职能管理，以采购管理实践的不同侧重点和实施方式为标准识别出交易型、协作型和发掘型三种不同的采购管理模式；并通过实证检验证实成本优先权下实施交易型采购实践形态下的采购实践更有效，质量优先权下实施协作型采购实践形态下的采购实践更有效，柔性优先权下实施协作型采购实践形态下的采购实践更有效，创新优先权下实施发掘型采购实践形态下的采购实践更有效。

第五节　战略采购的价值

　　Narasimhan 和 Das（1999）以制造柔性为研究对象，探讨如何通过采购管理实现制造柔性的改善。他们以该时期采购职能战略性转变的文献为基础，提出战略采购在改善企业制造柔性方面的重要作用，并将战略采购界定为"与具备快速响应生产计划或变更改变能力的供应商建立关系""供应商能力正式渗入企业设计、工程和制造战略"。研究证实，这种战略采购与先进制造技术一起在改善企业制造柔性方面发挥了重要作用，并最终极大改善了企业制造成本的降低。

　　Sanchez-Rodriguez（2009）借助对西班牙 306 家制造企业的田野研究，进行了企业战略采购对供应商开发及其绩效影响的实证研究，指出战略采购和供应商开发是保证企业成功实施关系营销的重要力量，并进一步提出战略采购是供应商开发活动的重要前因，将极大改善企业采购绩效并提升企业竞争力。为证实这些观点，作者从企业关系观出发，构建战略采购、供应商开发和企业采购绩效的概念模型，并用结构方程模型进行实证检验。研究结果证实，企业战略采购管理既直接促进供应商开发活动、改善企业采购绩效，同时通过供应商开发而间接改善企业采购绩效。这种结论一定程度上有助于制造企业理解如何通过实施供应商开发活动实现战略采购管理对企业采购绩效以及企业竞争力的改善和提升。

　　从类型学角度出发，Paulraj 等（2006）用聚类分析的方法对战略采购构念进行了更深入的研究，探讨战略采购对供应整合（Supply Integration）、企业和供应商的绩效的影响。他们认为，企业战略采购水平体现为采购职能的战略侧重点和战略参与程度，以及采购管理人员的地位和可视性三个方面，并以此为标准实现对战略采购概念的聚类分析，确定战略采购的高中低三个不同阶段／水平。研究结果表明，当战略采购发展至较高水平时，供应整合实践将实施得更为成功，并且同时提升供应商和企业自身的供应链绩效。

Chen 等（2004）以 221 家美国制造企业调研数据为基础，用实证的方式证实采购职能的战略性角色及其价值实现方式，并从企业动态能力与竞争优势之间关系出发，指出制造企业 – 供应商关系管理／供应管理能力对企业竞争优势的重要作用，用与少数供应商培养紧密合作关系、促进供应链成员之间的开放式沟通和培养长期战略导向三方面内容概括这种供应管理能力，探讨企业战略采购思想对于这种供应管理能力的影响效果。研究结果表明，采购职能的战略性价值正是通过战略采购和供应管理能力间的相互影响而实现的，即战略采购通过促成企业与少数供应商建立紧密合作关系、培养供应链成员之间开放式沟通和培养长期战略导向等供应管理能力而提升企业自身可持续竞争能力。

战略采购思想带来的不仅仅是对采购职能重要价值的强调和认可，同时带来了企业采购管理的重大转变。可以说，仅接受或认识到采购职能所具备的战略性价值并不能理所当然便获得采购职能对企业竞争力的改善和提升，只有适应这种转变并满足战略采购对企业管理的要求才能真正实现采购职能创造可持续竞争优势的价值和贡献。战略采购思想对企业采购管理实践也提出了相似的要求，只有合理实施采购管理实践才能享受采购职能的战略性价值潜力。

Day 和 Lichtenstein（2006）将战略采购思想融入采购管理实践，用战略供应管理（Strategic Supply Management）阐述采购职能对企业的价值贡献及贡献方式。针对已有研究中采购管理实践零散、停留在职能层的不足，作者从企业层面构建战略供应管理实践的分析框架，同时引入企业战略导向概念，提出采购策略、采购实践活动与企业战略导向相适配的观点，认为供应管理实践与企业战略导向之间的互动（Interaction）是确保采购职能战略性价值的关键。尽管未提供实证检验，但 Day 和 Lichtenstein 的这种采购策略、采购管理实践与企业战略导向相适配的思想为企业有效实施采购管理实践、最大限度地实现采购职能战略性价值提供了更富实践意义的指导和建议。

与此观点类似的还有 Gonzalez–Benito（2007）和 Baier 等（2008）。Gonzalez–Benito 将生产竞争力理论（Theory of Production Competence）引入采购与供应管理研究，构建采购战略目标和采购能力之间适配的采购效力（Purchasing Efficacy），以及企业竞争战略和采购战略目标之间适配的战略适配（Strategic

Alignment）两个概念；指出采购能力能否实现采购战略目标并最终支撑企业竞争战略目标是采购职能能否做出战略性价值贡献的关键。研究通过 141 家工业企业实证说明采购效力和战略适配及它们之间的相互影响对狭义商业和财务绩效的提升作用。而 Baier 等则用采购管理实践与采购战略目标之间的适配来阐述采购效力概念，构建采购管理实践、采购战略目标与企业竞争战略三者之间的适配关系，并用构型观（a Configurational Perspective）和模式偏差分析的方法证实不同竞争战略下样本企业中绩优企业所确定的采购战略目标及其所实施的采购管理实践大不相同。比如，侧重于成本优先权的采购战略目标下，企业在采购管理中更偏重于知识和信息管理、组织结构管理、绩效管理，以及心态和抱负（mindset and aspirations）等；而侧重于创新优先权的采购战略目标下，企业在采购管理中更偏重于核心采购过程、人才管理、采购集成，以及心态和抱负等。

同样关注战略供应管理概念，Yeung（2008）从质量管理的角度探讨战略供应管理的前因及其对组织绩效的影响机制。文中对战略供应管理的界定侧重于培养有能力的供应基，且尽力发挥供应管理价值的长期导向的管理思想，采纳这种管理思想的企业重视企业自身和供应商间双边关系，期望培养并最大化利用高质量供应商的资源和能力以实现自身的竞争优势。在此之后，作者基于 ISO 9000 认证、质量管理、企业规模和工艺类型的管理情境，进一步地探讨这些管理变量对战略供应管理的推动作用，以及战略供应管理与时间效力、成本效力，以及顾客满意和企业绩效之间的影响关系。225 家电子设备制造企业的实证结果表明，战略供应管理更适用于需要双边持续努力的质量管理情境，一般的 ISO 9000 认证与战略供应管理关系不大；另外，战略供应管理能显著改善准时交货、降低运作成本，并最终实现较高的顾客满意度和企业经营绩效。

对买方企业（Buyer）而言，战略采购能直接影响企业财务绩效，同时能通过其他力量间接改善企业竞争力（Carr and Pearson，1999）。但在企业和供应商界面（interface），采购职能的战略性管理能否显著改善供应商绩效。Yeung 等（2015）选择供应商质量绩效这个角度，探讨买方—供应商关系中不公平感知（Inequity Perception）对关系联盟的影响；尤其关注采购职能作为企业和供应商重要界面被高度重视、进行战略性采购管理之后，作为合作方的供应商是否享受到了采购职能的价值贡献。实证结果表明，从买方角度，确实存在对供应商的不公平感知，并且买方—供应商关系中介了战略采购与供应商质量绩效之间的关系。研究结果进一步表明，供应商企业管理者应帮助买方企业使其采购职能成为战略性武器。

战略采购思想在强调采购职能战略性价值的同时，更要求提升采购职能在企业内的权力和地位，要求实现采购职能与内部其他职能之间的协调和统一，只有这样才能真正实现采购职能的战略性价值潜力。Nair 等（2016）集中于战略采购参与（Strategic Purchasing Participation），探讨采购职能的战略性参与如何通过供应商选择标准和供应商绩效评价最终影响供应管理或采购绩效。研究指出，选择合适的供应商选择标准与供应商绩效评价，确保采购职能的战略性价值潜力转化为更好的成本、质量、交货、柔性和创新等采购绩效。实证结果证实，采购职能的战略性参与除能直接改善企业采购绩效外，也将通过供应商选择标准和供应商绩效评价的中介作用改善企业采购绩效。

同样关注于如何落实采购职能的战略性价值，Lawson 等（2013）侧重于组织间供应管理实践（社会化、供应商集成、供应商响应性），探讨战略采购对组织间关系绩效的影响效果。他们借助 111 家英国企业采购执行官的调研数据，证实战略采购通过供应商集成对买方绩效产生间接显著影响；同时，战略采购对社会化机制产生直接效果，但对供应商响应性却没有显著效果。

采购职能是联结企业自身和外部供应商的重要界面，采购职能的战略性管理转变势必对企业和其供应商间关系带来巨大转变，关系管理需做出相应转变。Paulraj 和 Chen（2005）从买方—供应商关系管理角度出发，探讨战略采购对买方—供应商关系管理及对供应链质量绩效的影响作用。在将买方—供应商管理界定为供应基缩减、沟通和长期关系后，他们构建了战略采购与这三个维度及与买方、供应商双方质量绩效之间的影响关系。研究结果表明，战略采购在改善企业与供应商间关系方面发挥了重要作用，并通过这些关系管理行为显著改善买方和供应商双方的质量绩效。

Carr 和 Pearson（2002）从采购／供应商参与出发，探讨其与战略采购及企业采购绩效的关系。采购／供应商参与体现的是将采购专家和企业关键供应商集成进企业决策过程。与采购集成概念相比，此概念更具可操作性且将关键供应商考虑在内。在此之后，作者构建了采购／供应商参与、战略采购和企业财务绩效三者之间的关系，并实证证实，战略采购是采购／供应商参与和企业财务绩效之间的重要中介因素。

Carr 和 Smeltzer（2000）关注采购技能（Purchasing Skills），致力于解答在当今竞争环境下采购人员应具备怎么样的技能，并指出采购人员的技能水平将在很大程度上影响企业的运行和发展。具体地，作者构建了采购技能与战略采购、企业绩效以及供应商响应性之间的影响关系，并实证证实，出色的采购技能不仅有助于实现采购职能的战略性管理，同时将显著提升企业绩效以及供应商的响应性。

Yang 等（2013）侧重于采购职能的战略性参与（Purchasing Strategic Involvement），构建亚洲和西欧／美国两种不同情境下的采购实践活动

（Purchasing Activities）、采购职能战略性参与和生产制造竞争力间的影响关系。研究结果表明，在不同文化情境下，采购实践活动和采购职能战略性参与的强度和效力有较大差别：西欧/美国情境下企业实践与文中所提概念模型实现了适配，但亚洲情境下未能实现模型的适配。研究证实采购实践活动和采购职能战略性参与会受到国家/文化情境的影响。

Paulraj 和 Chen（2007）将战略采购、长期关系导向、企业间沟通、跨组织团队和供应商集成等概念纳入战略供应管理（Strategic Supply Management）框架，强调企业采购管理与所采纳战略采购思想的适应和搭配，即在战略采购思想下，企业更应与供应商建立长期关系导向、强化企业间沟通、重视跨组织团队及供应商集成等措施，只有这样才能真正落实战略采购的价值创造潜力。从资源依赖理论出发，进一步地构建需求、供应和技术不确定性与战略供应管理及买方和供应商绩效之间的影响关系，认为只有处在需求、供应和技术不确定情境下，企业才有必要通过实施战略采购思想而取得绩效和竞争力的提升。实证结果证实，供应和技术不确定性是驱动企业实施战略供应管理的重要力量，而需求不确定性的驱动力假设未得到证实。与这个战略供应管理框架思想类似的是，Rossetti 和 Choi（2008）以美国制造业所经历的流程改造、规模缩减和行业重组等变革为基础，针对制造企业实施战略采购所发生的不良现象进行讨论。这些制造企业在面对员工流失、部门重组和子公司倒闭的情况下纷纷采纳战略采购思想，试图通过战略采购管理提升企业竞争力。但实践中，这些企业在采纳战略采购思想后，却转而实施短期导向、成本优先的供应商管理行为，其结果使得部分供应商成为这些制造企业的直接竞争对手。也就是说，战略采购思想的不合理应用不仅难以实现其应有的价值创造潜力，反而会助长合作中的不忠实行为、加剧双方之间的竞争。

将标杆管理（Benchmarking）引入采购职能管理领域，Carr 和 Smeltzer（1999）试图建立采购标杆管理与战略采购及企业绩效之间的关系。他们指出，对采购过程的标杆管理类似于"最佳实践"观点，建立采购过程的标准化、最优化采购管理实践，提出采购标杆管理将会直接显著改善企业绩效表现，同时通过促进企业战略管理而作用于企业绩效的提升。除此之外，作者还建立了企业绩效、战略采购与采购标杆管理之间的双向影响关系，即认为企业绩效的提升更有利于战略采购管理和采购标杆管理的有效实施，同时企业战略采购思想的推行将促进采购标杆管理的执行。国内学者逐步引入战略采购管理思想，试图形成对企业采购和运作管理更合理的解释，期望我国企业能更有效地实施战略采购管理，提升我国企业的竞争力。

徐金发和卢蓉（2006）集中于战略采购的过程模型及其作用模式，试图理解我国战略采购实践和理论现状，为我国企业战略采购管理的实施提供理论指导和实践建议。他们以交易成本/交易效益双边动态理论为基础，提出一个推动企业和市场向网络变迁以获得交易成本的持续降低和交易收益的持续创造的战略采购过程模型。并以采购职能的战略贡献高低和供方、买方力量对比为基础，提出"2×2"的不同条件下的战略采购作用机理，如图2-10所示。

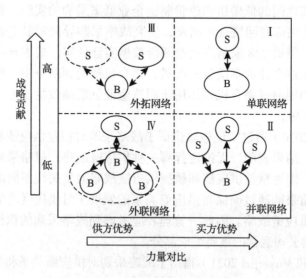

图 2-10　战略采购作用机理

其中，单联网络表示买方优势下采购职能战略贡献高的能力，由于其供应商核心能力对企业自身有较高的贡献，这种条件下战略采购的主要目标是拓展企业核心能力。并联网络表示买方优势下采购战略贡献低的能力，由于所采购的供应商核心能力对企业贡献较低，这种条件下，战略采购的主要目标是以最低的成本引进能力并最大限度地发挥所引进能力的价值。外拓网络表示供方优势下采购战略贡献高的能力，供应商力量处于优势地位，买方企业发展网络的主动性受到限制，而被采购能力对企业非常重要，因此这种条件下战略采购的首要任务是确保能够获取所需的能力。外联网络表示供方优势下采购战略贡献低的能力，在这种条件下，战略采购的主要目标是降低被采购能力的总体拥有成本。

卢蓉和王万山（2006）以"文化因素对我国企业实施战略采购影响的实证研究"为题，借助我国121家企业数据实证证实中国文化因素对企业战略采购有直接和间接的双重消极影响。一方面，企业文化的权利距离大、高风险回避、低信息程度、信息不规范且集中等直接对战略采购产生消极影响；另一方面，中国文化削弱了采购部门地位、商誉和合作历史对战略采购的积极影响。因此，要加快发展中国企业的战略采购，必须重视文化层面的建设，特别是企业文化和市场文化的培育。

禹文钢和李随成（2016）以制造企业低碳采购的实施为侧重点，探讨战略采购、高管低碳态度和制造企业低碳采购之间的影响关系。通过实证检验证实，战略采购除直接促进制造企业低碳采购的实施之外，还通过促进制造企业与供应商之间的低碳协作改善制造企业低碳采购的实施。黄聿舟和李随成（2014）从供应商网络视角出发，研究战略采购导向对制造企业竞争能力的影响效果，借助238家制造企业调研数据实证证实，成本导向的战略采购直接作用于制造企业成本绩效的改进，整合机制起到部分中介作用；创新导向的战略采购则通过整合机制作用于制造企业创新绩效的改进，整合机制起到完全中介作用。

Yildiz（2020）通过实证检验论证了战略采购对精益供应链和敏捷供应链战略的影响。结果表明，无论选择哪一种供应链战略，战略采购对两种战略都是重要的，因为精益供应链和敏捷供应链战略通常关注不同的问题而实现其目标。战略采购通过确保与供应商关系的发展（对供应网络的有效管理），有助于形成供应链战略。因此，管理者应考虑到战略采购的积极贡献，并将战略采购视为公司运营的重要组成部分。

Fantazy和Mukerji（2021）指出了战略采购对供应商关系和参与、合作伙伴数量和信任水平有积极影响。

Fiorini等（2022）基于对131家意大利化工企业进行的独特调查，阐述了采购部门如何通过参与战略决策促进企业绩效。并特别分析了供应链创新、技术导向和研发效率的中介作用。技术导向和研发效率的作用下，将研发部纳入公司的战略决策将导致更高的组织绩效。

Biazzin（2020）指出，战略采购有助于提高供应链竞争力，为建立更好的公司内部和公司之间的关系创造机会。通过组织和采购策略之间的一致性，组织可以为整个供应链定义开发供应商、识别和减轻供应风险、引入创新和优化成本的路径。通过减少供应商不确定性，战略采购可以优化供应链的有效性和效率。

第六节　采购集成：采购职能战略参与度的不断提升

一、采购集成的内涵

战略采购思想高度强调采购职能对企业产品价值创造的重要作用，但同时采购职能这种战略性价值的实现必须要求企业管理给予其足够的权力和地位、要求采购职能充分实现其与内部其他职能及外部供应商的协调和统一。只有这样才能最大化降低交易成本、提升管理效率和效力，真正实现供应商对企业的价值创造潜力、兑现采购职能的战略性价值。这种观点也成为采购与供应管理领域众多学者研究的热点话题，并逐渐形成了采购集成（Purchasing Integration）的概念。

集成（Integration）是供应链管理领域一个重要的概念和话题。众多学者从职能层、内部和外部、顾客导向、制造、分销和采购等层面界定和研究供应链的集成（Supply Chain Integration）。供应链集成一般包括顾客/市场集成、信息集成、物流和分销集成、供应商集成、采购集成等内容。

采购集成意味着战略采购实践和目标与企业管理实践和目标的集成及适配（Alignment），被视为供应链集成的基础元素。为实现特定目的的顾客集成、供应商集成和/或信息集成，企业只需实施诸如早期供应商参与等采购实践。但是，要想实现采购集成，企业仅实施诸如早期供应商参与、供应商开发、供应商资格认证或供应基缩减（Supply Base Reduction）等采购实践远远不够。并且与战略采购实践的外部导向（External Orientation）、以对供应基的管理为目标不同，采购集成是一种更强调内部管理的管理活动（Internally Focused Initiative），并且致力于实现战略采购实践和企业竞争战略之间的适配（Alignment）。在采购集成思想下，企业应确保采购职能充分参与战略计划过程；应将源采购（Sourcing）和供应链管理相关问题列入战略决策评估之中；采购职能应被准许获取战略信息；应实现重要采购决策与企业内其他战略决策的协调和一致。

采购集成对制造企业的价值贡献方式明显不同于供应基缩减和供应商参与产品设计等采购管理实践。研究认为，当企业能够实现较高的采购集成程度时，供应链管理活动将对成本、质量、客户满意和交货等竞争优先权（Competitive Priorities）要素有更好的影响效果。并且，当企业了解采购集成对竞争优先权的作用机制越好时，企业在整个供应链集成中有效实现其战略价值的能力越强。

Ellram 和 Carr（1994）针对战略采购的综述，强调了将采购职能集成进公司层战略的重要性。Robert 和 Long（1988）、Freeman 和 Cavinato（1990）等从进化角度对战略采购概念的解读，在这些进化模型中，战略采购发展至最成熟阶段体现为采购策略与企业竞争战略的完全统一，采购职能被视为与生产制造、营销等同等重要的作用和角色，成为企业战略决策制定和实施的关键参与者。这些特征与采购集成高度相关，一定程度上反映出战略采购和采购集成之间的重要关联。采购集成是战略采购思想的核心，为战略采购实践的有效实施提供了重要的基础和前提，也是采购职能战略性价值有效实现的关键环节。

尽管如此，Monczka 和 Trent（1991）在对世界 500 强企业进行研究分析后得出，采购策略与企业竞争战略之间并不存在强联结关系。他们认为造成这种现象的重要原因在于采购职能和高层管理之间缺乏有效的界面管理机制。Bales 和 Fearon（1993）在对同时包含制造和服务行业 134 家企业进行调查发现后，这些企业 CEO 并不重视采购职能在长期战略规划制定、市场策划、经济发展预测和产品创新等方面的作用，但同时却证实忽视采购集成思想对企业绩效的负面影响。

通过对以上研究的简要分析，基本明确了采购集成概念的基本内涵，以及其与战略采购思想的区别和重要联系，为理解采购职能的战略性价值潜力提供了重要的理论基础。但仅从这些理论角度的分析和解释难以切实地指导制造企业实施战略采购实践，并有效实现采购职能的战略性价值。针对此问题，Narasimhan 和 Das（2001）结合采购集成构念的研究，围绕采购集成和采购实践对生产制造绩效的影响效果进行实证研究。采购集成强调采购职能在企业战略决策中的重要作用，致力于实现采购管理实践及其目标与企业竞争优先权间的适配。在采购集成管理思想之下，采购计划和实践活动与企业战略目标密切相关，且采购职能的战略性价值得到高层管理者的认可和重视。采购管理实践是针对企业供应基（Supply Base）的管理行为或活动措施，需要进行诸如供应商质量管理培训等专用性投资；采购集成侧重于内部管理导向，致力于强调并发掘采购职能对于产品和技术导向的企业战略，并且采购集成要求进行一定程度的组织变革，通过信息共享和共同决策制定等活动建立强内部联结。

明确采购集成与采购实践之间区别与联系后，Narasimhan 和 Das 指出了培养采购集成能力的重要性，只有具备有效实现采购集成的能力或技能，才能真正落实采购职能的战略性价值潜力，才能切实地帮助制造企业享受采购职能所能带给其竞争优势的提升作用。他们分别从任务导向和组织观点两个角度分析采购集成的特征，及其对企业管理和采购职能管理所提的要求，并以此为基础实证得出采购职能定期参与战略议程、以供应市场分析为基础提出建议并改善企业最终产品和产出、花费大量时间用于进行市场和成本分析、参与新产品设计、参与工艺设计和改善、以采购部门的战略贡献（新产品/新技术等）对其进行绩效考核共六项内容维度。这种结论对制造企业实施有效的战略采购管理有较大的实践指导价值。

已有这些研究成果中采购集成概念所强调的采购职能充分参与企业战略决策过程、采购职能地位显著提升、采购职能实现与企业内其他职能充分协调等目标和要求仍未得到妥善解决，理论和实践界仍需花费大量精力继续探索。

二、采购职能与生产制造、营销职能间适配

以上研究成果侧重于采购集成概念的内部管理导向特征，探讨其基本内涵，并开始用实证研究的方法对采购集成概念进行构念研究，指导制造企业培养采购集成能力。但对于采购集成思想所提出的采购职能与企业内其他职能共同参与战略决策过程、相互协调适配等内容并未给予同等程度的关注。通过对已有文献成果的梳理和分析，发现除 Watts 等（1992）从理论研究的角度探讨采购职能与生产制造职能间的相互支持和统一外，直到 2016 年，IMM杂志（Industrial Marketing Management）才发出集中探讨采购职能与营销管理之间适配的特刊，强调采购职能对企业营销管理的重要作用以及采购职能与营销管理间适配对企业的重要意义。

Watts 等（1992）指出，为更好地参与并赢得全球市场竞争，企业应努力培养有竞争力且能被整合进公司战略的采购部门（Competent and Strategically Integrated Purchasing Organization）。他们还强调包括采购职能在内，企业内所有职能战略决策和能力培养都应与企业竞争战略相一致、能有效支撑竞争战略的实现。具体到企业采购职能，Watts 等指出，采购职能的核心任务是为企业生产和其他运营活动提供连续的物料和服务，从这个角度讲，采购策略和生产制造策略之间必须保持相互一致。

他们从供应商关系理论出发，深入分析企业—供应商关系从交易关系、物品导向到合作关系、能力导向的转变及驱动这种转变的力量、这种转变对企业采购职能管理提出的新要求等。以此为基础，他们构建企业采购职能、生产职能策略与企业竞争战略之间相互适配的关系模型，如图 2-11 所示。Watts 等强调企业竞争战略对各职能战略的统领作用，采购和生产制造策略的制定均需严格遵循并应努力支撑、实现企业竞争战略目标，企业竞争战略、采购策略和生产策略三者在成本、质量、可靠性和柔性等内容上的完全一致。采购策略与生产策略之间的统一证实采购职能在企业内部的角色，即生产和其他管理活动持续提供所需的物料和服务，因此采购策略和生产策略必须步调一致、相互配合。对于既定生产策略，采购职能需与供应商良好协作以满足产品生产要求，供应商能力必须能够实现采购策略的成本、质量、柔性和交货等目标，如工艺能力、产品能力、管理能力等。而当现有供应商无法满足企业所需资源和能力需求时，采购职能必须及时做出应对措施，或通过供应市场寻找新的符合产品能力需求的供应商或改善现有供应商的技术能力。Watts 等特别指出，要求供应商在成本、质量、柔性和交货等所有方面都提供最优物料和服务是不现实的，生产职能也不可能同时满足产品在成本、质量、柔性和交货等方面所有的要求。采购职能所应实施的是确定采购运作管理的

优先权顺序，且需保证此优先权顺序符合竞争战略和生产策略的要求，也要确保供应商在高优先权能力方面能提供所需物料和服务。

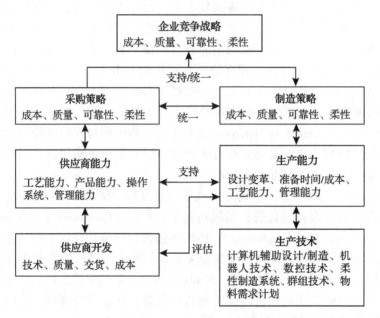

图 2-11　采购职能、生产职能与竞争战略间关系

IMM 杂志在 2016 年第 56 期发表了一篇题为 "Introduction to the special issue on Co-management of Purchasing and Marketing" 的倡议，简要介绍了"营销与采购职能协同管理"特刊相关特约稿件内容和观点。书中指出尽管杂志 Journal of Business and Industrial Marketing 2008 年和 IMM2009 年曾探讨过有关营销管理实践和采购管理实践之间相互影响的话题，但关于是否应该及如何实现营销与采购管理之间协调和统一的问题仍缺乏足够的重视和研究。因此，以理论界发展至今成熟、丰富的营销和采购管理理论和实践框架为基础，借助已有探讨营销和采购职能管理之间相互影响的观点和研究方法，集中于营销和采购管理之间的协同管理。

Toon 等（2016）以 "Processes and integration in the interaction of purchasing and marketing：Considering synergy and symbiosis" 为题，以理论研究的方式对企业营销和采购管理之间互动的过程和集成机制进行深入研究。他们指出，经济环境的快速变化使得企业为消费者提供产品/服务、满足消费者需求的价值创造过程出现了新的问题，而营销和采购职能之间的有效集成和互动对提升企业价值创造能力、改善企业组织与外部环境之间的适应有极为重要的推动作用。他们以企业内部结构、人力资源和情境动态性（Structural，

Human and Situational Dynamics）为切入点，结合内部集成的交易型和关系型逻辑（Transactional and Relational Approaches），构建了以结构、人力资源和情境动态性为基础，以及交易型、相互参与（Integrated）和协同管理（Co-management）三个阶段的"营销和采购管理间集成"的过程—界面概念模型，形成"3×3"的分类象限并赋予每一个象限对应的管理内涵和建议，以帮助企业更好地理解并实现营销和采购职能间的有效协调，实现企业内部职能之间的有效互动，提升企业为消费者创造价值的能力。

Matthyssens 等（2016）以"Aligning Marketing and Purchasing for new value creation"为题，用多案例研究的方法探讨企业新价值创造过程中如何实现营销和采购管理之间适配的问题。他们以组织内协作和适配（Intra-organizational Interaction and Alignment）作为切入点，指出尽管采购职能的战略性价值已得到理论和实践界的接受和认可，但将采购职能和企业营销管理放在一起，探讨哪些因素驱动或阻碍两者之间的协同管理仍缺乏足够的重视。他们在充分分析营销和采购管理各自对企业价值创造的作用后，提出两者的协同将大幅提升企业的价值创造能力。之后他们分别从营销与采购集成的交换（单独或重复）和结构（分离或共同）两个维度形成"2×2"四个象限，得到交换（Exchanging）、界面管理（Interfacing）、交互（Interacting）和集成（Integrating）四种营销和采购管理类型。以这四种类型为基础，在进行多案例比较分析后，Matthyssens 等指出，四个案例企业中已开始实施交互式和结构化两种营销和采购管理适配；并指出，市场压力和新的竞争是促成营销和采购管理适配的主要驱动力，而组织文化成为阻碍两者适配的重要因素。他们还指出，对企业价值创造而言，营销和采购职能之间的适配是非常必要且重要的，但两者之间的适配所带来企业管理方面的变革，需要花费额外的时间和组织资源，且需要获得足够的重视。

Gonzalez-Zapatero（2016）以"Antecedents of functional integration during new product development：The purchasing-marketing link"为题，探讨新产品开发情境下营销和采购管理之间的适配前因问题。简要分析新产品开发情境之后，他们引出职能间集成/整合概念，并确定信息共享和统一决策作为营销和采购管理集成的内容维度，用共同参与（Joint Participation）、物理接近（Physical Proximity）、信息和沟通技术（Information and Communication Technologies）、集成激励（Integrating Incentives）和决策协调系统（Decision Coordination System）五种集成机制探讨如何实现营销和采购管理之间的协同。他们以西班牙141家工业企业为分析单元，对其所提出的营销和采购管理之间集成前因概念模型进行了实证研究，研究结果表明，对营销和采购管理之间集成的信息共享和统一决策两个内容维度而言，五种集成机制所产生的影响作用各不相同，体现出营销和采购管理之间集成管理的复杂性。同时，在一定程度上为企业选择合适的营销和采购管理集成机制提供了帮助。

Wagner 和 Eggert（2016）以 "Co-management of purchasing and marketing: Why, when and how？" 为题，集中于探讨 "为什么、何时、如何实施采购和营销职能的协同管理" 问题。书中提出采购和营销管理从共存（Co-existence）到协同管理（Co-management）的发展趋势，并基于资源依赖理论（Resource dependence theory，RDT）综合分析采购和营销内部协同（Internal Co-management）和采购与供应商、营销与顾客的外部协同（External Co-management），指出采购和营销的协同管理是一种桥接战略（Bridging Strategy），用于调节企业对创新技术或顾客需求等关键资源的依赖。之后利用企业对顾客的依赖和对供应商的依赖水平两个维度，对采购和营销的协同管理进行了分类，得到下游顾客导向的协同（顾客依赖性高、供应商依赖性低），双向协同（顾客依赖性和供应商依赖性均高）和上游供应商导向的协同（顾客依赖性低、供应商依赖性高）三种类型，并分别进行了举例和分析。最后提出观点：①采购和营销协同管理具备提升企业价值创造能力的潜力，但不会自动（Automatically）实现这种价值创造能力的提升；②协同管理并非适用于所有的交易环节，相对而言更适用于关键物料或服务的交易；③协同管理是基于资源依赖性的，当企业顾客依赖和供应商依赖水平都很低时，不需要进行采购和营销的协同管理；④脱离外部协同的采购和营销协同不可能有效；⑤协同管理仅是实现全价值链协同的第一步。

第七节　采购能力与采购成熟度

除从采购管理实践角度探讨企业如何有效实施战略采购，部分学者还从采购能力 / 技能的角度分析采购职能的战略性转变问题。Harland 等（1999）指出，尽管理论研究中不断强调采购职能已发挥战略性职能，但实践中采购技能（Skill）水平一直停留在文书式层面，并且买卖双方的交易或购买模式（Transactional or Buying Mentality）始终阻碍采购职能向战略性角色的转变。由此来看，采购技能 / 能力是决定采购职能能否发挥战略性价值的关键要素。

Cousins 和 Spekman（2003）提出战略供应（Strategic Supply）的概念，强调从整个企业的层面分析企业与供应商间协作关系，认为只有当企业内部职能部门与外部供应商共同协作时，企业才能更有效地获取并利用供应商优质资源，才能更好地实现企业目标。

Eltantawy 等（2009）以供应商集成为研究对象，构建一个基于战略性技能的供应商集成模型，并实证研究其对供应管理绩效的影响效果。他们从供应链集成的角度出发，强调供应商集成（Supplier Integration）的价值潜力，但同时指出，缺乏有效的前因要素，供应商集成实践将难以发挥其原有价值。因此，战略供应管理技能和供应管理职能地位是驱动供应商集成实践有效实施的重要力量，并通过152位供应管理执行官层人员的调研数据进行实证研究。研究结果表明，战略技能和供应管理职能地位是有效实施供应商集成实践的重要驱动力量。其中，在解释和测量战略供应管理技能时，他们用管理供应基能力、战略思考（Strategic Thinking）和项目管理能力三个内容维度。

Carr和Smeltzer（2000）集中于研究采购技能（Purchasing Skills）与战略采购、财务绩效和供应商响应性之间的关系，实证结果表明，采购技能是保证战略采购有效实施，改善财务绩效和供应商响应性的重要因素。而关于采购技能，具体包括技术方面技能（Technical Skills）、技能技术（Skill Techniques）和行为技能（behavior skills）三个方面。技术方面技能包括CAD计算机技能、工具理解能力、理解制造过程、数字技能、技术业务书写、理解原材料、蓝图阅读、预测技能、MRP的理解、持续库存管理系统的理解等。技能技术包括分析技能、沟通技能、演示技能、协调技能、能够了解特定事务根本原因、协商技能、成本分析技能等。行为技能包括采购人员与供应商人员共同工作技能、与内部顾客共同工作技能、细节导向、理解其他职能部门、积极主动、柔性能力等。

▶ 第三章　采购策略

随着全球化竞争的加剧和专业化分工的推进，企业更专注于自身的核心能力，并借助于"外购"来获取大量必要的非核心技术与产品。作为企业的一项基本职能，采购环节发挥着为企业获取外部资源的重要作用，对于企业的生存发展至关重要，如何获益于采购已成为企业战略决策中的关键问题。采购策略是企业针对如何采购所做出的一种规划安排，不仅需要体现采购职能如何支撑并实现企业的战略目标，同时还应明确企业如何管理并实施采购管理实践。

第一节　概述

一、采购策略的内涵

关于采购策略，国外学者使用诸多相近概念，如"Purchasing Strategy" "Sourcing Strategies/Policies" "Procurement Strategies" 和 "Supply（Management）Strategies" 等。系统梳理这些研究有助于清晰理解采购策略的概念，并了解它们之间的关联与区别，为相关研究提供理论基础。具有代表性的概念如表 3-1 所示。

表 3-1　采购策略概念汇总

英文	代表学者（年份）	采购策略概念
Purchasing strategy	Kiser（1976）	采购策略包含六个关键要素：谈判、开发和维系供应商关系、源采购、供应商开发、保护成本结构和最小化成本
	Van Weele（1984）、Freeman 和 Cavinato（1990）	采购策略是一个有关供应方面的决策选择，包括制造或购买，供应设计，供应商开发和价值分析
	Ellram 和 Carr（1994）	采购策略是指采购职能可选择和实施的用于实现其目标的具体设计方案，如标准化物料策略等，并指出理论界存在三个层面采购策略的研究：①采购职能的战

续表

英文	代表学者（年份）	采购策略概念
Purchasing strategy	Ellram 和 Carr（1994）	略性地位和管理；②采购职能在企业其他职能运作管理以及实现企业战略目标过程中的角色和作用；③采购职能所采取的具体管理策略。且明确表示这三类采购策略均可归为一个问题：企业在制定采购策略时应当考虑哪些内容
	Watts 等（1995）	把采购策略定义为一种有关获取所需物料和服务以支撑企业运作的决策模式，并认为采购策略必须与企业的竞争战略保持高度的一致性
	Thrulogachantar 和 Zailani（2010）	为了在竞争与动态商业环境中生存，对于世界级制造企业而言，采购策略是必需的。采购策略包括有效谈判、与供应商形成有利的合作关系、低成本管理和供应基管理 4 个关键构成要素
	Terpend 等（2011）	借鉴 Mintzberg（1978）对战略内涵的界定，将采购策略定义为采购过程中采购人员做出的一系列决策模式，旨在应对商业环境中的企业内外部约束，其同时由采购策略目的、企业所处供应市场环境及企业与供应商间关系因素决定
Sourcing strategies/ policies	De Toni（1999）	认为采购策略应包括三个基本选择，即选择何种供应商、利用多少供应商以及与供应商构建何种关系。据此，他认为企业可以通过不同选择制定不同的采购策略
	Zeng（2000）	将采购策略界定为选择供应的战略哲学，将供应商成为企业一个整合部分
	Burke 和 Vakharia（2004）	与 De Toni（1999）基本类似，认为采购策略普遍包括三个关键内容：①明确合格供应商标准；②选择适当数量供应商构建供应基；③决策每个供应商的订单规模
Procurement strategy	Spekman（1985）	①绩效相关的策略，强调对所采购资源的管理，重视预算目标和内部绩效水平；②采购系统相关策略，强调在企业与外部环境间建立一个有效的信息交换平台；③参与竞争相关策略，致力于解决企业如何有效用采购职能改善其竞争地位
	Van Weele（2009）	采购策略应该包括以下属性：采购集中度、每个商品群的采购策略、所采购商品的质量需求的持续改进、采购策略的年度回顾

续表

英文	代表学者（年份）	采购策略概念
Supply（management）strategy	Harland 等（1999）	供应策略是用于管理横跨企业边界运作管理的一种综合性、战略性管理方法，核心是通过采购职能获取并应用所采购的资源提供产品或服务，以满足最终客户当前和未来的需求，供应战略涉及企业内部、两个企业间、企业链和企业间网络中的供应活动进行整合与管理

纵览表 3-1 中的相关采购策略的概念，可以发现如下特点：①采购策略具有多层次含义，其制定是一个由高层次到低层次不断具化的过程，如 Spekman（1985）、Ellram 和 Carr（1994）等的研究。②采购策略的目标是促进持续竞争优势的获得、支持其他采购策略的运行和提升采购绩效，如 Van Weele（1984）、Freeman 和 Cavinato（1990）、Thrulogachantar 和 Zailani（2010）等的研究。③在重视采购职能的战略性价值的同时强调采购职能所采取的具体管理实践，这些管理实践涉及所采购物料或服务间的差异化管理、供应基结构设计、供应商管理等方面，如 De Toni（1999）、Zeng（2000）和 Burke 和 Vakharia（2004）等的研究。

既然采购策略的制定是一个层次分解的过程，则需要明确采购策略由哪些层次策略与活动构成，了解其内部关系与层次结构，才能合理制定企业的采购策略，才能依据结构性层次框架合理安排企业的采购实践与活动。因此，厘清采购策略不同层次的概念差别，明确采购策略制定的层次结构，并准确把握每个层次采购策略的内容，将有助于企业更好地制定合适的采购策略实现战略目标。

以采购策略的概念为基础，不同的学者深入讨论了采购策略的层次性结构。Nollet 等（2005）借用传统战略管理理论，重点讨论了供应管理中的战略（Strategy）与策略（Strategies）设计问题。为了清晰界定采购策略在企业战略中的位置，Nollet 等将供应管理策略纳入由企业 / 业务层战略到职能层战略制定和实施过程的层级整合，提出供应管理战略三级层次结构，即企业 / 业务层战略→职能层战略→供应管理策略，并详细介绍如何将供应管理策略分解为更具体的子策略（Sub-Strategies）或管理活动。此研究从理论角度解答何种供应管理策略更适合于企业 / 业务层战略要求，为企业供应管理策略制定提供了一种简明思路。

按照 Gonzalez-Benito（2007）对采购策略的理解，采购策略可被视为是企业竞争战略与采购管理实践之间重要的中间要素（Intermediate Element），其不仅体现采购职能如何支撑并实现企业战略目标，还指明企业应如何管理并实施采购管理实践。虽然此研究并未直接提出采购策略的层次结构，却明确指出企业竞争战略、采购战略、采购管理实践间存在层级关系。

　　明确提出采购策略制定的层次性结构框架的研究当属 Hesping 和 Schiele（2015）。他们以采购策略设计为研究主题，在对比分析已有采购策略研究分析层次的基础上，提出自上到下逐级分解的五个采购策略层次（见图 3-1）：①企业战略，是企业对未来生存与发展所做出的系统与整体性规划，包含企业战略与业务战略两个方面。②职能策略，是企业按照企业战略与业务战略对各职能（部门）活动进行的整体规划，按照各职能（部门）类型分为采购职能策略、工程职能策略、营销职能策略等。其中，采购职能策略指企业采购活动执行的指导性方针。③类别策略，是企业针对不同产品或市场类别进行差异化管理的采购安排，表现为"多供应商—多个相似零部件"的采购关系。④采购杠杆（工具），是实现特定类别策略的一套战术性的计划行动，如供应基扩展、价格评估等。⑤供应商策略，关注企业如何在未来与每个供应商合作，是针对每个供应商所采取的管理策略。该研究成果在一定程度上为现有采购策略研究提供了一个整合框架，也为实践中企业制定和执行采购策略提供了理论支持。

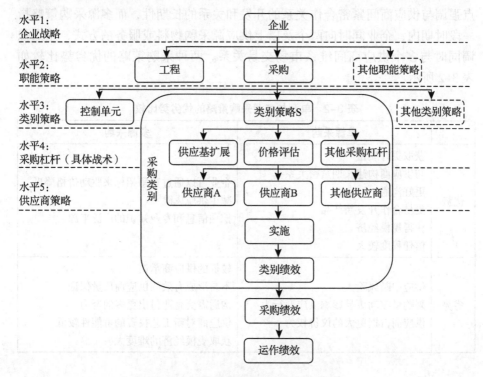

图 3-1　采购策略开发的层级结构

资料来源：Hesping 和 Schiele（2015）。

需要说明的是，尽管上述研究试图区分不同层次的采购策略，并提出采购策略的制定是一个由上到下层次分解的过程，但在关于采购运作管理的多数研究和企业实践中，采购策略多指更为具体的类别策略、采购杠杆和供应商策略。为了便于梳理和表述上一致性，下文中的采购策略泛指企业一系列采购内容要素的组合，主要涉及类别策略、采购杠杆和供应商策略三个内容要素。

二、采购策略的类型

综观已有研究，根据不同分类依据，采购策略类型的研究主要包括几类：①依据采购源数量；②依据物料特征；③依据企业—供应商关系特征；④依据战略意图（竞争优先级）对采购策略进行分类。

（一）依据采购源数量的分类

采购源（供应商）在企业的采购运行管理中发挥着重要作用，采购策略因采购源数量和互动关系的差异而呈现单源采购和多源采购两种采购策略。单源采购策略指一段时期内，企业向单一供应源采购物料或服务的方式，重点强调与供应商间紧密合作关系的开发和关系的长期性，而多源采购策略指一段时期内，企业同时向两个及以上供应源采购物料或服务的方式，重点强调同时与多个供应商间维系市场交易关系。两种采购策略的优劣势比较如表 3-2 所示。

表 3-2　单源与多源采购策略的优劣势比较

	单源采购	多源采购
优势	获取更好质量 与供应商构建长期紧密关系 更好沟通 更易合作开发新产品 获得规模经济 信任程度较大	企业可以通过竞争招标来驱动价格降低 减少供应风险 挖掘信息和专业知识的广泛来源
劣势	供应中断风险大 采购量波动更易影响供应商行为 供应商占据更大的议价权力	较低的供应商承诺 不易形成有效的供应商质量保证 沟通需要企业付出更多的努力 供应商对新工艺投资的可能性较低 获取规模经济的难度大

随着行业竞争的加剧和供应市场复杂性的增加，企业逐渐意识到单纯应用单源采购策略或多源采购策略已不能满足企业的采购需要，不少学者开始

探索新的采购策略对企业的采购管理行为提供支持与引导。基于对单源采购策略和多源采购策略的变形与融合，国外学者研究了一些新的采购策略，主要包括混合采购、双源采购、平行采购、并行采购以及三元采购，如表3-3所示。

表3-3　基于单源采购与多源采购变形与融合的采购策略

采购策略	基本描述	说明	图示
混合采购（hybrid sourcing）	混合采购策略是单源采购和多源采购策略的混合形式。其主要内容是每个物料具备一个稳定的供应商，但在特殊情况下或企业有需要时，也可让提供其他类似物料的供应商提供该物料的交付	这种采购策略可以有效规避供应中断问题，当某一物料的长期供应的供应商存在交付问题时，企业可向另一个提供相似物料的供应商及时提供该物料，保障需求得到满足	
双源采购（dual sourcing）	双源采购策略是指企业向两个供应商采购同一物料，即便供应市场中存在可以提供该物料的其他供应商	双源采购策略可以促使两个供应商间的激烈竞争，规避了单源采购策略的依赖性和风险，但对合作关系构建和产品开发创造一个较差的情境	
平行采购（parallel sourcing）	平行采购策略是指利用两个供应商向企业的两个工厂或生产单元一对一地交付同一种物料的采购方式。它有效地将资产专用性和长期关系组合在一起	平行采购策略有效降低了供应商的议价权力，促进了供应商为未来合同的竞争。这个采购策略适用条件：①企业的两个工厂生产同一种产品；②两个工厂间的地理距离较远	
并行采购（concurrent sourcing）	并行采购策略是指买方企业同时生产和购买同一物料的采购方式。它有效结合了内外部供应源	并行采购策略可以降低交易和生产成本，确定生产的最佳规模，并明确物料的补充源（供应商）	

续表

采购策略	基本描述	说明	图示
三元采购 （triadic sourcing）	三元采购策略是涉及一个企业与两个相似供应商的采购安排，企业与两个供应商以及两个供应商间都存在直接的互动	利用三元采购策略，买方企业可同时获取供应商间的竞争与合作收益	

（二）依据所采购物料特征的分类

企业生产运作的正常开展需要采购很多物料，但这些物料对企业重要程度及其采购的难易程度有所不同，因此，企业应区别对待不同物料的采购管理。也就是说，针对不同物料类别，应制定相应的采购策略。这一思想的典型成果包括 ABC 分类法和 Kraljic 矩阵。

ABC 分类法由意大利经济学家维尔弗雷多·帕累托（1879）首创的，其核心思想是决定一个事物的众多因素中分清主次，识别出少数的但对事物起决定作用的关键因素和多数的但对事物影响较少的次要因素，广泛应用于企业的采购管理、库存管理、项目管理和质量管理中。在企业采购运作管理方面，ABC 分类法指根据物料在某些重要方面的主要特征，进行分类排列从而实现区别对待、区别管理的一种方法，其理论基础是企业所采购的物料存在着"关键的少数和一般的多数"规律，企业应将有限的力量用于解决这具有决定性影响的少数物料上，通过分析将物料按重要程度分为特别重要物料（A类），一般重要物料（B类）和不重要物料（C类），确定与之相适应的采购管理方法，进行分类管理和控制。

Kraljic 矩阵是 Kraljic（1983）在 "Purchasing must become Supply Management"一文中提出的采购组合管理工具（见图 3-2），已被实践者广泛接受并成为采购/供应商管理的重要基础。Kraljic 认为，企业的所有采购物料不应该也不能采用相同的管理方式，并按照采购的重要性和供应市场的复杂性两个维度综合分析企业物料内外部供需情况，将所采购的物料划分为常规项目（Non-Critical Items）、瓶颈项目（Bottleneck Items）、杠杆项目（Leverage Items）和战略项目（Strategic Items），并提出针对提供不同类别物料的供应商进行分类管理的思想。Cousins 和 Lawson（2007）依据 Kraljic 矩阵，相应提出常规项目采购、瓶颈项目采购、杠杆项目采购和战略项目采购四种采购管理类型。

（三）依据企业—供应商关系特征的分类

企业—供应商关系是企业获取供应商资源、提升采购绩效的重要途径，构建何种关系是制定采购策略时考虑的重要问题。现有研究根据关系的不同

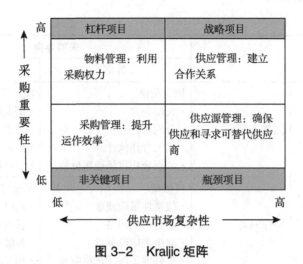

图 3-2　Kraljic 矩阵

资料来源：Kraljic（1983）。

特征维度对采购策略类型进行了大量研究。Gelderman 和 Van Weele（2000）通过分析买卖双方间的相对权力和专用性投资水平来衡量企业与供应商间相对依赖程度，并借此区分企业—供应商关系类型，进而有针对性地采取差异化的管理方式实施采购活动。Möllering（2003）以关系绩效、信任水平和治理方式等方面的关系管理维度为依据，通过聚类分析将企业—供应商关系分为传统谨慎贸易关系、承诺伙伴关系和约束性日常合作关系，针对性地制定不同策略进行有效管理。Svahn 和 Westerlund（2009）通过对关系复杂性（交易型关系或伙伴关系或协作网络）和采购导向（效率或效益）两个维度的不同组合，得出价格最低成本（Price minimiser）、协定价格（Bargainer）、机械型（Clockwiser）、适应型（Adaptator）、项目管理（Projector）和革新型（Updator）六种采购策略，如表 3-4 所示。

表 3-4　采购策略类型及特征

		采购导向	
		效率	效益
关系复杂性	交易型关系	最低成本 ·单一采购 ·聚焦价格 ·存在许多竞争的供应商 ·一次性采购	适应型 ·单一采购 ·重要采购 ·售后专家 ·维持服务

续表

		采购导向	
		效率	**效益**
关系复杂性	伙伴关系	协定价格 ·长期导向 ·分别采购 ·二元合作伙伴 ·依据合作市场递减价格	项目管理 ·研发项目 ·分别采购 ·二元合作伙伴 ·双赢局面
	协作网络	机械型 ·战略性采购获取 ·关键伙伴网络 ·减少供应商数量 ·更好地了解所选供应商	革新型 ·战略性采购获取 ·长期研发合作 ·升级产品版本 ·相互间知识转移

资料来源：Svahn 和 Westerlund（2009）。

Agndal 和 Nilsson（2010）借助产业组织文献中关系治理结构的分类，提出两种不同类型的采购策略：交易型采购策略和关系型采购策略，并通过区分两种采购策略在资产专用性和不确定性方面的差异，如表 3-5 所示，从而加深对两种采购策略的理解并帮助企业有效选择采购策略。

表 3-5　关系型采购策略与交易型采购策略的区别

	关系型采购策略	**交易型采购策略**
资产专用性	·大量的关系专用性投资（如高水平的适应/协调、客户化产品/工艺） ·高承诺水平 ·关注共同受益	·有限的关系专用性投资（如低水平的适应/协调、标准化产品/工艺） ·低承诺水平 ·关注自身收益
不确定性	·可替换供应商较少 ·转换成本高 ·对于买方企业产品很重要 ·相互依赖性 ·基于信任的自律行为 ·持续型关系	·可替换供应商很多 ·转换成本低 ·对于买方企业，产品有限重要性 ·独立性 ·买方企业制止机会主义 ·离散型交易

资料来源：Agndal 和 Nilsson（2010）。

（四）依据战略意图（竞争优先级）进行分类

Patrucco 等（2023）通过案例研究证实了具有不同采购竞争优先级的公司实施了不同的采购策略。这些策略可以根据两个维度进行分类：利益相关者的重要性和购买活动的目的。一方面，公司可以通过他们是否优先考虑内部利益相关者（在改进内部流程和管理内部需求方面）或外部利益相关者（他们的供应商）来区分；另一方面，可以根据公司的目标是减少复杂性还是建立内部（部门或业务单位之间）或外部（与供应商之间）的关系来区分公司。这种分类产生了四种购买策略类型，如表 3-6 所示。

表 3-6　采购策略类型及目的

分类	目的
采购合理化（PR）	控制支出，获得储蓄，并有效地执行采购过程
供应基优化（SBO）	减少活跃供应商的数量，以巩固数量和提高议价能力，以及减少供应基础管理成本，同时重点发展与少数关键供应商的关系
采购即服务（PaaS）	在需求的性质和供应的连续性方面支持内部部门的需求
世界级供应基管理（WSBM）	通过不断搜索全球供应市场，使用总成本方法评估新的和现有的供应商，并设计合作计划，与领先的供应商公司建立伙伴关系

资料来源：Patrucco 等（2023）。

三、采购策略与采购实践

在采购策略的相关研究中，采购实践经常被提及。采购实践指采购策略制定的具体内容，反映了企业实施采购活动的特定方式（Nollet et al., 2005）。针对采购实践的研究，现有研究从不同角度进行探索和发掘，形成了多种不同的解读。Baier 等（2008）认为，采购实践与日常活动紧密相关，是采购职能的最根本体现。Narasimhan 和 Das（2001）在研究采购胜任力（Purchasing Competence）模型时，将采购实践视为其重要成分之一，并进一步将采购实践划分为供应基整合、企业—供应商关系开发和供应商绩效评估。其中，供应基整合强调通过零部件捆绑和批量合并两个采购活动来形成采购杠杆并获得成本、质量、交付和供应商能力与技术贡献等方面优势。企业—供应商关系开发包含信任、资产专用性等方面的行为与经济问题。此外，一些研究在成功供应商合作关系识别出关键实践活动：供应商质量与技术援助项目、信息共享、长期合作、买卖双方委员会以及联合问题解决。供应商绩效评估关注对战略性绩效参数的监督与评估，如图 3-3 所示。

基于 Narasimhan 和 Das（2001）的研究成果，Day 和 Lichtenstein（2006）从交易成本理论出发，结合社会资本和网络分析方法，进一步从企业层面对供应管理实践进行研究，并构建了供应管理实践分析框架，认为供应管理实

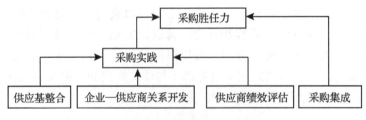

图 3-3 采购胜任力模型

资料来源：Narasimahan 和 Das（2001）。

践不仅包括由买卖双方关系开发和供应商绩效评价组成的外部实践活动，也包括由供应管理成熟度、组织设计和再结构化、采购过程的开发和应用等内部供应管理过程，如图 3-4 所示。

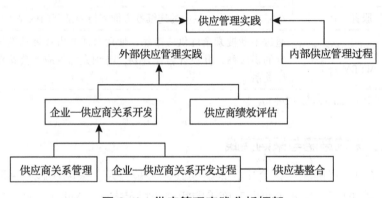

图 3-4 供应管理实践分析框架

资料来源：Day 和 Lichtenstein（2006）。

Sartor 等（2014）系统梳理全球采购部门的相关研究，提炼出全球采购部门的具体实践活动，主要涉及五个方面：①供应商管理活动，包括供应商选择、供应商监督、供应商开发、技术问题的重新解决、诀窍与技术转移、谈判、获得样本、议价以及联合产品开发；②销售相关活动，包括促销、市场支持、国家贸易管理；③经济活动；④物流管理；⑤其他活动，涉及法律支持、行政支持、招聘与培训。

在研究信息技术投资对采购绩效的影响时，González-Benito（2007）对先进的采购实践活动进行了归纳总结，并证实对信息技术投资通过采购战略性整合和先进的采购实践对企业采购绩效有积极影响。他们归纳总结出的先进的采购实践具体包括合作关系、供应商评估、供应商参与和物流整合。

第二节　采购策略的实践演化

采购策略源于企业实践需要，且随企业实践需要的发展，采购策略也相应演化。具体而言，实践中企业采购目的已从最初的准时高效获取所需物料到充分利用供应商自身资源和能力实现企业战略目标，进一步发展到近年来的整合供应商网络获取竞争优势。相应地，企业采购策略的演化大致经历了传统博弈采购、基于合作关系的采购和基于供应商网络的采购三个阶段。

一、传统博弈采购

传统博弈采购是一种侧重于通过获取低采购价格来提高企业运营绩效的采购方式，普遍存在于各行各业的采购活动中（Ellram and Carr，1994；Faes and Matthyssens，2009），尤其在具有复杂产品系统的大型制造企业中颇为盛行。企业通过向众多供应商招标，筛选出能够满足企业基本要求（如质量、交付等）的合格供应商群，并进一步依据各合格供应商所提供的价格来确定最终合作的一个供应商。一般来说，价格越低的供应商，即便其所提供的产品在特性上落后于市场先进水平，但只要能够满足企业的基本要求，企业便会优先与该供应商合作。此外，当单一供应商不具备足够的供应能力时，实践中，企业会倾向于选择少数几个合格供应商同时进行物料采购。企业与多个供应商构建市场交易关系，并通过分配物料的采购规模来调控供应商间的竞争强度，以获取更优惠的采购价格、降低供应中断风险、提高短期运营绩效。传统博弈采购，企业与供应商间存在"零和"的竞争关系，并围绕采购产品或服务进行讨价还价，关系双方存在严重利益冲突。同时，现有和市场中潜在供应商的地位大致相同，一旦潜在供应商在价格、质量、交付等方面优于现有供应商，企业便会选择与其构建市场交易关系，并淘汰现有供应商。因此，传统博弈采购策略下，企业不可能高效地调动供应商参与的积极性，对供应商的资源与能力的利用也不充分，甚至可能会因企业间信息阻滞影响或推迟企业的生产与创新计划，最终导致竞争优势的弱化。

二、基于合作关系的采购

20世纪80年代初期，日本制造企业在全球激烈竞争中的迅速崛起，使得许多学者对日本制造企业的成功奥秘产生了浓厚兴趣，开始关注日本企业与其他企业在运营方面的差异。研究结果表明，从采购角度看，日本制造企业依靠与单个关键供应商构建长期紧密的战略合作伙伴关系，使其在成本、质量、创新等方面远远超越竞争对手（Richardson and Roumasset，1995）。这一采购思想是随着日本 JIT 思想的引入与流行所产生的，其核心内容是通过长期向单一合格且有能力的供应商购买所需的重要物料或服务，构建彼此信任的战略合作关系，实现双方增值过程的一体化。相比于传统博弈采购，基于合作关系的采购策略强调构建并维持与供应商间的良好合作关系，最大化调动供应商的资源与能力，实现最佳质量、最佳供货，最终形成企业成本、质量、创新等方面的竞争优势（Berger and Zeng，2005）。基于此，日式采购模式迅速被其他企业组织认同并效仿，但过度依赖单一采购源也暴露出一些弊端，企业要承担更大的供应商机会主义行为风险（Yu et al.，2009）。如1997 年，丰田汽车的刹车阀采购危机就充分显示了单源采购下供应商机会主义行为风险对企业经营的重大影响。为了规避这种风险，一些企业开始尝试采用平行采购策略，即同时利用两个能力相似供应商向企业的两个工厂或加工单元一对一地交付同一种零部件。企业致力于与两个供应商构建紧密合作的长期关系，加强双方在信息、技术、资源等方面的交流与互动，并通过为两个供应商创造竞争机会，增强供应商间的竞争程度和竞争领域，最终反映在交易成本的降低和供应商绩效的改进与提升上。概括来说，基于合作关系的采购策略强调企业与供应商构建紧密合作关系，并期望通过长期合作，增强企业与供应商间相互信任与沟通，充分调动供应商资源与能力并减少合作过程中的不确定性，从而降低企业的交易成本，实现卓越的采购绩效。

三、基于供应商网络的采购

随着对核心竞争力的关注和外包程度的不断增加，企业更依赖多个供应商获取竞争优势，当企业同时与多个供应商维持紧密合作时，就形成了以企业为核心的供应商网络（Supplier Network）。不少企业已经认识到网络条件下企业—供应商关系并非孤立存在，而是嵌入在由更多相关联的二元关系（如企业—供应商关系、供应商—供应商关系）所构成的供应商网络中，供应商的经济行为和结果不仅取决于企业的采购要求，还受到其所嵌入供应商网络的影响。丰田、本田等大型汽车制造企业纷纷通过物料采购和服务外包等方式与上游供应商组建了"联盟体系"（Keiretsu），并借助联盟体系，有效获取并利用外部供应商的资源与能力，促进企业竞争力的提升。为了更好地获取和利用供应商网络中供应商资源与能力，企业需要通过采购活动主动地对供应商网络进行配置与管理，如何根据企业自身需要，有针对性地构建和管理供应商网络成为企业采购策略决策的重要问题。目前，一些企业对基于供应商网络的采购策略进行了探索，并取得了初步成效，其中最为典型的就是沃尔沃汽车企业针对其座椅所采用的三元采购策略。

沃尔沃是世界上提供商业运输方案的最主要的制造商之一。沃尔沃集团生产卡车、客车、建筑设备、用于船用和工业用发动机以及飞机部件上的动力系统。车辆主要制造工厂位于比利时的根特和瑞典的哥德堡。沃尔沃之所以创造出如此优异的业绩，与其构建的高效供应商网络是分不开的。以沃尔沃汽车部件的座椅为例，该座椅是由各种模块部件组成的，在经过全面评估后，沃尔沃选择李尔公司（以下简称 Lear）和江森自控有限公司（以下简称 JCI）负责座椅产品开发、生产以及元件采购。Lear 是世界上最大的轿车零部件厂家之一，在汽车内饰系统的集成模块技术方面处于世界领先地位，除提供汽车座椅之外，Lear 还为沃尔沃提供车门内饰系统和电气分配系统等。JCI 在车内体验、设施效益和动力方案方面是全球的领导者，除提供汽车座椅之外，JCI 还为沃尔沃提供声学系统、操作杆以及天线装置。Lear 和 JCI 在沃尔沃两大主要工厂（根特和哥德堡）附近设有专门的装配单元，两大供应商连同其他供应商组建成 14 个集成单元，为沃尔沃及时高效地提供零部件。沃尔沃与 Lear 和 JCI 所组成的供应商网络如图 3-5 所示。

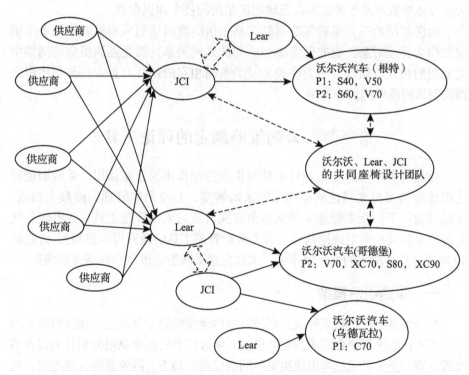

图 3-5　沃尔沃的供应商网络结构

　　沃尔沃三元采购策略指企业同时引入两个具备部分相同生产能力的供应商，通过构建两个供应商之间的竞争或竞合关系以实现企业采购目标的采购管理策略。其核心思想是利用采购杠杆和两个企业—供应商关系间相互影响作用对两个供应商进行捆绑管理，从而培育了两个供应商间的竞合互动，并充分利用两个供应商的资源与能力来获取采购绩效和竞争优势。在实际采购运作中，沃尔沃将汽车座椅部件的生产设计及采购任务交给供应商 Lear 和 JCI。由于汽车产品的项目复杂性，沃尔沃与供应商 Lear 和 JCI 之间具有广泛的适应性协作。一方面，沃尔沃将 Lear 和 JCI 视为战略性和长期的业务伙伴，为 Lear 和 JCI 在供应商网络中的互动搭建平台，促进两个供应商间的直接互动，同时处于供应商网络中心位置的沃尔沃，又能对 Lear 和 JCI 起到很好的调控作用，使他们的合作处于可控的范围之内，充分利用了供应商的智力资本，生产出一个接一个配置多样化且价格适宜的新型产品；另一方面，为提高供应链运行效率，沃尔沃要求这两个模块供应商在短时间内按其部件关联保持小规模的集成，例如，Lear 在哥德堡为 JCI 装配前座，JCI 在根特为 Lear 装配后座，这种分工合作，即避免单一来源，又可优化平台和共享组件，最大限度地降低产品生产成本以及增加沃尔沃的技术知识存量。

由沃尔沃的三元采购策略可知，基于供应商网络的采购策略不以单个供应商作为管理对象，也非仅考虑企业间的二元关系，而是强调供应商网络中关系间的相互依赖性，更关注关系及关系间相互依赖性对企业充分利用供应商实现采购绩效的重要作用。

第三节　采购策略制定的理论工具

伴随竞争环境的变化和对采购与供应管理作用的重新认识，采购职能随之由传统购买与文书性活动向战略采购转变，企业采购管理面临极大挑战。在此种情境下，众多管理学者从多角度探讨新的采购管理工具，为制定行之有效的采购策略奠定理论基础。有关采购管理工具的研究可以追溯到 20 世纪 80 年代，从其应用的先后顺序看，大致包括采购组合模型和网络方法两种。

一、采购组合模型

组合模型指在辨析某种决策所涉及的两个关键因素基础上，通过将两个因素的不同状态进行组合形成的矩阵模型。组合模型的四个象限分别代表四种情境或类型，企业可通过考虑或决策不同情境或类型下有限资源的合理配置，从而达到资源最优配置的目的。Kraljic（1983）率先将组合模型引入采购管理领域，提出以"采购重要性""供应风险"组合形成的采购组合管理矩阵，也被称为 Kraljic 矩阵（见表 3-1），其中，采购重要性用来代表该采购项目对企业盈利所做贡献的程度，而供应风险指采购该项目和寻求供应源的难易程度。企业利用 Kraljic 矩阵可以对采购项目进行分析，并针对不同类别的采购项目采取不同的管理策略，提高采购管理的针对性。毋庸置疑，Kraljic 矩阵的提出开启了学术界对采购组合管理工具研究的先河，但 Kraljic 矩阵也存在一些问题，Dubois 和 Pedersen（2002）认为：① Kraljic 矩阵是在一个相对简单稳定的市场运行机制假设下提出的，未考虑到现实中的采购活动总处于一个动态的、相互影响的供应环境中；②由于模型的抽象性和高度概括性，其关键衡量指标，尤其是供应风险的判别还停留在定性分析的阶段，缺乏客观准确的判定将会影响采购项目的分类结果，且基于采购项目的错误分类必然导致所制定并实施的相应采购策略的效果不佳。此外，Kraljic 矩阵也没有给出每种项目采购管理策略的具体执行方式，其应用存在一定模糊性和随意性。

许多学者在 Kraljic 矩阵的基础上对维度进行拓展，形成了多种采购组合模型。与此同时，研究者也关注到供应商不再仅作为外部参与者受企业直接管控，企业与供应商之间的互动关系能够显著影响企业对供应商资源与能力的动员程度，有必要针对不同的企业—供应商关系采取差异化的管理方式来实施采购活动（Dubois and Araujo，2004）。由此采购组合研究发展到供应商关系组合管理（Relationship Portfolio Management）阶段。在供应商关系组合模型中，相对依赖程度是衡量企业—供应商关系的主要特征，通常采用买卖双方间的相对权力、依赖风险和专用性投资程度定性衡量，如基于买卖双方的相对权力的关系组合模型（Bengtsson and Kock，1999）、基于买卖双方专用性投资水平的关系组合模型（Gelderman and Van Weele，2000）、基于买卖双方风险水平的关系组合模型（Hallikas et al.，2005），基于买方—供应商间关系的权力依赖结构关系组合模型（Caniëls and Gelderman，2007），具体如表 3-7 所示。

表 3-7　采购组合模型或关系组合模型的相关研究

文献作者（年份）	分类维度	类型	行动计划
Kraljic（1983）	·采购重要性 ·供应市场复杂性	物料 / 零部件： ·非关键项目 ·瓶颈项目 ·杠杆项目 ·战略项目	·利用 ·均衡 ·多样化
Van Stekelenborg and Kornelius（1994）	·内部市场需求的控制需要 ·外部供应市场的控制需要	供应情况： ·简单供应情况 ·内部不确定的供应情况 ·外部不确定的供应情况 ·复杂的供应情况	·努力管理 ·需求管理 ·供应管理 ·整合性管理

续表

文献作者（年份）	分类维度	类型	行动计划
Hadeler and Evans（1994）	·产品复杂性 ·价值潜力	·简单契约管理 ·全球交易 ·紧密关系管理 ·战略伙伴关系管理	
Olsen and Ellram（1997）	·管理采购的困难度 ·采购的战略重要性	采购情况： ·一般型 ·瓶颈型 ·杠杆型 ·战略型	·强化关系 ·改善供应商吸引力或关系绩效 ·减少关系中的资源配置
Bensaou（1999）	·买方专用性投资 ·供应商专用性投资	关系： ·市场交易 ·受制型买方 ·受制型供应商 ·战略性合作伙伴	
Gelderman and van Weele（2000）	·供应商依赖 ·买方依赖	供应战略： ·有效处理 ·利用权力 ·批量保障 ·平衡型关系	
Hallikas 等（2005）	·供应商依赖风险 ·买方依赖风险	关系： ·非战略性关系 ·不对称性关系（受制型买方） ·不对称性关系（受制型供应商） ·战略性关系	
Fu Jia 等（2017）	·内部整合 ·供应国际化 ·外部整合	采购结构设计 ·组织复杂性 ·决策权的分配 ·专业化	·控制 ·协调 ·信息通信技术（ICT）

此外，除用相对依赖程度作为评价企业—供应商关系的关键指标外，也有学者利用多个关系特征维度对关系进行区分，并针对不同关系实施差异化的采购管理。Möllering（2003）以关系绩效、信任水平和治理方式等方面的关系管理维度为依据，通过聚类分析将制造商—供应商关系分为传统谨慎贸易关系、承诺伙伴关系和约束性日常合作关系。

二、网络方法

长期以来，企业借助组合模型制定相应的采购策略并取得了一些成效。但随着供应链的网络化发展，实践中这种聚焦于特定物料或企业—供应商二元关系管理的采购策略实施效果并不理想，甚至给企业带来了严重风险与损失。网络条件下，企业、供应商以及二元关系并非孤立存在，而是嵌入在由更多相关联的二元关系（如企业—供应商关系、供应商—供应商关系）所构成的供应商网络中。供应商的经济行为和结果不仅取决于企业的采购要求，还受到其所嵌入供应商网络的影响。为了更好地获取和利用供应商网络中供应商资源与能力，企业需要通过采购活动主动地对供应商网络进行配置与管理，而网络方法是以网络视角进行研究分析的一种方法，它既不视行动者为分析单元，也非仅考虑行动者间的二元关系，而是强调企业间关系的网络嵌入性及关系间的相互依赖性，更关注关系对每一个参与者所起的功能作用，因此网络方法可以用来检验一个特定社会背景下的网络联结模式对行动者决策的影响，为企业如何管理供应商网络、从供应商网络视角制定采购策略提供依据和支撑。

由于网络的复杂性与动态性，目前关于网络方法在采购策略中的应用研究，只有少量学者进行了初步探索，且研究的侧重点各不相同。Harland和Knight（2001）以及Knight和Harland（2005）运用角色理论，分别研究供应网络战略中角色及能力需求和管理供应网络时的组织角色问题。研究指出，尽管供应网络的出现带有较大的偶然性，但网络是可以被管理的，并综合运用文献分析和实证研究的方法提出六种网络管理角色：网络结构代理（Network Structuring Agent）、协调者（Co-ordinator）、建议者（Advisor）、信息终结者（Information Broker）、关系中介者（Relationship Broker）和创新倡导者（Innovation Sponsor）。研究仅提及少数项目用于管理供应网络的采购策略活动，如发挥网络结构代理角色的管理和影响供应市场的竞争活动、防止供应商受到零散采购不利后果的影响；发挥建议者角色对采购策略提供建议等。网络管理的六种角色为制定采购策略、实施采购实践活动提供了分析框架。

以供应网络环境中企业战略供应商组合（Strategic Supplier Portfolios）管理为研究主题，Wagner和Johnson（2004）指出，并非每一个供应商都可以或应该成为企业的紧密合作伙伴，只有实施合理的供应商组合管理，企业才可能形成有效的供应基结构，进而有效获取供应商价值资源。基于此，他们提出管理供应网络中战略供应商组合的过程，并指出通过对供应基的组合设计、供应商开发活动以及将供应商集成进产品开发和制造，战略供应商组合将对企业竞争优势的提升产生重要作用，如图3-6所示。

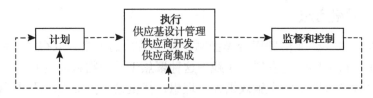

图 3-6　战略供应商组合管理

其中，计划阶段主要涉及企业应与哪些供应商合作，监督和控制阶段主要关注目标导向的管理以及预警工具的建立，执行阶段的供应基设计管理、供应商开发和供应商集成构成战略供应商组合管理的核心内容。供应基涉及管理，主要包括缩减供应商数量、分割供应基以及对供应商进行评价和选择，供应商开发强调企业通过各种措施帮助供应商提升企业所需的技能和绩效，供应商集成则关注供应商参与到企业的产品设计和生产制造环节。

基于三元关系是网络分析的最小单元这一思想，Dubois 和 Fredriksson（2008）提出三元采购策略的概念，期望通过分析企业—供应商—供应商三元关系中的互动与管理问题来帮助企业理解和推测供应商网络情境下企业与供应商间的互动情况，从而为企业有效设计供应商网络提供重要的理论基础。研究指出，企业—供应商—供应商三元关系情境下，企业对供应商间的互动进行管理非常必要：一方面，结构洞理论表明，处于网络中心位置的企业更易获得知识、信息等方面的优势，而供应商间的紧密互动势必会影响到企业的核心位置，因此，管控供应商间互动是保障企业"资源掘客"角色的重要机制；另一方面，企业主动培育两个供应商间的适度合作，促进部分知识、资源在两个供应商间的直接转移，有助于调动供应商积极性、充分整合两个供应商的资源，同时两个供应商知识的直接碰撞还有可能产生对企业具有重要价值的新知识。

在研究供应商网络的互动时，Roseira 等（2010）重点探讨了供应商网络中关系的相互依赖性（Interdependencies）及其管理问题，研究指出，供应商网络中发生在不同成员企业之间的互动关系是相互影响的，尤其当企业同时与多个相似（可替代）供应商存在互动关系时，多个企业—供应商关系间的相互依赖性更为显著。此研究结论预示，企业应探明并理解供应商网络中存在的各种隐含组织规则，如相互依赖性，才能加以利用以实现对供应商的动员以及对供应商资源和能力的有效配置，从而提高企业采购管理的有效性。此观点为企业提供了一种在供应商网络情境下管理并利用供应商资源和能力的重要管理策略，同时为企业理解并有效设计供应商网络提供了重要理论基础。

以企业供应（商）网络的形成与结构变化为切入点，Holmen 等（2007）研究企业如何才能形成自己的供应（商）网络，以及供应（商）网络结构在哪些实践活动作用下会发生变化，希望借此帮助企业更有效地管理供应（商）网络。研究指出，在供应（商）网络结构发生变化的过程中，以下企业管理策略发挥了重要作用：供应基规模缩减（减少供应商数量）、供应绩效管理、供应基中供应商层级管理、企业与供应商组合关系管理。

组合理论和网络方法作为企业制定采购策略的依据与理论工具，两者各有侧重。组合理论是站在企业层面，依据企业内外部供需情况和企业—供应商关系特征制定和实施相应的采购策略，强调能够评价指标选择的重要性及指标的可测量性；网络方法认为，供应商网络对企业采购安排及其实施的重要影响，强调主动设计和管理供应商网络的重要性。

第四节　采购策略的制定与作用机制

一、采购策略与前因变量：权变条件的研究

目前，国内外文献有关采购策略的前因大致可以分为两类：一是采购策略制定的关键前因变量；二是影响采购策略转变的驱动因素。

（一）采购策略制定的前因

根据战略权变理论，企业实施采购策略的前提是识别和判断影响该策略采纳的关键情境因素，通过实现采购策略与情境间的匹配获取高采购绩效。关于该主题的讨论，以往研究有比较丰富的积累，从多角度提出了一系列采购策略的前置因素。Ellram 和 Carr（1994）指出，供应商数量、供应商的成长前景、供应商技术变化、供应商经济活动水平以及供应商的竞争者实力均是企业在制定采购策略时需要考虑的关键要素。Zeng（2000）基于资源基础观和产业组织理论（市场结构—行为—绩效），归纳了影响采购策略制定的内外部关键因素，其中外部因素主要包括供应市场结构、物料供应风险，而内部因素主要指物料采购成本、产品采购的内部成本、物流指标以及偏好的关系类型。Ventovuori（2006）通过多个案例分析，明确指出了 5 种设施服务采购策略的主要决定因素，包括采购界面、组织决策、服务范围、采购地理区域和关系类型，同时提及在采购策略开发过程中，采购元素类型和市场情况也是需要考虑的因素。Svahn（2009）指出，在网络情境下，采购策略决策取决于关系复杂性与采购意图两个重要指标。Lintukangas 等（2013）立足于企业，指出采购收入分享、采购集中度、国际化采购程度以及供应管理能力是企业制定采购策略的重要前因。Yu 等（2009）和 Wang 等（2010）指出，供应（中

断）风险是企业采购管理与采购策略必须要考虑的关键因素。采购策略有助于供应链更快地从中断中恢复（Jain et al.，2022）。同时，供应商机会主义行为、供应商逆向选择风险等因素在决定采购策略时也不容忽视（Costantino and Pellegrino，2010）。李随成等（2014）在文献分析的基础上，从制造企业、组织间关系和供应商3个层面提取了三元采购策略的影响因素，并引入采购绩效来评价三元采购策略的效果，实证研究结果表明，制造企业层面的采购管理技能、采购地位、高管支持、封闭式治理机制，组织间关系层面的目标一致性、制造商与供应商间相互信任、供应商间相似性以及供应商层面的供应商能力和供应商意愿等因素能显著影响企业是否采纳三元采购策略以及其实施效果。

（二）影响采购策略转变的驱动因素

企业采购策略并非一成不变，它会随着组织内外部资源环境条件、产品所处的不同生命周期发生动态变化。Dubois 和 Gadde（1996）研究分析了1964~1996年制造企业采购策略和涉及11个元件采购的供应商结构的变化，研究发现，针对同一个产品，企业会根据情境因素的重要性交替采取不同的采购策略，这些情境因素主要包括最终客户的规格要求、产品标准化、内外部成本节约的压力、供应市场的结构变化等。在研究英国政府部门的采购策略时，Quayle（1998，2002）发现了与 Dubois 和 Gadde 同样的采购策略变化原因。Faes 和 Matthyssens（2009）指出，特定产品的生命周期进程会改变企业采购的目标，促使企业为适应新的采购要求而采取相应的采购策略。在对比分析单源采购策略和多源采购策略优劣势的基础上，通过对企业采购策略转变的10个案例（其中包含3个单源采购向多源采购策略转变的案例、7个多源采购向单源采购策略转变的案例）深入分析，归纳总结出企业采购策略转变的主要原因及其预期结果，如图3-7所示。对于两种情形的企业采购策略转变情况可以发现：①无论是单源采购向多源采购策略转变，还是多源采购向单源采购转变，成本压力和质量改进均是企业实施采购策略的主要驱动力，他们与采购策略转变的方向无关；②尽管未来供应保障仅作为企业从单源采购策略向多源采购策略转变的重要前因，但它也是单源采购策略实施中关注的焦点问题；③信息保密是企业由多源采购向单源采购转变的重要原因，有限的供应商数量往往被视为一种防止信息泄露的有效机制，供应基缩减计划是企业采纳单源采购策略的重要前因。

二、采购策略与中介变量：作用机制的研究

在采购策略与其他变量之间的关系中，起中介作用的变量主要有企业—供应商关系、供应基结构等。Cousins 和 Lawson（2007）基于对英国142家制

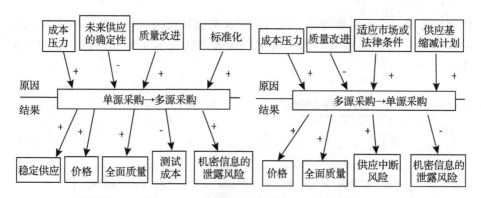

图 3-7　采购策略转变的前因与结果

造企业问卷调查的有效数据，运用结构方程模型检验采购策略、关系特征和企业绩效间关系，发现不同的采购策略需要与适当的关系类型相匹配才能实现预期结果，如图 3-8 所示。具体来说，针对关键项目执行的采购策略需要企业与供应商间建立紧密的合作关系，从而实现并保障关系绩效与业务绩效。而针对杠杆项目执行的采购策略，一方面直接最关系绩效和业务绩效有显著的正向影响，另一方面针对杠杆项目执行的采购策略有助于提升供应商在谈判中的权力，营造买卖双方权力均衡的战术关系，但该战术关系对于企业业务绩效的影响作用并不显著。究其原因可能是针对杠杆项目的采购策略对于产生短期回报更为有效，而对于中长期回报的促进效果不佳。

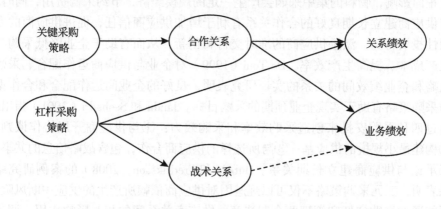

图 3-8　采购策略、关系类型与企业绩效间的关系模型

通过引入供应基结构的概念，Ates 等（2015）运用多案例研究方法对采购类别策略与采购类别绩效间影响关系进行了研究，研究指出，除常见的供应商数量外，还应从供应商间差异化、企业与供应商间以及供应商与供应商间关系等方面刻画企业的供应基结构。此外，研究还提出面向不同导向的采购类别策略，企业需要构建不同的供应基结构从而实现相应的采购绩效，供应基结构在采购类别策略与采购类别绩效之间扮演了中介角色，如图 3-9 所示。

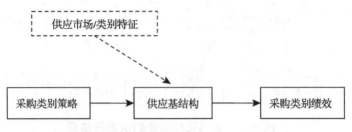

图 3-9　采购类别策略影响采购类别绩效的概念模型

三、采购策略与结果变量：影响作用的研究

综观现有相关研究，采购策略的影响效应主要体现在其对采购绩效和竞争优势的作用。前者主要考察采购策略在所采购物料成本、质量、交付、柔性和创新方面的绩效表现，而后者反映采购策略对企业竞争优势的支撑作用。

（一）采购策略对采购绩效的影响效应

采购策略研究的学者关注伴随采购管理所产生的采购绩效。Larson 和 Kulchitsky（1998）研究表明，执行单源采购策略的企业对长期的采购效率产生正向影响，物料的集中采购会产生一定的规模经济，节约采购费用，同时，与供应商建立长期良好的合作关系有利于增加供应商信任，促进供应商的专用性投资行为，激励供应商的准时交付和创新，从而有助于企业降低采购与生产成本、提高生产效率。De Toni（1999）对企业与供应商运作配合、采购策略和企业绩效间的关系的实证研究表明，良好的企业间运作配合和合作型的采购策略有助于实现企业预期的采购目标。Janda 和 Seshadri（2001）指出，通过四种采购安排来创造采购效率和采购效力：①与供应商开展协作谈判；②构建最小规模的供应基；③与所选择的供应商合作，包含战略信息的共享；④承诺与供应商建立长期关系。Dubois 和 Fredriksson（2008）的案例研究结果表明，三元采购策略不仅可以规避因对供应商依赖所产生的供应中断风险，更能通过采购杠杆和管理两个制造商—供应商关系间的相互影响作用，调动供应商积极性，加速信息和知识在企业间的流动，从而挖掘更多的运作和创新收益。李随成等（2013）通过实证研究发现，三元采购策略对企业运作及自傲和创新绩效均有显著影响，但相比于对运作绩效的影响作用，三元采购策略对创新绩效的作用更为显著。通过对这些研究的回顾，我们发现，企业对采购活动的积极管理能够有效改善采购绩效，且不同类型的采购策略对采购绩效的影响不同。Ateş 等（2018）指出，采购策略和采购结构之间的契合程度会影响企业的采购绩效，同时通过实证验证了执行不同的采购策略的正确采购结构有助于帮助企业的管理决策。

（二）采购策略对竞争优势的影响效应

在关注采购策略对采购绩效的影响效应的同时，一些研究考察了采购策略对竞争优势的影响。Watts 等（1995）研究表明，有效的采购安排能够提升企业竞争力，使企业获得竞争优势。他们认为执行与生产战略、研发战略相匹配的采购策略能够有效获取企业生产与运作所需的资源与能力，提升企业的生产与运作效率，促进竞争优势的获取。Kroes 和 Ghosh（2010）依据代理理论、交易成本理论、资源基础观和知识基础观四个基础理论，解释了外包战略对企业获取竞争优势的功能作用。代理理论认为，企业外包决策的目的是将一些非核心的产品或服务的生产任务授权给其他更有效率的代理机构（供应商），从而促进企业专注于核心技术与新产品的研发，提高企业的创新能力；交易成本理论指出，尽管外包管理会产生构建和管理供应商关系的额外成本，但从长期来看，外包战略能够促进企业生产成本和交易成本的降低；资源基础观理论认为，企业竞争优势来源于企业可利用的独特资源，通过执行外包战略，企业能够有效获取外部供应商的资源与能力，并与内部能力进行有效整合以服务于企业的竞争战略；知识基础观指出，知识是企业的核心能力，它能够创造企业的竞争优势，无论是企业还是外部供应商均可以提供创造竞争优势所需的知识，因此，外包战略能够有效促进企业获取竞争优势。总的来说，现有研究已经从理论上分析了采购策略对企业获取竞争优势的重要性，但其内在机理是什么尚未明晰，未来研究有必要在这方面有所加强。

第二篇　供应商管理

▶ 第四章　供应商关系管理

供应商关系管理实质是一种以扩展协作互助的伙伴关系、共同开拓和扩大市场份额、实现双赢为导向，通过有效的关系管理机制，与供应商建立长期、紧密的互惠关系，整合双方资源，实现双赢的企业管理模式。本章主要围绕在供应商管理过程中企业如何有效管理供应商关系展开，系统梳理供应商关系管理的核心思想及关系演进，在讨论供应商关系管理的重要意义基础上，对供应商关系管理领域的研究框架、研究焦点及作用机制等主要方面进行详细评述。

第一节　供应商关系

一、供应商关系内涵与特性

供应商关系，也称为买方—供应商关系，泛指买方企业与供应商之间在一定时间内的互动关系。在英文文献中通常有"buyer-supplier relationships""supplier relationships""manufacturer–supplier relationships""firm–supplier relationship"等几种表达，这里统一翻译为"供应商关系"。

系统梳理国内外相关文献发现，目前关于供应商关系特性研究的学者，期望帮助企业建立并深入认识和管理供应商关系，如表4-1所示。

表4-1　供应商关系特性

特性	描述
双方在关系中的地位	双方在关系中的地位由交易双方在各自行业的地位、各自的讨价还价能力等决定。一般地，如果双方交易的产品是处于一个完全或者近乎完全竞争的市场中，而且双方在该市场中均处于非垄断的地位，则双方在关系中的地位较为平等。相反，如果一方具有较强的市场力量，则该方在关系中的地位较高。而较高的地位则意味着具有较强的讨价还价能力，从而使该方有可能从双方关系中获取较多的利益
双方在关系中的依赖程度	双方在关系中的依赖程度取决于双方的关系专用性投资。某一方的关系专用性投资越大，则对关系的依赖程度也越高，因为关系专用性投资是一种沉淀成本，一旦关系终止，高昂的成本给投资大的一方所带来的损失也较大

特性	描述
关系的契约性	关系契约性是指双方的关系是否以具有一定法律效力的契约为基础，以及契约条款的完备性。虽然，如果关系是建立在签约基础上的，双方关系的终止就会受到一定的约束，而契约条款的严格与否也有影响
交流的方式及其范围和深度	明确规定双方信息交流和人员交往的方式，对保持关系有积极作用。而不定时的、随机的交流方式则可能对关系的持续以及效用没有很大的意义。类似地，如果信息交流深入、人员往来频繁，则有助于双方对彼此要求及时做出反应，达到事半功倍的效果。因此，交流的范围和深度是与关系的效用相辅相成的
双方对关系的期望	关系双方对关系持续的看法也相当重要。这涉及双方对彼此的看法。如果客户认为某供应商的信誉良好，对方的产品质量可靠，则会看重该供应商，该供应商的地位就较为重要。同样，如果供应商认为某客户信用良好，也会在保持与该供应商的关系上持积极的态度
目标	战略和运作目标是共享的、明确的和清晰的
信息共享	开放和迅速的双向信息共享
关系结构	互动的多功能性、明确的沟通渠道、人际关系
协调机制	正式和非正式的关系治理机制
决策关注点	明确的决策流程，高层管理人员授权
高管承诺	高管支持关系运行
兼容性	组织结构与管理理念的兼容性

资料来源：笔者整理。

二、供应商关系的类型

供应商关系类型一直是学术界和企业界研究的重要议题，对供应商关系类型划分的不同，导致供应商关系管理不同的重点。根据以往供应商关系的类型学研究，供应商关系可基于少数关键维度划分为不同的类型与层次，且这些关键维度大致可归为关系属性和权力—依赖属性两类。关系属性通常包括合作努力、关系规范、信任、承诺和一体化，而权力—依赖属性通常包括权力、依赖和交易专用性投资。

（一）基于关系属性的分类

具有代表性的基于关系属性的供应商关系分类研究总结如表4-2所示。

表 4-2　基于关系属性的供应商关系分类研究汇总

研究作者（年份）	描述	分类用意：解释或预测	用途
Kaufmann 和 Stern（1988）	离散型交易 VS. 关系型交易	解释交易各方在争论中的不公平感知，与买方绩效或供应商绩效无直接关系	
Webster（1992）	营销关系范围：交易→重复性交易→长期关系→合作伙伴→战略联盟→网络组织→纵向一体化		重新界定营销在企业中的作用
Dyer 等（1998）	持久交易关系 VS. 战略合作伙伴关系		持久交易关系与非战略性输入匹配，战略合作伙伴关系与战略性输入匹配
Mudambi 和 Helper（1998）	紧密但敌对关系 VS. 合作关系	预测每种关系类型中买方的切换概率，与买方绩效或供应商绩效无直接关系	通过互利行动和采用共同人员来促进紧密但敌对关系向合作关系的转变
Donaldson 和 Toole（2000）	离散关系、主导型关系、周期性关系、双边关系		用不同方法管理不同类型的关系：传统交易式（离散关系）、命令式（主导型关系）、运作需要（周期性关系）、共同参与（双边关系）
Kaufman 等（2000）	大宗商品供应商、协同专家、技术专家和问题解决型供应商	预测每种类型中的供应商规模与绩效，与买方绩效无直接关系	
Masella 和 Rangone（2000）	短期/物流整合、长期/物流整合、短期/战略整合、长期/战略整合		每种类型关系中，使用不同的供应商选择标准

93

续表

研究作者（年份）	描述	分类用意：解释或预测	用途
Möllering（2003）	传统谨慎交易商、受控型常规伙伴、承诺型柔性伙伴	解释与每种类型相关的业务收益（如成本和质量）	与传统谨慎交易供应商和受控型常规供应商合作，需开发或利用信任，以使其变得更加开放和柔性；而与承诺型柔性供应商合作则需持续开发与协同
Svensson（2004）	交易型关系、业务伙伴关系、友好关系和家人关系		基于物流和依赖条件选择和实施每种类型关系
Laing 和 Lian（2005）	基本关系、互动关系、嵌入式关系、伙伴关系和整合		
Lejeune 和 Yakova（2005）	沟通形态、协作形态、协同形态和竞合形态		识别可能的供应链形态类型，并为其采取不同策略
Palmer（2007）	交易型、持久交易型、关系型		
Tong 等（2008）	共同分享、权威排名、平等匹配和市场定价的关系	与不同互惠程度、嵌入性、IT 和定制化相关的不同类型关系；与 BFP 或 SFP 无直接关系	
Revilla 和 Villena（2013）	最小化整合、运作整合、战略整合、均衡整合	供应商关系中不同的知识整合类型与买方绩效直接相关，与供应商绩效无直接关系	选择合适的知识整合类型以支持买方的供应商关系相关目标

（二）基于权力—依赖属性的分类

具有代表性的基于权力—依赖属性的供应商关系分类研究总结如表 4-3 所示。

表 4-3　基于权力—依赖的供应商关系分类研究汇总

研究作者（年份）	描述	分类用意：解释或预测	用途
Kraljic（1983）；Gelderman 和 Weele（2005）	非关键物料，杠杆物料，瓶颈物料，战略物料		每种关系类型与不同的战略和行动计划相匹配，通过对供应商的重新界定来改善关系结果
Dwyer 等（1987）	离散型交换，买方市场，卖方市场，双边关系		通过 BSR 意识、探索、扩张和承诺的发展阶段，说明从离散交易到双边关系的 BSR 发展
Heide（1994）	市场，单边和双边治理	解释单边和双边依赖对柔性适应过程的影响；与买方绩效无直接关系	
Bensaou（1999）	市场交易，受制型买方，受制型供应商，战略合作伙伴	关系类型和绩效无相关关系	依据特定产品、市场和供应商条件匹配关系类型，并对每一种关系类型采用合适的管理方法
Cox（2001）	独立，买方主导，供应商主导，相互依赖		使用杠杆来提高商业业绩和重新定位，以提高权利的位置
Cox 等（2004）	买方主导交易，买方—供应商互惠交易，供应商主导交易，买方主导协同，买方—供应商互惠协同，供应商主导协同		交易关系或协同关系与运作需要间的匹配，依据权力情景下的商业目标采用敌对或非敌对的方法
Tangpong 等（2008）	市场，权利，自治型关联，受制型关联	自治型和受制型关联与买方绩效相关，与供应商绩效无直接关系	个体企业创新战略与供应商关系类型相匹配

（三）供应商关系分类综合模型

在对供应商分类研究进行归纳与整理的基础上，Tangpong 等（2015）指出，现有基于关系属性和权力—依赖属性的供应商关系分类研究存在四方面不足：①大多数供应商分类研究缺乏解释或预测该类型关系与买方绩效和供应商绩效间的关联；②基于关系属性的供应商关系分类研究中，同种或相似关系对绩效结果的影响作用具有矛盾的结果，如 Larson（1994）认为，供应商关系的改善对总成本的降低有正向作用，而 Anderson 和 Jap（2005）研究却证实，长期关系会带来相反的效果，如增加成本，阻碍创新，但这种分类逻辑缺乏合理性；③基于权力—依赖属性的供应商分类研究的两个隐含前提假设（超理性经济和外部决定论）并不能完全反映供应商关系的实际情况，权力—依赖的不对称不足以导致权力方对权力的利用，供应商关系还可能受到内部与关系因素的影响；④供应商分类研究中，两种属性的分类维度都是众多且支离破碎的，且两种属性都未能捕捉到供应商关系的全局性，供应商关系研究需要一套更完整的且能够充分捕捉关系动态性的分类模型。

基于此，Tangpong 等（2015）提出，单独关注关系属性或权力依赖属性的供应商分类研究是不完整的，将两者结合运用于供应商关系分类研究中似乎是可行路径。基于此，采用买方依赖、供应商依赖体现权力—依赖属性，采用关系主义（Relationalism）体现关系属性，构建了一个 2×2×2 的供应商关系分类综合模型，如图 4-1 所示，将供应商关系分为八个基本类型：市场离散关系、受制型买方 / 供应商主导关系、受制型供应商 / 买方主导关系、战略 / 双边合作关系、供应商引导协同关系、买方引导协同关系、竞争 / 赢—输合作关系、自由意志 / 自愿协同关系。

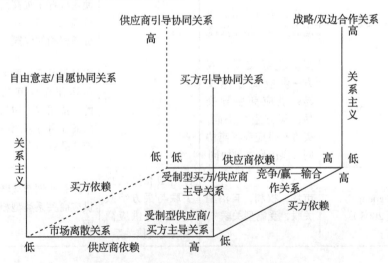

图 4-1　供应商关系分类综合模型

（1）市场／离散关系。该类供应商关系以买方企业与供应商间低关系主义和低依赖水平为特征，主要表现为：①双方只会为交易投入有限的关系专用投资，且能以最低转换成本在市场中找到替代者；②双方交易过程中存在较少的人际关系和联合行动，且主要以现货合同运作，关注该次交易的收益而不考虑未来前景；③双方所交换的通常是需求稳定或下降的高度标准化产品；④双方是相互独立的。因此，该类供应商关系在本质上是短期的和竞争的。

（2）受制型买方／供应商主导关系。该类供应商关系以买方企业与供应商间低关系主义、买方企业更加依赖供应商为特征，主要表现为：①供应商在制造零部件方面占有独特能力和专利知识，供应商或其元件对于买方企业最终产品而言是至关重要的；②供应市场重要集中在少数实力较强的供应商，买方企业搜索和转换供应商成本较高；③由于缺乏双方间的关系主义，作为经济主体的供应商更可能利用其议价权力单方制定交易条款，买方企业只能接受这些条件来维持关系。因此，该类供应商关系在本质上是对抗的和竞争的。

（3）受制型供应商／买方主导关系。该类供应商关系以买方企业与供应商间低关系主义、供应商更加依赖买方企业为特征，主要表现为：①供应商对买方企业有更高的经济依赖，买方企业在供应商的产出和销售中占有很大比例；②相对于供应商数量而言，市场中买方企业的数量较少；③由于缺乏双方间的关系主义，占据权力的买方企业更可能利用其议价权力单方制定交易条款，供应商只能接受这些条件来维持关系。因此，该类供应商关系在本质上是对抗的和竞争的。

（4）战略／双边合作关系。该类关系以买方企业与供应商间高关系主义和高相互依赖水平为特征，主要表现为：①供应商会进行关系专用性投资以向买方企业提供定制化组件、零件，同时买方企业也将内部关键资源提供给供应商；②市场中可替代的交易伙伴是有限的，双方在运作方面的相互依赖水平和转换成本较高；③双方间相互承诺水平较高。因此，该类供应商关系在本质上是长期的、紧密的，双方联合行动、相互适应且追求共同收益。

（5）供应商引导协同关系。该类关系以买方企业与供应商间高水平的关系主义、买方企业更加依赖供应商为特征，主要表现在：①供应商不会为眼前利益剥削买方企业；②供应商会为买方企业产品绩效开发自身独特经验与能力；③买方市场中客户企业较多，供应商有很多选择；④供应商运作中的变化会触发买方企业运作的改变。因此，该类供应商关系在本质上是长期的和合作的。

（6）买方引导协同关系。该类关系以买方企业与供应商间高水平的关系主义、供应商更加依赖买方企业为特征，主要表现在：①买方企业在供应商的产出和销售中占有很大比例；②为了对每个供应商确保交易关系的重要性，买方企业限制每个部件的供应商数量；③买方企业更多利用权力管理、协调或影响自身与各种依赖型供应商间的关系。因此，该类供应商关系在本质上是长期的，买方企业发挥着主导作用。

（7）竞争/赢—输合作关系。该类关系以买方企业与供应商间高水平的相互依赖、四水平关系主义为特征，主要表现在：①高度的相互依赖是双方持续交易的必要条件；②双方期望与日程安排存在差异，双方均尝试利用对另一方的控制而实现自身的日程；③情节型自利行为，一旦有可能，双方企业均会尝试降低对对方依赖水平，从而获得单边权力并控制对方。因此，该类关系在本质上是紧密的、敌对的。

（8）自由意志/自愿协同关系。该类关系以买方企业与供应商间高水平的关系主义、低水平相互依赖为特征，主要表现在：①双方关系是建立在自愿的基础上而非战略需要；②双方间的平等的，在商业运作上有着高水平的自由；③供应商关系受到关系规范治理，双方不会出现机会主义行为。因此，该类关系在本质上表现为高运作自由、高度关系规范的平等关系。

三、供应商关系的演变

在当今经济背景下，供应商关系早已不是最初传统的简单交易关系，而是不断地进化。供应商关系在互动性质上从竞争走向合作，由被动走向主动，在互动形式上由低级的、短期简单交易关系走向紧密、复杂、长期的高级合作关系。从供应商关系发展看，供应商关系大致经历了四个阶段的演变。

（一）传统交易关系阶段

传统供应商关系以短期合同，多供应商竞价、成熟的竞价规则为特点，买方企业利用供应商间的竞争达到压低采购价格的战略。这种关系是20世纪70年代石油危机前买方与供应商间的主要关系类型。这一阶段市场相对稳定，买方企业面对的供应商数量较多，供应商间竞争激烈，买方企业主要按照价格标准进行采购决策。具有高交易成本、高库存、缺乏信任、存在交流壁垒、忽视质量和交货期等缺点。但符合当时的企业需求，成为早期的主要交易方式。

（二）协调关系/物流关系阶段

传统交易关系的低效率问题越来越突出，随着JIT、TQM等技术的应用，传统交易关系实现向物流关系的转变。协调/物流关系以加强基于产品质量和服务的物流关系为特征，除了价格，还注重服务的质量和可靠性。这一阶段，为了达到生产的均衡化和物流同步化，企业内部之间、企业之间加强合作与沟通。但这种物流关系主要停留在技术层面和较为浅显的表层，缺乏战略层面和更深层次的企业合作和协调，如表面的零库存，并没有真正降低供应链成本，只是将成本从制造企业转移给了供应商。

（三）协作关系/合作伙伴阶段

研究和开发成本的大幅度提高、实用新技术的风险提高、新产品淘汰更快、产品和工序系统复杂性增加、产品创新性和生产柔性的要求，推动这种战略合作关系的形成。越来越激烈的市场竞争对企业的柔性和敏捷性提出了更高要求，企业与其合作伙伴在信息共享、服务支持、并行工程、群体决策等方面的合作应该提升到战略高度，供应链企业的战略性合作伙伴关系是必然的结果。这种合作伙伴关系具有相互信任、合作、相互依赖的特点，强调基于时间和基于价值的供应链管理。

（四）协同关系阶段

20世纪90年代后，供应商关系的发展有了实质性的变化，具体表现为以实现集成化合作伙伴关系和以信息共享的网络资源关系为特征。信息技术的高度发展以及在供应链节点企业间的高度集成，使企业与供应商间的合作关系最终集成为网络资源关系。与传统的企业关系相比，协同关系更强调合作和信任，强调新产品/技术的共同开发、数据和信息的交换、市场机会的共享和风险共担。这一阶段关系特征主要表现为：①高度的信任机制；②双方有效的信息共享、信息交换，包括成本、进程与质量控制等信息的更为自由的交流，大量运用EDI和Internet；③供应商直接参与购买方的产品开发，共同寻求解决问题和分歧的途径，而非寻求新的伙伴；④长期稳定的供应合同。

第二节　供应商关系管理及其框架

一、供应商关系管理的源起

市场公开化、全球化加剧了企业之间的竞争，并刺激企业通过与供应商建立合作关系形成自己的战略优势（Anderson and Weitz，1989）。Ganesan（1994）指出，企业与供应商间关系发生了重大变化，通用汽车等公司都在寻求其供应商的帮助以取得更大竞争优势。Dyer（1996）在研究中指出，目前丰田公司在汽车制造行业的领先地位归结于其与供应商间构建的紧密长期合作伙伴关系，而克莱斯勒公司能够从倒闭边缘生存下来也是源于与供应商合作伙伴关系网络的建立。对企业而言，与供应商之间的关系极其重要，因为它在建立并维持自身持久性竞争优势方面发挥了重大作用（Zhao and Tamer Cavusgil，2006）。

与此同时，伴随科学技术的高速发展、信息技术的不断进步，产品更新换代日益加快。为保持竞争力，企业必须不断加速新产品上市时间、改进产品质量。实践中，众多企业纷纷选择专注自身核心能力，将非核心业务大量外包给外部供应商，因而企业与供应商间合作方式的选择以及合作关系的好坏直接影响着企业市场竞争力。

Zhang 等（2009）指出，企业—供应商合作关系能够产生关系利益，极大改进产品质量、增加产品生产率、缩短提前期并减少成本，给双方带来更大的利润。在这样一个日益全球化、动态化的经济背景下，建立并深化与供应商间持久关系已成为一个重要战略。良好的供应商关系能够向顾客提供比竞争对手更多的附加价值，在供应关系中取得优势，成为许多企业生存并取得成功的重要基础。

二、供应商关系管理的内涵

供应商对于供应商关系管理的概念，很多学者从各自角度出发给出了不同的定义，如表4-4所示。

表4-4 供应商关系管理的概念总结

研究作者（年份）	供应商关系管理概念
Dwyer 和 Oh（1987）	将供应商关系比喻为婚姻关系来说明供应商关系管理，认为产品在销售结束之后，买方—卖方的互动关系并不能因此而中断，而是要持续地发展下去
Herrmann 和 Hodgson（2001）	一个选择供应商和管理供应商绩效的管理过程，在这个过程中，企业管理经过严格挑选供应商、寻找新的供应商，同时降低成本、使采购能够预测，买方不断积累经验，充分利用供应商合作伙伴关系的益处
Carter（2003）	旨在改善企业与供应商之间关系的管理机制，是一项以实现"双赢"为导向的系统工程
陈兵兵和陈军军（2004）	供应商关系管理是一种旨在改善企业与供应商之间关系的新型管理机制，也是集成先进的电子商务、数据挖掘、协同技术等信息技术的优化解决方案
张涛和孙林岩（2005）	供应商关系管理是企业供应链上的一个基本环节，主要是为了更好地评估企业的供应战略、建立供应网络以及为建立互惠的供应关系提供有效的决策支持
程晖（2005）	建立在对企业的供应商管理与运用的基础上，对供应商现状、历史、提供的产品或服务、沟通、信息交流、合同、资金、合作关系、合作项目及相关的业务决策等，进行全面的管理与支持

续表

研究作者（年份）	供应商关系管理概念
Moeller（2006）	旨在为创造和提升供应关系价值，建立、开发、稳定、结束已有供应商关系、关注外部潜在供应商等的一系列活动的执行过程
Wagner 和 Essig（2006）	对企业供应商组合和供应商关系的设计与开发，目的是通过与供应商建立和维持长久、紧密的合作伙伴关系，并通过对双方资源和竞争优势的整合来共同开拓市场，扩大市场需求和份额，降低产品前期的高额成本
Poirier（2010）	企业与不同供应商交互实现共同获益的管理流程
Park 等（2010）	供应链信息流的组成部分，以多种信息技术为支持和手段的先进的管理软件和业务实践，有助于提高获取产品和服务、管理库存和处理材料等流程的效率
Miocevic 和 Crnjak-Karanovic（2012）	积极管理与关键供应商间的业务关系
Giannakis 等（2012）	供应商关系管理是管理企业与其所有供应商间互动的业务过程。致力于通过与供应商建立和维持长期、高承诺的合作伙伴关系和双方资源的有效整合来增强企业竞争力
吴晓宇（2013）	供应商关系管理作为一种致力于实现与供应商建立和维持长久、紧密伙伴关系的管理思想和软件技术的解决方案，通过加强与供应商之间的合作，协调与交流来持续改善双方协作的效率
Al-Abdallah 等（2014）	供应商关系管理是当前动态和竞争环境下买方企业实现可靠供应和频繁交付的重要管理机制，包括五个主要实践：供应商质量改进、基于信任的供应商关系、供应商交付时间减少、供应商协同企业新产品开发、供应商开发

　　归纳而言，国内外对于供应商关系管理的理解有三个特点：①以与供应商建立合作伙伴关系为目的；②均立足于买方企业角度；③引入新管理和技术方法。综合以上观点，将供应商关系管理界定为：一种旨在实现与供应商建立和维持长期紧密合作关系的企业管理思想及机制，通过应用新管理和技术方法整合双方资源及优势来共同开拓市场，实现双赢的管理模式。

三、供应商关系管理的综合框架

　　供应商伴随市场全球化、客户需求多样化和产品组件复杂化，高效的供应商关系成为企业获取竞争优势的重要推动力，有效供应商关系管理不仅能消除供应风险和不确定性，还能提高运作与创新效率，因此能够帮助企业满足最终客户需求并使其满意，从而取得更多的效益。为了达到这一目标，作为企业供应商关系管理的牵头部门，采购部门必须认真考虑业务外包的比重以及采购职能的哪些方面应该加强管理。Park 等（2010）从整合性角度提出供应商关系管理综合框架，如图 4-2 所示，具体包括五个环节。

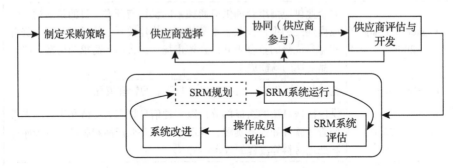

图 4-2　供应商关系管理的综合框架

（一）制定采购策略

采购策略是企业针对如何采购做出的一种总体规划安排，是企业管理供应商关系的指导方案。实际操作中应把握以下要点：①"定制化"制定，采购策略需与企业战略目标匹配；②实施"三步法"，即采购物料分类、供应商关系分析、行动计划建立。

（二）供应商选择

有效选择供应商是企业管理和利用供应商的重要前提，供应商选择是一个典型多标准决策问题，且基于不同的关注点，企业选择供应商的标准和权重不同。实际操作应把握以下要点：①确定供应商评估标准，创新一个合格的供应商名单；②采用合理的评估方法（如优先目标规划、数学规划技术等），选择合作的供应商。

（三）协同

协同的主要目的是企业利用组织内外的多维资源创造"双赢"局面，实际操作应把握以下要点：①实施协同模式，具体包括通过模块化方式对企业与供应商进行专业化分工和利益共享，通过信息共享方式协同企业与供应商间的资源要素，实现企业与供应商联合运行体，同时，企业内部各部门之间的协同至关重要。②构建供应商关系管理的信息系统，确保企业内部生产、采购、产品研发、销售等方面的协同和企业与供应商间在运作及创新方面的高效协作。

（四）供应商评估与开发

供应商评估是通过衡量供应商能力与绩效实现对供应商的评级，评估结果除进行供应商细分和有针对性地开发供应商外，还作为供应商选择和协同的主要依据。实际操作应把握以下要点：①战略物料评估，基于物料战略重要性和关系吸引力划分物料为非关键项目、杠杆项目、瓶颈项目和战略项目；②供应商评估，基于能力、绩效和协同关系评估供应商，并细分供应商为优、良、差三类供应商组；③供应商关系评估，基于战略性物料和供应商评估供应商关系，并划分为改善组、维持组、合作组和优质组四类；④供应商开发，缩减供应基并对四类关系开展不同的开发实践，具体为对优质组提供有力的激励并构建长期信任关系，对合作组巩固和改善合作以提高收益，对维持组维持现状，追求互利共赢，对改善组进行审查和改进活动。

（五）持续改进

供应商关系管理是一个动态过程，高效的供应商关系管理离不开持续改进。实际操作应把握以下要点：①将创新与改进纳入企业文化中，持续改进成为企业追求创新和进步的文化变革；②计划—实施—检查—改进（Plan-Do-Check-Act）循环法，具体包括 SRM 规划、SRM 系统运行、SRM 系统评估、操作成员评估和系统改进五个内容。

第三节 供应商关系管理领域的研究焦点

一、供应商关系管理能力

目前，学者从不同角度对供应商关系管理能力进行了大量的研究，把从基础研究到应用研究的相关研究分为三类：第一类对供应商关系管理能力概念的研究与扩展，是关于供应商关系管理能力最基础与核心的研究，主要体现在内涵的阐释和测度；第二类是对供应商关系管理能力的构建研究，涉及各层面前因探索；第三类是对供应商关系管理能力的影响效应研究，即探讨供应商关系管理能力对企业绩效、竞争优势、购买有效性等结果变量产生什么样的作用与影响。

关系管理能力在国外文献中被学者称为合作能力、联盟能力或联盟管理能力，是对关系运行进行管理的组织动态能力，它反映了企业在开展合作中的思维和模式，是影响合作关系成败的关键因素（Wang and Rajagopalan，2015）。供应商关系管理能力特指企业在供应商关系管理方面的能力。目前国内外对供应商关系管理能力界定的观点如表4-5所示。

Yim 等（2015）提出关系能力的概念，将其定义为买方培养、开发和治理合作伙伴的能力，这种能力能使买方有效建立和管理与伙伴企业间关系，以确保成功获取、使用和传播内部与外部资源、知识和能力。

表 4-5　供应商关系管理能力及其扩展

研究学者（年份）	概念	定义	维度
Knight 等（2005）	关系管理胜任力	积极开发与管理供应商关系的组织能力	①构建和维持正式或非正式关系 ②评估关系质量 ③建立有效沟通渠道 ④承诺 ⑤冲突根源和起因的预测和处理
Blomqvist 和 Levy（2006）	合作能力	基于相互信任、沟通和承诺建立和管理网络关系的行动者能力	
Lintukangas（2011）	供应商关系管理能力	为实现预期结果，管理供应商并执行内部与供应商关系相关的任务和职责的组织能力	①关系承诺 ②日常维护和管理供应商关系 ③深化信任 ④积极沟通 ⑤道德行为
Forkmann 等（2016）	供应商关系管理能力	动态管理供应商关系和调整供应基的组织能力	①供应商关系发起能力 ②供应商关系开发能力 ③供应商关系终止能力
李娜和李随成（2017）	关系管理能力	维护和强化供应商合作关系的组织能力	协调能力、沟通能力、黏合能力

根据 Schreiner 等（2009）的研究，关系管理能力由协调、沟通和黏合三方面能力构成，协调能力指企业识别和协调动态环境变化中合作伙伴的责任与行为，并设计有效的协调机制促使合作伙伴更好履行其所承担任务的能力；沟通能力指企业通过建立良好沟通渠道，采用正式或非正式沟通模式及时、准确和完整地获取并传递相关知识和信息的能力；黏合能力指企业通过个人纽带、情感耦合等社会整合流程来发展与合作伙伴间良好信任与互惠关系，并创造双方对合作关系的心理依恋和长期导向的能力。

Mitrega 和 Pfajfar（2015）研究买方企业业务关系流程管理（BRPM）作为改进关系组合的买方企业动态能力，实施 BRPM 的目的在于利用企业关系组合改进企业绩效。有效的供应商关系管理需要买方重新配置供应基的组织流程和惯例的实施。BRPM 由发起新关系、合作伙伴发展、结束关系三个流程构成。

供应商关系开始能力是供应商关系管理的重要组成部分，将其定义为买方通过：新供应商选择过程和新供应商吸引过程，开始供应商关系的组织流程和惯例开发及实施。新供应商选择指评估潜在供应商的吸引力，合作伙伴选择应该作为供应链管理一个独立的方面，目前已经提出很多有效选择的标准和试探性做法。虽然很多研究显示供应商选择对于买方绩效和总绩效的重要性，然而重点在于选择供应商时应该考虑哪些特定的标准。扩充选择标准要超越传统所使用的如价格、质量、服务等，更要包括更多战略和关系导向标准。吸引力是买方在供应商眼里的适用性。企业的信誉对于吸引合作伙伴是非常重要的，买方吸引力文献对事前吸引力和事后吸引力作了重要区分。事前吸引力指在关系开始前买方的吸引力，能够影响供应商是否要参与进关系的决策；事后吸引力指在现存关系中买方持续的吸引力，能够决定供应商是否要维持或进一步发展关系的决策。买方信誉是传达事前吸引力的重要信号，买方可以通过创造有价值和值得信赖交易伙伴的形象形成他们的吸引力。

供应商关系发展能力是供应商关系管理的重要组成部分，将其定义为买方开发和实施组织流程及惯例而建立及管理供应商关系，包括企业间层面和人际间层面。供应商关系开始能力对于开始与新供应商关系，获取他们新想法、技术和其他重要资源并充分利用是非常重要的，这需要买方在持续的基础上发展供应商关系。供应商关系发展能力的企业间方面因素包括联合技术投资、相互培训、需求数据共享，这些开发活动通常会增加对合作伙伴的依赖，并增加机会主义行为的威胁。因此，买方必须支持关系发展机制，减轻这种威胁。以往研究提出了各个方面的社会资本和关系资本作为有效策略最小化关系机会主义行为，因此将人际间关系发展能力作为供应商关系发展能力的一个额外部分。人际间关系资本对于更好的供应商关系发展非常重要。关系资本是正式和非正式的社会化过程的结果，Cousins 等（2006）指出，正式流程是对于参与的特定结构格式，如跨职能团队、定期会议或矩阵类型的报道；非正式流程指社交活动、车间、非现场会议、交流的指导方针、现场人员和工程师联合改进项目。正式和非正式的机制需要建立跨边界联系正式的机制促进买方与供应商之间知识、价值、信念和文化体系的交流，非正式机制培养了团结、互惠、信任和非机会主义行为。因此，可认为通过关系发展所形成的关系黏合能降低交易成本和机会主义行为的风险。据此，在供应商和买方之间的企业间及人际间整合与双方间建立信任同样重要。在供应基，买方致力于发展供应商关系的能力要求买方关注企业间和人际间组织流程及惯例。当前供应基中所嵌入的资源，持续向客户传达价值主张和响应变化的客户需求是非常重要的，然而这些资源并不总是能从当前供应基外部获取，或者可用的方案是次优的。在当前供应基中，与供应商建立良好的关系能够安全地获取供应商的资源（通过关系规范，如信任、承诺），促进他们的效率和高效部署，并培养了他们持续的改进活动，即在变化的市场预期供应链强化沟通。

供应商关系发展能力是供应商关系管理的重要组成部分，将其定义为买方开发和实施组织流程及惯例，以识别并结束那些不发挥作用的供应商关系。虽然供应商关系开始和发展被认为是惯例供应基的核心，然而供应商关系结束也受到了更多的关注。在以往对不良的供应商关系研究中，主要关注通过关系方式和供应商开发改善供应商关系。然而供应商开发项目虽然有价值，但毕竟是有限的。与动态能力视角相一致，供应基管理鼓励对现存供应商可获得的资源进行系统性评估，为了释放资源以开始新供应商关系或进一步发展现存供应商关系，结束不良的供应商关系是非常有必要的。由于对供应商关系不当管理具有深远影响，供应商关系的解除管理并不是微不足道的。在广泛商业网络中结束不适当关系会给买方造成声誉和形象的损失，这会对买方在未来与重要供应商开始关系造成困难。那些被结束关系的供应商也许会通过法律行动或使得关系结束尽可能付出高代价，而试着反对结束关系。因此，结束供应商关系是供应商关系管理能力的重要组成部分。

二、供应商关系治理

合作伙伴间的技术能力差异和对合作目标的预期不同，增加了合作期间不确定性，更加紧密的供应商关系要求企业投入较高水平的关系专用资产，这种嵌入容易形成交易困境和管理难度。因此，制造企业需要对供应商进行有效治理。组织间治理机制影响组织间的价值创新，治理机制能提供一种保护，使得制造企业和供应商之间能进行有价值知识的共享及思维风暴。

企业间治理机制研究最初集中于比较不同的组织形式和治理结构关系，将组织间治理机制分为契约治理和关系治理。然而由于制造企业与供应商之间有一部分以股权为基础的战略联盟关系，为了保证契约的有效执行，正式治理机制不仅包括事前的契约治理，也包括事后的权威治理。基于此，相关学者将治理机制分为三个基本形式：权威治理、契约治理和规范治理。

（一）权威治理

权威治理是以权力为基础的治理机制，制造企业使用其合法权利来影响供应商的态度、意图和行为，通过行为控制和资源支配等有效组织管理，使供应商能遵循制造企业的流程、规则和相关要求（如是否符合特定质量保证体系）；通过权力和正式决策流程来垂直控制，包含对供应商绩效的评价和采用正式的评估项目、监控等方式。权威治理活动涉及组织间官僚结构，即通过行为控制和资源有效支配等有效组织常规的管理而实现既定目标（黄聿舟和李随成，2013），权威治理被认为是组织间管理的"看得见的手"。

制造企业往往通过权威治理而与供应商进行关键信息的分享（王琴，2012）。关键信息的流动需要有效的管理，这些关键信息促进知识升级，重新认识制造企业自身的认知缺陷，使得决策更加科学。因此，权威治理有利于创造供应商信任、促进组织间关键信息的流动，从而有利于新产品的创新绩效的提高。另外，虽然权威治理能确保制造企业与供应商关系形成一定程度的关系租金，然而权力的不对称性会导致在创新想法产生并形成的利益分享上出现机会主义行为。供应商的投机行为一直是供应商参与新产品开发中难于解决的问题，治理机制能有效降低不确定性、交易成本和供应商的机会主义行为，使得制造企业和供应商之间的合作更加稳定，从而有利于创造好的绩效。具体而言，权威治理能够有效地协调问题解决，增加供应商之间的协作，大大降低投机行为。

然而，过多的权威治理会被认为是显著的不信任、降低对组织间网络参与的意愿，从而导致主导企业与被控制企业关系紧张。随着权威治理程度增加，官僚政策和中心化决策使得流程僵化，这对于决策的有效性和不确定性，反应的及时性产生极大影响，从而降低创新绩效。另外，在关系中运用权威治理越频繁，企业干预产品创新进程的可能性越高。制造企业与供应商关系中，利用权力管理相互关系体现出有限沟通、低协作和高冲突等特征，所有这些特征都不利于产品创新。

（二）契约治理

契约治理指制造企业通过与合作伙伴契约协商明确权利和义务，保护在法律上相互独立的双方的合作关系。契约治理是以价格为基础的治理机制，以成文的契约协议影响供应商行为，并进行绩效评估和奖励（李随成等，2015）。制造商—供应商关系的最佳状态是培育信任、促进网络中成员形成风险共担、收益共享的氛围。一个企业进入供应商网络中，或多或少都要投入专用资产投入，基于有限理性和机会主义的假设下，会导致合作伙伴的机会主义行为。组织间网络中存在交易困境主要包括信息不对称、风险不确定性、交易复杂性和资产专用性。

契约治理为制造企业与供应商关系提供清晰的界定，鼓励合作双方进行专用关系资产投入、开发知识共享系统，契约治理可以明确组织间成员的权利、义务、责任、任务和既定的目标分别是什么，从而实现明确的、有效的防御措施。

具体而言，契约治理可通过明确的契约协议来减少和抑制其他成员的机会主义行为。第一，契约协议能约定当成员间遇到争论和冲突时如何解决，它为机会主义行为制定明确的罚金，背离协议的行为可能会使该企业受到高额罚款，因此一个企业在执行自利的机会主义行为时会考虑法律和经济损失。第二，契约协议可以明确哪些行为是允许的而哪些不允许。契约治理会促进清晰而特定的目标，帮助减少潜在的机会主义行为。成员在任务的执行过程中能获得更多的自主性和独立性，从而减少监督成本。第三，清晰和正式的权责可有效减少产品创新活动中的不确定性行为，有利于网络成员在网络治理框架下的技术资源交换、信息共享和争议问题的解决。通过缜密明晰的契约，减少制造企业和供应商行为的不确定性，提高双方的沟通协作效率，提升双方创造共享价值的期望。因此，契约治理能够减少合作伙伴间不确定性所带来的交易困境，有效防范合作伙伴的机会主义行为，确保交易有效执行，从而降低风险。

然而，契约治理本身也是有成本的，因为合作双方需要复杂的契约，使得监控过程过于繁杂从而导致开发效率的下降。新产品开发会面临许多不可预测情况，过多的时间和精力投入到契约讨论和协商中，会使得组织间协调变得僵化，进一步导致新产品的创新绩效的下降。因此，契约治理作为组织间监督和协调是必要的，会对创新绩效产生正向影响，但过多的契约治理却会使得协调成本增加，同时使得组织间沟通渠道僵化。

（三）规范治理

规范治理是以信任和承诺为基础的治理机制，它包含一系列隐含的原则和规范，使得组织间在不确定的情境下仍能一起通过知识共享、双方专用资产投入等行动进行合作（李随成等，2015）。规范治理主要有以下好处：

首先，规范治理可有效协调网络成员间的冲突。规范治理对产品创新的作用主要通过供应商网络成员的关系价值认同过程中所形成的非正式执行力，实现供应商网络中企业间的弹性、一致性和信息共享。弹性有利于适应不可预测的事件，使其更能对市场的变化做出快速、适当的调整。一致性有利于网络成员在共同解决问题中的联合行动和相互适应。信息共享有利于网络成员间形成长期导向承诺，从而在不确定的情境下能一起进行知识转移、双方专用资产投入等合作。因此，规范治理可以促进企业间知识和技术的转移，从而有效提升产品创新效率。

其次，规范治理有利于组织间信息流动。规范治理增强了制造企业和供应商之间的互动，信息交流更为流畅，促使组织间的认知更为一致，协调成本大大降低。基于充分信任的信息交换，使得合作双方都能更好地预期双方的需求。这样使得供应商更灵活地定制库存水平以应对需求的不确定性，帮助供应商有效降低合作成本。

再次，规范治理能加快新产品从构想到最终生产的过程。规范治理依赖于社会化手段来有效减少组织间成员目标的不一致性，从而有利于成员间的参与和沟通，组织间成员更有意愿参与其他决策制定过程，从而合作双方都能关注潜在问题，双方都能更好地解决彼此的不同而有效防止事后的协调危害。

最后，规范治理有利于知识的转移和任务认知形成共识。基于相互信任，合作伙伴对于如何运用对方的资源、如何贡献资源给其他企业，如何利用互补能力来达到预期的目标等问题上会形成共识。这样的氛围提供组织成员改进组织惰性的机会，更有可能开发出适合市场需求的产品。

（四）不同治理机制间的共同作用

在实际运行中，供应商参与新产品开发的治理方式往往是几种治理机制共同作用而维护、协调和适应资源的交换。正如丰田使用的治理方式一样，丰田采用的是平行采购政策，意味着公司使用两个或两个以上不同的供应商供应同一个零部件。丰田的采购协议中明确指出，如果供应商想获取长期合作协议，需要供应商承诺实现网络成员间知识共享。当一个供应商创新性改进制造流程，它有义务与其他供应商进行知识分享。同时这个创新型供应商会获得一个额外的订单作为回报。平行采购政策保证供应商之间存在相互竞争（契约治理），丰田公司运用供应商协会、咨询团队和学习小组三种主要供应商管理的组织形式（权威治理），促使供应商之间分享技术知识。这种稳定而又有变化的协议，既促进网络伙伴知识共享，又增进彼此的信任关系（规范治理）（Wang et al.，2008）。

三、供应商关系质量

供应商关系质量是关系主体根据一定的标准对关系满足各自需求程度的共同认知评价。其实质是增加企业产品价值并加强关系双方的信任与承诺，以维持长久关系的一组无形利益。而关系质量的维度，学者基于不同理论角度有着不同的研究结果。其中，近关系理论是关系质量研究的重要理论视角之一。近关系理论最早源于心理学领域对婚姻关系质量的描述，认为夫妻间的亲密关系具有联系频繁、影响深远、相互依存和关系持久等特性。Dwyer等（1987）将企业间交易关系比喻为婚姻关系，整个交易关系的发展经历交易前的接触（恋爱）、初次交易（新婚）以及交易后的往来（婚后生活），如果交易过程中关系处理不当，则双方关系可能冷淡或恶化（婚变），甚至终止（离婚）。后来该理论被Young等（2000）引入企业间战略合作关系质量研究中，并从关系强度、关系持久性、关系公平性、关系灵活性、关系频率和关系多样性六个方面对战略伙伴之间的关系质量进行解析。武志伟和陈莹（2007）在此基础上，结合中国具体情境，通过收集国内148家样本企业的数据，检验近关系理论中对关系质量的界定是否适用于中国合作企业间关系质量的实际情况。实证表明，我国企业合作关系质量可以通过关系强度、关系公平和关系持久性三个维度进行度量，而关系多样性、关系频率和关系灵活性三个测量指标并不能很好地对我国企业间关系质量进行解释。并据此构建关系质量三维度测量模型，如图4-3所示。其中，"关系强度"主要指合作伙伴之间关系契约的强度。这种关系强度反映在结构性和社会性两个方面。结构性关系强度指与关系相关的物质资本和人力资本方面投资的专用性程度，理论上，专用性投资越强，合作双方的关系强度越强；而社会性关系强度指在专用性投资过程中产生企业个人之间的关系互动程度，如果伙伴间关系交往越频繁，那么关系双方的关系强度也往往越强。"关系持久性"指合作双方对合作关系在时间维度上的感知，既包括合作关系已经持续的时间，也包括预期合作关系未来持续时间。如果合作关系已经持续较长时间或者合作双方对合作关系未来预期较好，说明该合作关系具有良好的关系持久性。"关系公平性"指合作双方的合作契约或合作机制是否具有公平性，能否在信息资源共享时享受同等待遇，通常分为分配公平、程序公平和互动公平。

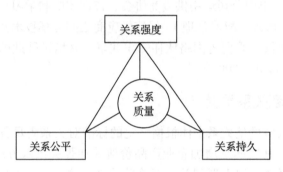

图4-3 关系质量的度量模型

Naude和Buttle（2000）从供应链合作关系角度出发，将关系质量定义为一种构成企业合作关系整体行为的高阶构念，包括信任、沟通、适应和合作等维度。Mohr和Spekman（2006）基于关系互动视角对关系质量进行深入研究，发现关系质量应包括信任、承诺、沟通、合作、冲突及参与六个基本要素。此外，无论何种行业背景和研究领域，多数学者认为，信任和沟通是关系质量必须考虑的因素，是关系质量的基本构成维度。

四、供应商关系的长期导向

（一）供应商关系长期导向的内涵

长期导向概念分为民族文化层和企业层两个层面。学术界在民族文化层面对长期导向的研究主要是将其视为影响文化形成的重要因素。合作伙伴间的社会关系归根结底来源于个体之间的文化交流。长期导向被视为文化中最重要的一个方面，霍夫施泰德曾指出，长期导向文化是20世纪后半段东亚经济爆炸性增长的最好解释（Buck et al., 2010）。

大部分学者都把长期导向的研究重心放在企业层面。Ganesan（1994）指出，营销管理者必须明确顾客的时间导向，以便正确选择并使用与顾客时间导向匹配的营销工具。对顾客时间导向认识不足将导致问题的产生，比如在交易营销更合适的时候选择尝试关系营销。Ganesan 将长期导向概念描述为企业对长期关系的强烈期望、对未来互动的渴望。Kelley 和 Thibaut（1978）在研究零售商与供货商间长期导向问题时，将长期导向定义为零售商对绩效相互依赖性的感知，即无论是供货商绩效还是共同绩效，在未来都会使零售商获益，长期导向是对未来的一种坚毅精神和承诺。还有研究指出，分销商的长期导向是其对维持与制造商长期关系的意愿与态度。Anderson 和 Weitz（1992）将制造商与供应商关系中的长期导向视为一种承诺，是制造商的一种意愿，宁愿牺牲短期利益以求通过与供应商的长期关系获取长期效益。换句话说，长期导向是与特定交易伙伴建立长期关系的经济主体的愿望和功效。Zhao 和 Tamer Cavusgil（2006）指出，长期导向是企业支持并增强交易伙伴之间持久联系的程度。

长期导向是对社会交换活动采取长期观点的一种文化倾向，这种关系导向被学者用来解释社会互动。在长期导向观念下，任何短期的适应、调整行为都以获取长期良好绩效为最终目的。在具有长期导向文化氛围的环境中，组织间关系一旦被建立便倾向于持续很长时间。这种长期关系中的组织倾向于用长期目标处理当前的事件，相对而言，短期导向的组织倾向于把短期目标放在首位，使得组织间合作关系往往持续很短时间。

短期导向的交易是一种市场式交换，而长期导向是一种关系式交换。市场式交换的典型特征是间断性、维持时间短，并且以绩效作为结束的依据；关系式交换往往与先前的互动相关，并且持续时间长。此外，关系式交换可能促使合作双方进行特殊投资，合作双方共享技术、信息资源，共同承担风险，提升合作双方的绩效。

建立长期导向的企业致力于实现未来的目标，关心目前和未来的绩效；而短期导向的企业仅仅关心目前、短期的决策和绩效。建立长期导向的企业依靠关系交换实现一系列交易利润的最大化；而短期导向的企业仅仅依赖市场交换的效率实现特定交易利润最大化。长期导向不仅包括未来合作因素，同时强调对长期关系的强烈愿望。长期导向仅仅针对特定供应商，而不是针对所有供应商。另外，长期导向与关系的长短有本质的不同。Kelley（1983）指出，尽管现有关系的持续性可能影响企业的长期导向，但关系的长度本身并不足以影响企业的长期导向。也就是说，与关系的长短相比，现有关系中的长期导向更能体现企业之间的紧密程度。

（二）供应商关系长期导向的影响因素

Andersont 和 Weitz（1989）是比较早对长期导向概念进行研究的学者，其研究着重强调了交易特殊性投资的重要性，研究证实，交易特殊性投资在影响长期导向方面起主导作用。研究指出，成功建立长期导向的方法是建立成员企业对自身的依赖性，以及让成员企业对专有性资产进行投资。尽管与中国相关的商业关系赢得了理论界和实践的重视，但很少有学者对这种关系进行实证研究。建立一种相互依赖的网络关系，勇于承担责任和感恩是与中国企业建立成功合作关系的关键，也是维持和稳定组织间良好关系的关键所在。尽管长期关系导向在中国与西方部分国家实践中都存在，但其形成机理有很大的不同。以往文献中出现的影响企业对供应商长期导向的诸多因素如表 4-6 所示。

表 4-6　制造商对供应商长期导向的影响因素

文献	影响制造商对供应商长期导向的因素
Anderson 和 Weitz（1989）	交易特殊性投资、依赖性
Ganesan（1994）	相互依赖、信任、环境不确定性、TSIs、声誉、满意
Lee 和 Dawes（2005）	关系（GuanXi）、信任
Zhao 和 Tamer Cavusgil（2006）、	信任、市场导向
Ryu 等（2007）	信任、关系模式、满意
Wang 等（2008）	信任、人情
Cambra-Fierro 和 Polo-Redondo（2008）	承诺、满意

五、优先客户地位

随着供应商同时向多个企业进行供应的现象日益普遍，讨价还价权力正逐渐向供应商转移，供应商会优先选择向更有利于自身能力和绩效提升的企业共享创新，这种逆向选择可能对其他客户企业与供应商间合作效果产生负面影响。由此，占据主要供应商的优先客户地位（Preferred Customer Status）已成为采购与营销管理领域的热点问题（Pulles，2014）。

（一）优先客户地位的内涵

买方应该与主要供应商维系长期满意合作，以期获取供应商优先资源分配和供应商快速响应。Brokaw 和 Davisson（1978）最早提出优先客户概念，主张企业应积极运用营销工具向供应商推销自己，努力成为供应商的优先客户，这一想法在后来也被学术界称为"反向营销"。优先客户指那些对供应商具有吸引力因而受到偏好对待的客户企业（Schiele，2012），他们不仅能获得供应商的优势资源，更重要的是相较供应商的其他客户尤其是自身竞争对手，优先得到其更好的资源、帮助与支持（Nollet et al.，2012），当企业被供应商视为优先客户时，就占据了供应商的优先客户地位（Steinle and Schiele，2008）。

为深入理解优先客户地位概念，现有研究从如何识别优先客户地位、供应商优先客户地位的测量等多方面对其展开研究。美国卓越制造协会（AME）早期发起关于"最佳客户"特征的调查，结果显示，供应商心目中的"最佳客户"具有以下特征：①早期供应商参与；②相互信任；③参与产品设计；④质量改进；⑤盈利能力；⑥计划共享；⑦回应成本降低；⑧沟通和反馈；⑨危机管理；⑩关系承诺。摩托罗拉采购经理指出，"世界级"客户与一般客户之间存在明显差异，并识别出"世界级"客户具有的6个典型特征，分别为：①细心解决问题；②采购决定是基于总成本而非价格；③赢得信任和尊重；④对供应商间接成本的影响是一致的；⑤简单、协调和公平的业务流程；⑥鼓励供应商早期参与新产品开发（Moody，1992）。Schiele（2012）指出，优秀供应商并非愿意与所有客户进行深入合作，只有当客户对供应商而言具有战略价值时，该客户才会被供应商授予优先客户地位。供应商对客户企业是否具有战略重要性的评价标准包括：①双方技术路线的一致性；②客户采购量占总业务量的比重；③双方文化匹配；④过去偏好对待行为；⑤客户的关键科目地位，即供应商的销售、研发、质量和生产部门对客户的评价。关于优先客户地位的测量，学者基于不同视角有着不同的理解，通过多种活动或现象的表述来测量，具体如表4-7所示。

表4-7　优先客户地位的测量

研究视角	研究学者（年份）	测量题项
买方企业	Schiele 等（2011） Hüttinger（2014） Schiele 和 Vos（2015）	①该供应商在过去为我企业做过牺牲； ②该供应商关心我企业； ③万一发生短缺，该供应商也为我企业做了准备； ④该供应商是站在我们这边的； ⑤该供应商的最好资源为我公司所用
供应商	Baxter（2012）	①对合作关系的投入； ②人力时间投入； ③无形投入，如知识、技能

续表

研究视角	研究学者（年份）		测量题项
供应商	Ellis 等 （2012）		①与买方企业关系的良好程度； ②对买方企业竞争优势的贡献程度； ③不考虑从买方企业那儿获得的收入与利润，仍会选择买方企业的程度
	Pulles （2014）	实物资源	①我们允许该客户更好地利用生产设备； ②在诸如自然灾害等极端事件时，我们在产品的分配上给予该客户优先权； ③能力瓶颈时，我们将稀缺材料分配给这个客户； ④努力为该客户提供更专业的设备
		创新资源	①更愿意与客户分享关键的技术信息； ②优先与该供应商分享想法； ③将更多创新资源投入到与该客户的关系中； ④把更多产品开发时间花在该客户项目上

（二）优先客户地位的前置因素

优先客户地位前置因素的研究，主要探索哪些因素能够促使企业赢得优先客户地位或供应商将优先客户地位赋予某个企业。梳理总结以往相关研究，Hüttinger 等（2012）大致将优先客户地位前因划分为 4 类，如表 4-8 所示。

表 4-8 优先客户地位的前置因素

类型	前置因素
经济价值	巨大采购量、利润分享、合作机会、服务成本
关系质量	忠诚、信任、承诺、满意、客户吸引力、尊重、公平、强合作纽带
交互行为	早期供应商参与、供应商开发、信息共享、交流和反馈、行动导向的危机管理、简单且协调的合作流程、可预测的决策流程
战略兼容	战略匹配、共享未来、地缘邻近、成员族群

资料来源：在 Hüttinger 等（2012）基础上进行拓展。

（1）经济价值因素。社会交换理论认为，给供应商带来直接经济价值会促使供应商给予相应的回报，因而买方企业在经济方面的吸引力将促进供应商给予企业优先客户地位。Steinle 和 Schiele（2008）指出，较大的采购量、利润分享，能够让供应商感知到更多的经济价值，促使其对企业的偏好对待。Bew（2007）认为，与低成本供应商对企业的吸引力相似，与企业间的低服务成本对供应商也具有较大的吸引力，剔除供应商不必要的服务成本，将有助于确保企业的优先客户地位。当存在较多的合作机会时，供应商会有较强的心理安全感，促进供应商对企业的偏好对待（Brokaw and Davisson，1978）。

（2）关系质量因素。企业与供应商关系是双方互动的主要"场所"，关系质量的好坏直接影响双方对关系互动与其发展前景，进而影响供应商对合作企业的互动行为与想法。客户吸引力是供应商主动与企业搭建合作关系的重要前提，较高的客户吸引力意味着供应商对于该客户是有兴趣的，供应商会不断适应和优先响应该客户的各种需要，以实现与该客户间的互动合作；企业与供应商间的忠诚、信任、承诺、满意、尊重与公平是维持和深化互动关系的关键，长期互动关系有利于形成供应商与企业间的默契与认同，进而促进供应商对企业的偏好对待；强合作纽带体现为企业与供应商间紧密、互惠且长期的互动形态，是实现优先客户地位的重要条件（Blonska，2010）。

（3）交互行为因素。企业与供应商间关系互动是企业实现优先客户地位的手段和工具。不同形式的交互行为可以促进供应商对企业的偏好对待。社会交换理论认为，诸如供应商参与、供应商开发、信息共享、交流与反馈等企业对供应商的互惠行为会促进供应商将企业视为关键客户，并在资源分配方面给予相应回报。此外，实践证明，行动导向的危机管理、简单高效的合作流程和可预测的决策流程是企业占据供应商优先客户地位的重要驱动因素（Moody，1992；Bew，2007）。

（4）战略兼容因素。共同认识、战略方面的匹配以及共享未来能够提高合作伙伴之间的沟通协作，克服冲突，调动合作伙伴积极性，提供更多机会相互共享知识和资源，这对于供应商增进信任并对企业做出偏好对待行为有显著的促进作用。同时，位于同一地区或国家的本地集群中的企业比外国企业获得优先客户地位更为容易（Steinle and Schiele，2008）。因此，买方和供应商之间的地理邻近和集群成员被认为是优先客户地位的前因变量。

（三）优先客户地位的演化

优先客户地位远非是一蹴而就和不可撼动的，其形成是一个动态演化过程。目前，关于优先客户地位的演化研究，仅有少量国外学者进行了初步探索，典型研究成果主要包括 Schiele 等（2012）的良性循环模型、Nollet 等（2012）的四步骤模型和 Bemelmans 等的（2015）前因模型。

1. 良性循环模型

Schiele 等（2012）基于社会交换理论构建优先客户地位形成的演化过程如图 4-4 所示，该模型包含解释企业与供应商互动过程的 3 个核心变量。

①客户吸引力，是供应商与企业间互动发起和关系维持的重要前因，其判断依据是供应商对关系价值的预期与评估结果。当客户企业根据供应商期望提供更高关系价值时，很可能比其他客户享有资源分配方面的优先特权。②供应商满意，是供应商对预期和实际关系价值比较后形成的感觉状态，当实际关系价值满足或超过供应商预期时，导致了供应商满意；反之导致供应商不满意。依据满意程度将客户视为优先客户、一般客户和淘汰者（与该客户终止关系）。供应商对客户间的关系越满意，越有可能将该客户视为优先客户。③优先客户地位，是实现的关系租金，体现供应商回报或给予某个企业的偏好对待，不仅受到供应商感知到的客户吸引力和供应商满意的影响，还取决于供应商对客户替代者的认识。同时，随着关系的发展，占据优先客户地位的企业与供应商紧密合作，并逐渐在互动过程中适应彼此流程和程序，人员间相互熟悉并开发更好的知识来解释彼此的问题和市场状况，这是产生关系 / 客户吸引力的重要条件。由于优先客户地位积极影响客户吸引力，供应商可能继续甚至是发展与优先客户间关系，双方关系强度持续加强。综上所述，优先客户地位的形成是一个动态的良性循环过程。

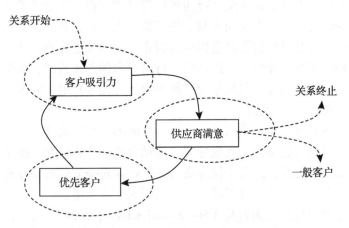

图 4-4　供应商关系管理的综合框架

资料来源：Schiele 等（2012）。

2. 四步骤模型

成为供应商的优先客户意味着企业对一个复杂、昂贵且往往是不确定的过程的持续承诺，需要采用合适的战略与战术实现。基于供应商关系开发模型、客户组合模型和客户吸引力、优先客户地位的现有研究成果，Nollet 等（2012）从企业角度提出获得优先客户地位的四步骤模型，如图 4-5 所示。

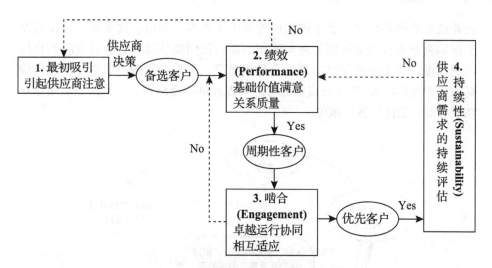

图 4-5　优先客户地位的形成过程

资料来源：Nollet 等（2012）。

步骤 1：最初吸引。当供应商被企业所吸引，企业就作为供应商客户的候选人，即备选客户。

步骤 2：绩效。当企业能够满足供应商对基础价值和关系质量的期望时，供应商会认为该客户是可以信任的，可将其作为周期性客户。

步骤 3：啮合。为强化双方关系，这一步骤不仅要求企业与供应商进行专用性投资实现卓越运作协同和相互适应，更需要企业不断满足或超过供应商期望以证明企业优于竞争对手，从而变得更为重要。当满足上述要求时，企业被视为优先客户，享受供应商的特权对待。

步骤 4：持续性。由于供应商为满足自身需求会不断比较优先客户与其他客户所能带来的价值，可知优先客户地位并非长期稳定，只有当优先客户比其竞争对手能够为供应商带来更多优势时，其地位才能得到巩固，因此企业需要与供应商间开展紧密的互动与沟通，以不断了解供应商需求并做出针对性响应。

3. 前因模型

以荷兰建筑行业为案例，Bemelmans 等（2015）研究在何种情境下企业会被供应商授予优先客户地位，构建优先客户地位的前因模型，如图 4-6 所示。除已有文献提到的吸引力、满意、关系开发、关系专用性投资、资源优先配置、创新／改进建议等优先客户地位前因变量外，研究还提出一个新的前因变量：供应商感知的买方企业管理供应商关系的成熟度。研究指出，当满足吸引力、满意、关系开发、关系专用性投资、资源优先配置、创新／改进建议等前提条件时，企业被供应商赋予优先客户地位，优先客户地位有助于帮助企业更有效地开展创新与运作活动，从而能够提升企业对供应商合作的满意度。而企业对与供应商的合作越满意，其采购管理越成熟（表现出较高的采购成熟度），当这种成熟的管理表现被供应商识别后，有助于巩固企业在供应商处的优先客户地位。

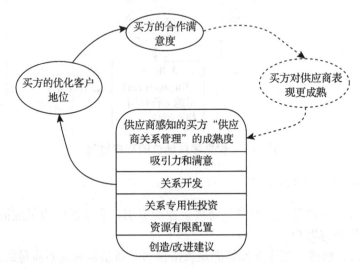

图 4-6　Bemelmans 等提出的优先客户地位形成的前因变量

资料来源：Bemelmans 等（2015）。

　　基于以上研究，可以认为优先客户地位的形成不是一蹴而就的，而是在买方与供应商进行业务合作过程中，双方在战略、运作和关系发展上的相互适应中循序渐进的演化过程。这个过程中包含双方合作的起点——吸引力，接下来尽力取得供应商满意，在满意的基础上，双方的合作在战略和关系发展上进一步协同与适应，进而赢得供应商的优先客户地位。

六、供应商适应行为

　　研究企业—供应商关系时广泛采用适应的概念，认为适应是双方交换关系的构成要素，也是分析双方互动过程的重要维度。而供应商适应行为是供应商做出制造满足企业需求的行为，研究供应商适应行为有助于深入理解企业—供应商互动过程，并指导企业设计有效管理机制推动双方合作。

（一）内涵与特性

　　供应商适应行为研究可以追溯到 Håkansson（1982）。他构建了一个企业—供应商关系互动模型，其中包含参与方、环境、氛围和互动过程四个要素，并指出供应商适应企业（以下简称供应商适应）是双方互动过程中氛围的组成部分，是指供应商采取"定制的解决方案"来满足企业的"独特需求"。后续研究虽然对供应商适应的内涵有不同的界定，但均基于 Håkansson（1982）的研究成果。Hallén 等（1991）把供应商适应看作一种投资，供应商利用这种投资来调整产品规格或生产方式，以支持企业开展运营活动，为企业创造价值。Brennan 和 Turnbull（1999）在研究企业—供应商二元关系视角下的适应问题时提出了适应行为概念，将其界定为供应商或企业开展的旨在满足对方需求或培育双方关系的活动，并强调适应行为反映了适应概念的内容维度。Brennan 等（2003）在探讨供应商适应问题时提出了企业间双边适应概念，将其定义为企业在行为上做出必要的改变以满足另一企业的特定需求，并指出"双边"概念是为了将适应的空间范围限定在企业与企业之间，从而与企业对外部环境的适应区分开来。

综上所述，为了满足企业的特定需求，供应商需要做出适应行为，供应商适应行为反映了供应商适应概念的内容维度。如果把供应商适应看作目的，则供应商适应行为是为了达到这个目的而采取的手段；如果把供应商适应看作一个过程，则供应商适应行为是供应商在这个过程中所开展的一系列旨在满足企业特定需求的活动。

作为一种关系行为，供应商适应行为具有两种特性：

（1）关系专用性。为了做出适应行为，供应商需要改变资源配置方式，而这需要进行各种类型的投资。这些投资不仅包括加工零部件的机器设备，还包括为企业服务的技术人员。这些投资通常具有专用性，仅能服务于特定的企业（Håkansson and Ford，2002）。随着与特定企业业务关系的终结，这些投资将成为沉没成本，并会出现不同程度的贬值。投资的专用性越强，其能够为其他企业创造价值的可能性越小，转换成本越高。投资的专用性导致了适应行为的专用性，因此，供应商适应被称为关系专用性适应。

（2）动态性。在企业—供应商关系的不同阶段，供应商适应行为在范围、程度等方面存在显著差异。在双方关系的早期阶段，供应商通常不情愿通过大规模投资来提高对企业的适应水平，只是出于与特定企业建立业务关系的考虑，满足企业在产品方面的需求。这是因为在这一阶段，双方信息不对称程度较高，在社会、文化、技术等方面存在"距离"，容易受到对方机会主义行为的侵害，双方关系具有较大的不确定性。此时，供应商仅希望与企业保持简单的买卖关系，而并不关注与对方建立长期关系。随着业务关系的延续，双方对彼此的认识逐步加深，相互信任程度提高。此时，供应商有意愿在双方关系中投入战略性资源，支持和拓展双方业务，培育长期的互惠关系。

（二）动机

已有研究主要从交易观和关系观两个视角阐述企业做出适应行为的动机。

交易观指出，为了强化企业间关系，企业需要增强自身的适应性。企业间关系存在的目的是实现某一关系绩效目标，该目标通常由双方签订的契约约定。当外部环境发生双方意料之外的变化时，一方或双方需要做出适应行为，以弥补不完全契约的缺陷，从而保证关系绩效目标的顺利实现。社会交换理论强调，企业间关系的形成和演化是一个互动过程。当面临偶然情况时，一方或双方需要运用自身资源满足对方的需求。适应行为是企业对外部环境变化的响应，是在双方的持续互动中产生的。

关系观建立在两个基本观点基础上。一是企业间交易包括产品（服务）交换和适应两项内容，适应行为具有互惠性；二是关键资源跨越了企业边界，如果企业能够适应对方并有效整合双方资源，则可获得关系租金和竞争优势。关系观将适应行为看作企业间建立和谐关系的必要条件。关系一方做出适应行为，表明自己信任对方，关心对方的利益，以及有意愿投入资源，与对方开展业务合作，增进理解，避免冲突，提高双方的关系质量。

借鉴已有研究成果，学者分析了企业—供应商二元关系中供应商做出适应行为的动机（Brennan et al., 2003；Paulraj et al., 2008）。企业—供应商关系首先是一种买卖关系。为了完成交易，供应商需要在产品规格、生产计划、交货条款、技术信息等方面充分满足企业的需求。外部环境的变化（如最终客户消费偏好的改变）会通过企业传导给供应商，此时，供应商需要积极响应这一变化，在行为上做出必要的调整。同时，企业—供应商关系也是一种社会关系。供应商的关系专用性投资代表一种关系承诺，表明供应商将致力于推动双方建立长期、紧密的合作关系。

Schmidt 等（2007）发现，不同类型的供应商适应行为具有不同的动机。总的来看，供应商适应行为由最终客户的需求决定的，具有明确的目的。具体而言，供应商在产品和生产方面做出的适应行为着眼于眼前，主要目的是支持企业顺利开展日常运营活动，并从双方业务关系中获益；而供应商在人力资源和组织结构方面做出的适应行为着眼于未来，是一种战略投资和关系承诺，表明供应商有意愿维持双方的长期业务关系，以获得长期收益。

交易观和关系观从不同视角解释了供应商做出适应行为的动机，两者相互补充，各有侧重。交易观强调供应商适应行为的经济性，即供应商在双方关系的早期阶段做出适应行为，是为了建立业务关系；关系观强调供应商适应行为的社会性，即供应商做出适应行为，是为了建立互惠、和谐的长期关系。

（三）影响因素

基于不同的理论视角和研究目的，学者试图找出影响供应商适应行为的因素，并揭示其作用机理，从而为企业设计有效的供应商适应行为管理机制提供参考。已有研究从组织个体、企业关系、外部环境和适应行为四个层面探讨了影响供应商适应行为的因素，梳理汇总如表4-9所示。

表4-9 供应商适应行为的影响因素汇总

层面	影响因素	代表性学者
组织个体	企业管理导向	Brennan 等（2003）
	供应商管理导向	Brennan 和 Turnbull（1999）
	供应商市场导向	Gounaris 等（2004）；Ge 和 Ding（2005）；Braunscheidel 和 Suresh（2009）
关系	沟通	Canning 和 Hanmer-Lloyd（2002）；Ireland 和 Webb（2007）
	供应商依赖	Hallén 等（1991）；Mukherji 和 Francis（2008）
	供应商信任	Mukherji 和 Francis（2008）
	供应商承诺	Canning 和 Hanmer-Lloyd（2002）
	互惠性价值观	Hallén 等（1991）；Fang（2001）
外部环境	供应商同业竞争	Beverland（2005）
	最终客户的需求	Narver 等（2004）；Wong 等（2011）
适应行为	成本	Ahmad 和 Buttle（2001）
	收益	Wilkinson 和 Toung（1994）

（四）作用效应

作为一种关系行为，企业供应商适应行为对企业、供应商和双方关系均具有积极影响。

（1）供应商适应行为对企业的影响效应。供应商适应行为有助于企业有效开展运营活动，能够直接和间接为企业创造价值（Powers 和 Reaqan，2007）。这些价值既来自双方已建立的业务关系，也来自已有业务关系对双方未来业务活动的积极影响。供应商适应行为包括关系专用性投资，其中既有为了与企业完成交易而进行的一次性投资，也有随着双方关系的延续而不断进行的投资。供应商利用这些投资对产品、生产计划、生产技术、人员等进行合理调整，保证了提供的生产要素与企业的需求相匹配，并有效解决了企业在运营活动中所遇到的问题，从而有助于企业提高生产效率，降低生产成本，增加收益。

（2）供应商适应行为对供应商的影响效应。在为企业创造价值的同时，供应商适应行为也给自身带来了收益（Walter and Ritter，2003）。当供应商能够有效满足企业的需求时，企业有意愿向供应商采购更多的生产要素，并支付更高的价格。此外，供应商通过做出适应行为还可以获得长期竞争优势。通过不断满足企业的需求，供应商能够与企业维持长期的业务关系，进而获得长期收益。同时为了满足企业的需求，供应商可能开展研发活动，采用新的生产技术，从而使其在其他业务关系中也更具有竞争力（Alrmad and Buttle，2001）。

（3）供应商适应行为对企业—供应商关系的影响效应。供应商适应行为有助于供应商与企业建立长期的业务关系。供应商适应行为支持和拓展了双方的业务活动，促进了双方的合作，并以此向企业表达建立长期业务关系的意愿（Ford et al.，2003）。此外，供应商适应行为还有助于提高双方关系质量。供应商适应行为具有互惠性，有助于双方建立相互信任的关系，进而提高关系质量（Schmidet al.，2007）。当发生冲突时，通过相互沟通，双方能够寻求共同解决问题的方法，而无须求助于外部主体。

第四节 供应商关系管理的策略及影响效应研究

一、供应商关系管理策略

供应商作为供应链上重要而关键的一环，如何合理布局和优化供应商，不仅是企业应对日益激烈的竞争格局和复杂多变的市场环境的重要手段，更是协调企业长短期战略和提高供应链管理效率的有效路径。企业的供应商选择决策是一个动态、持续的调整与优化过程，信任文化作为"润滑剂"在供应商布局及优化管理中扮演着重要角色。程博（2021）采用文本分析法，将信任文化嵌入供应商选择决策的分析框架，考察作为非正式制度重要组成部分的信任文化对供应商分布决策的影响。研究发现，具有信任文化导向的企业扩大了供应商选择的分布范围，有助于优化供应商管理。与不存在信任导向的文化相比，存在信任文化导向的企业会采取"供应商分散化策略"。在市场竞争激烈、供应商集中度低、制造业企业样本中，信任文化对企业供应商分布决策的影响更为明显。

李随成等（2020）基于信息处理理论和资源依赖理论，探讨企业供应风险缓解策略选择的影响因素和边界条件，如图4-7所示，认为当企业对供应风险的重视程度越高，供应风险可能带来的影响越大时，实施供应风险缓解策略的动机越强，可能采用桥接和缓冲策略中的某一种或是组合策略。

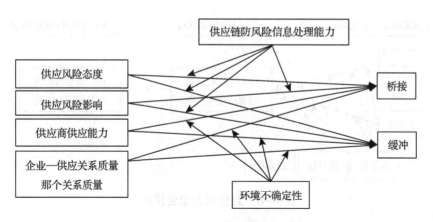

图 4-7　企业供应风险缓解策略选择

资料来源：李随成等（2020）。

　　当供应商供应能力较强，双方之间存在高水平信任和依赖时，企业更倾向于通过桥接策略应对供应风险，降低对缓冲策略的选择。供应链风险信息处理能力增加企业通过收集、获取和分析供应链中相关信息对供应风险做出提前准备的机会，因此面对影响较大的供应风险时，可根据收集到风险产生原因的信息，针对性地选择缓解策略或使用组合策略。而对供应风险重视的企业，考虑到自身拥有足够的收集和处理信息的能力，更倾向于通过选择桥接策略来扩大对风险的了解，而不是缓冲策略。在供应商供应能力和企业—供应商关系质量促进桥接策略选择，抑制缓冲策略选择的过程中，考虑到高环境不确定性增加企业对供应链灵活性的重视，选择桥接策略更有助于利用跨边界活动来有效应对供应风险，对缓冲策略的选择倾向更低。

　　除研究一般合作创新情境下，有研究人员将研究情境拓展到绿色供应商管理的研究范畴。如李勃等（2020）从资源动员视角，揭示制造企业通过优先获取供应商的绿色创新资源来提升供应商参与绿色产品创新效能的权力组合策略，如图 4-8 所示，并分析指出，制造商权力能够通过供应商绿色创新资源的优先获取，对供应商参与绿色产品创新效能产生影响；为了优先获取供应商的绿色创新资源，制造企业应以奖赏权为主，惩罚权作为补充并控制其强度；如果供应商不依赖制造企业，无须同时使用奖赏权和惩罚权；当制造企业掌握非媒介权力时，应尽量加大奖赏权的强度，若非媒介权力以认同权为主，还应尽可能减少惩罚权的使用。

　　为了在供应链中传播低碳目标，企业可以通过创新管理体系实现，如在供应商有关的风险和绩效管理方面，或是开发一种具体的低碳产品的供应链，从而形成不同的供应链形态。有学者证实，通过整合供应商关系管理实践可

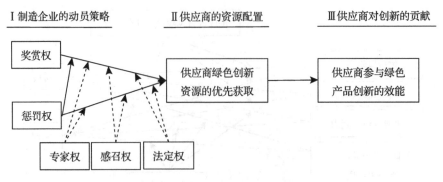

图 4-8　企业权力组合策略

资料来源：李勃等（2020）。

以提升制造企业与供应商关系质量，从而减少冲突，并提供适当的条件实现供应链中的低碳目标，企业需要通过影响供应商的行为来减少碳排放。基于以上分析，高攀和李随成（2019）辨识出了低碳导向下的供应商关系管理实践，如表 4-10 所示。

表 4-10　低碳导向下的供应商关系管理实践

维度		要素（实践）
资源投入		碳知识共享 低碳投入
合作		碳信息管理 碳减少沟通 供应商参与低碳产品开发 低碳物流
关系治理	正式	碳减少计划 碳披露和报告 低碳采购
	非正式	信任低碳承诺

二、供应商关系管理的影响效应

企业在与供应商关系的建立和发展过程中起到主导作用，可通过供应商关系管理引导企业—供应商关系良性发展，提升双方关系质量，延长双方合作时长等。供应商管理是建立在传统战略采购和传统采购计划成功基础上的一个机会，包括与主要供应商发展伙伴关系以提升绩效、创新新产品，并在双方创造价值的基础上承诺长期合作和共享成功。

（一）供应商关系管理对绩效的影响作用

供应商关系管理对绩效的影响作用主要集中于三方面，即对企业绩效的影响、对供应商绩效的影响以及对整个供应链绩效的影响。首先，Miocevic和Crnjak-Karanovic（2012）探究了关键供应商关系管理对组织采购绩效（价值导向的采购、横向参与、采购相关信息共享）的影响，表明长期的关系管理应该带来更高的收益/更低的成本，最终提升客户价值，使它们在采购交易中为企业的业务流程提供增值功能和产品，进而提升企业的采购效率。Forkmann等（2016）对供应商关系管理能力的影响作用展开探索，证明其对企业可持续绩效的正向作用。其中，供应商关系管理涵盖三个方面的不同能力，即供应商关系启动、开发和终止。供应商关系启动能力作为一种重要的事前机制能最小化风险和相关交易成本，不仅使企业能抓住与供应商关系，促使他们成为良好的合作伙伴，更允许企业通过增加新的、更具价值的供应商来积极形成和发展供应基，以更好地满足企业在运营和战略方面的具体要求。供应商开发能力与企业的一系列关系努力有关，旨在通过与供应商构建且不断加深双方之间的合作关系来管理企业的供应基，有助于全面提升企业绩效（如运营效率、产品/服务质量、交付绩效）。供应商关系终止能力支持供应商较好地分辨哪些供应商具有高潜能，哪些供应商提供过时的资源以及不具有不可被替代的潜能。不被看好的供应商可能是对企业资源的耗费，企业会选择淘汰，并及时终止这些关系。从长远来看，供应商关系终止积极影响供应基的改善结果。且关系质量因素（企业—供应商交流、信任和低不确定性）也被预期会正向影响供应商参与和适应的意愿及协同程度，进而提升企业运行绩效，而供应商协同、供应商适应是重要的解释机制（Nyaga，2013）。

王玉等（2021）从创新价值链视角出发，研究供应商交互与企业绩效之间的关系以及创新双元的中介作用，如图4-9所示。并认为供应商交互使企业获取更多数量、更多样的知识要素，通过对供应商知识要素的利用，直接促进企业绩效；通过改进和创建知识整合机制，形成与供应商知识要素相匹配的知识架构，实现对供应商知识有效率且有效果的加工，从而通过创新双元间接促进企业绩效。

刘欣萌等（2023）基于动态能力理论和理性行为理论，探讨创新伙伴关系对企业创新绩效的作用机制问题，分析了供应商关系管理作用机制的发挥，具体探讨了供应链整合能力的中介作用以及双元战略意图的调节效果，如图4-10所示。研究结果发现，创新伙伴关系维护得好和供应链整合能力强的企业，其创新绩效较高；创新伙伴关系好的企业，对供应链整合能力有促进效果，进而创新绩效越好；探索性战略意图强的企业正向调节供应链整合能

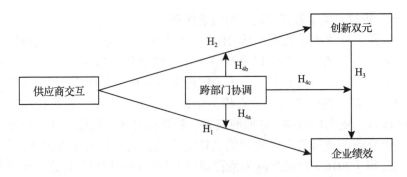

图 4-9　供应商交互、创新双元对企业绩效的影响机制

资料来源：王玉等（2020）。

力在基于科技的创新合作伙伴和创新绩效间的关系，利用性战略意图强的企业正向调节供应链整合能力在基于交互的创新合作伙伴和创新绩效间的关系。

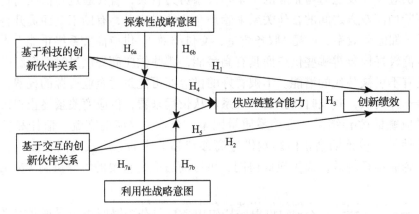

图 4-10　伙伴关系对企业创新绩效的影响

资料来源：刘欣萌等（2023）。

供应商关系管理不仅在企业绩效提升方面起到重要作用，还对供应商绩效具有良性影响。例如，Chen 等（2004）研究指出，关键供应商关系对企业客户绩效具有深刻影响。

供应商关系管理对供应链绩效的影响不容忽视。例如，李随成和杨婷（2009）建立了一个能够反映知识共享、组织学习和研发合作绩效三者之间关系的完整理论框架，如图 4-11 所示，并认为影响供应链企业间研发合作绩效的因素是多方面的，已有研究分别从资源共享、知识转移与共享、组织学习等方面研究了合作绩效。资源观视角的基本假设是通过合作共享双方各自拥有的资源以获得竞争优势；知识学派认为，企业间研发合作是获得和共享合作伙伴所拥有知识的一个重要渠道。合作研发的目标是多个企业共同创造新的技术，因此，要求企业间能够进行知识的有效交流与共享；组织学习视角认为企业自身的 R&D 行为有利于增强企业的学习能力，企业的学习能力反过来会增强自身的 R&D 效率，并且减少其从竞争对手那里获得有效的技术溢出。

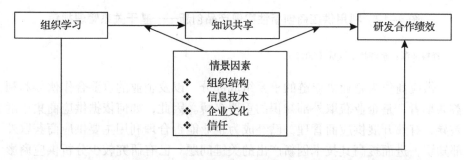

图 4-11　知识共享与组织学习对供应链企业间研发合作绩效的影响

资料来源：李随成和杨婷（2009）。

（二）供应商关系管理对新产品创新的影响作用

与供应商的有效协作是促进其对企业做出创新贡献的重要保障，有效管控合作关系能减少因信息不对称、感知不公平形成的双方摩擦和机会主义行为，提升供应商合作意愿，从而有利于企业更好地利用供应商创新资源与能力。遗憾的是，目前仍缺乏企业供应商关系管理如何协同供应商创新性促进产品创新的研究。同时，关系强度刻画了双方互动模式，对关系稳定及双方行为有明显影响作用，这正是研究不同强度关系下企业如何通过关系管理能力而利用供应商创新性实现产品创新的重要原因。

基于此，李娜和李随成（2017）探讨供应商创新性对企业新产品绩效的影响，并区分不同强度关系与关系管理能力间的匹配在上述影响关系中的作用，如图 4-12 所示。研究发现：与具有创新性的供应商合作，会提升企业新产品绩效，关系强度与关系管理能力的匹配对供应商创新性与新产品绩效间关系存在正向调节作用，即弱关系中，协调与沟通能力带来获取和整合供应商创新性的可能，利于提高新产品绩效，而强关系中，黏合力能降低交易成本，巩固供应商创新性获取和利用路径，利于提升新产品绩效。

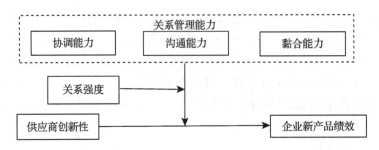

图4-12　利用供应商创新性实现产品创新——基于关系管理视角

资料来源：李娜和李随成（2017）。

供应商作为企业供应链的重要组成部分，以及企业的重要合作伙伴和利益共享者，是企业获取外部知识的重要来源。因此，如何依据供应商集中度差异，有效开展供应商管理，已经成为企业能否合理利用主要供应商获取外部知识，进而提高其技术创新产出的关键问题。已有研究较少分析供应商影响企业技术创新的内在机理，且主要将前五大供应商作为一个整体处理，较少考虑五个供应商之间的关系，尤其缺乏针对主要供应商中存在大供应商的情况下对企业产生不同影响的分析。方健（2023）基于供应链风险管理视角，探究供应商管理对企业技术创新活动产生重大影响的内在机理，指出：较高供应商集中度有助于技术创新产出，且随着供应商集中度提高，主要供应商将挤占企业创新投入资源，技术创新投入呈现先增加后下降趋势，因此，当供应商集中度较高时将产生溢出效应，有利于技术创新产出；当主要供应商中存在大供应商时，将阻碍技术创新产出，而较强的企业管理层能力有助于抑制这种不利影响；相比国有企业和亏损企业而言，非国有企业和营利企业的供应商集中度对技术创新投入和产出的影响更为显著。

供应商关系管理不仅为企业创新提供助力，更会对供应商创新活动有积极影响，企业的供应商关系管理实践使企业以相对较少的时间或成本代价来适应或改变企业的创新能力，提升新产品研发灵活性。买方驱动的知识转移活动也是企业创新优势的重要来源之一。依据"诱因—相对吸引力—回报"三阶段模型，买方企业通过驱动知识转移活动塑造自身吸引力，当供应商在与企业交互关系中感知到这种吸引力时，将赋予企业优先客户地位，如图4-13所示。成为供应商的优先客户帮助企业优先获得供应商的创新资源，且这种竞争优势具有排他性，为获得更多来自供应商的创新贡献而奠定基础（崔贺珵和李随成，2019）。

企业网络化行为在获取供应商创新贡献方面扮演着重要的角色，如图4-14所示。一方面，企业网络化行为帮助企业塑造自身吸引力并提升供应

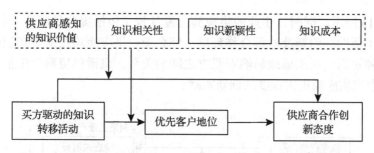

图 4-13 买方驱动的知识转移活动与供应商合作创新态度

资料来源：崔贺理和李随成（2019）。

商感知结果，促使供应商倾向于优先给企业分配创新资源。供应商资源分配偏好表明供应商对企业特权对待的心理和倾向。另一方面，企业网络化行为与管理和控制供应商能力的增长相关。企业在网络化过程中不断提升自身素质，致使其增强影响甚至控制供应商战略决策或行为选择的网络权力，继而满足自身需求。而供应商资源分配偏好与企业网络权利是帮助企业获得供应商创新贡献的前提，为获得供应商更大程度的创新贡献而奠定基础（李娜等，2018）。

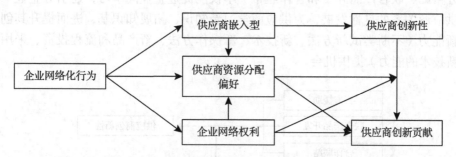

图 4-14 供应商创新性的利用机制：企业网络化行为的作用

资料来源：李娜等（2018）。

有研究注意到供应商关系管理能力在提升企业新产品绩效方面的关键作用，如企业拥有的供应商协调能力、沟通能力和黏合能力越强，供应商与企业交互过程中转移资源的强度越大，越能有效推动企业高效整合和利用供应商资源以实现创新优势。供应商整合能力在企业创新过程中的积极作用也可见端倪，如拥有供应商整合感知、整合捕获和整合转换三项子能力使企业能够不断对技术与市场进行扫描，洞悉技术市场的动荡程度以快速做出应对决策，继而整合供应商必要资源，实现新产品开发（李随成和武梦超，2016），如图 4-15 所示。同时，企业的供应商开发计划（包括提升供应商产品质量、提供技术帮助，创新及改善合作环境）使企业—供应商均投资于知识转移活动，这种知识交互积极地影响着双方之间的关系，刺激供应商产生信任和承诺，并获取供应商更大程度的创新贡献。

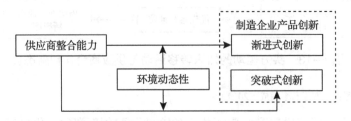

图 4-15　供应商整合能力与制造企业产品创新

资料来源：李随成和武梦超（2016）。

　　一系列相关研究表明，在动员供应商创新贡献过程中，企业的关系行为或将起到重要作用。另外，供应商关系管理行为将正向影响供应商创新活动，如图 4-16 所示，Inemek 和 Matthyssens（2013）研究指出，买方关系行为（买方帮助、联合产品开发和合作纽带）不仅能促进企业间学习，还引导企业—供应商关系的良性发展，为供应商学习新知识、拓展知识基，进而提升其创新能力（不断尝试新方法、新技术、新操作方法、新产品和流程投资、采用新技术的能力）提供机会。

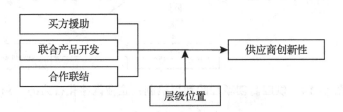

图 4-16　买方关系行为与供应商创新性

资料来源：Inemek 和 Matthyssens（2013）。

（三）制造商—供应商关系承诺对合作行为的影响

　　随着科学技术飞速发展和经济全球化，市场竞争日趋激烈，制造商必须与供应商建立紧密关系，通过合作，加快市场反应速度，在更好地满足市场需求的同时降低成本、提高竞争力。培养制造商与供应商间的关系承诺是增加合作的有效方式之一（蒋晓荣和李随成，2014）。

关系承诺对于合作行为的影响可通过两方面体现出来：一是已有成果以实证研究方式证明制造商—供应商关系承诺对其合作行为具有积极作用。已有学者认为，关系承诺是供应商—制造商关系的核心和关系建立的基石，高水平的关系承诺会导致增加的合作和减少的机会主义，是相互间获取良好合作绩效的必要条件。二是一些关键影响因素通过影响关系承诺形成，进而影响合作行为，如图4-17所示。当一家企业决定与其他企业结交关系时，这家企业会考虑关系收益、关系形成并期望由于关系的建立和维系而使公司收益，关系收益在决定关系承诺上是关键的。伙伴间的关系收益是如此关键，以至于能容忍关系风险行为，为获得更好的知识分享被认为可以接受（蒋晓荣和李随成，2012）。信任的存在减少了与机会主义行为相联系的风险的认知，它激励着交易伙伴对关系保持承诺。信任作为关系承诺先驱的作用在营销文献中重复地、实证地被确认。近年来，在运营管理领域，权力作为企业间关系承诺的一种影响因素，被越来越多的学者和实践管理者所强调。关系成本体现了沉没成本，交易伙伴的特定关系投资减少了他们机会主义行为处事的动机，因此，较不可能呈现转换成本，这减少了交易伙伴监控交易或防护财产的成本。

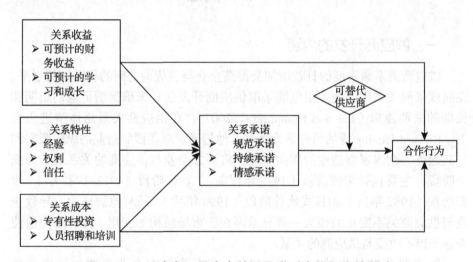

图4-17 制造商—供应商关系承诺对合作行为的影响

资料来源：蒋晓荣和李随成（2012）。

▶ 第五章 供应商开发

随着经济的飞速发展、市场竞争的日益激烈和信息技术发展的突飞猛进，供应链中企业的集成形式上升到更高层次，形成一种合作供应商关系。供应商开发不但具有合作供应商关系的特性，而且比合作供应商关系更具有主动性。通过供应商开发买方企业可以积极改进供应商绩效和能力，深化供应商关系以及降低风险和加强沟通，为双方带来其他关系类型所不具备的利益。供应商开发已成为供应商关系发展的新趋势，也是企业竞争优势和价值的重要来源。本章将以供应商开发的内涵、理论基础、过程模型及研究概况为出发点，从影响因素、类型和绩效目标三个方面对供应商开发的研究发展进行系统梳理。

第一节 概述

一、供应商开发的内涵

供应商关系紧密度的日益增加会提高企业与供应商之间的相互依赖水平，在高度依赖关系中，企业很可能采取供应商开发活动来确保满足他们短期和长期的采购需求（Lee and Humphreys，2007）。在供应商关系总体演进研究中，Richard Laming 等的研究最为著名，他们通过对美国制造业的纵向观察和与其他亚、欧国家制造业的横向比较，将买方企业与供应商的关系划分为四个阶段，主要包括传统阶段（1975 年以前）、紧张阶段（1972~1985 年）、改善阶段（1982 年后）和日式伙伴阶段（1990 年后）。同时他们认为，导致企业与供应商关系变化的很大一部分原因在于市场结构的变化，外界压力迫使企业不得不改变与供应商的关系。

供应商开发最初被 Leender（1966）定义为买方企业为增加供应商数量并提高供应商绩效所进行的努力（Leenders，1966）。此后，Leender 和 Blenkhorn（1988）进一步发展这一定义，将其界定为"买方企业发展新的供应商或者提高现有供应商绩效和 / 或能力以达到组织采购目标的努力"（Leenders and Blenkhorn，1988）。而 Chan 等（1990）则将供应商开发定义为组织系统建立和维持优秀供应商网络所做的各种努力。由于以往研究更多从增加供应商数量和改进现有供应商两个方面进行定义，如表 5-1 所示，于是理论界出现了狭义供应商开发和广义供应商开发两种观点。狭义的供应商开发指当没有足够的供应商满足企业需要时，寻找新的供应源（Chan，Hahn，Watts，Kim & Young，1990）。广义的供应商开发指基于买方企业与其供应商之间的长期合作，提高供应商技术、质量、交货和成本，并进行持续改进。现在研究大多认可广义供应商开发，将重点放在改进现有供应商绩效上，而不是寻找一个新的供应商。

表 5-1　供应商开发的定义

研究者（年份）	定义
Leender（1966）	买方企业为增加供应商数量并提高供应商绩效所进行的努力
Blenkhorn（1988）	买方企业开发新的供应商或者提高现有供应商绩效和 / 或能力，以实现组织采购目标的努力
Hahn 等（1990）	组织系统建立和维持能够胜任的供应商网络所做的各种努力
Watts 和 Hahn（1993）	基于买方企业与其供应商间的长期合作，提高供应商技术、质量、交付和成本能力，并进行持续改进
Krause 等（1997）	买方企业为提高供应商绩效或能力，以满足企业短期和 / 或长期供给需求所作出的任何努力
Hartely 和 Jones（1997）	与供应商合作以改善其绩效并提高其能力的实践
De Toni（2000）	任何组织系统地建立和维持能够胜任的供应商网络的努力
Reed 和 Walsh（2002）	反应性地改进不良的供应商绩效，战略性地提高供应基长期能力

基于此，Krause 等经过一系列的研究，最终将供应商开发定义为买方企业为提高供应商绩效或能力以满足买方企业短期和 / 或长期供给需求所作出的各种努力（Ellram and Krause，1997；Krause，1997、1999），将供应商开发区分为提高供应商绩效的短期供应商开发和提高供应商能力的长期供应商开发，并指出，供应商开发的目的是同时提高买方企业和供应商的市场竞争力。

二、供应商开发的理论基础

当供应商不能满足企业获得竞争优势的需要时，买方企业可以有三种选择：第一，寻找更好的供应商；第二，可以通过供应商开发来改进现有供应商的绩效和能力；第三，垂直兼并供应商，实现本企业自行生产。这样就会有一个问题"为什么多数企业不对供应商进行纵向一体化"？纵向一体化建立在层级治理关系基础之上的典型治理方式，其主要特征表现为双方之间相互依赖、信息的开放式流动以及利益共享（Peterson and Weatherspoon，2001）。虽然纵向一体化解决了企业之间无休止的讨价还价问题，节约了交易成本，但也隐含着将制造业延伸到供应商从而牺牲了激励强度，存在反竞争的可能性。其一，一体化意味着加强了买方企业与供应商的相互依赖性，当企业要改变原有合作关系时，成本会很高；其二，缺乏自我强制监督特性使纵向一体化可能成为实现价格歧视的一种手段；其三，地位稳固的现有企业可能会运用纵向一体化阻止其他企业进入，但合并后可能会增加企业内部的不稳定，这意味着管理成本的增加和环境适应力的减弱。

纵向一体化所带来的效率损失、管理混乱和不适应等状况的成本损失是相当大的，只有一些大型跨国企业能满足纵向一体化的条件，而一般企业却很难实现。Helper 和 Levine（1992）表示，买方企业与供应商之所以没有垂直兼并还存在很多原因：供应商的人力成本可能更低；垂直兼并以后可能会失去重点；可能会造成垂直兼并的企业管理规模不经济；垂直兼并后的供应商的议价能力可能会随着融合后共同决策而再度出现（Helper and Levine，1992）。因此，绝大多数企业选择供应商开发而不是垂直兼并供应商。供应商开发被认为是买方企业针对日益竞争激烈的全球市场及不尽如人意的供应商绩效和 / 或能力的理性选择，学者依据不同理论观点进行了解释。

（一）交易成本理论

交易成本理论试图揭示企业为什么会选择既进行内部生产也从外部市场采购所需产品，可以预知企业与市场之间的障碍是如何形成的。当买方企业和一个供应商的资产越来越被关系专用时，环境不确定性和交易频率就会增加（Coase，1937；Walker and Weber，1984）。根据交易成本理论的预测，企业间关系将逐渐变为长期关系契约，在极端的案例中甚至会变为直接兼并。Dwyer 等（1987）指出，专业交易人员或实物资产的双向交换表明双方对关系义务的可信度，利于同盟与交换的扩展。所以，当买方企业的某个供应商存在生产、质量、交货或技术等某一方面的缺陷时，企业可以选择一个新的供应商进行交易。但这需要买方企业重新发现相对价格；重新进行谈判和签约；重新协调与供应商间发生的纠纷、冲突；重新调整协议和实施协议而建立并运转的管理机构；协议各方要重新投入实现互惠互利而尽义务所承担的维系费用等一系列较高的转换成本。同时，存在放弃以往对供应商直接投资或技术投入等一些机会成本。因此，面对当今不断增大的市场竞争压力，特别是面对经济危机的到来，企业大多倾向于长期合作关系，通过长期合同降低采购成本，而越来越多企业在此基础上选择了供应商开发。

（二）资源、知识观

企业资源理论（The Resource-Based View of the Firm，RBV）兴起于 20 世

纪80年代中期，主张从企业内部资源来考察企业竞争优势。而知识作为企业的一种特殊资源，逐渐成为学者的研究焦点。其中所提出的知识观仅仅是企业资源观十分狭小或特殊的方面，包含在企业资源观内。对于为什么一个企业希望实施供应商开发，知识观有两种可能的解释。

第一，一些组织已经具有在不同领域（如制造过程、质量、新产品开发和原材料物流）中的高级知识的良好声誉。因为对企业绩效的关注开始从企业转向供应链，这些企业可以通过与供应链成员分享这些知识，并使其资本化，从而改进整个供应链的绩效。经过开发的供应商比那些没有开发的供应商拥有资源上的优势，拥有更好的绩效和能力，买方企业也会得到改善的资源。

第二，如果供应商在某一个领域较为突出，如新产品开发，而在买方企业比较优势的领域比较薄弱，那么买方企业可以通过供应商开发改善供应商劣势，并充分发挥供应商的优势，从而达到资源互补。而垂直兼并则可能带来负面结果，如规模不经济以及稀释买方企业的核心能力（Quinn and Hilmer，1994）。供应商开发为买方企业提供了不需要资本负担或垂直兼并的其他努力而改善供应商目前薄弱领域的机会（Williamson，1991）。另外，买方企业与供应商一起进行供应商开发可以增加双方之间的相互接触，提高未来采购合作的可能，通过供应商学习可以更好地将供应商核心能力资本化（Ellram，1990）。

（三）网络资源观

网络资源观突破了传统资源观把资源限定在企业边界内的限制，是资源观在社会网络研究领域的拓展，称为"扩展资源观"或"网络资源观"（Dyer and Singh，1998；Gulati，1999）。社会网络理论认为，不同的社会联结结构会给行动者带来不同的利益（Burt，2000）。一方面，从社会网络的整体看，社会资本代表了一种嵌入于联结关系的资源，作为社会资本来源的网络联结可以提供行动者需要的异质资源，这为社会网络的形成奠定基础，并对社会网络今后的扩展产生影响。因为社会资本强化了现有网络的特征与规范，并形成网络成长的路径依赖。另一方面，从嵌入在社会网络的个体行动者看，由于拥有社会资本的多少决定着其在社会网络中的地位和位置，这会促使行动者向网络中关系更为稠密的位置移动，从而获得更多的社会资本。因而，社会资本有助于解释行动者（尤其是嵌入企业网络的企业）在竞争中的优势差异。买方企业对供应商进行开发，进一步加强与供应商之间的合作关系，也就是加强了网络连接，进而从供应商处得到大量的异质性资源，供应商也可以从买方企业处得到专业意见、技术支持，甚至直接投资，为进一步扩展网络提供基础；同时，有利于企业向网络核心位置移动，获得更多的社会资本，从而提高企业稳定性和经济利益。

三、供应商开发活动过程模型

目前，学术界广泛认可的供应商开发活动过程模型主要包括以 Hartley 和 Choi（1996）为代表所提出的五步骤模型，以及以 Krause 和 Handfield 为代表所提出的四阶段和七步骤模型。

（一）五步骤模型

供应商开发过程是供应商开发研究的一个重要方面。Hartley 和 Choi（1996）通过对实施供应商开发的多个企业进行研究发现，不同企业在供应商开发实施中许多方面都惊人地相似，并提出供应商开发过程模型，该过程分为五个常见步骤：①获得供应商的高层管理承诺；②确定一位供应商的团队领导者；③组建一支具有胜任力的联合开发团队；④实施数据驱动的改进；⑤使用一条"示范线"进行成功演示。如图 5-1 所示。

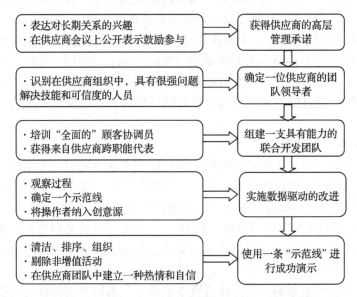

图 5-1　Hartlety 和 Choi 的供应商开发五步骤模型

资料来源：Hartley 和 Choi（1996）。

（1）获得供应商的高层管理承诺。从买方企业视角研究，获得供应商高层的开发承诺是最为重要的成功因素。管理层必须设定目标，提供资源，移除障碍和奖励改变。但实际上对于高层而言，承认存在一种更好的方式往往是很困难的，为了赞同参与供应商开发"你必须屈尊"。许多案例中，尤其面临降低成本的紧张压力时，供应商管理者认识到自身企业存在改进空间，且没有援助很难实现成本降低目标，就会欢迎买方企业的帮助。当供应商在供应商年度会议上了解到买方企业是如何帮助其他供应商时，这会给他们一种与买方企业一同开展供应商开发项目的动力。最初，许多供应商并不愿意参与开发。在他们来看，向买方企业开放他们的工厂并不是项容易的决策。在开发期间，买方企业对供应商的运作和成本结构学习内容要比通过常规供应商访问获得的更多。如果他们相信买方企业对于建立长期关系是认真的，那么供应商更愿意参与开发项目。尽管如此，供应商有时会被迫参与其中。例如，如果供应商不参与供应商开发项目，买方企业就会向该供应商发出"你们将丢失我们的业务"最后通牒。供应商会最终参与到供应商开发中，而且成功地持续改进，并将工艺改进技术推广到企业内部其他设施上。

（2）确定供应商的团队领导者。供应商的项目团队领导者是供应商开发努力成功的中枢人物。一个团队领导者必须了解企业的流程，具备很强的问题解决技能。企业上下所有的操作者、中层管理者和高层管理者都具有可信度，在供应商开发实施过程中可能更为重要。领导者必须能够说服企业其他人员认同"改变是必需的，对员工和整个组织都是有利的"。开发期间，供应商有时会提议使用一位仅仅"可用的人"作为团队领导者加入到供应商开发团队中。像这种情况，买方企业必须进行干涉，确保供应商必须派出最佳候选人作为团队领导者。如本田在选择一个供应商的项目团队领导时，则采用一种"石蕊测试"法筛选出更为合适的领导者，正如某本田高管所言"将供应商的团队领导者派到开发项目中，脱离其正常工作，势必会给供应商带来一定的损害"。供应商的团队领导者面临最大困难及挑战是在买方企业团队最初干预完成并转向协助其他供应商之后，如何保持组织内必要的变化。因为供应商的正常日常活动再次开始要优先于改进活动，持续的变化过程可能非常困难。

（3）组建具有能力的联合开发团队。买方企业和供应商双方需要建立一个共同团队结构，牢固锚定供应商开发。如本田、丰田、福特和通用汽车公司使用的最为常见方法是组建一支供应商开发专家团队，专门执行供应商开发项目；克莱斯勒汽车公司则采用不同的方法，他们从公司质量（检查）、制造、设计部门挑选负责供应商组件的合适员工代表，经过专职培训，形成供应商专用团队，开展供应商开发工作。供应商开发团队成员应该具有个人技能和全面性，拥有热情、积极态度和博学且不自负的重要特质。如福特公司开发团队中专家成员在领导自己的项目前都会进行一年的学徒培训，克莱斯勒公司开发团队中员工代表也要经历漫长的在职培训过程。联合开发团队的多样性可以增加团队创造力。来自供应商组织的关键参与者包括团队领导者、操作者、监督者、工程师，为了供应商开发项目，所有人必须摆脱日常工作安排。而在不同企业中，开发团队中来自供应商的成员数量并不相同。如本田开展的最初几个供应商开发项目中，要求其供应商分配三到四位精干人员加入开发团队进行为期三个月的专职工作，但这对供应商而言是很大负担，修改方法后则使用一位专职的供应商团队领导者，该领导者统率其他员工按需选用支持项目。

（4）实施数据驱动的改进。开发团队在进行任何改变之前，必须全面了解供应商的流程和系统。供应商生产绩效历史数据（如停机时间、日产率、周期时间、返工率、废品率）常被用于查明问题领域。如果供应商没有定期收集这些数据，就必须采取措施进行收集。收集数据最常用的方法是供应商生产过程中的直接观察。例如，本田的供应商开发团队使用车间操作手工草图以识别改进的机会，这些草图也可作为"前""后"例子的文档资料；通用汽车和克莱斯勒使用工艺流程图等技术识别出中转、储存、排队等候和检查等应该剔除的非增值活动。实际观察过程是一个关键步骤，原因在于训练有素的局外人不会以现有布局作为设定，像剔除车间中浪费活动或改变布局提高工效的改进机会，常常在他们眼里是很明显的。如在其研究案例中，一个操作员在工作台用一个小纸箱放置装配零件，但她必须频繁离开工作站到一个大纸箱取零件装满小纸箱，如果通过将大型容器移到工作台旁的位置，就可以剔除填充小纸箱的步骤。观察过程的一个好处是团队成员能够与车间操作员进行互动，进而获得他们及受他们影响的那些人的支持，而操作员通过观察供应商开发团队学习流程可改进技术。有些供应商把买方开发努力作为提高自身员工参与持续改进努力的一种途径，因为操作员是过程的亲身经历者，他们是改进想法的主要来源。一位通用汽车公司管理者称，在典型的车间头脑风暴会议中，开发团队平均可以产生 100~200 个想法。但仅产生这些想法是不够的，认真听取员工建议并将其中可行的建议付诸实践，对于获得员工支持是有帮助的。不仅如此，在流程改进中员工参与还有其他好处，如在一个车间中，在进行供应商开发努力之后，缺勤率从 14% 下降到 4%。

（5）使用"示范线"成功演示。正如通用汽车公司管理人员所言"成功可以吸引每个人的注意"。所有主要的汽车制造企业会选择一部分供应商的生产车间，也就是所谓的"示范线"，来演示改进技术。选定的每条示范线应该具有许多"低挂水果（唾手可得）"方便作出变化，能够展示出改进技术带来的惊人效果。根据克莱斯勒公司观点，示范线内部环境应该进行着色和清洁，以便能够抓住车间每位员工的注意力。生产率方面重要的改进是使用示范线展示技术赢得供应商组织中可能对开发项目具有潜在好处的人员（如中层管理者、制造工程师）的支持。虽然在其研究中买方一直声称他们喜欢在一线为公司生产零部件，但也偶尔在示范线上生产其他买方的零部件，这对供应商和所有买方而言都是一个重要问题。尽管在开发过程中操作员识别了许多问题，但会运用一些常见的工业设计方案进行纠正，常用改进技术，如

表 5-2 所示。

表 5-2　常用过程改进技术

过程改进技术	描述
COPDS 方法	当工作车间保持整洁和有条理时，改进目标就变得更加直接和可见。勤奋地适时清理和制定纪律可以保持这一改变
布局调整	布局由线性配置改为"U"形单元配置。这增加了劳动的灵活性，减少设置时间，减少在制品库存，并简化调度
Pokd-Yoke 系统	Poka-yoke 系统是一种用于防错的简单过程改进技术，采用简单的传感器检测错误来源
快速换模	缩短更换模具时间可以加速小批量生产，并在短时间内开始生产新产品

资料来源：Hartley 和 Choi（1996）。

1）COPDS 技术方法。简单的改进技术如应用 COPDS：保持整洁（Clean）、讲究条理（Organize）、适时清理（Pick-up）、制定纪律（Discipline）、安全生产（Safety）。依据一个团队成员的说法"通过保持工作环境的整洁和条理，常常能够降低 15%~20% 的成本"。保持一个原材料存储区域的整洁和条理还有利于简单直观的库存控制。

2）布局调整。通常情况下，供应商开发过程中的改进包括改进工艺布局消除瓶颈和提高工效。布局从相似操作员聚集在一起的功能性布局调整为类似"迷你装配线"的单元布局。这减少了从一个产品到另一个产品更换设备所需的时间，简化了产品的流通过程。布局的改进能够通过减少操作员数量提高生产效率，剔除的员工可以分派到过程的其他领域。

3）Pokd-Yoke 防错系统。开发和实施 Pokd-Yoke 防错系统，在生产过程中建立起错误防护。Pokd-yoke 系统是一种用于防错的简单过程改进方法，采用简单的传感器检测错误来源。供应商在组装带有塑料盖的零件时，操作员偶尔会忘记安装，供应商开发团队便安装一个简单的传感器来检查该工作台上每个零件，没有带盖的零件将被拒绝并立即返工，从而确保有缺陷的零件不会出货给买方。

4）快速换模。缩短产品之间转换时间是供应商开发中的一种常见改进。当一个机器的模具或夹具更换时，生产就会中止，缩短不同产品安装时间，能有效提高车间的整体能力。简单的改进，如采用适当的工具和夹具或模具，并将这些工具存放在工作台附近，可显著减少安装时间。例如，某供应商开发项目通过操作培训将模具更换时间从 90 分钟降低到 30 分钟，另一项目则通过确保适当工具是现成可用的，将模具更换时间从 65 分钟锐减到 10 分钟。

（二）四阶段模型

在供应商开发研究中，Krause 和 Handfield 带领的团队取得了丰富的研究成果，提出了具有指导意义的供应商开发模型，其中以供应商开发"四阶段模型""七步骤模型"最具代表性。

Krause 和 Handfield（1999）在开发世界级供应商和供应基研究中，通过调查美国采购管理协会中进行世界级供应基开发的买方企业代表，观察记录他们的最佳实践，并对比、凝练和集成为一个供应商开发的核心过程模型，用于指导开发世界级供应基。Chenoweth 等（2012）对该模型的四个阶段进行了详细描述，如图 5-2 所示。

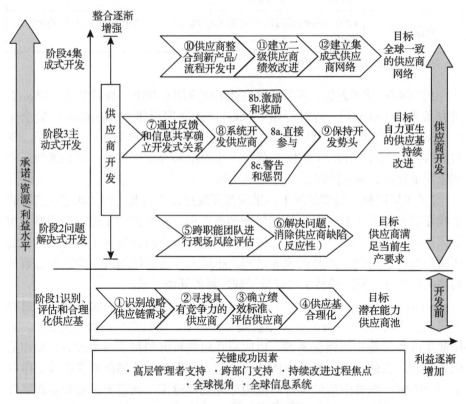

图 5-2　Krause 和 Handfield 的供应商开发四阶段模型

资料来源：Chenoweth 等（2012）。

1. 阶段 1：识别、评估和合理化供应基

该阶段发生在供应商开发之前，主要目标是合理化供应基，建立一个有潜力满足企业供应要求的供应商池，使供应商能够更好地与买方企业的战略需求保持一致。实现这一目标需要做好以下四步：

（1）识别战略供应链需求，并由顾客对质量、成本、交付/周期或技术能力等绩效改进需要驱动。这些供应商绩效改进目标主要包括提高采购项目或服务质量、降低采购项目或服务总价格、提高交付响应、降低采购项目或服务单价、提高供应商的服务/响应、提高供应商的技术能力、提高供应商的产品开发能力、提高供应商的管理能力、缩减企业的供应基、提高供应商的财务优势。

（2）寻找世界范围内最具竞争力的供应商，买方企业锁定搜索国家或地区后，可以通过举办地方会议和集会、建立国际采购办事处、与当地政府发展机构合作等途径，识别具有发展前景的供应商。对于显然无法满足买方要求的供应商进行剔除，并对那些潜在满足买方要求的供应商做进一步审查。

（3）建立一套能够用以监测供应商质量、成本和绩效的标准，系统评估和跟踪供应商绩效，以便随时快速确定任何需要立即引起注意的供应商问题，锁定需要开发的目标领域和供应商，剔除绩效不佳又无法提升的供应商。

（4）根据评估结果，决定开发、替代和解除的供应商，使供应基合理化。由于供应商开发工作需要大量的财力和人力资源，因此，淘汰明显不能满足企业当前或未来需求的供应商，与全球绩效优秀的供应商建立关系是供应商开发的重要前提。

2. 阶段2：问题解决式开发

该阶段目标是与供应商合作，共同努力满足买方企业当前的生产要求。买方企业需要全面了解供应商的能力、优势和弱势，以及满足未来要求的能力。为此，买方企业需要做好两方面的工作。

（1）跨职能团队需要在现场供应商访问过程中，建立一个风险评估测量协议，对供应商各方面进行评估，包括：产品质量；生产周期；转换、绩效测量、库存管理、成本降低、技术、试产扩量和项目管理能力；采购和源采购技能；复杂的信息系统；财务状况；管理视野；劳工和环境绩效。这些评估可以帮助供应商更好地了解买方企业的要求。

（2）解决问题，消除供应商的缺陷，即一种反应性供应商开发，这些缺陷或问题通常可以通过买方企业的供应商绩效测量系统或现场风险评估识别出来，像效率和能力这类与短期生产需求无关的缺陷往往会延缓未来改进工作。

3. 阶段3：主动式开发

该阶段目标是形成一个能够持续改进的自立型供应基，可以满足买方企业变化的需求。买方企业重点放在供应商持续改进的激励机制上，投资那些他们认为最可能受益于绩效和关系的领域，以避免问题的发生。买方企业可以通过以下步骤实现这一目的：

（1）通过反馈和信息共享，建立开发式关系。先锁定需要开发的供应商，这类供应商通常是为买方企业提供具有成本高、价值或需求量大等特征的关键商品的供应商，又具有系统的问题历史和愿意讨论问题的管理层。一旦选定主动开发的供应商，买方企业要与供应商的高层管理者进行对话，针对自身意图进行沟通，了解供应商任何不情愿改进的地方，并讨论接下来的行动。在理想情况下，双方能够就供应商问题进行坦率的讨论、达成所需改进协议，以及双方都表示愿意合作，找出问题根源并共同努力解决问题。

（2）系统地开发供应商。虽然企业主动开发供应商采用的实践方法各种各样，但通常会使用以下实践中的一种或多种方法来提高供应商改进速度。第一种，直接参与活动，有些企业采取实际操作方法，将经验丰富的人员派到供应商场所，帮助他们解决问题和开发能力，包括改善活动、流程图、半成品库存减少、预防性维护、其他合作项目以及供应商人员在技术改进（如统计过程控制和帕累托分析）、人事、环境和供应基管理方面的教育和培训；第二种，激励和奖励，作为直接参与活动的补充，企业还可以使用激励和奖励方法，如提供资金支持、增加订单量、如果供应商一定期限内有所改进就增加更多的未来业务、举办年度颁奖典礼奖励公认的优秀供应商，鼓励他们持续改进；第三种，警告和惩罚，这些负激励方法，如取消未来业务、通过招标引入竞争、同一货品或服务使用多个供应商，可以向供应商表明持续表现不佳或未能改进的后果，进而督促供应商提升他们的绩效。

（3）保持势头。如果没有后续增援，初始主动供应商开发的努力成果就可能消失，供应商将恢复其旧有的行为和做法。理想情况是，买方企业希望供应商保持高绩效，并在整个业务过程中自行改进项目。除直接参与活动、激励和奖励以及警告惩罚外，买方企业还必须防止供应商倒退，使其保持努力的势头，帮助供应商自力更生，持续改进。

4. 阶段4：集成式开发

该阶段目标是建立一个全球一致性的供应商网络。全球一致的供应商网络具有最高的潜在利益，但很少有买方企业能够在供应商管理这一领域取得进展，即使它们采访了最先进的汽车电子/电气企业也没有达到这一整合水平（Krause and Handfield，1999）。本阶段由三个步骤构成：

（1）把供应商整合进新产品/流程开发中。其目的是加速新产品开发和生产过程，将最新技术纳入到新产品和新服务中，消除产品中的设计成本，使其更具竞争力。供应商参与新产品开发可以使买方企业对供应商的新产品和工艺开发工作施加影响，使供应商能够影响产品设计，以提高产品可制造性、可服务性、标准化和质量。此外，邀请供应商参与新产品开发还能使它们更好地规划设施、产能和新的生产过程，这对生产周期短的产品尤为重要。

（2）建立二级供应商绩效改进。如果二级供应商或更低层级的供应商绩效较差，会严重影响供应链绩效。例如，二级供应商的设计变化会影响产品或工艺绩效，较低层级供应商的产品劣质、交付延迟或能力问题都会严重影响一级供应商满足买方企业要求的能力。因此，买方企业需要开发一种"延伸企业"的供应链地图，并对关键的较低层级供应商进行绩效风险和能力评估，以便了解它们对关键产品供应链工艺和生产能力的影响。在一些案例中，有些企业会鼓励或帮助一级供应商更好地管理它们的较低层级的供应商。

（3）建立一个集成式供应商网络。这是 Krause 和 Handfield（1999）案例企业中最先进的供应商开发策略。理想情况下，买方企业希望它们的供应商能够以具有竞争力的价格向世界各地提供同等质量、交付和技术绩效的产品或服务，与它们一同把握全球增长机遇。为此，买方企业鼓励其最好的供应商开发新的生产设施能力，还鼓励供应商建立供应商协会，提供一个彼此共享最新技术和最佳实践信息和教育的平台。

（三）七步骤模型

Krause 等（1998）认为，买方企业在进行供应商开发时遵循一种演化路径，如图 5-3 所示，从最初采用全面质量管理（TQM），随之进行供应基评价和缩减，到最后的供应商开发策略。在全面质量管理使用中，企业实施 TQM 的多种或全部干预措施：专注于顾客要求、供应商伙伴关系、为解决问题组建跨职能团队、绩效测量科学方法的使用和质量工具的运用。此外，关注外部供应商有助于企业执行一种全面供应基评价，这种评价是基于"为了提高材料质量、降低开发成本、减少采购价格和提高供应商责任，供应商绩效历史测量数据是必需的"的认识而进行的。供应基评价后，组织强调与少数供应商采购数量的合并，剔除不能满足期望的供应商，并通过供应商开发，进

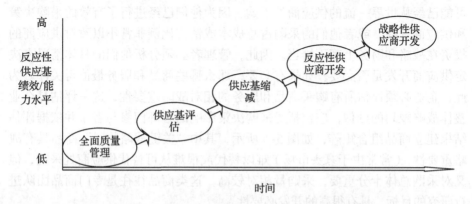

图 5-3 供应商开发策略和供应绩效改进的级次

资料来源：Krause 等（1998）。

一步提高供应基的绩效和能力。

基于以上认识，他们认为企业可以采用过程导向方式进行系统的供应商开发，并提出供应商开发全过程模型，如图 5-4 所示。

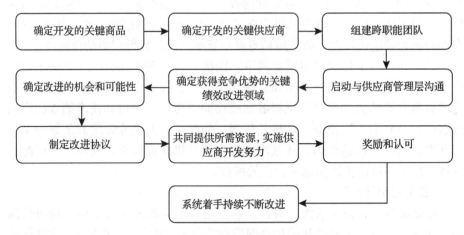

图 5-4　战略供应商开发过程

资料来源：Krause 等（1998）。

Handfield 等（2000）通过扫描 60 多个组织的供应商开发策略，对供应商开发过程进一步研究，开发了更为大家熟知的七步骤通用过程图，并发现多数组织均会部署前 3 或前 4 个步骤，但没有部署其余步骤的组织往往不太成功。

步骤 1：确定关键商品。并非所有企业需要追求供应商开发。有些企业可能已经从世界一流的供应商处采购，因为他们已经进行了有效的采购决策和供应商选择。或者他们的采购占总成本或销售比例非常小以致对供应商的投资在战略和财务上都不恰当。因此，管理者必须分析他们的具体情况来决定供应商开发是否必要？如果有必要，那么哪些商品和服务最值得关注。为此，企业必须评估所有购买商品和服务的相对战略重要性，这一评估是企业整体战略规划的延伸，应包括受采购决策影响的各部门参与者，并依据评估结果建立商品组合矩阵，如图 5-5 所示，其中"关键战略物料"商品具有战略重要性，（常常由于寡头市场）难以替代或很难从可替代供应商处采购，但又对采购总体十分重要，采购量相对较高。这类商品往往是专门商品团队进行研究的目标，具有很高的开发必要性。

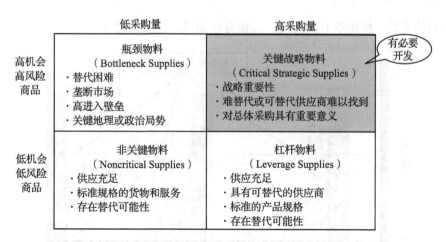

图 5-5 商品组合矩阵

资料来源：Handfield 等（2000）。

步骤 2：确定关键供应商。在确定需要开发的关键商品和服务后，管理者必须评估战略物料供应商绩效水平，以确定开发哪些供应商。供应商绩效帕累托分析是有效识别具有开发潜力的供应商以及那些绩效差、采购量低的供应商的一种常用方法，如图 5-6 所示，基本原理是 20% 的供应商为绩效差负 80% 的责任。绩效差的供应商确定需要系统分析供应商绩效数据。许多龙头企业会监测供应商绩效，并对供应商由好到坏进行排序。他们将最终的供应商开发对象目标锁定在那些在质量、交付、成本、技术或周期方面未能满足企业最低绩效目标的供应商身上，与这些供应商代表进行会面，确定问题原因和所需的纠正行动。如果供应商开发是必要的，买方企业必须利用资源驱使他们的绩效提高，如果绩效未能改进，可以将开发项目转向可替代供应商。

步骤 3：组建跨职能团队。在接洽供应商要求改进前，买方企业必须在内部跨职能部门间达成共识，表明一种供应商"统一战线"，确保所有买方部门发送给供应商的信息都是一致的。采购主管不断强调改进要通过"买方聚焦"的活动从内部开发，在期望供应商承诺和合作前，必须具有内部秩序。此外，为了优化供应商贡献，买方企业必须先确立自身的供应链策略和采购角色，以便明确业务目标。

步骤 4：双方高层沟通。买方跨职能团队接洽供应商的高层团队，并确立供应商改进的三个关键问题：战略联合、测量和职业化。战略联合不仅需要内部商业技术联合，而且需要买方供应商间联合，专注于整个供应链上每个顾客的要求。供应商测量需要聚焦总成本和信誉，需要采购部门及组织中其他关键技术部门的参与。使用好的改进案例接洽供应商高层，加强与供应商间的关系，促进双方间沟通，提供专业知识，并开发信任。

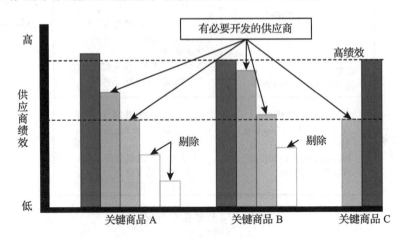

图 5-6　供应商绩效帕累托分析

资料来源：Handfield 等（2000）。

步骤 5：确定关键项目。确定有前途的机会后，管理者必须评估他们的可行性、资源和时间要求及潜在投资回报，决定他们是否可以实现，如果可以，目标应该是什么。用于评估机会的额外标准包括供应商（买方）实施变化的意愿和能力、产品／服务生命周期、产品／服务的战略重要性及其对业务的影响、投资回报率、影响分析和标准化。

步骤 6：确定协议细节。确定一个潜在改进项目后，合作双方需要对具体的成功监测指标进行商议，最终达成一致。这些指标可能包括共享节约成本的百分比、实现质量改进的百分比、期望得到的交付或循环周期改进的百分比、关键产品或服务绩效目标、技术可获得性及系统实施目标。协议还必须说明改进的里程碑和最后期限，以及各方的角色，指明谁负责项目的成功、如何以及何时部署分配资源。协议达成后，项目再开始进行。

步骤 7：监控项目状态和调整策略。为了保持项目势头，管理人员必须监测项目进程和持续交换信息。达到一个里程碑后，重新审视目标可能需要阐明新的需求或修改目标。因为优先权可能发生改变，额外资源需要也可能出现，因此，合作双方可能需要调整初始计划，与项目最新情况保持同步。

四、供应商开发的研究概况

通过对供应商开发相关研究文献统计，第一波研究阶段是 1989~1991 年，主要源于对质量管理的研究；第二波研究始于 1995 年，研究者开始研究关系问题（Ahmed and Hendry，2012）。供应商开发在学术研究中的关注越来越多，这可能归因于企业越来越依赖于供应商的绩效实现高质量产品/服务的及时交付和竞争优势的不断提升（Wagner and Krause，2009）。

以往关于供应商开发的研究角度大致归为三类，如图5-7所示：①要素类研究：该类研究主要围绕供应商开发过程中驱动因素、关键成功因素及障碍因素展开分析；②类型研究，该类研究主要按照不同标准对供应商开发进行分类，并对各类供应商开发进行对比研究；③绩效类研究，该类研究主要从买方、供应商或买方关系视角对供应商开发所带来的利益优势进行分析。

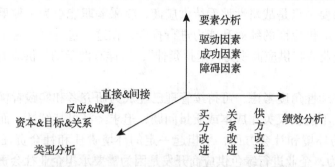

图5-7　以往供应商开发文献研究分析角度

资料来源：笔者整理。

第二节　供应商开发的影响因素研究

针对供应商开发的影响因素，大量学者从不同视角进行了探究。系统梳理发现，这些研究问题主要集中在供应商开发实施的三个方面：①什么因素驱使企业开展供应商开发项目，即驱动因素有哪些？②企业该如何确保供应商开发项目的成功实施，即关键成功因素是什么？③在开展供应商开发过程中还有哪些障碍或陷阱需要注意？

一、供应商开发的驱动因素

供应商开发的动因是供应商开发研究中的一个重要方面，许多学者将其研究重点聚焦于此，试图揭示到底哪些因素驱使企业持续进行供应商开发行为活动。理论上，供应商开发属于买方企业对供应商的一种交易专用性投资（Williamson，1981），而交易成本是供应商关系管理成本的一部分（Coase，1991）。供应商绩效问题各种各样，从质量缺陷、交付延误到产品工艺等新技术应用的滞后。这些问题都可能导致买方企业生产困难或停产，增加企业的交易成本，加大买方企业的不确定性。更糟的是，如果企业不能及时采用新的生产技术，可能会发现其生产的产品不具备竞争性。面对这一境况，买方企业可能从被动的姿态转而积极参与到供应商开发中，帮助供应商克服缺陷，避免那些绩效缺陷对企业流程和产品带来不利影响。Sarang 等（2016）认为，供应商开发主要源自生产压力、竞争压力和顾客不确定性三个方面的驱动。Golmohammadi 等（2018）确定了供应商可以实施的三种策略，以促进其买家的供应商开发努力：①批发价格操纵；②支付投资份额；③控制投资。因此，在激烈的市场竞争中，企业需要战略性地管理他们的供应商，而战略性管理供应商的重要一点是战略性地看待供应商，将采购职能视为一种重要的竞争优势来源，对供应商的绩效和能力进行投资，在这一过程中，为了增强供应商承诺，企业应将供应商视为"虚拟延伸"，这样有助于动员供应商提高自身绩效。

从可持续性角度考虑，可持续管理已经成为研究者和实践者优先考虑的问题，企业不能仅仅关注成本或质量问题，追求经济可持续性，而且要关注可持续性的环境和社会方面，承担起一定的环境责任和社会责任。Ağan 等（2016）认为，企业进行绿色供应商开发是因为需要承担企业社会责任，为了更好地履行这一责任，但同时又降低成本，进行绿色供应商开发成为最佳选择。为了确保企业的可持续性，买方企业需要审查和直接协同他们的供应商建立一条可持续的供应链，通过供应商开发实践提高供应商的绩效和能力，将可持续性拓展到供应商（Ağan et al.，2016）。Sancha 等（2015）则基于制度理论探究影响企业采取供应商开发实践的外部压力，区分了三类制度性驱动因素，认为强制性压力、规范性压力和模仿性压力是驱使企业采取可持续供应商开发的三大动力（Sancha et al.，2015），其研究模型如图 5-8 所示。

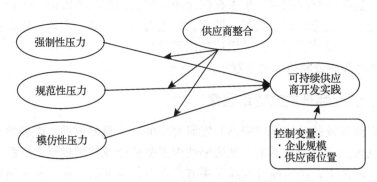

图 5-8　Sancha 等的可持续供应商开发驱动因素模型

资料来源：Sancha 等（2015）。

首先，"强制性驱动"被视为向企业施加采取可持续性供应商开发压力的关键要素，这类压力主要源自政府当权者制定和实施的一系列针对环境和社会问题的相关法律。例如，2001 年日本颁布相关法律推进绿色采购，迫使企业从环境友好型供应商处进行采购。其次，"规范性驱动"主要是来自社会群体（如非政府组织）的压力（Ball and Craig，2010），企业采取的组织实践需要符合社会合法性，企业进行供应商开发活动必须考虑非政府组织、媒体、工会等社会群体对环境和社会要求（Hoffman，1999；Gunningham et al.，2004）。例如，一些非政府组织制订自愿执行标准（如自然步骤和全球倡议准则）激励企业超越最低可持续要求（Bradbury and Clair，1999；Hedberg and Malmborg，2003）。最后，"模仿性驱动"指促使企业模仿同行业中成功竞争者的推动力（Dace et al.，2006）。与一般企业相比，顾客更可能从环境友好型和社会友好型企业中进行采购，积极采用环保实践的企业表现出更高的业务水平和财务绩效（Montabon et al.，2007）。因此，企业会选择模仿这类企业，通过实施环境性和社会性实践，保持领先竞争对手。另外，企业所在国家可持续实践水平越高，模仿性压力越大。

但其结果表明，只有模仿性压力与可持续供应商开发实践具有显著正向相关关系，而且在竞争环境中，承诺采用可持续实践的企业在企业领域之外的可持续实践也会表现出更好的意愿，而强制性和规范性压力却并没有显著的积极影响。并提出两点可能的解释：第一，如果国家政府为了使企业实施可持续实践而施加太多压力，企业必须使他们的内部运作负有更多的环境责任和社会责任。这意味着企业在使供应商更具可持续方面的资源投资变得更少，因为他们的重点是确保他们的工厂符合国家政府规定。第二，可持续供应商开发实践超越了合规性，因此可能与强制性压力不相关，但却越来越受到企业的依赖。正如 Henriques 和 Sadorsky（1999）指出的那样，与主动性可持续战略（如供应商开发）相比，监管压力与反应性可持续战略的关联度更高（Henriques and Sadorsky，1999）。这点可以解释为什么规范性压力并没有显著影响企业采取可持续供应商开发实践。正如 Delmas 和 Toffel（2004）所言，管理者感知和采取与可持续方面相关的行动取决于特定的企业因素，包括企业过去可持续绩效的跟踪记录、竞争位置和他们的组织结构与资源。强制性和规范性压力更多导致企业采取服从和矫正性的被动式实践，而非类似于可持续供应商开发的主动式实践。

二、供应商开发的关键成功因素

虽然供应商开发项目能够带来许多利益，但对于企业而言，由于对供应商开发项目实施无知，无法提供关于供应商开发项目的完整知识，没有实施供应商开发项目的认真和真诚抱负等原因，使得供应商开发的成功实施成为一项巨大挑战。之所以如此，可能是因为企业对供应商忠诚度的担心、抵制投资供应商开发项目、缺乏制定正确供应商开发项目举措的知识/技能/经验、供应商的过失、抵制参加供应商开发项目、双方缺乏相互信任、糟糕的知识共享等（Ho and Ganesan, 2013; Manuj et al., 2013; Patil and Kant, 2014）。为迎接这一挑战，企业管理者应系统地识别和分析供应商开发项目实施的关键因素。

（一）研究视角

文献研究分析中提到了许多供应商开发项目关键成功因素，其研究视角主要包括买方视角、供应商视角或买卖双方视角。

（1）买方视角。买方企业对于他们的供应商一般会有不同合作程度的某种期望。这种期望可以是行为方面的，如关系、整合、合作、协调、协同、创新、承诺、信任、服务、兼容、参与等，也可以是一些绩效属性，如质量、成本、交付期、可持续性、新产品开发等（Li et al., 2012; Praxmarer-Carus et al., 2013; Egels-Zandén, 2014）。买方企业为了在正确的时间以正确的方式与正确的供应商进行合作，与供应商间关系从一般交易型关系转向战略供应商关系。企业以往多是通过垂直整合获得跨供应链最佳实践，如今主要通过外包使得供应链成为企业外部延伸。这一转变增加了外部实体组织的产品价值增值比例。因此，企业要想比竞争者更有效地交付产品或服务，必须整合和评价合作伙伴活动以及做好供应链成员间的协调（Frohlich and Westbrook, 2001; Das et al., 2006; Humphreys et al., 2011）。买方企业对供应商的奖励、报酬和认可，可以帮助企业传达出一种信号，即具有企业渴求绩效和潜在成果（如高品质、敏捷、绿色、创新、低成本）的供应商是企业首选供应商，使其他供应商了解买方企业的预期，进而提高自身的绩效（Monczka et al., 1993; Routroy and Pradhan, 2013; Dou et al., 2014）。Lascelles 和 Dale（1990）认为，如果供应商位置距离买方企业很近，那么与他们建立长期关系就会很容易。因为买方企业选择距离相对较近的供应商作为制造中心，可以削减成本、更紧密的交互、有效转移知识及缩短交付期等，如果必须引入供应商开发项目举措，那么靠近制造中心更有助于供应商开发项目的实施（Krause, 1997; Sucky and Durst, 2013; Pradhan, 2014）。买方企业常常认为供应商的资格认证能够给他们足够的信心开展业务，可以通过给供应商设定目标进行间接供应商开发（Asare et al., 2013; Blonska et al., 2013; Goedhuys and Sleuwaegen, 2013）。Chen 等（2018）将知识链理论应用于供应商开发，并探讨了每项知识管理活动在供应商开发中的重要性。Jia 等（2021）在研究中强调了一级供应商在面向可持续开发的供应商开发计划中的跨界作用。

（2）供应商视角。企业应该正确告知和说服供应商有关通过供应商开发项目实现双赢的信息，以消除供应商的恐惧、抵制变化、抵制资源投资和自满等问题（Handfield，Krause，& Scannell，2000）。企业可以通过直接投资、利益共享机制、资源共享等方式提高供应商参与程度和供应商承诺水平，使供应商愿意承担风险和变得更具创造性。供应商往往认为与买方企业的关系是不安全的，存在一些机会主义行为，因而会试图将他们的关系限定在交易型上。然而，为了全面支持供应商开发项目，供应商应该将买方企业视为优先客户。供应商按照买方企业的标准、实践、所提方案、关键目标等提供产品或服务，可以帮助买方企业更好地满足顾客要求。供应商的参与取决于其与企业间的关系，他们也明白在为买方企业创造价值的同时，也是在为自己创造价值。Arroyo-López 等（2012）在其研究中评价了供应商开发对供应商绩效以及更为长期能力开发的影响，结果发现，成功的供应商开发项目需要提升知识转移活动（Lu，Lee & Cheng，2012）。

（3）买卖双方视角。供应商和买方企业双方的高层管理承诺决定了供应商开发实施过程中其他必需要素水平（W. Li，Humphreys，Yeung & Cheng，2012），高层管理承诺对供应商开发具有决定性作用（Blome，Hollos & Paulraj，2013）。Krause 和 Ellram（1997）在研究中指出，双边有效沟通、高层管理者参与、团队和相对较大的采购量对于供应商开发来讲是极其重要的。实施供应商开发最大的挑战是双方间缺乏信任。信任能够带来关系专用性投资和透明、清晰和共享的优越信息（Nagati & Rebolledo，2013）。供应商与买方企业双方委派具有胜任力的人员进行相互访问能够促使供应商开发的有效实施，实现供应商开发目标。Dyer 和 Chu（2000）认为，供应商信任与稳定和一致的买方流程高度相关，买方流程的稳定与一致代表着买方对长期交互方面的可靠承诺，尤其是提供可以促进关系持续方面的援助（Dyer & Chu，2000）。

（二）关键成功因素

Ellram 和 Krause（1997）基于企业供应商开发努力结果将样本企业分为超出预期的"优组"和低于预期的"差组"，通过对比分析而探究出企业供应商开发的成功因素。研究发现优组具有两个明显的特征：①更高的参与度。与差组相比，优组在对供应商正式评价及结果反馈、供应商认证计划、对供应商现场考察、供应商代表访问企业、供应商认可、供应商人员培训与教育、对供应商运作上的投资等方面具有更高的参与度。②更紧密的沟通。与差组相比，优组在与供应商沟通上具有及时性、频繁性、非正式性，企业双方间具有大量联系且具有共享正确信息的特性。在进一步探究中，识别了买方企业成功实施供应商开发项目的六大关键因素：有效的双向沟通、高层管理者参与、跨职能团队、相对较大规模采购量、供应商评价与认可。如果能够实现有效沟通，那么供应商就能够切实按照买方企业要求实施供应商开发项目，最终保证项目的成功（Blindenbach-Driessen，2009）。此外，战略过程和供应商认可则通过增强沟通和激发供应商承诺间接促进供应商开发活动的成功，同时买方与供应商间的有效沟通还会提高供应商承诺，而供应商承诺会显著正向影响供应商开发的成功，其中一个关键原因可能是供应商将供应商项目视为买方企业的一种帮助，会在供应商开发项目中承诺作出回报。另外，供应商承诺还在供应商认可与供应商开发成功间发挥着重要的中介效应。

供应链中的每个利益相关者都有着自己的期望，但利益相关者仅仅是供应链中的一部分，其业务的有效开展依赖其他企业。因此，利益相关者必须从供应链整体视角出发制定出比竞争者更好地满足顾客需求的策略，从而成为一个首选的商业伙伴，最终成为行业的领导者。目前关于供应商开发项目成功实施的研究认为，制造企业必须从买方企业、供应商和双方间关系视角全面考虑供应商开发项目实施的关键成功因素。Routroy 和 Kumar（2015）认为，优先权能够使企业获得比其他供应链更具竞争性的优势，而这些优先权可通过供应商开发项目实施的使能因素进行分析，在扫描和识别出重要的供应商开发项目实施使能因素基础上，如表 5-3 所示，采用模糊交叉影响矩阵相乘的方法（FMICMAC）系统分析了供应商开发项目实施使能因素，如图 5-9 所示，其中横坐标表示因素的依赖性逐渐增强，纵坐标表示因素的驱动力逐渐增强。

表 5-3　供应商开发项目实施使能因素汇总

因素	代码	来源
供应商对制造企业举措的服从	SCM	New（2013）；Egels-Zandén（2013）；Chandrasekaran 和 Karthikeyaan（2013）
技术和知识转移	TKT	Argote 等（2000）；Dyer 和 Nobeoka（2002）；Giannakis（2008）；Modi 和 Mabert（2007）；Lu 等（2012）；Ho（2013）；Rosell（2013）
供应管理活动中供应商开发参与	ISM	Hsu 等（2013）；Potter 和 Lawson（2013）；Asar 等（2013）；Praxmarer-Carus 等（2013）
供应商奖励/激励	SUR	Dou 等（2013）；Routroy 和 Pradhan（2013）
信息可见性和透明度	IVT	Krause（1997）；Wu 等（2013）
信任	TRU	Liao 等（2013）；Routroy 和 Pradhan（2013）；Park 等（2010）；Blonska 等（2013）；Nagati 和 Rebolledo（2013）

因素	代码	来源
双方委派资深人员相互访问	MUV	Krause（1997）；Hoejmose 等（2013）；Ecel 等（2013）；Ho（2013）；Routroy 和 Pradhan（2013）；Sucky 和 Durst（2013）
供应商开发中员工承诺	ECI	Liao 等（2013）；Potter 和 Lawson（2013）；Nagati 和 Rebolledo（2013）
制造企业对供应商的认证压力	PFC	Mitra 和 Datta（2013）；Govindan 等（2010）；Ehrgott 等（2013）；Goedhuys 和 Sleuwaegen（2013）；Dou 等（2013）；Routroy 和 Pradhan（2013）；Blonska 等（2013）；Asare 等（2013）；Sucky 和 Durst（2013）
规范性动机	NOM	Wu 等（2013）；Narasimhan 等（2008）
对供应商各方面的目标设置	TAD	Dou 等（2013）；Handfield 等（2000）；Krause 等（1998）；Sako（2004）；Wagner（2006a，2006b）；Fu 等（2012）；Blonska 等（2013）
供应商开发的科学管理	SMG	Hoejmose 等（2013）；Ahmed 和 Hendry（2012）；Blonska 等（2013）
模仿性动机	MIM	Wu 等（2013）；Narasimhan 等（2008）；Nagati 和 Rebolledo（2013）；Raafat 等（2012）
与制造中心的接近性	PMB	Routroy 和 Pradhan（2013）；Kumar 等（2012）
双方高层管理承诺	TMC	Dou 等（2013）；Routroy 和 Pradhan（2013）；Fu 等（2012）；Li 等（2012）

资料来源：Routroy 和 Kumar（2015）。

首先，可以看出，并未有供应商开发项目实施使能因素落在自治象限中，说明在供应商开发项目实施过程中，所识别的 15 个使能因素中并未涉及既对其他因素影响较大又受其他因素影响较大的因素。其次，有 4 个因素落在了独立因素象限中，分别为双方高层管理承诺、供应商开发的科学管理、与制造中心的接近性和双方资深人员相互访问，这些因素的驱动力很高，但依赖性相对较弱，属于驱动力因素，即在供应商开发项目实施过程中，它们对其他因素的影响力较大，而受其他因素的影响较弱，是决策者需要重点关注的关键因素。再次，有 10 个使能因素落在了依赖因素象限中，具体包括供应商开发中员工承诺、制造企业对供应商的认证压力、技术和知识转移、规范性动机、供应管理活动中供应商开发参与、对供应商各方面的目标设置、模仿性动机、供应商奖励 / 激励、信息可见性和透明度、信任。这些因素驱动力较弱，而依赖性则相对较强，在供应商开发项目实施过程中受其他因素的影响较大，决策者应该严格考察这些因素。最后，只有供应商对制造企业举措的服从一个因素落在关联因素象限中，其驱动力和依赖性均很高，这类因素很不稳定，在供应商开发项目实施过程中，它们极易受到自身行动影响，因此很难进行管理。然而决策者在决策过程中不能忽视这些因素，必须紧密监控它们的状态。

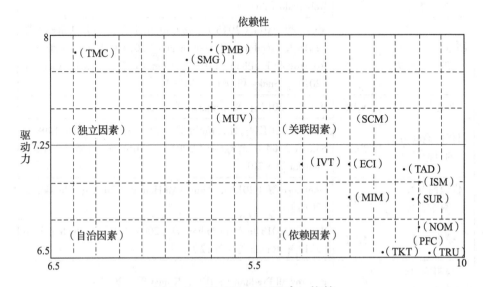

图 5-9　FMICMAC 驱动—依赖

资料来源：Routroy 和 Kumar（2015）。

　　如果将"供应商开发项目"比作一棵"树"，树的健康成长寓意着项目的成功实施，那么双方高层管理承诺、供应商开发的科学管理、与制造中心的接近性和双方资深人员相互访问等独立因素则相当于"树根"。其中，双方高层管理承诺对其他因素的影响最强，相当于供应商开发项目这棵树的主根系，为树的健康成长提供所需的营养。因此，制造企业的高层管理承诺是供应商开发项目的前提，而开发项目先考虑供应商是否具有较强的高层管理承诺。另外，企业应重点考虑邻近的供应商，并开发一种激励机制鼓励他们成功接受供应商开发项目。而供应商开发项目实施过程中的依赖性因素（供应商开发中员工承诺、制造企业对供应商的认证压力、技术和知识转移、规范性动机、供应管理活动中供应商开发参与、对供应商各方面的目标设置、模仿性动机、供应商奖励/激励、信息可见性和透明度、信任）则相当于"树冠"。他们的改善可以通过其他使能因素实现，因此，在与供应商一起开展供应商开发项目前，应该对供应商依赖性因素表现水平进行检查，再进行供应商开发项目实施的有关决策。供应商开发项目这棵树的"树干"部分对应供应商开发项目实施中的关联性使能因素，即供应商对制造企业举措的服从，因为相对于其他供应商开发项目实施使能因素，关联性因素同时具有较高的驱动力和依赖性。这一系统的分析将供应商开发项目实施中的驱动力和依赖力量精确地缩小到一些企业必须关注的显著驱动因素上，可以更好地指导企业成功实施供应商开发项目。

Sillanpää 等（2015）从关系开发视角分析，提出一种更为细致的结构分析框架，如图 5-10 所示，对供应商开发过程中的不同步骤进行了详细解释。他们认为，企业进行供应商开发需要一套系统的方式，帮助企业有效组织流程，与供应商协同提升产品制造能力。系统的供应商开发过程包括四种关键策略。

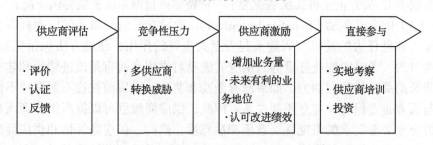

图 5-10 Sillanpää 等的供应商绩效开发策略模型

资料来源：Sillanpää 等（2015）。

（1）供应商评估（Supplier Assessment）。评价和认证系统是一种买方—供应商间重要的沟通工具，支撑着组织有关供应商当前和预期绩效的策略，确保供应商绩效水准和组织业务前景，实质是调动供应商提高绩效与能力的动员过程。而这种评价和认证系统源自供应商评估，供应商评估在供应商开发活动和买方—供应商关系开发间是一个关键使能因素。供应商评估对买方企业而言不仅是一种重要的供应商绩效计算工具，评价比较不同供应商绩效，而且有助于买方企业设定供应商绩效的未来指导标准（Krause et al., 2000）。供应商评估工具解释和阐述了供应商在管理能力、质量、技术能力、成本和交付能力方面的详细评价（Giunipero, 1990; Chan et al., 1990）。因此，企业向其供应商提供有关他们绩效指数和能力方面的反馈十分有用。事实上，反馈是对相关供应商开发活动预期与结果的评价和比较，及时有效的信息反馈，能够帮助企业更有效地整合市场竞争优势，鼓励供应商进行绩效改进（Krause et al., 2000）。

（2）竞争性压力（Competitive Pressure）。企业使用不同供应商源和市场力量在其供应商之间制造一种竞争性压力。该策略不仅有助于组织分析其供应商能力与绩效并建立长期关系，而且可以动员其他供应商提高它们的绩效质量。企业有目的地使用多个供应商，使不同供应商间保持一种竞争性压力，这会支持企业得到改进的质量流程服务，通过增加业务量奖励供应商，能够激励供应商保持高的质量、交付或其他绩效属性。因此，当买方企业需要来自不同供应商的竞争性报价以获得一种相对便宜的采购价格时，他们会将该方法应用到他们的供应商身上（Krause et al.，2000）。转换供应商或丢失业务对其他供应商产生的威胁会创造一种可能或条件，为供应商开发低成本、高质量产品保持竞争性提供一种动力。在处理多种或平行采购时，买方企业期望与不止一个供应商建立关系，但在处理单一采购时，买方企业会试图仅与一个供应商建立一种强关系。然而，如果存在某种相关转换成本（企业特定投资成本），买方企业将犹豫是否为了一种特定质量偏差而去威胁供应商。

（3）供应商激励（Supplier Incentives）。激励在开发与培养供应商提高自身能力和胜任力的动机与兴趣上起着至关重要的作用，激励方法包括奖励、成本节约、考虑增加业务量等。供应商激励对供应商而言是改进绩效和建立强而长期关系的关键动力，如果没有激励和奖励，供应商往往不愿意或不情愿与买方企业保持并建立长期关系。因此，供应商激励可以提高供应商满足买方企业必要需求的可能性、意愿和满意度。然而，供应商评估和供应商激励会间接影响供应商绩效（Krause et al.，2000）。为改进供应商绩效而积极采取的激励方法以增加业务量的形式进行，而激励促进供应商绩效改进又会反过来增加与供应商的业务量。保持这一观点，出于对未来业务考虑，供应商会更多关注对买方企业的交付绩效，并维持必要的标准，这通常对可操作性知识转移活动具有一种正向影响（Modi and Mabert，2007）。这些供应商激励的相关活动帮助买方企业通过提高绩效期望和改进绩效的认可来评价供应商绩效的持续改进。因此，供应商激励活动培养了供应商提供持续绩效以增强买方—供应商关系的动能（Krause et al.，1998）。

（4）直接参与（Direct Involvement）。企业采取积极方法通过直接参与（如进行资本和设备投资、获取供应商部分操作、人力和组织资源投入），开发供应商的绩效和胜任力。买方企业渴望直接参与到供应商开发项目中，包括有关供应商开发资源投资的不同活动和行动。按照这个思路，Williamson（1981）提供了一个在买方—供应商关系和供应商开发活动中交易专用性投资的整体图景，直接参与能够降低买方企业的交易成本和不确定性（Williamson，1981）。另外，在买方—供应商关系中，供应商的参与也能提高关系强度（Ghijsen et al.，2010）。在直接参与供应商开发活动标签下，许多变量能提高买方和供应商双方的绩效（Ellram and Krause，1997；Krause and

Ellram，1997；Humphreys et al.，2004）。这些供应商开发活动涉及实地考察（site visits）、培训和教育计划（training and education programmes）、技术辅助（technical assistance）和与供应商共同投资（investments with suppliers）。连续的实地考察帮助供应商关注买方质量要求，提高过程能力。这些努力在供应商开发行动中非常重要，能够带来绩效上的提高（Modi and Mabert，2007）。

Sarang 等（2016）通过对供应商开发相关重要文献的梳理，对供应商开发的关键成功因素进行归纳，如表 5-4 所示，共识别了 10 个关键成功要素。

表 5-4　供应商开发的关键成功因素

因素	描述	学者
培训和教育	在供应商开发项目中，供应商接受买方提供的辅助可视为一种买方支持的培训。正确培训类型能提高供应商绩效，而供应商绩效提高又反过来鼓励企业进一步增加对供应商的培训投资（Krause et al.，1998；Modi and Mabert，2007）。对供应商的培训多数关于质量改进，包括统计过程控制、全面质量管理、实验设计、抽样方法、监督技术、ISO9000 等（Krause，1997）	Sanchez-Rodriguez 等（2005）；Kadir 等（2011）；Handfield 等（2000）；Krause 等（2007）；Chivaka（2007）；Modi 和 Mabert（2007）；Wagner 和 Krause（2008）
认可／奖励	供应商开发第一步是供应商评价，因为在这之后，买方才能够确定供应商哪些领域需要改进（Chan et al.，1990）。供应商评价与反馈常被用于提高供应商的能力，这一步可以帮助企业指出问题的确切原因（Cormican and Cunningham，2007）	Krause 等（1998）；Krause（1999）；Krause 和 Handfield（1999）；Handfield 等（2000）；Krause 等（2000）；Kannan 等（2010）；Humphreys 等（2011）
供应商评价	对于表现突出的供应商给予认可和奖励，是改进供应商绩效的一种激励（Krause and Ellram，1997）。成功提高供应商绩效的企业，可以采用"认证"或"首选"地位的形式对供应商的业绩表示认可（Chan et al.，1990）。供应商认可至少具有两个方面的作用。第一，它可以作为一种激励工具，如果它意味着市场认可并能帮助它们吸引新的业务，那么就会争取这一奖励；第二，供应商认可是一种与特定供应商开展供应商开发努力的顶峰标志，至少暂时是这样（Krause and Ellram，1997）	Watts 和 Hahn（1993）；Hahn 等（1990）；Krause（1999）；Wagner（2006）；Krause 等（2007）；Kannan 等（2010）；Charterina 和 Landeta（2010）；Sundtoft 和 Ellegaard（2011）；Azadegan（2011）；Schiele 等（2011）

续表

因素	描述	学者
有效沟通	买方企业与供应商间有效沟通是供应商开发成功的重要特征，可以误解最小化和目标更清晰（Marshall et al.，2008）。双方信息共享、绩效反馈和组织间信息技术投资都是双方沟通开放性的关键使能因素（Sanders et al.，2011），而开放与频繁沟通是动员供应商的关键途径（Chidambaranathan et al.，2009）。例如，Carte 和 Miller（1989）发现，当买方企业与供应商间的设计、工程、质量控制和其他职能部门之间能够有效沟通时，它们的采购销售界面和供应商的质量绩效要比只把采购部门和供应商销售部门作为信息沟通渠道的企业更加优越	Prahinski 和 Benton（2004）；Sako（2004）；Ambrose 等（2008）；Chidambaram 等（2009）；Sanders 等（2011）；Routroy 和 Pradhan（2013）
资产专用性	资产专用性是指买方企业对供应商的一种交易专用性投资（Krause，1999），是交易专用性供应商开发的最核心内容，包括买方企业对特定供应商的人力或物力资本投资，如定制化设备和工具的资产投入、对供应商进行专业技能的培训（Li et al.，2007）。资产专用性投资向供应商提供了一种有形证据，表明企业是可以相信、关心关系和愿意进行投资做出牺牲的，这会导致信任和关系的改进（Rokkan et al.，2003）	Krause（1999）；Rokkan 等（2003）；Li 等（2007）；Prior（2012）
联合行动	联合行动代表了买方与供应商间的深度合作，随着联合行动范围和程度的增加，双方间关系将更加紧密。同时，可增加供应商的创新、价值知识和专业技术，为企业带来额外优势（Song and Benedetto，2008）。为获得最佳的联合行动结果，供应商应表现出更高能力、承诺和忠诚度，通过积极参与供应商开发项目，提高质量、可靠性、交付、流程柔性和顾客服务，并降低成本，为买方带来竞争优势（Feng et al.，2010）	Krause 和 Handfield（1999）；McIvor 和 Humphreys（2004）；Song 和 Benedetto（2008）；Eisto 等（2010）；Feng 等（2010）
高层管理支持	高管可识别供应商开发项目需求，因为他们最了解保持竞争优势的战略重要性（Chan et al.，1990）。因此，高管启动供应商开发项目，并建立清晰的使命和愿景，并向员工发出强信号，使他们认识到企业对供应商开发项目的重视。可以说，双方高管支持是供应商开发项目成功	Handfield 等（2000）；Li 等（2003）；Humphreys 等（2004）；Kannan 等（2010）

续表

因素	描述	学者
高层管理支持	实施的前提（Routroy and Kumar，2015），还会通过影响企业长期承诺、供应商评价、双方战略目标和有效沟通间接促进供应商开发（Li et al.，2012）	
相互信任	交易专用性投资将增加买方企业对供应商的依赖性，使企业面临更大的风险和不确定性（Krause，1999）。因此，根据交易成本理论观点，买方企业必须防范供应商的机会主义行为，而信任则被视为更加有效且成本较低的防范手段，可促进供应商开发的成功（Nagati and Rebolledo，2013）。此外，Joshi 和 Stump（1999）认为，买方企业对于供应商的信任会提高买方资产专用性对联合行动的影响效果（Joshi and Stump，1999）	Morgan 和 Hunt（1999）；Krause 等（2000）；Krause 等（2007）；Li 等（2007）；Hosmer（2008）
长期承诺	买方企业与供应商间的长期合作对于提高供应商技术、质量、交付和成本能力，促进供应商持续改进是必需的（Handfield et al.，2000），可以不断提高员工质量意识，持续关注设计、生产和绩效质量。长期承诺有助于提高供应商能力，利于买方企业知识转移到供应商（Wagner and Krause，2009），进而影响供应商开发项目成功实施（Wan et al.，2011）	Watts 和 Hahn（1993）；Li 等（2003，2012）；Kannan 等（2010）；Humphreys 等（2004，2011）
供应商视角	供应商需要向顾客提供价值，但同时也需从顾客那里获得利益。为了有效合作改进双方间关系获得竞争优势，供应商应熟悉买方企业的目标和要求（Rokkan et al.，2003），而买方企业则应从供应商视角出发考虑供应商要求，进而增加供应商信任和长期关系承诺（Nyaga et al.，2010）	Bensaou 和 Anderson（1999）；Marzouk 和 Moselhi（2003）；Nyaga 等（2010）

资料来源：Sarang 等（2016）。

三、供应商开发的障碍因素

虽然成功的供应商开发努力可以带来许多利益，提高了企业有关成本、质量、交付绩效、产品创新和周期方面的满意度，但在实际中并非所有的供应商开发努力都能取得同等的成功结果，有些企业的供应商开发项目反而导致企业满意度的下降（Handfield et al.，2000）。为了更好地理解这一现象，学者对供应商开发部署过程中存在的障碍和陷阱进行了探究。

例如，Ellram 和 Krause（1997）从一些案例中观察到，买方企业权力、有效沟通和买方企业信誉的缺乏会严重阻碍供应商开发的成功（Ellram and Krause，1997）。Lascelles 和 Dale（1990）指出，不良的沟通与反馈、供应商自满情绪、误导的供应商改进目标、采购组织信誉和购买力的缺乏都会成为供应商开发的障碍。Busse 等（2016）通过采用 1 个西方欧洲买方企业和其 6 个中国供应商的案例研究，对全球供应链下企业可持续供应商开发过程中的情境障碍因素进行探究，结果发现，可持续概念的复杂性、社会经济差异、空间和语言差异、买方供应商间的文化差异会对供应商开发项目工作的顺利进行形成障碍。他们认为，供应商抵制可持续供应商开发的原因很多，如缺乏信赖、对可持续供应商开发的理解不到位、对传统工艺流程的坚守、解决问题思路短浅而不是从长远考虑等。另外，由于缺乏共同愿景、资源和理解买方企业方案的能力，导致在方案实施过程中存在技术和知识鸿沟；供应商奖励和激励制度缺乏正确设计，会使得企业不能有效调动供应商改进绩效的热情和积极性。因此，企业需要通过有效的共同沟通、开放性组织文化、跨情境理解的培养克服这些障碍，才能更好地进行供应商开发。

大量研究发现，许多企业尽管能识别确定需要开发的关键商品和供应商，建立供应商开发项目跨职能团队，然而却由于在识别关键项目、详细协议制定和状态监控与策略修善阶段面临各种陷阱而无法实现预期结果。这些陷阱主要分为三类：供应商特定陷阱、买方企业特定陷阱、双方交互界面陷阱。

（一）供应商特定陷阱

供应商特定陷阱主要包括两个方面：首先，缺乏供应商承诺。在与供应商的高层管理者会议中，买方团队必须清晰描绘供应商开发对供应商组织的潜在回报，否则，供应商管理者难以信服开发能够为自身带来很大利益，进而可能不会做出全力尽责的承诺。他们甚至可能会最初同意，但由于努力不够而导致供应商开发项目未能落实。因此，买方企业需要采取一些解决方案有效避免这一陷阱，如表明供应商应处的位置、将绩效改进与业务关系紧密联系在一起、说明供应商开发直接带来的利益、启动供应商冠军项目选出最优供应商等。其次，供应商资源不足。供应商开发实践中，一些供应商缺乏改进实施所需的设计资源、设备、信息系统、员工技能或者培训，会导致供应商开发项目无法顺利开展。针对这一潜在的陷阱，很多企业付出很大努力，通过使用以下技术不断提高他们的供应商的基础设施：①保持简单的初始改进，一些简单的小改进常常无须主要资源承诺就会挖掘出重要的利润；②利用买方资源，为供应商绩效改进提供帮助；③在供应商寻求帮助时，向供应商提供人才支持；④建立培训中心，向内部组织、供应商和顾客提供广泛的培训。

（二）买方企业特定陷阱

当买方企业没有明显看到潜在好处时，他们是不愿意对供应商开发作出完全承诺的。从多数供应商处少量采购并不能证明哪个特定供应商值得投资，或者某个供应商可能不重要但却能证明是值得投资的。缺乏直接的财务利益或高层支持的摇摆不定都会降低买方企业的承诺。另外，崇高期望的未能实现也会降低未来供应商开发努力的热情。企业需要采取巩固少数供应商、保持长期关注、确定所有权成本、设定小目标、优先制定执行承诺等相应策略，避免这些以买方企业为中心的陷阱。

第一，巩固少数供应商。供应商开发努力投资价值表现途径之一是巩固少数供应商，使其对买方企业的成功变得更为重要。一些采购管理者指出，增加关键供应商订单数量的方式之一是标准化零部件，即"设计到订单"操作。例如，IBM 的网络硬件划分，为顾客提供定制化的网络解决方案，不断提高零部件的通用性。此外，与零部件标准化并行的是，许多采购管理者优化他们的供应基，使用单一或少数供应商实现规模经济。这一策略有助于企业减少供应不足风险，同时降低管理成本，并刺激企业努力开发少数保留的供应商。

第二，保持长期关注。企业竞争战略很大程度上依赖于其供应链管理能力。因此，买方企业最重要的供应商直接影响企业产品的质量和技术，企业应要求供应商提供其"黑箱"设计，以便将其整合到自己的产品设计中，通过采用总成本和长期战略，制定供应商开发投资标准。建立一个跨越供应商、原始设备制造商、分销商的集成式信息系统，帮助企业更好地管理供应商性能调整、测量、商品团队分析、供应商谈判与评价，准确识别和判断供应商开发机会。

第三，确定所有权成本。许多企业使用所有权总成本数据来测度与特定供应商之间的业务成本，如太阳微系统公司采用质量、交付、提前期、柔性、工艺和技术投资及提供给公司的支持水平反映供应商的绩效。企业需要明确所有权成本，为供应商开发决策提供决策依据。

第四，设定小目标。供应商开发能否取得相对较好的成功，往往与期望目标的合理设定相关联。如果目标设置过高导致无法实现的期望目标，则可能导致供应商开发努力的失败。因此，企业可以将关注焦点放在一系列小的胜利上并予以奖励，通过小范围的逐渐改进扩展到所有部件，从而获得供应商开发最终的成功，实现供应商改进目标。

第五，优先作出执行承诺。许多管理者表示，仅仅当其能够从供应商开发中获得利润时，高层才会信服供应商开发价值。然而，在供应商绩效和利润间建立一种专有关系并不容易，企业需要优化它们的供应基并标准化零部件，从长远发展的角度进行资源投入，使供应商开发更加可行。此外，采用已被证明能够有效表明低绩效供应商成本的总成本方法测量供应商绩效。

（三）双方交互界面陷阱

买方和供应商间交互界面也存在许多陷阱。首先，组织间缺乏相互信任和有效沟通是供应商开发顺利进行的重大障碍。在供应商开发过程中，相互信任的培养是企业面临的最大挑战之一。供应商往往不愿意共享成本和工艺等相关重要信息，但供应商开发又需要供应商共享一些敏感且机密的信息，这就形成一种矛盾。此外，模棱两可或令人生畏的法律问题和无效的沟通渠道也会抑制供应商开发成功所需信任的构建。为此，企业可以通过委派一个监察员，加强与供应商之间的沟通，可以有效消除双方存在的误解，当供应商信任监察员时，会更愿意与企业共享各领域相关信息，即使是敏感领域。其次，组织文化一致性差是交互界面中常见的问题。当企业决定在某一地区进行生产时，需要马上认知到必须改变其供应商开发方式以符合当地供应条件，因为同一供应商在一个地区是优秀的，但换个地区该供应商的子公司可能无法满足同样的标准。此外，企业可以通过创建一种期望路径图的说明书，清晰描述出供应商责任和期望，致力于提高企业文件一致性。最后，交互界面中不可忽视的一重大陷阱是对供应商的激励不足。买方企业可能与供应商沟通中缺乏有效交流，未能准确表达出供应商开发的潜在利益，导致供应商缺乏作出完全承诺的积极性。因此，买方企业需要设计一套激励体系，提供一系列有效刺激，如提供财务奖励、回头生意等，激发供应商参与供应商开发项目的积极主动性。

第三节　供应商开发的类型

一、直接性和间接性供应商开发

依据买方企业承诺向特定供应商投入资源方式不同，供应商开发分为"直接供应商开发""间接供应商开发"，又称"内化供应商开发""外化供应商开发"（Krause et al.，2000）。在直接或外化供应商开发情况下，买方企业发挥着积极作用，直接向被开发的供应商投入人力或资本资源（Monczka et al.，1993）。从交易成本视角看，直接供应商开发指买方企业的一种交易专用性投资（Williamson，1991），包括诸如现场咨询、教育和培训计划、对供应商派驻人员，邀请供应商人员，以及对设备和资本的直接投入。以制定要求和审计的形式开发供应商，对所有供应商的环境活动都有广泛、积极的影响（Saghiri et al.，2021）。然而，直接供应商开发可能会带来部分供应商潜在的机会主义行为。因此，买方企业必须采取一定行动保护其对供应商的专用性投资，如建立长期的供应商关系（Wagner，2006）。与之相对的是"间接"或"外化"供应商开发，在这类供应商开发情况下，买方企业对供应商不投入或仅投入有限资源（Monczka et al.，1993），取而代之的是对供应商实施激励或者强迫，利用外部市场鼓励供应商改进绩效，通过评价供应商，交流供应商评估结果和绩效目标，提高供应商绩效目标，或者通过使用多个供应商来引入竞争或者承诺未来的业务等行为实现供应商改进目标（Monczka et al.，1993；Krause et al.，2000；Prahinski and Benton，2004）。Wagner 等（2006）进一步将供应商开发分为直接开发和间接开发，其中，直接供应商开发包括两个维度：对供应商进行人力和资本的支持；间接供应商开发包括正式的供应商评价、评价供应商的结构和过程以及沟通四个维度（Wagner，2006）。

二、反应性和战略性供应商开发

按照买方企业在具体实施供应商开发时响应方式的不同，供应商开发可以分为反应性供应商开发和战略性供应商开发（Krause et al.，1998）。前者主要指为了增加落后供应商的绩效所做出的反应性努力，后者则指企业从长远竞争优势考虑，为了提高供应基能力所做出的战略性努力。其中，战略性供应商开发会显著提高买方企业供应商开发的参与度，需要更大的资源、人力和沟通投入。

反应性和战略性两类供应商开发主要区别在于开发过程的前几个步骤，采用战略性供应商开发的企业主要聚焦识别确定关键商品和有待改进的供应商方面，积极集中和分配其组织资源，持续不断提高采购项目或服务中最重要的供应商长期能力，意图创建一个世界级的供应基，提供可持续的竞争优势。在战略性供应商开发过程中，最初步骤通常由一个执行级别的团队进行，清晰的实施计划由一个跨职能的商品团队制定并执行。相反，采用反应性供应商开发的企业出于供应商的无绩效。显然，供应商的绩效问题是通过企业的供应商绩效评价系统发现的。企业之所以进行供应商开发，主要是供应商出现延期、停顿等问题威胁到买方企业的生产；其他情况下，主要源自买方企业的客户或供应商产品或服务的内部用户的投诉。反应性企业在供应商绩效评价缺乏系统性，在供应商开发候选供应商选择上往往是在问题出现后才确定。

此外，战略供应商的开发范围主要集中在整个供应基上，通过系统地供应商开发项目，不断提高供应基水准。与此相反，采用反应性方法进行供应商开发的企业，则是采取一种点对点反应式的解决方案，以消除特定供应商的缺陷。供应商开发对象通常是专门针对出现绩效或能力缺陷的供应商，只有在供应商一个问题实际发生后才确定供应商开发候选人，因此，反应性企业专注于通过供应商开发项目改善单一供应商。反应性供应商开发与战略性供应商开发的差异特征表现在各竞争方面的优先级分布上。与反应性供应商开发相比，战略性供应商开发将产品或服务技术摆放在更高的竞争优先级上，对产品或服务技术作为竞争优先权的强调，有助于解释为什么一些企业采取战略性方法进行供应商开发，而其他企业则没有。通过以上论述，对比反应性努力和战略性努力两种供应商开发方法，其差异性主要体现在五个方面，如表 5-5 所示。

表 5-5　反应性和战略性供应商开发间差异分析

要素	反应性	战略性
首要问题	·供应商绩效问题已经发生，纠正这一具体问题需要什么	·已经投入资源进行开发供应基，资源应该分配到哪儿才能获得最大利润
首要目标	·解决供应商缺陷 ·短期（绩效）提升	·供应基的持续改进 ·长期竞争优势
分析单元	·单一供应商 ·供应商开发项目（project）	·供应基 ·供应商开发计划（Programme）
选择/优先级过程	·供应商通过绩效或能力缺陷自我选择	·组合分析 ·商品/供应商帕累托分析
驱动（事例）	问题驱动： ·交付数据缺失 ·质量缺陷 ·顾客负面反馈 ·竞争威胁 ·生产中断 ·制造/购买决策改变	市场驱动： ·供应商整合进买方企业运作中 ·供应链优化 ·持续改进 ·增值协同 ·技术开发 ·寻求竞争优势

资料来源：Krause 等（1998）。

（1）首要问题不同。反应性供应商开发针对的是已经发生的问题，关心的是如何解决这一问题；战略性供应商开发重点关注的是如何利用资源提高整个供应基水平，获得最大利润。

（2）首要目标不同。反应性供应商开发的首要目标是解决供应商存在的缺陷问题，提升企业短期绩效；战略性供应商开发首要目标是持续改进供应基，为企业提供持续竞争优势。

（3）分析单元不同。反应性供应商开发主要针对存在问题的单一供应商所进行的供应商开发项目；而战略性供应商开发是针对整个供应基所进行的系统性供应商开发计划。

（4）选择或优先级过程不同。反应性供应商开发是供应商通过绩效或能力缺陷的自我选择，而战略性供应商开发是通过组合分析及商品/供应商帕累托分析确定的候选供应商。

（5）驱动不同。反应性供应商开发属于问题驱动型，主要包括交付数据的缺失、质量缺陷、顾客负面反馈、竞争威胁、生产中断和制造或购买决策的改变等；战略性供应商开发是由市场驱动的，如供应商整合进买方企业的运作中、供应链优化、持续改进、增值协同、技术开发和寻求竞争优势等。

三、资本、关系和目标导向型供应商开发

以往关于供应商开发的分类标准都是人为提出的，同时根据学者对供应商开发行为的理解进行分类。这种分类方法会由于学者理论基础或者理解的不一致而带来分类的偏差。因此，李随成和谷珊珊（2011）运用实证方法，基于相关理论的归纳分析，通过大规模的问卷调查收集数据，利用科学的聚类统计分析方法进行数据分析，对我国制造企业供应商开发实施状况进行分析，将供应商开发行为划分为资本导向性、目标导向性和关系导向性供应商开发三类，并进一步检验了不同供应商开发类型间关系。

（一）供应商开发类型

（1）资本导向性供应商开发。资本导向性供应商开发主要包括对供应商进行直接投资和供应商激励两类行为活动。直接投资包括制造企业在人力、财力和技术三个方面对供应商的直接投资。供应商激励行为则包括制造企业对供应商的认可与奖励，制造企业承诺分配足够的资源用于供应商培训，共享由于供应商绩效改进所节约的成本，以及邀请供应商参与制造企业的生产和经营活动。这些行为虽然不像直接投资供应商开发行为一样，一次性投入大量资源，但也是对供应商的一种人力资本和物质资本的投入。这两种行为都会带来制造企业对供应商一定的人力和物质资本的投入。

（2）目标导向性供应商开发。目标导向性供应商开发主要包括对供应商进行评价并及时反馈、提高对供应商绩效的期望、与供应商进行有效的合作沟通三类行为活动。无论供应商评价是定量的还是定性的，本质上是一个测量和比较供应商绩效的工具。对于实施供应商开发的企业来说，供应商评价是供应商开发的前提，其结果是企业决定开发哪些供应商、开发供应商的哪些领域及未来供应商开发目标等关键决策的重要依据，而将评价结果及时反馈给供应商，可以更好地为供应商提供改进目标。提高供应商绩效期望是制造企业通过设立积极的绩效和能力目标来激励供应商达到更高的绩效水平，

可以使制造企业和供应商建立共同的目标，只有能够达标的供应商可以继续留在供应基中，具有一定的激励作用（Monczka et al.，1993）。同时，多数学者认为有效地针对某一目标进行的沟通，是供应商开发最基本的行为，沟通和反馈不畅是供应商开发成功的最大障碍（Chan et al.，1990；Lascelles and Dale，1990；Galt and Dale，1991）。这类行为的实施会带来买方企业和供应商的共同认知，尤其是共同目标的建立。

（3）关系导向性供应商开发。关系导向性供应商开发主要包括与供应商维持长期关系，以及在供应商网络中引入竞争机制等行为活动。制造企业维持与供应商的长期关系，可以促使供应商通过提升自身绩效以确保这一关系的持续。在供应商网络中引入竞争机制，指企业并非采取单一采购源，而是通过对所采购的每一项商品都从少数几个供应商处采购，以达到较为稳定的供应基，从而在供应商间形成一定程度的竞争，调动供应商的积极性，进而改进其绩效和/或能力的行为（Dyer and Ouchi，1993）。引入竞争使供应商有紧迫感，如果供应商不能在竞争中取得优势，则有可能被淘汰而终止合作关系，迫使供应商更积极地提高自身绩效。这两种供应商开发行为可以促进供应商关系的持续和健康发展。

（二）不同导向性供应商开发内部关系

现有研究指出，供应商开发行为并不是相互独立的而是互为补充的，一些供应商开发行为可能是实施另一些供应商开发行为的基础（Sánchez-Rodríguez et al.，2005）。从有限供应商处采购是实施更复杂供应链行为的前提，因为更复杂的供应商开发行为要求制造企业和供应商之间更紧密的合作，如果供应基过大，那么一些供应商开发行为是不可能实施的。只有维持长期合作的关系，与专用资本投入相关的供应商开发行为才能发挥作用，并降低供应商开发风险，而对于供应商开发的专用性资本投入又会反过来促进更为长期关系的持续发展。供应商评价使制造企业可以鉴别哪些供应商绩效指标和/或能力需要改进，为企业决定实施哪些供应商开发行为提供依据。例如，如果供应商的产品质量需要改进，制造企业可能会直接参与供应商对材料的改进，或者为供应商提供质量管理的培训。对供应商的评价也为对供应商绩效的期望和沟通提供了依据，同样为供应商提供了需要改进的信息。另外，奖励和认可供应商的绩效改进，离不开持续的供应商绩效评价。制造企业与供应商进行良好沟通和设定共同目标，为专用资本投资行为提供了风险控制，会促使对双方交易专用资本的投资。而对供应商直接投入和激励又促进了双方的沟通和共同认知的深度与广度。

因此，不同类别供应商开发行为之间相互影响，并不能以单一的因果关系衡量，而需要探寻其之间的相互关系。该研究团队通过对三类供应商开发行为之间的关系进行深入研究后发现，关系导向性供应商开发对资本导向性供应商开发和目标导向性供应商开发有显著的促进作用。目标导向性供应商开发对资本导向性供应商开发有显著的促进作用，而其他的关系并不存在，如图 5-11 所示。这是由于关系导向性供应商开发行为的实施，可以使买方企业和供应商的关系更加紧密、稳定，降低了供应商开发行为实施的风险，为进一步实施目标导向性供应商开发和资本导向性供应商开发奠定了基础。而目标导向性供应商开发的实施，有利于买方企业和供应商间沟通和信任的形成，降低了专用资本投入的风险，进而促进资本导向性供应商开发行为的实施。因此，供应商开发行为不是独立存在的，而是相互促进的。

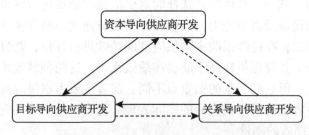

图 5-11　供应商开发行为内部关系

资料来源：谷珊珊和李随成（2012）。

第四节　供应商开发的绩效目标

供应商开发的绩效目标是供应商开发活动要达到的根本目的，是企业进行供应商开发活动所要达到的境地或评价效果的标准。虽然不同研究者、学者和实践家基于不同情境对供应商开发进行了定义，但中心焦点都是提高供应商的能力水平，在企业与供应商间创造一种双赢环境，在多个方面提高供应商绩效，如质量的改进、交付的提升、成本的降低、知识的转移、技术和生产设计能力的增强、提供更好的服务等（Routroy and Kumar，2015）。

根据相关供应商开发的概念研究，供应商开发的定义主要分为两类：一类是以当前研究普遍认可的 Krause 等为代表，将供应商开发定义为"买方企业为提高供应商绩效或能力，以满足买方企业短期和 / 或长期供给需求所作出的任何努力"。其直接绩效目标是提高供应商绩效和 / 或能力，最终结果是通过满足买方企业短期或长期采购需求来提高企业自身的绩效，获得更大的利益。另一类是将供应商开发定义为"建立和维持优越供应商网络的各种努力"，目的是建立和维持供应商网络，最终是为了买方企业自身绩效的提高。

而供应商网络的建立和维持具体到单个企业可以用供应商关系衡量。由此可见，供应商开发的绩效目标主要包括供应商绩效改进、供应商能力改进、供应商关系改进等方面。

一、供应商改进

供应商开发的直接目的是改进供应商的绩效和能力，供应商改进主要包括供应商绩效和能力两方面的改进。

（一）供应商绩效改进

通过对已有供应商绩效评价相关文献的梳理，供应商绩效评价内容主要包括两个方面。其一，在供应商选择时对供应商的资质进行评价，主要考察供应商的基础设施及资源能力，观察和评估可能建立战略合作伙伴关系的潜在供应商；其二，在持续采购中对供应商的绩效进行评价，监督供应商是否处于受控状态，并督促供应商不断提高绩效水平。这两种绩效评价在很多内容上是一致的，但它们考察的侧重点不同。前者主要考察供应商所能达到的潜在能力，后者主要考察供应商的实际表现。现有文献中对供应商绩效改进更侧重对实际绩效的测量。

Dickson（1966）最早对供应商选择情境下的供应商评价进行系统研究，通过调查美国经理协会的 170 位采购经理与采购代理，提出了 23 项评价供应商的准则（Dickson，1966）。随后，大量学者对供应商选择准则问题进行了更为广泛和深入的研究。Weber 等（1991）以 Dickson 的 23 项评估准则为基础，综述了 1967~1990 年出现的 74 篇有关供应商选择的文献，发现价格是讨论最多的一项准则，接下来依次是交货、质量、生产设施/生产能力、地理位置、技术能力、管理和组织等（Weber，Current & Benton，1991）。Zhang 等（2000）在综述自 1991 年后发表的 49 篇关于供应商选择的文献后，同样按照评价指标出现的频率进行排序，同时增加了一些适应于供应链环境下的选择评价指标，如产品设计与开发、柔性、采购双方的合作关系等。近几年，研究者更关注持续采购中的供应商绩效评价。Yawar（2018）指出，可持续发展战略有助于开发供应商处理社会可持续性相关问题的能力。Demirtas 和 Üstün（2008）在采购决策研究中指出，从利益、机会、成本和风险四个层次，共 14 个标准衡量供应商，并运用两阶段的评价来选择供应商（Demirtas & Üstün，2008）。Emst 等（2007）指出，伙伴联盟关系的发展使得制造企业对供应商选择越来越重要。除考虑的交货期等因素外，还应将每单位时间的产品需求加入到最优评价模型中。

国内很多学者也对第二类的供应商绩效进行了研究。在一般平衡计分卡的基础上，提出了平衡供应链计分法，从客户角度、供应链内部流程角度、未来发展角度和财务价值角度研究了供应商绩效评价的问题，并提出了相关的参考指标（马士华、林勇、陈志祥，2000）。李华焰等（2003）在平衡计分卡的基础上，定义了供应商评价的12种绩效属性，并在此基础上，着重就供应商运作整体绩效的内外驱动力进行了全面分析，为供应商绩效的实际分析提出了四个方面平衡考虑的思想，试图确立供应商绩效评价实际操作的基础。

　　而在供应商开发相关文献中，以往学者研究指出，买方企业需要供应商提高产品质量，按时交货，降低成本，提高新技术的利用，保持财务的健康状况以及产品设计的提高等，供应商开发的实施可以有效提高供应商的相关绩效（Krause et al.，1998）。Krause和Ellram（1997）在其问卷调查研究中发现，供应商开发的实施带来了供应商按时交货、缩短生产周期和订单完成比例等绩效的改进。Krause（2000）从买方企业角度研究了供应商开发对供应商绩效有正向促进作用，但对供应商绩效的评价也是从制造企业角度进行的。Li等（2003）在供应商开发对制造企业采购绩效的影响研究中，将供应商开发行为分为特定供应商开发和基础供应商开发，指出两类供应商开发行为可以带来供应商绩效的改进，并将采购绩效分为供应商绩效的改进和供应商对买方企业竞争优势的贡献，结果显示，供应商开发对采购绩效有显著的促进作用（W. L. Li，Humphreys，Chan & Kumaraswamy，2003）。Modi和Mabert（2007）通过对美国215个制造企业的供应商开发研究发现，合作的组织内沟通是将一个组织的供应商开发转化为供应商绩效改进的重要支持因素。此外，Sánchez-Rodríguez等（2005）指出，供应商开发可以促进企业采购绩效的改进。Wanger（2009）更是明确提出，供应商开发目标可以分为短期目标和长期目标，短期目标是指供应商生产和交货绩效改进，长期目标则是指供应商能力的改进。

　　由表5-6可知，研究者普遍认为供应商开发可以改进供应商的产品质量和交货绩效，以及财务状况等各个方面。

表 5-6　供应商绩效改进指标

研究者（年份）	供应商绩效改进指标
Morgan（1993）	质量、交货、成本缩减、采用新技术、财务健康、产品设计
Krause和Scannell（2002）	提高供应商质量、成本、交货和/或服务质量
Li等（2003）	订单满足设计说明的百分比、订单满足质量要求的百分比、按时交货的百分比、采购的原材料缺陷率、采购部门成本、由供应商错误导致的停工时间百分比、采购部门存活平均投入、正常订单订货至交货的时间、特殊/紧急订单订货至交货的时间、纠正供应商错误所

续表

研究者（年份）	供应商绩效改进指标
Li 等（2003）	需时间、在生产中采用新条款（Item）所需时间、由供应商带来的产品改进、供应商带来的成品缩减计划
Prahinski（2004）	产品质量、交货绩效、价格、对买方企业要求改变的响应、服务支持、整体绩效
Amelia（2007）	产品质量改进：产品总成本、产品可靠性、产品与说明书的一致性 财务绩效改进：投资回报、销售带来的收益比、市场份额、税前净收益
Modi（2007）	从供应商处采购原材料缺陷数量、及时交货百分比、完全交货订单的百分比、下订单到完全交货的时间、从该供应商处采购的库存数量、采购产品的成本、采购产品设计、采购产品使用的工艺和/或技术
Wagner（2009）	改进交货服务、改进交货可靠性、缩减再订购的时间、改进采购商品的质量、供应商开发的目标、提高供应商产品开发能力、提高供应商管理能力、提高供应商制造能力、提高供应商财务状况
Wagner（2010）	生产绩效、交货绩效、产品质量

资料来源：笔者整理。

（二）供应商能力改进

买方企业经常会对供应商进行形式各异的培训，目的是促使供应商持续利用这些资源或知识。但在现实环境中，大多数供应商感到很难通过供应商开发的方式对生产过程进行真正的彻底改变（Hartley & Choi，1996）。也就是说，在实施供应商开发后，供应商或多或少地会恢复以前的状态。如果买方企业为供应商提供如何改变和/或改善绩效的知识和资源，使供应商能在供应商开发结束后继续利用这些知识和资源进行持续的绩效改进（Hartley & Jones，1997），那么供应商就会持续为买方企业提供更能满足买方企业要求的产品和服务。由此所带来的绩效改进可能会远远超过最初供应商开发短期带来的改进，从而使买方企业绩效不断提高，获得更多的利润。因此，供应商能力也是供应商开发的绩效目标之一，对供应商的长期绩效改进有重要作用（Watts & Chan，1993）。

供应商能力指供应商利用拥有的和所能控制的资源以满足采购的买方企业需要的能力（唐纳德和戴维，1999）。Rumelt（1991）实证研究显示，同一产业内企业间的利润差距并不比产业间的利润差异小，在没有吸引力的产业中可以存在利润水平很高的企业。因此，企业自身的一些因素，对于其高绩效确立的竞争优势具有非常关键的作用，这些因素即企业的能力。Clark 和 Fujimoto（1991）通过研究汽车厂商的项目开发发现，不同企业协调不同活动存在显著差异，这些协调惯例和能力之间的差异对绩效差异有着重要影响（Clark and Fujimoto，1991）。如果供应商从买方企业处得到了关于如何改进绩效的知识和资源，则供应商就可能通过自身的能力来维持绩效改进，甚至将这些知识和资源扩散到整个企业中。由表 5-7 不难发现，以往对供应商能力的研究主要集中在供应商选择研究中，尤其是服务外包的供应商选择。

表 5-7　供应商能力研究

主要研究文献	技术与基础设施	人力资源能力	项目与流程管理能力	市场开发能力	服务交付能力	关系管理能力	领域知识与行业经验
Aberdeen（2002）	√		√				√
Rajkumar（2001）		√	√				
Weiss（2002）	√	√	√				
Levina（2003）		√				√	√
Qu 和 Brocklehurst（2003）	√	√					√
Ethiraj（2005）	√		√				√
Feeny（2005）	√		√		√		√
Swinarski（2006）	√		√			√	
ITSqc（2007）	√		√			√	
Jarvenpaa 和 Mao（2007）		√	√			√	
对外经贸大学课题组（2007）		√	√			√	
刘绍坚（2007）		√	√	√			

资料来源：殷国鹏和杨波（2009）。

相关供应商开发文献中，并没有明确区分供应商开发的目的是改进供应商绩效还是提高供应商能力。Giunipero（1990）曾探讨了如何改进供应商绩效但并没有涉及如何提高其能力（Giunipero，1990）。Watts 和 Hahn（1993）在对关于供应商开发项目的调查中发现，大多数被调查企业使用的供应商开发会改进其购买的产品但不是供应商能力。Monczka 等（1993）对两个方面都进行了研究，他们描述的许多行为会对提高供应商绩效起作用同时也会提高其能力，反之亦然；Krause 和 Scannell（2002）研究发现，供应商开发可以促进供应商产品开发能力改进、加强供应商管理能力、改进供应商技术能力。

Wanger（2009）在研究中指出，供应商绩效和供应商能力是研究供应商改进的两个完全不同方面，供应商绩效侧重于测量供应商当前的情况，而供应商能力更侧重于长期，因此有必要将供应商能力和绩效区分开来进行研究。

二、双方关系改进

一些学者将供应商开发定义为企业建立和维持优秀的供应商网络所做的各种努力，目的是建立和维持供应商网络。而供应商网络的建立和维持具体到单个买方企业来说可通过供应商关系来衡量。但究其本质，是因为供应商开发可以提高供应商的绩效和/或能力，但这种开发的前提是买方企业和供应商有良好的关系；只有良好的关系存在，供应商开发的实施才能获得更好的效果；而供应商开发成功实施后又可以加固原有的供应商关系，为以后的供应商开发奠定基础。由此来看，供应商关系存在于供应商开发的所有过程中。

供应商关系是近年来理论界的热点（Ambrose et al.，2009；Homburg et al.，2013）。Campbell（1997）在供应商伙伴关系的研究过程中，采用了买方企业的国籍、企业—供应商关系长度、关系阶段、合同使用与否、关系满意度、关系变化情况六个维度（Campbell，1997）。Benton 和 Maloni（2005）在 Ragatz 研究的基础上，补充了权力平衡、承诺、合作、期限、态度、沟通程度、信息以及计划和目标的一致程度来实现对供应商关系的度量。李静芳（2004）通过信任基础、信息知识共享、相互投入和摄入程度三个维度来测量供应商关系；程伟（2003）在供应商关系定位评价中，采用标准度（质量、交付、成本、柔性）、持续度（合作历史、持续发展能力、兼容性）、依赖度（供应产品、供应替代性）三个主要维度作为研究指标。综合国内外大量的文献可以看出，他们主要从七个方面对供应商关系进行测量，分别是承诺、信息共享、依赖、关系长度、满意、沟通和信任。

而在供应商开发文献中，涉及供应商关系的研究很少见。Heide 和 John（1990）指出，当联合活动的程度和范围增加时，该公司成为有效的合作伙伴联盟。因此，一个更多合作的长期维持的关系可能是由供应商开发计划驱动的。供应商开发是采购企业提高供应商满意度以及保持关系的重要手段，进而有助于提高销售绩效（Glavee-Geo et al.，2019；Fan et al.，2021）。供应商开发项目与供应商绩效之间的关系是由双边/沟通、合作和承诺介导的，供应商开发直接影响买卖组织间的关系（Benton et al.，2020）。

三、买方企业改进

买方企业改进主要指买方企业绩效的改进，是供应商开发要达到的最终目标。如果不能提高企业自身的绩效，那么供应商开发也就没有任何意义。企业所进行的一切供应商开发活动，最终都是为了提高自身绩效。国外对企业绩效的评价始于19世纪中后期，而较为系统的研究大约始于20世纪初的成本管理和控制，最明显的标志是1911年美国会计工作者Harry设计的标准成本制度，使成本管理由被动的事后反应变为主动的事前预算和事中控制，真正达到了对成本进行监控的目的。这一时期，企业绩效评价主要是对企业成本的评价，通过加强内部管理提高生产率和降低成本，使利润最大化。

进入20世纪后，随着所有权与经营权的进一步分离，企业投资者和债权者更加关注企业的经营状况和财务状况，客观上要求企业绩效评价能够综合反映企业的整体财务状况，从而使绩效评价的研究范围从成本控制扩大到财务绩效评价领域，使企业绩效评价进入了财务绩效评价阶段。20世纪80年代后期，全球竞争日益激烈，市场瞬息万变，人们开始对传统的财务绩效评价模式进行改进，希望使业绩评价适应新的环境，逐渐形成了财务绩效和非财务绩效相结合的绩效评价体系。其中，比较有代表性的是：Kaplan和David（1992）把公司的长期战略与短期行动联系起来，把远景目标转化为一套系统的业绩考核指标，提出了包括财务、顾客、内部业务、创新和学习四个维度的平衡计分卡（Kaplan and Norton，1992）；Andy Neely等和安德森咨询公司（Andersen Consulting）经过长期的研究，认为绩效评价应该从利益相关者出发，而不是从企业战略出发，提出了绩效三棱镜体系。

随着市场竞争的不断加剧，企业绩效评价从最初对成本的控制和管理到对经营和财务状况的关注，以及最近对非财务信息的重视，不难看出企业绩效评价越来越全面且更为灵活。现在企业往往根据不同企业的具体情况和评价的不同目的而选择评价指标。由于供应商开发行为所要达到的买方企业绩效目标所涉及的绩效评价的方面更为多样化，所以供应商开发文献中出现的企业绩效评价指标也更为丰富。如缩减成本、提高质量（Krause and Scannell，2002）。Li等（2007）指出，供应商开发对制造企业的采购绩效有正向促进作用，并通过研究香港142家电子制造企业的供应商开发行为对制造企业竞争优势的影响，发现专用资本对市场响应有直接的促进作用，联合行动、信任对运作效率有直接的促进作用，而绩效期望对运作效率有直接的反向影响（Li et al.，2007）。Carr和kaynak（2007）研究显示，供应商开发对制造企业产品质量改进有直接的正向影响，并通过质量改进进而影响财务绩效（Carr and Kaynak，2007；Tran et al.，2022）。供应商开发研究中所涉及的买方企业绩效越来越宽泛，研究越来越细致，如表5-8所示，归结起来，供应商开发的买方企业绩效改进目标包括三个方面，分别是买方企业财务绩效、生产绩效和创新绩效。

表5-8 买方企业绩效改进指标

研究者（年份）	买方企业绩效改进
Li 等（2007）	①市场响应：更快的生产产品、改进市场的反应 ②运作效率：帮助缩减产品成本、帮助改进产品质量
Krause 和 Scannell（2002）	改进产品/服务质量、缩减了返工和废品的数量、帮助缩减产品/服务的成本、缩减停工期的数量、比以前更快地解决问题
Li 等（2003）	制造企业竞争优势：供应商开发可以增加产品销售量、帮助缩减产品成本、更快的生产产品、改善市场响应
Carr 和 Kaynak（2007）	产品总质量绩效、产品可靠性、产品一致性、投资回报、利润占销售的比例、市场份额、销售额、税前利润
Krsuse（2007）	降低产品总成本、缩减产品成本、改进产品质量、提高产品交货可靠性、改进生产柔性

资料来源：笔者整理。

▶ 第六章 供应商整合

供应商整合是企业为充分利用供应商知识、技术能力等方面的优势资源，以提高企业运作与创新绩效，并最终实现价值创造的系统性、战略性的管理实践过程。本章针对相近概念和已有研究进行总结提炼，分析供应商整合的内涵，并就供应商整合的基本模式做详细阐述。由于研究范围逐渐从二元关系拓展到供应商网络，因此重点介绍供应商网络整合的思想。先梳理供应商整合诱因和形成机制，然后就当前关于供应商整合存在的争议进行讨论，并针对虚拟整合等相关拓展研究进行阐述。

第一节 概述

一、供应商整合的源起

为了理解供应商整合，首先应澄清"整合"（Integration）的概念。许多学者对整合进行了定义，Eriksson 和 Pesämaa（2013）认为，"整合"是来自不同组织成员为了实现共同项目目标和改善团队文化而一起工作的过程。Das 等（2006）认为，"整合"是由相互依赖性感知所激发的。Maloni 和 Benton（1997）认为，"整合"是组织内部或组织间基于对各种资源的有效规划、协调和控制的基础上，获取单一行为所无法达到的效率和综合效益的一种行为。Huo（2012）将"整合"视为一种包含外部沟通和协作网络的组织能力。

Voss（2012）通过梳理以往学者对整合所给出的多种定义，将整合归纳为两种主要观点，一种观点是将其描述为一种聚焦于交流活动（如会议、信息交换等）的"交互过程"；另一种观点是将其视作一种"协作过程"。Vallet-Bellmunt 和 Rivera-Torres（2013）同样指出，整合不是单一构念，以往学者所提出的"交互"与"协作"是不同的，交互体现了与组织间活动有关的沟通，协作体现了不同组织一起工作的意愿，强调彼此间需要相互理解、拥有共同愿景、能够共享资源并达成集体目标。

另外，有学者在供应链研究情境下对整合进行了重新定义。Stevens（1989）指出，企业会大胆地采取措施而一步步地打破企业内和企业间的障碍，以减弱不确定性并增强对供应和配送渠道的统一控制，继而从企业内整合渐渐地向企业间整合发展，如图 6-1 所示，其认为的"整合"即打破边界阻碍、实现统一控制。

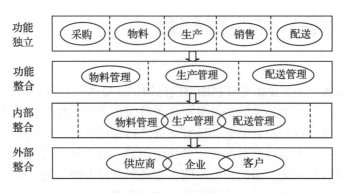

图 6-1 企业内整合、企业间整合的发展过程

资料来源：Stevens（1988）。

与传统兼并不同，供应商整合强调协调、信息共享，无须产权所有权。Morgan（1996）指出，供应商整合与供应商兼并、收购的区别在于：供应商整合不需获得供应商的产权所有权，其强调的是目标协调、信息共享、合适任务分配等；关键供应商被期望持续改善竞争绩效，保持竞争活力。

二、供应商整合的内涵

（一）供应商整合：供应链整合的一个维度

Wagner（2003）将供应商管理活动分为三方面：供应基管理（供应商选择、供应基合理化）、供应商开发（升级供应商能力）、供应商整合（整合双方能力、协力创造竞争优势）。供应商整合源于供应链整合研究，学术界对供应链整合概念已达成共识，分为内部（组织内部协同）和外部（客户整合、供应商整合）。内部整合是为满足客户需求，协调同步组织的战略、实践、程序和行为；外部整合是为满足客户需求，协调同步自身与关键供应链伙伴（客户和供应商）的战略、实践、程序和行为。

（二）供应商整合的内涵

在界定供应商整合的内涵之前，有必要梳理供应商整合与供应整合、准供应商整合、全供应商整合、供应商伙伴关系、供应商联盟等一些相近概念间的区别与联系。

除将供应商整合视为供应链整合的一个维度外，有学者用"供应整合"反映买方—供应商的二元整合。买方位于供应链中心，供应链包括客户侧和供应侧联结，买方—供应商是供应侧联结核心。Paulraj 等（2006）强调，供应整合是买方—供应商保持长期双赢关系的战略性活动，如图 6-2 所示，供应整合是关系整合、过程整合、信息整合和跨组织团队在内的多维构念。关系整合即与有限数量的供应商保持长期合作，过程整合即与这些供应商一起协调企业的物流活动，信息整合即实现双向沟通与信息共享，跨组织团队即将供应商整合到产品开发或其他企业活动中。

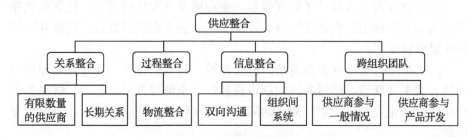

图 6-2　供应整合的要素

资料来源：Paulraja 等（2006）。

Williamson（1985）指出，一般交易关系和供应商整合是企业治理的两个极端状态，研究发现存在一种位于两个极端中某一点的中间状态——准整合（Quasi-integration）式的治理模式，即类似整合但不完全是整合。Tang（2007）提到准供应商整合和全供应商整合，如图 6-3 所示，准供应商整合仅在特定情况下发生，企业与供应商间的开发流程呈现半联结状态，资源利用仍各自内部化；而全供应商整合状态下，企业与供应商间很大程度上贡献和分享资源，诀窍和信息等能够实现顺畅交换，企业与供应商间的边界很模糊。本书对供应商整合的理解应为后者——全供应商整合，即企业与供应商间不存在显著边界，彼此间紧密整合为协作的、同步的一个整体来无缝对接信息、资源等，致力于实现双赢。

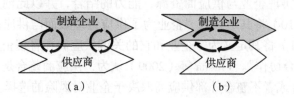

图 6-3　准供应商整合和全供应商整合

资料来源：Tang（2007）。

Duffy（2008）将供应商整合视为买方—供应商关系深化的一种状态，将关系划分为市场交易关系和整合关系两端，中间包括有限协调、高程度协调和伙伴关系等中间状态，如图 6-4 所示。Morgan（1996）认为，相对于供应商伙伴关系和供应商联盟，供应商整合的先进性体现在以下方面：

（1）供应商整合涵盖供应链上所有关键供应商，旨在推动新产品开发、技术改良、加速产品上市、降低资源投资与成本。

（2）供应商整合反映了管理哲学、企业愿景和文化的变革，建立在伙伴关系与联盟基础上，但程度更高、范围更广，表现在成员数量、资源共享和协作紧密程度上。

（3）供应商整合涉及更复杂的机会领域，其复杂性和潜在好处远超供应商伙伴关系和联盟。通过共同问题审视和联合求解建立整体框架，解决多个组织（包括企业与多个供应商）的问题，而伙伴关系或联盟仅关注企业自身问题。

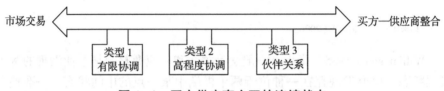

图 6-4　买方供应商交互的连续状态

资料来源：Duffy（2008）。

通过上述相近概念间的区分与联系可知，对于究竟什么是供应商整合，学术界至今仍然没有一个统一的说法，现有研究主要有以下看法：

第一，"实践观"。即将供应商整合看作企业的一种行为或做法，如Bowersox（1999）认为，供应商整合是"将外部供应商所执行工作与内部工作流程无缝衔接的实践活动"，Wagner（2003）将其定义为"通过企业间业务流程对接，实现企业与供应商资源、能力的结合，并以此创造竞争优势"，Lockström（2010）将其定义为"企业为了供应链绩效而与供应商协作努力"，Wong 等（2011）将其定义为"企业和它的关键供应商在管理企业间业务过程时的战略性联合协作"。Villena 等（2009）认为，供应商整合是"一种管理冒险行为"，整合或者不整合外部供应商取决于企业对风险的选择。

第二，"状态观"。该观点将供应商整合看作企业与供应商间的一种关系状态，如霍宝锋等（2013）指出，供应商整合是"企业和关键供应商，为了满足终端客户需要，将战略、流程和实践整合成合作、同步和一致性过程的程度"，Das（2006）将其视作"供应商和企业采购制造部门间的协同状态"。

第三，"能力观"。Vanpoucke（2014）基于动态能力观，认为供应商整合能力是"企业适应供应链变化的动态能力"，包括三项子能力：整合感知是通过与供应商共享信息来感知供应链环境改变的能力，整合捕获是通过建立信息分析程序来把握机会的能力，整合转换是通过对当前流程进行重构而做出长期改变的能力。李随成（2016a）认为供应商整合能力是"制造企业通过对企业外部机会与威胁进行有效洞察与识别，有效发展与维护与供应商间的合作关系，并联合与配置供应商能力与资源以革新供应链的一种动态能力"。Wang 等（2016）认为，供应商整合是企业获取供应商有价值资源的外部导向能力。

学者对供应商整合的定义有差异，但特点可归结为：①多数学者认为它是企业与外部供应商整合为一个整体进行协调合作；②学者均意识到企业间竞争已演化至供应链竞争，强调与关键供应商的紧密整合、集成利用供应商的资源/能力以获得竞争优势；③强调供应商整合是动态的、需要不断适应供应链变化情况并作出同步改变的过程。综上所述，供应商整合是为满足客户需求、提升供应链竞争优势等目的，通过与供应商互动协作，充分利用其资源和能力，实现彼此战略、流程和实践等的同步、协调和一致化。

三、供应商整合的维度与测量

随着国内外供应商整合定量测量研究的不断深入，供应商整合测量量表层出不穷，按照供应商整合维度可以将其划分为单维构念和多维构念，其中，多维构念又可根据测量构念与测量指标间的内在关系将其划分为反映型构念和构成型构念。

（一）单维构念测量

有学者将供应商整合视为单维构念，通过多种活动的描述来测量供应商整合程度的高低，如表 6-1 所示。

表 6-1　供应商整合——单维构念测量

作者（年份）	测量题项
Wang 等（2016）	①与供应商建立战略伙伴关系； ②与供应商一起工作来提升与供应商的跨组织流程； ③通过信息技术创造与供应商间的联结； ④与供应商共享信息
霍宝锋（2013）；Narasimhan 和 Kim（2002）；Frohlich 和 Westbrook（2001）	①通过信息网络与主要供应商建立联系； ②与主要供应商建立快速订货系统； ③与主要供应商的战略合作伙伴关系； ④通过网络与主要供应商进行稳定的采购；

续表

作者（年份）	测量题项
霍宝锋（2013）；Narasimhan 和 Kim（2002）；Frohlich 和 Westbrook（2001）	⑤主要供应商参与采购和生产的程度； ⑥主要供应商参与产品设计的程度； ⑦主要供应商与公司共享其生产计划信息； ⑧主要供应商与公司共享其生产能力信息； ⑨主要供应商与公司共享其库存信息； ⑩公司与主要供应商共享生产计划信息； ⑪公司与主要供应商共享需求预测信息； ⑫公司和主要供应商共享库存信息； ⑬公司帮助主要供应商改善其流程以更好地满足公司的需求
Danese 和 Romano（2011）	①与供应商共享生产计划； ②与供应商协作时强调开放式的沟通； ③与供应商保持合作关系； ④与供应商保持对质量注意事项和设计变动的紧密沟通； ⑤积极地将供应商加入自身质量改进活动中
Yeung 等（2009）	①主要供应商在采购和生产过程中的参与程度； ②主要供应商在设计阶段的参与程度； ③主要供应商与本公司共享生产规划； ④主要供应商与本公司共享生产能力； ⑤主要供应商与本公司共享可用库存； ⑥公司与主要供应商分享本公司的生产计划； ⑦公司与主要供应商分享本公司的需求预测； ⑧公司与主要供应商分析本公司库存水平
Won Lee 等（2007）	①在供应链上与供应商有战略联结； ②让供应商在公司的新产品设计阶段参与进来； ③让供应商参与到生产计划与库存管理中； ④与供应商建立了快速响应订单处理系统； ⑤公司拥有供应商网络来保证可靠交付； ⑥公司运用信息技术与供应商交换信息

资料来源：笔者整理。

（二）多维构念测量——反映型构念

以往研究中主要有两种不同测量指标被用来测量供应商整合理论构念：反映型（Reflective Indicator）和构成型（Formative Indicator）。反映型测量模型认为理论构念代表了现象的客观实际，而我们使用的各种测量指标则是这种客观存在的各种外在表现形式。表6-2中，学者使用了信息共享、共同参与新产品开发、沟通协调等活动反映供应商整合的水平和程度。

表 6-2 供应商整合——多维反映型构念测量

Lau (2014)	供应商参与	让供应商从概念开发到产品规划、产品/工艺工程、试产扩量全程参与进来	
	信息共享	制造企业与供应商间共享技术、营销、生产、库存等信息	
	产品共同开发	制造企业与关键供应商共同进行产品设计、工艺工程和生产	
Eriksson 和 Pesämaa (2012)	联合行动	发展共同目标	两个或两个以上单元将利益联结起来，以实现暂时目标	获得对事件优先性及什么应该一起完成的一致理解
		组建合作团队		通过组建合作团队的方式来知晓彼此的价值、优势和劣势
		采纳纠纷调解		通过协商而非纠纷，在复杂、不确定的项目中共同处理和应对不断变化的情况
Lockström 等 (2010)	战略规划	包含诸如能力、需求或产品的长期规划，以及新想法共享和长期目标一致化	
	联合产品开发	包含企业和供应商为以最低成本、最快速度将产品推向市场所展开的联合活动	
	联合生产	包含供应链范围中总体计划的规划和实施	
	沟通模式与技术	包含了企业和供应商日常的交流工具	
	组织整合	包含共同基础（实物或非实物）上的各种共同投资	
Lau 等 (2010)	信息共享	企业与供应商间共享技术、营销、生产和库存等信息	
	产品联合开发	企业与供应商一起努力开发产品	
	组织协调	共享业务决策权力、共同评价与设计供应链业务系统等协调活动	
Cao 等 (2010)	信息共享	企业与供应商及时地分享相关、准确和完整的想法、计划与程序	
	目标一致性	合作伙伴感知到他们的目标可以通过实现供应链目标得以满足	
	决策同步性	合作伙伴协调关于供应链计划与运作的决策来最大化供应链获益	
	鼓励联盟	合作伙伴分享成本、风险与收益	
	资源共享	合作伙伴可以利用关系专用性资产和能力	

Cao 等 （2010）	协同沟通	合作伙伴间的接触与信息传播是非常频繁的、直接的
	联合知识创造	合作伙伴一起工作来建立对市场和竞争环境的更好理解和响应
赵刚、 许德惠 （2017）	供应商关注	企业将供应商视为一个重要组成部分，双方共享信息、险益共担
	供应商参与	供应商参与企业的产品开发等重要过程，企业吸纳和整合供应商投入
	供应商交流	企业与供应商准确、及时、充分地开展沟通和交流

资料来源：笔者整理。

（三）多维构念测量——构成型构念

陈晓萍（2012）指出，不同于反映型指标，构成型测量模型中，各个测量指标通过一定的组合、作为一个整体共同决定了构念的意义，如果测量缺少了某个指标，则我们对构念的理解和测量就是不完整的。表 6-3 是一些学者给出的构成型测量指标。

表 6-3 供应商整合——多维构成型构念测量

作者（年份）	维度	内涵
李随成 （2016b）	网络嵌入	体现企业所嵌入供应商网络的结构特征，即网络成员能够彼此透明、畅通无阻地进行资源交换、展开信息交流等
	相互调试	体现企业与供应商网络成员间的协调模式，即网络成员共同制订计划、做出重要决策、共同商议求解方案等
	网络规范	体现网络成员的认知状态，即将自己与其他网络成员看作一个整体来彼此互惠
李随成 （2016a）； Vanpoucke （2014）	整合感知	通过与供应商共享信息来感知供应链环境改变的能力
	整合捕获	通过建立信息分析程序来把握机会的能力
	整合转换	通过对当前流程进行重构而做出长期改变的能力
张延涛 （2014）； Koufteros 等 （2005）	供应商产品整合 / 黑箱供应商整合	供应商根据制造企业的要求，开展产品工程活动，为制造企业开发零部件等
	供应商工艺整合 / 灰箱供应商整合	供应商与制造企业双方工程师一起工作，共同设计产品，供应商将自身生产工艺与产品设计有效结合

续表

作者（年份）	维度		内涵
李勃 （2013）	战略 合作	关系 整合	企业与主要供应商重视对主要供应商关系的管理；企业依赖小规模高质量的供应商；企业与主要供应商维持长期关系
		信息 整合	企业与主要供应商共享敏感信息；企业与供应商保持频繁沟通；企业通过信息系统与主要供应商进行信息交换
	流程 协作	计划 整合	企业与供应商共同制定新产品战略规划；采购与制造部门共同制定制造目标；企业与供应商共享生产、采购/产能和库存计划
		团队 整合	企业与供应商组建共同开发新产品的联合团队；企业与供应商组建共同解决问题的联合团队
Lockström, Lei（2013）	运作整合		系统界面和运作界面的联结，包括那些通过准确、相关和及时信息的交换来将协作生产计划流程联系起来的活动
	战略整合		在战略层面上，供应链伙伴间价值创造过程的战略联盟。包括产品开发、供应链网络和能力规划领域的联合活动，也包括双方分享新想法并促进创新的能力
	财务整合		企业和供应商共同投资到同一项目中的程度
Huo 等 （2013）	系统整合		基于技术的协作活动，如信息网络、信息系统、信息技术等
	过程整合		基于人员参与的协作活动，强调供应商参与企业的采购、生产与设计过程
Vallet- Bellmunt 和 Rivera- Torres （2013）	态度		①关键供应商对企业做出承诺 ②企业与关键供应商间关系融洽 ③关键供应商是值得信任的 ④企业与关键供应商间关系非常坚定 ⑤企业希望保持甚至深化与关键供应商间的业务 ⑥企业与关键供应商间的关系就像一个家庭般紧密
	模式		①正式团队 ②共享想法和信息 ③组建团队 ④联合规划与求解 ⑤建立共同目标 ⑥共同建立对责任的理解 ⑦联合决策

作者（年份）	维度	内涵
Vallet-Bellmunt 和 Rivera-Torres（2013）	实践	①共享生产计划 ②有共同 EDI 网络 ③了解库存水平 ④包装定制化 ⑤交付频率 ⑥共同物流设备 / 容器 ⑦共同使用第三方物流
He 和 Lai（2012）	战略整合	聚焦于企业与外部供应商间协作紧密度，包括伙伴关系与战略联盟
	运作整合	聚焦于整合那些能提供改进效率效果的相互独立的流程与信息流
Prajogo 和 Olhager（2012）	物流整合	良好协调的物料流使企业可以顺畅地开展生产过程
	信息整合	包括技术方面（信息技术关联系统）和社会方面（信息共享与信任）
Jaspers 和 van den Ende（2006）	所有权整合	企业对供应商的控制程度
	协调整合	企业与供应商间信息交换的强度
	任务整合	将企业与供应商间的任务进行划分并共同执行任务的程度
	知识整合	企业拥有零部件开发、生产和整合知识的程度

资料来源：笔者整理。

第二节 供应商整合的范围、模式与程度

一、从订单执行到联合产品开发

供应商整合依据整合范围的不同，可以将供应商整合分为订单执行中的供应商整合和新产品开发中的供应商整合，如图 6-5 所示。

（一）订单执行中的供应商整合

Morgan（1996）指出，为了更好地设计更具前瞻性的产品，并因此以更有效的方式完成客户订单要求，企业会倾向于将外部供应商的人员、活动、职能或流程整合进来。对企业而言，供应商不再仅仅承担简单的物料、零部件供应任务，而要肩负起更多零部件开发和生产的职责。制造企业与供应商

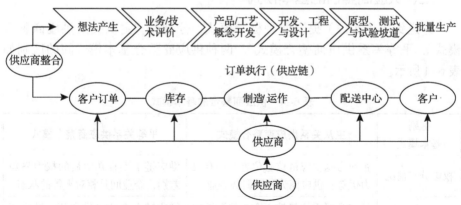

图 6-5 供应商整合的范围

资料来源：Morgan 和 Monczka（1996）。

实现了"共同制造体"的相互依赖关系，这种关系会逐渐培养起制造企业与供应商间的无缝对接与相互适应。为了满足终端客户的需要，企业需要考虑打开企业边界，将战略、流程和实践与供应商整合成合作、同步和一致性的状态。

（二）供应商整合：制造企业新产品开发模式转变的产物

供应商整合已经成为制造企业新产品开发模式转变的产物。20 世纪 90 年代以前，相比于一些西方先进企业，日本汽车制造商在新产品开发的面世时间、质量和生产率等方面具有更大的优势和更高的效率，很大程度上归因于日本企业让供应商更广泛地参与到企业的内部关键活动——新产品开发中。随后，欧洲、北美的汽车行业的一些企业逐渐开始效仿日本企业的这种做法。

Thomas（2013）指出，企业希望提高创新速度、压缩创新成本和提高创新投资回报率是企业实施开放式创新的主要驱动因素。Littler 等（1995）研究表明，合作创新为制造企业新产品开发过程带来不同于封闭式创新的风险和利益。制造企业供应商整合的风险主要体现在合作成本的增加、企业对新产品开发控制力的减弱、新产品开发复杂性的增加以及企业隐性知识的流失。但同时，供应商整合丰富了企业新产品开发中所掌握的知识资源，使企业可以利用供应商的能力与资源开发新产品。

相比制造企业完全依赖企业自身完成新产品开发中每个价值创造环节（想法产生、技术评估、产品概念开发、规格设计、试产及商业化阶段等），制造企业整合供应商能够支持企业将有限的研发资源投入到多个领域，从而使企业能够更快地响应市场变化所产生的机遇和挑战。

二、供应商整合的基本模式

孙道银等（2012）提出两种极端模式，分别是"主从关系供应商整合模式""平等关系供应商整合模式"。两种供应商整合基本模式间的区别如表6-4所示。

表6-4　供应商整合的基本模式

区别 基本模式	主从关系供应商整合模式	平等关系供应商整合模式
权威分布情况	企业占据供应链核心位置，拥有权力优势；供应商为相对弱势企业	供应链上不存在明显的权力强弱差别，企业间是相对平等的状态
相互依赖关系	供应商严重依赖核心企业的资源配置与业务分配	供应链上企业对供应商、供应商对企业均不存在过度依赖
企业间协调方式	核心企业制定整合规则和方式，供应商听从核心企业的协调与指挥	企业与供应商进行平等、自由的协调，共同参与整合活动的各个环节
整合发起者	为了利用整合所创造的价值，核心企业是整合的主要发起者	具备整合能力和整合意愿的企业和／或供应商
整合配合者	供应商配合与听从核心企业的整合要求，是整合配合者	具备整合能力和整合意愿的企业和／或供应商
利益分配方式	核心企业分配整合所得利益，并按照利己方式来攫取更多利益	企业与供应商依照事先约定好的利益分配规则合理公平地分配利益

资料来源：孙道银和纪雪洪（2012）。

主从关系供应商整合模式。由于供应链上权威分布不均，强势企业（供应商）若借助自己的位势展开投机行为以获取更多利益，会使得处于相对弱势的供应商（企业）的获益可能性降低，而这会带来后续影响；弱势一方由于受到投机主义的侵害，其整合动力会很大程度上削弱，其不愿再投入资源来支持供应商整合，这将不利于提升整合能力，并最终减少供应链整体获益和供应链上各企业的获益，整合行动最终导致了利益损失，企业与供应商的整合动力下降，供应商整合最终走向破裂。但是，权威分布不均却不是致使供应商整合破裂的真正原因，强势企业利用其优势权力实施投机行为才是其失败的导火索，强势企业若能正确使用自己的强势地位，不利用强势地位去控制和投机化利用弱势一方，而是发挥其影响力调动弱势一方的整合动力，使其投入更多资源来加强对供应商整合的支持，那么供应商整合仍然会向良性循环的方向发展。而此时，随着整合行动的配合企业不断地提升自身整合能力，其话语权逐渐凸显，对整合行动发起的企业依赖性也会递减，这将激励配合企业有动力继续提升整合能力，循环往复，权威分布情况渐渐向平等关系不断发展。

平等关系供应商整合模式。由于供应链上权威分布较为均匀，各合作企业均出于自愿而进行整合，对于整合行动获益可能性都有较好的预期，因此都有动力进行整合，合作企业投入更多资源提升整合能力，追求供应链收益和单个企业获益的最大化，从而有更大动力继续支持供应商整合活动，进入下一循环。同时，合作企业会通过提升整合能力增强自身在供应链中的竞争地位，寻求自身的权力位势提升，这会影响供应链中的权威分布情况，若这种效应不断扩大，则会逐渐接近主从关系供应商整合模式的情况。

依据供应商整合基本模式的相关思路，孙道银等提出如图 6-6 所示的供应商整合活动的动态演化模型。其主要关注以下问题：①供应商整合中的关键要素是什么？②这些关键要素之间有什么互动关系？③供应商整合的动态演化过程如何？

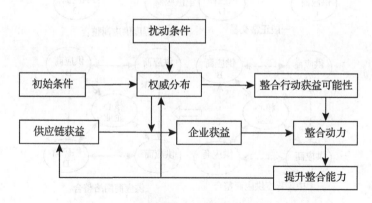

图 6-6　供应商整合活动的动态演化模型

资料来源：孙道银和纪雪洪（2012）。

首先，供应商整合包含多个关键要素，如权威分布、整合行动获益可能性、整合动力、整合能力等。关键要素间存在因果链关系，实现了动态演化的循环往复过程。其次，供应商整合的关键要素间存在互动关系，而这一互动关系会带动供应商整合向良性循环和恶性循环这两个相反方向去动态地演化。

三、从二元到网络：供应商网络整合的思想

（一）供应商整合程度的进阶

随着企业间竞争的加剧，企业会主动或被动地嵌入到网络结构中。传统的基于二元的供应商整合已经渐渐趋于向网络化整合转化。供应商整合按照

整合程度的不同分为一般交易关系、低程度整合、中等程度整合和高程度整合，整合程度越高，说明供应链上各企业间的交互越频繁，合作程度越深入，合作范围越广泛。在关于整合程度的划分上，Huang 等（2014）进行了精细化和深入的探讨，如图 6-7 所示，将二元关系的供应商整合作为低程度的整合，将包括多个三元关系的供应商整合作为中等程度的整合，将制造商—供应商整合与供应商—供应商整合同时存在并整合成网络形态的供应商整合作为高等程度的整合，即"供应商网络整合"。

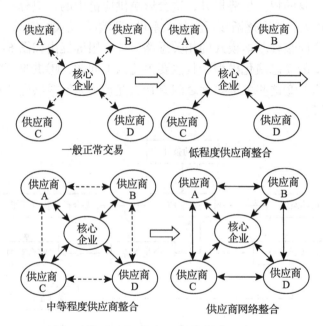

图 6-7　不同程度供应商整合的演变

资料来源：Huang 等（2014）。

供应商网络整合从网络视角研究制造企业如何整合多个供应商，供应商网络整合这一概念源于丰田生产系统所形成的蛛网型的供应商整合，同时包含垂直整合与水平整合，相较于二元供应商整合是更高程度的整合。企业与供应商进行整合，整合程度伴随一个由低到高的过程。供应链整合相关研究指出，这种网络形态是未来供应链整合的发展方向。整合供应网络是提升合作网络整体竞争优势的关键，特别是对位居网络中心位置的企业尤为重要，这些企业拥有较高的声誉，更易于获取网络成员的信任，供应商网络整合能够拓宽企业的资源获取渠道，促进网络层面的愿景共享与资源交换。

（二）面向关键供应商的供应商网络整合过程

许多学者指出，网络形成是一个多阶段的过程。Dyer 和 Nobeoka（2000）在分析丰田公司如何创建与管理高效的知识共享网络时认为，丰田公司在进行供应商网络整合时经历了三个阶段：供应商与核心企业弱联结、供应商与核心企业的强双边联结、供应商间强的多边联结，其采取了不同的做法来达成每一阶段目标。第一阶段，丰田于 1989 年建立了供应商协会；第二阶段，丰田建立了管理咨询团队派遣至供应商工厂对供应商提供现场协助；第三阶段，丰田建立自愿学习小组使供应商互相学习的意愿与能力最大化。结合图6-7，面向关键供应商的供应商网络整合过程分为三个主要阶段。

阶段 1：一般的交易关系逐渐转化为重复交易和以长期合作关系为导向的双方联盟，即以往研究中提出的二元供应商整合。

阶段 2：供应网络中除与核心企业有直接联系的供应商，还包括与核心企业具有间接联系的其他供应商，随着占据主导地位的核心企业逐渐嵌入到供应商网络结构中，合作形式逐渐向网络化转变，表现为核心企业与直接供应商紧密整合，而供应商与供应商间仅存在少量信息的共享和技术的交流，产生依赖制造企业实现的交叉效应"中介"，如某个供应商产品质量的提升，会导致制造企业要求并帮助其他供应商也发生相应改变，形成包含多个三元结构状的子网络的集合。

阶段 3：在阶段 2 的基础上，核心企业外围的供应商与供应商间交流不断深入，关系日益密切，核心企业与供应商间、供应商与供应商间均形成了紧密的整合，供应商间不再单纯地依赖制造企业进行信息、技术等资源的传递，除"中介"的交叉效应，同时呈现出不再依赖制造企业实现的交叉效应"关联"，如不同的供应商会共享关于技术创新的知识而建立新产品标准，以此提升自身与制造企业处理事务的效率，这一阶段是供应商整合的网络化形成阶段。

综上所述，这一演进过程可以概括为"一般交易—二元整合—子网络集合—网络整合"四个演化过程。各演化阶段表现为相应程度的供应商整合，分别对应于"一般交易—低程度供应商整合—中等程度供应商整合—供应商网络整合"。

（三）供应商网络整合的基本含义

供应商网络是由制造企业上游的部分供应商所组成的网络系统，这些供应商积极参与制造企业的采购、生产、研发等活动，同时受制造企业直接或间接的协调与控制，供应商网络整合是"制造企业与这部分供应商集成到富有凝聚力的供应网络中进行交互和合作的过程"，能激发网络成员间分享有价值的知识，防止"搭便车"及减少知识获取成本。

供应商网络整合是供应商整合相关研究从"二元关系视角"向"网络视角"转变的产物，丰田生产系统目前采取的是供应商网络整合。日本公司成功的一个重要原因是它们置身网络中与供应商协作的能力。在企业—供应商二元关系整合的基础上，供应商网络整合增加了对供应商—供应商关系整合的考察，同时包含垂直方向（供应商与制造商间）以及水平方向（供应商与供应商之间）的信息共享和依赖。相较于企业—供应商二元整合，供应商网络整合是更高程度的整合，主要体现在两个方面：首先，网络成员的多向紧密联结保证了任何成员的投机行为都能在网络中得到广泛散布，声誉效应及报复惧感使得网络成员的投机行为得到遏制，改善了二元关系中因信息不对称所引发的信息隐藏以及"搭便车"等投机问题；其次，供应商网络整合通过网络集体的协同优势降低了资源传递成本并创造了网络认同感，使网络成员相信彼此是相互依赖的集体中的一部分，激发网络层面的愿景共享与资源交换，克服二元关系中利己主义个体的知识保护倾向。

（四）供应商网络整合的特征

许多学者在对比供应商网络整合与其他一般整合方式的基础上，探讨了供应商网络整合的相关特征，对已有研究归纳总结，如表 6-5 所示。关于供应商网络整合特征的相关研究中存在的一种研究思路是通过分析供应商网络的网络结构、网络成员的关系强度等体现供应商网络整合的表征，并借助该表征的水平或程度判断供应商网络整合水平的高低。关于供应商网络整合特征的另一种研究思路是通过考察供应商网络中各成员的信息共享、相互调试、相互援助、组织间学习等一系列活动是否发生？发生的频率或行动的效率效果如何？以此为参照反映供应商网络整合水平，判断是否达到供应商网络整合这种整合水平较高的供应商整合状态。

表 6-5　供应商网络整合特征的相关研究回顾

文献作者 （年份）	样本数据或 研究对象	研究方法	特征分析
Huang （2014）	2005 年台湾中央卫星生产系统列表的 878 家卫星公司	实证研究	信息共享：制造商—供应商以及供应商—供应商间共享的信息量很大且信息共享很频繁 相互依赖：制造商—供应商以及供应商—供应商间业务依赖和技术依赖的程度很高

续表

文献作者 （年份）	样本数据或 研究对象	研究方法	特征分析
Roseira 等 （2010）	核心制造企业 武尔卡诺（Vul- cano）、Adira 的供 应商网络	案例研究	互补性：核心企业与供应商间、供应商 与供应商间的活动与资源相互补充 交叉效应（网络效应）：积极的支持供 应商间的合作有利于供应商资源的联合 与活动协调
Wu 等 （2010）	一家航天制造 业的 140 名被调 查者以及他们的 246 名供应商	实证研究	信息共享：供应商与供应商间存在信息 共享 相互援助：供应商与供应商间会互相给 予帮助 联合运作：供应商会共同负责将一件事 情完成
Lazzarini 等 （2008）	巴西的 105 家汽 车零部件供应商	实证研究	组织间学习：发生在买方—供应商 （M-S）和供应商—供应商（S-S）的组 织间学习是相互补充的 关系承诺：S-S 间关系会增加制造企业 对 M-S 的承诺，有利于强化 M-S 联盟
Choi 和 Hong （2002）	本田（Honda）、 讴歌（Acure）、 克莱斯勒 （Dai- mlerChrysler）	案例研究	正规化：是指供应网络由明确的规则、 程序和规范来规定网络中成员的权利和 义务的程度 中心化：是指制造企业在供应网络中所 积聚权威的程度 复杂化：是指横向复杂性、纵向复杂性 和空间复杂性
Lazzarini 和 Chaddad （2001）	无	理论研究	互惠式依赖：网络中一个成员投入（如 知识、资源等）是另一成员产出，决策 和行动相互依赖 相互回馈：包含联合决策与联合求解在 内的相互调整这一协调模式
Dyer 和 Nobeoka （2000）	丰田（Toyota）	案例研究	网络结构：多个嵌入网络组成的大型网 络；多边关系联结；供应商网络中各供 应商间呈现强联结，各成员与供应商呈 现强联结；存在很少的结构洞； 共享知识类型：可以同时共享显、隐性 知识；

续表

文献作者 （年份）	样本数据或 研究对象	研究方法	特征分析
Dyer 和 Nobeoka （2000）	丰田（Toyota）	案例研究	成员参与动机：比竞争者更快的学习速度（参与获益远远超过绝缘分离）、互惠主义
李随成等 （2016b）	丰田二手资料	案例研究	网络嵌入：各位网络成员嵌入在相互接触的网络中且彼此相互贯通； 相互调试：网络成员能够共同制订计划、做出重要决策及共同商议解决方案等； 网络规范：网络成员间能够保持一致性价值观、彼此间互助互惠，在团结的氛围中展开合作

资料来源：笔者整理。

1. 供应商网络整合的结构特征

供应商网络整合包含纵向（企业—供应商间联结）与横向（供应商—供应商间联结）两个层次的结构优势。Thompson（1967）定义了三种相互依赖关系：集合式相依、顺序式相依和交互式相依，如图 6-8 所示。这种分类方法最初强调的是企业内部的相互依赖关系。Lazzarini 和 Chaddad（2001）将其应用到了组织间的相互依赖关系，并认为集合式相依指网络成员之间相互独立，彼此之间关系是分散的和间接的，成员间关系以弱联结呈现；顺序式相依指合作成员间直接相关联，产品流、信息流等沿着供应链顺次移动；交互式相依指网络成员的决策与行动彼此相互依赖，成员间形成了强联结和紧密的网络。

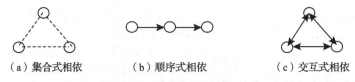

（a）集合式相依   （b）顺序式相依   （c）交互式相依

图 6-8　相互依赖关系的类型

资料来源：Thompson（1967）。

Dyer 和 Nobeoka（2000）在分析丰田公司如何创建与管理高效的知识共享网络时指出，丰田公司在进行供应商网络整合时发展经历了以下阶段：供应商与核心企业弱联结→供应商与核心企业的强双边联结→供应商间强的多边联结。延续这一思路，并与 Thompson 的相互依赖分类结合起来，本书认为供应商网络整合的形成也是以"集合式相依→顺序式相依→交互式相依"的方式逐渐递进并形成的。

企业—供应商关系如图 6-9 所示，从供应链分析入手，高层级的供应商为企业供应关键资源并从低层级供应商处获得产品和服务，强调企业与供应商间的垂直联结，即"顺序式相依"；从网络分析入手，除了企业—供应商关系，供应商间的交互也非常重要，强调供应商间的水平联结，即"交互式相依"。图 6-9 中，单向箭头"→"代表的是顺序式相依，而双向箭头"↔"代表的是交互式相依。

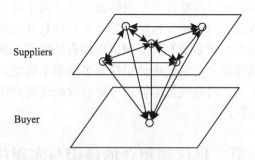

Suppliers

Buyer

图 6-9　供应商网络整合中的买方—供应商关系

资料来源：Lazzarini 等（2001）。

2. 供应商网络整合的网络关系特征

供应商网络整合存在两类关系：企业—供应商间关系、供应商—供应商间关系。前者是纯粹的合作关系，而后者存在竞争、合作、竞合等多种关系，因而协调处理供应商间关系的能力决定了供应商整合的水平。供应商间的竞争关系不利于供应商间协同活动的开展，供应商自身不会主动地发起协同工作的诉求，在这样的情况下，供应商间往往是缺乏信息共享和开放交流的，供应商依赖于核心企业获取对手供应商的技术与生产优势，企业需要充当存在竞争关系的供应商间的信息中介，虽然增加了企业的议价能力，但同时对企业施加了额外的管理压力，企业必须进行协调来保证供应商间必要的信息共享与紧密交互（Choi et al.，2002；Roseira et al.，2010）。当供应商间是合作关系时，企业可以获益于供应商间信息共享、开放交流所创造的协同效应（Choi et al.，2002）。当供应商间是竞合关系时，企业可以获得竞争与合作所产生的双重优势，供应商间会共享与合作有关的信息。同时，为了超越对手，供应商会相互竞争从企业处获取相关信息，促进企业—供应商间建立信任和培养合作关系。

3. 供应商网络整合的网络认知特征

Dyer 和 Nobeoka（2000）指出，丰田之所以能够激发供应商广泛参与供应商网络整合，主要是通过创造了一系列的条件来帮助供应商强烈认同这个网络，相信它们是互相依赖的经济团体的一部分。网络合作文化一定程度上反映了网络成员的价值导向，创造网络成员间的共识与合作文化，这一管理能力能够反映供应商网络整合水平的高低，拥有对知识的共同理解能够克服对网络外部知识认知受限的困境（Huang，2012）。由于用于共享目标，网络成员间能够共享集体目标、任务和愿景，会相互提供支持，而这些支持的提供不受法律义务等的压迫和关于回报的期望。供应商网络整合状态下，核心企业与众多关键供应商间的整合关系能够通过培养共享目标来增加社会支持的可获得性，网络成员间会相互提供指导、共享信息并建立友谊，克服彼此间知识获取时成员为保护自身有价值知识而固有的障碍。供应商网络整合反映了网络成员渴望靠近并与其他成员愉快共事的根本需要，代表了成员对其他成员的依附与忠诚，网络成员能够通过更有效的交流合作来追求集体目标并提升网络凝聚水平。

第三节　供应商整合的诱因与实现机制

通过诱因和实现机制，研究供应商整合活动为什么开展及如何实现的问题。供应商整合诱因即什么会导致、趋势、诱导供应商整合行为的产生，即关于供应商整合的溯因研究；供应商实现机制即什么会帮助和促进供应商整合实现，即关于供应商整合的实现条件研究。

一、供应商整合的诱因

企业为何要开展供应商整合活动，其诱因和动机是什么？实际上，回顾以往研究可以发现，许多理论有助于解释这一问题。

（一）交易成本理论

交易成本理论认为，供应商整合实现的前提是必须消除机会主义行为（如信息隐藏、信息锁定等行为）。而机会主义行为主要由两种原因引起：其一是企业与供应商缺乏共同规范与一致的价值观；其二是企业与供应商间信息不对称（Huang，2012）。

供应商整合成功的关键在于防范机会主义，丰田是一个非常好的范例。一方面，丰田强调整合关系持久与稳定，创造学习机会来加强供应商忠诚，建立共同信仰、灌输网络规范，倡导"共存、共同繁荣"理念，促使供应商相互帮助，共创团结氛围；另一方面，丰田促进与供应商间信息共享，最小化信息不对称、削弱投机行为，整合性关系促使双方遵守约定，带来自我约束与声誉效应，降低机会主义风险，增强关系稳定，透明化交互过程，拓展资源互补与深度合作机会。

（二）资源依赖理论

供应商被看作企业组织边界的延伸，与企业形成一个相互依赖的整体。相互依赖关系要求企业与供应商间无缝对接及相互适应，实现企业与供应商间的紧密整合，共同努力，以追求一致集体目标（如提升产品质量、改善产品性能等）的实现，在产品开发、设计、制造等过程中不断交互，双方彼此间亲密度以及凝聚力得以提升。双方间相互联结必以相互依赖关系为支撑，无论是企业还是供应商，都有借助对方创造自身价值的强大动力，相互依赖反映了一方依赖另一方创造价值的程度。企业与供应商间存在资源依赖关系，双方相互依赖的资源包括有形资产、无形资产、组织能力及社会性关系，如图 6-10 所示。

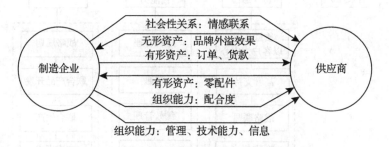

图 6-10　企业与供应商间的资源依赖关系

资料来源：黄铭章等（2006）。

（三）组织信息处理理论

组织信息处理理论认为，由于环境的不确定性和产品复杂性程度的增高，企业会努力提升其信息处理能力。供应商整合是解决企业—供应商间信息不对称问题、促进企业—供应商间信息共享的一种有效组织行为，许多学者认为，信息共享的数量和信息共享的质量可以通过企业与供应商间关系的加强而得以提升，同时，组织信息处理的能力依赖于企业与供应商之间的协调机制，即越处于高度不确定性的环境中，企业与供应商需要更紧密的组织间协调方式（如更多的交流沟通、合作等），这些方式都会增加企业的信息处理能力。因此，为了应对动态、复杂的环境变化，企业应该跨组织边界，与外部供应商展开紧密合作，通过供应商整合来提升企业的信息处理能力。

二、供应商整合实现机制

Lockström 等（2010）提出了一个供应商整合的概念框架，如图 6-11 所示，框架系统全面地从买方企业、供应商和企业—供应商间关系研究其对供应商整合的影响，这些因素包括：①买方企业因素（买方企业领导有效性、持续供应商开发、内部约束）；②供应商因素（供应商协作意愿、协作供应商能力）；③关系因素（信任、长期导向、文化距离等）。同时，供应商整合被视为一个多维概念，包括战略规划、联合产品开发、联合生产、沟通模式与沟通技术、组织整合。

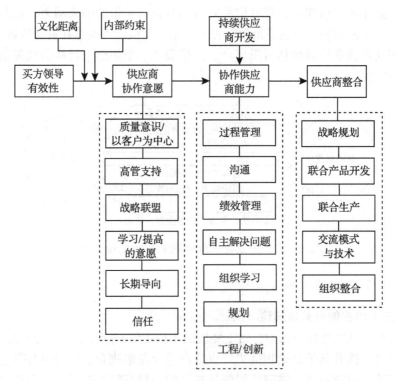

图 6-11　供应商整合概念模型

资料来源：Lockström 等（2010）。

还有许多学者聚焦于以上方面中的一个或多个，针对供应商整合的前因变量展开研究。梳理总结以往研究针对供应商整合前因变量的研究，如表 6-6 所示，大致呈现为以下几类：①组织内、外部环境因素；②关系因素；③买方因素；④供应商方因素；⑤其他一些影响因素。

表 6-6　供应商整合前因变量

视角	前因变量
内、外部环境	环境不确定性、制度规范、技术新度、产品模块化、工艺模块化、制度压力（规范、模仿、供应商强制性压力）、环境系统、社会系统、技术系统、供应交付风险、需求可变风险、产品新度、产品模块化、创新性、组织文化、供应市场扫描、内部沟通氛围、政府支持
关系因素	企业—供应商的嵌入性、企业对供应商的依赖、社会化过程、买方/供应商关系、信任、强制权力、依赖不对称性、关系承诺、相互依赖、内外部社会资本、集体意识
买方因素	供应基合理化、供应商选择、战略供应管理技巧、供应管理职能、感知地位、供应商选择、持续供应商开发、质量意识、内部整合、买方领导有效性、内部支持、内部协调、创新导向、组织承诺、多样化技能、制造商对供应商的关系承诺（工具性承诺、规范性承诺）、战略供应商管理、企业资源（信息技术、高层支持、战略采购）
供应商方因素	供应物件的战略重要性、供应商协作意愿、协作供应商能力、供应商高管支持、供应商权力（专家权力、认同权力、法定权力、奖励权力、强制权力）
其他因素	任务战略重要性、任务复杂性、EDI、电子商务能力、IT、信息系统

资料来源：笔者在 Wang 等（2016）基础上重新梳理并扩展得来。

（一）内、外部环境因素

学者普遍认为，面对复杂和动态的外部环境变化，企业需要整合有能力的供应商，并与企业一起应对不断变化的技术、市场环境。

一方面，企业内部环境因素包括所要开发产品的新度、模块化以及组织文化、内部沟通氛围等。具体来说，企业所要开发的产品新度越高，越需要供应商的资源和能力作为补充；产品模块化程度越高，产品的可分离性、明确性和可转移性越强，越需要与供应商间的重复开发过程来重新定义新产品规格、减少成本和提升未来产品的绩效，越需要供应商所提供的模块/部件特定知识以及市场信息、用户偏好等（Lau，2014）。现有研究指出，供应商整合的实现以企业内部职能单元（营销、制造、研发和采购部门等）间的有效整合为前提基础，企业需要提升内部协调与沟通水平。

另一方面，外部环境因素包括环境不确定性、技术新度、供应及需求风险、制度规范/压力等。具体来说，相对稳定的环境允许企业与供应商间建立长期整合关系，当供应风险、需求风险较高、技术环境不可预测时，企业对于选择哪个供应商往往是不确定的，供应商整合可能不是一个明智的选择；制度理论认为，组织嵌入在相同的制度化环境中，因此企业与供应商在运作和结构方面变得越来越相似。在一定程度上，这与供应商整合的思想是一致的，即要将企业和供应商整合起来，使其战略、流程和实践整合成合作、同步和一致性的状态（Huo，2013），因此制度压力能够对企业和供应商施加一定压力来促进供应商整合。

（二）关系因素

企业与供应商间关系是一项重要的资源。企业与供应商建立信任、相互依赖和嵌入性的长期稳定关系和双方权力制衡，能够减少感知到的关系风险，保证双方在整合时有较强的心理安全感，促进双方间更深的承诺以及保持关系的长期稳定性，是供应商整合实现的基本支撑。若缺失这些重要支撑力量，会造成"搭便车"、企业—供应商间信息隐藏、信息泄露给第三方等潜在危害，会造成企业—供应商关系的瓦解。许多学者都针对信任—供应商整合之间的关系进行研究，认为信任在企业与供应商间起到有效的润滑剂作用，是保持合作和避免冲突的一个基本组成部分（Yeung et al.，2009）。承诺是一个重要的因素，关系承诺代表了一种交易倾向，是企业与供应商将资源、能力、资金以及其他关系性资源投入建立双方间关系的一种意愿和态度，对于供应商整合非常关键（霍宝锋等，2013）。

（三）买方因素

企业作为供应商整合行为的发起者和主导者，对于供应商整合实现至关重要。战略供应商管理包含了企业为有效管理供应商以及重要的供应商关系而实行的一系列战略性活动，重点关注如何调动关键供应商与企业长期紧密地相互学习、险益共担。战略供应商管理使企业更加重视与供应商的长远发展，更有潜力通过主动管理外部供应商关系并与供应商展开更高水平的合作（Huang，2012），战略供应商管理对企业实现供应商整合具有重要作用。协同规划、协同执行和协同决策，这三种协同下的资产都是供应商整合的主要推动者（Mandal et al.，2018）。

企业实施供应商选择与供应基合理化等供应基构建活动，以对供应商进行甄选，将供应商种类和数量优化至合理范围，并与有限数量供应商展开深层合作。首先，供应商整合形成是以企业对过去合作过的供应商以及供应商的先前关注与了解为基础的，这是创造嵌入关系的保障（Huang，2014）。在供应商整合初期，企业基于供应商信誉、互补能力、合作经历等谨慎地选择少数供应商展开密切合作，对供应商的严格筛查能够降低合作风险与不确定性，保证整合质量与效率，提高企业与正确供应商间建立紧密整合关系的成功率。其次，供应基合理化能够刺激供应商贡献独特的资源与能力，以争取更多的市场份额和机会，有助于企业更细致地分辨供应商并择优汰劣，锁定真正有价值的那部分关键供应商加以整合。供应基合理化使企业能够汇聚精力与这部分关键供应商建立层次更深、范围更广的长期合作关系。一些学者指出，持续供应商开发对供应商整合有重要作用。持续供应商开发是企业帮助关键供应商升级技术能力、产品质量、交付与成本，使其持续改进的一项长期的、齐心协力的活动（Nagati and Rebolledo，2013）。企业依赖少数拥有先进技术能力与制造能力的供应商，因此会实施持续供应商开发活动而为企业自身续力。供应商开发即企业向供应商传授知识与技术、进行援助与培训（Wagner，2010；Lockström et al.，2010），这会极大地提升供应商与企业整合的意愿。同时，持续供应商开发从长期来看是一种互助式行为，在使供应商技术、能力等获得提升的同时，也保证了供应商能够利用这些改进过的技术和能力为企业提供更好的产品和服务。供应商开发为企业和供应商提供了通过互助获得提升和双赢的合作经历，在不断的交互过程中，企业与供应商会越来越多地受益于这种互助式实践，从这种实践中有所得，回报性意识使得供应商愿意为企业有所付出，奉献自身资源、能力和价值为企业所用，积极参与到与企业的集体活动中，并在不同交互过程中给予对方支持与帮助，对供应商整合表现出极大的参与热情。

（四）供应商方因素

供应商作为供应商整合的配合者，一方面，如何激发供应商进行整合的意愿成为企业关注的主要因素；另一方面，协作供应商能力是企业关注的重要因素，供应商必须具备相应能力（如质量能力、成本能力、新产品开发能力、创新能力等）才能成为企业的整合目标（Lockström et al.，2010）。供应商能力包括供应商对其自身产品和对企业产品的相关知识、理解企业生产工艺的能力、保持和支持一定时期内服务的稳定性和可靠性、及时满足企业需求的能力（Lockström and Lei，2013）。如果供应商能力的评价有一个正式化流程，供应商整合将更加成功。而供应商方承诺、供应商方高管支持对于企业开展供应商整合也有重要促进作用。没有供应商方高管支持，很难建立和培养起企业—供应商整合关系。供应商方高管支持有助于与企业在战略联盟、能力配置和组织界面等方面创造一致性的战略目标。

第四节　供应商整合的争议与拓展

一、供应商整合的争议

（一）供应商整合的好处

近年来，一些领先制造企业通过与供应商整合来交互和协作，把供应商整合进企业的战略、关键流程和实践中，充分发挥供应商的价值。供应商不再单单只是企业物料、元件和零部件等的供应者，而成为企业的延伸，与制造企业实现了无缝对接。

回顾已有研究，对于供应商整合的一个比较普遍的认识是，企业仅仅依靠自己所掌握的知识和技术已经难以获得持续性的竞争优势，企业需要跨组织边界合作并学习新的知识进行补充。供应商整合使参与者获益，包括成员间忠诚提升、库存减少、及时交付改善、柔性增加、绩效提升等（Wong et al.，2011；Molinaro et al.，2022；Espino-Rodríguez et al.，2022）。Zhao 等（2015）指出，供应商整合的主要作用在于促进信息交换、促进相互理解、增强新产品开发绩效、运作绩效和财务绩效等。关于产品、工艺和生产计划等信息的相互交换，能够帮助企业及时调整生产计划并按时生产产品、完成产品交付。Chetthamrongchai 等（2019）指出，云支持的供应商集成对企业的可持续性和竞争优势会产生积极影响。建立相互理解，可以帮助供应商更好地理解企业不断变化的需求，为企业提供更好的服务、帮助供应商改进产品与工艺等。资源依赖理论认为，为了达到某个理想结果，单个组织不可能掌握所需全部信息，需要从外部环境获取资源，供应商整合行为需要供应商贡献资源，供应商的专业能力与知识对制造商而言很重要，整合供应商对制造商来说很有必要。

（二）供应商整合的黑暗面

Zhao（2015）指出，供应商整合在为企业创造价值的同时，也存在风险和潜在的负面影响。一些学者指出，供应商整合在特定条件下有可能会对企业不利，盲目追求过高的供应商整合水平会造成资源的浪费，反而会侵害企业利益。Villena 等（2011）从社会资本视角出发，认为与供应商紧密协作存在黑暗面，过多或者过少的社会资本都会对企业绩效产生不利影响，使企业不能客观有效地进行决策，同时会增加供应商机会主义行为发生的潜在可能性。供应商在为企业做出贡献的同时，也存在一系列的问题。

（1）供应商整合耗费大量时间、精力与成本。由于供应商整合需要举办大量会议来促进信息交换和做出一致的决策意见，因此会占据企业与供应商的大量时间与精力，供应商整合水平的持续增加会带来风险和协调成本。Das 等（2006）认为，供应商整合会产生一些未曾预料的后续成本（如协调成本、妥协成本、钝性成本），企业参与或协调会导致响应时间拉长或人力资本投入增加。

（2）供应商整合会引致目标冲突与资源冲突。不同组织间通常拥有不同的导向、目标和价值，例如：供应商通常希望它们的制造商能够针对采购合同期限和采购份额做出承诺，而制造商则希望它们的供应商能够准时、小批量地供应物资。另外，供应商为同一个制造商供应相似产品或服务时，供应商—供应商间的关系多呈现为单纯竞争状态，供应商间因为采购份额和资源配置间的竞争会产生冲突。不同组织间所存在的冲突将致使决策不力。供应商整合所要控制和协调的跨度及范围变大，不仅要协调企业内部各职能单元间的交互，还要协调供应商间的交互，这对企业管理来说是有难度的，协调不力会引致各种冲突与矛盾。

（3）供应商整合过程中不可避免地会存在机会主义行为和知识溢出效应。企业若与供应商整合得过于紧密，则会将企业置于风险之中，包括逆向选择、道德风险和机会成本等。Das等（2006）指出，企业与某个特定供应商紧密整合，转换成本会变高，也就意味着失去了和新的供应商紧密交涉的机会及选择余地，这会限制企业去有效地响应或适应一系列变动，这种"刚性"（Rigidity）会带给企业一系列严重后果，如企业会被供应商的技术锁定，供应商占据"内圈"（Inside Track）的优势地位，而这样的优势会致使供应商没有动力为企业贡献创新型的新产品和服务。整合使得企业间能够相互深入了解彼此的成本和运作结构等，若没有一个有效的治理机制加以辅助，那么这些知识和信息等就有可能经由合作伙伴转移和溢出给其他竞争者及潜在竞争者。

（4）供应商整合会延迟企业对变化的响应。Das等（2006）指出，随着相互依赖性逐渐培养起来，供应商整合有可能会产生迟钝性，不能很好地应对不确定性情况，供应商整合会带来协调成本攀升、组织刚性增加和市场压力缺乏等一系列弊端。组织刚性源于惯例和心智模式，这将打击独立思考的积极性，妨碍对外部知识的学习与消化，而这也会阻碍核心企业对环境变化的有效应对。由于企业变得松懈并与供应商建立起非正常化的互惠规范，造成市场压力不足，导致低效采购。如果供应商感觉到它们的商业利益有所保障，则供应商就会缺乏动力去改进绩效。

（三）供应商整合的平衡点

供应商整合是一项"具备双刃剑效应的策略"，如果不加分辨地任意套用，会给企业带来一系列负效应。在企业实施供应商整合的过程中，那些容易实施的行动会较早地产生有形回报，并促进企业对整合实践的持续投资，但逐渐地，这部分易于获得的回报所能获取的机会越来越少，企业逐渐难以识别和探索可以为企业带来回报的其他源头。与此同时，运作复杂性会使得企业越来越多地出现供应商整合运转失灵的情况，而造成的成本损失逐渐扩大，直至达到一个点——整合收益与整合成本完全抵消。

供应商整合在推进过程中会出现一定程度的"运转失灵"。这一系列问题的存在也许会抵消供应商整合为企业所带来的众多好处。这给企业留下了一系列问题：在什么情况下、什么程度的整合、以何种方式才能使供应商整合真正发挥作用？

二、供应商整合的拓展研究

（一）虚拟整合

虚拟整合的概念于 20 世纪 90 年代末被提出，由信息技术驱动的企业、供应商以及分销渠道间的合作策略成为一个新兴趋势，而这种合作策略是"虚拟整合"（Virtual Integration）。戴尔公司没有任何店铺或者经销店，既不制造产品也没有成品库存，戴尔将产品通过网络和需求中心直接出售给单个客户，当真正的订单下达后，戴尔会购买产品模块，只完成最终产品组装，戴尔为客户提供定制化的产品，交付到客户手中只需要几天时间。戴尔公司创始人迈克尔·戴尔将这种延迟制造的商业模式称为虚拟整合，并认为戴尔公司的成功源于其余外部供应商、顾客之间广泛应用信息技术所形成的虚拟整合。

虚拟整合超越了传统的由企业对整个供应链进行完全控制，而是企业与具备核心能力的其他企业共同完成价值创造活动，将价值创造体系进行合理分工，表现为企业与供应商间流线型的生产与采购活动或过程，以及企业基础设施（如信息系统）的广泛使用和供应链上及时的信息共享。摒弃传统方式下耗费巨大代价去建立库存缓冲以减少市场不确定性，虚拟整合的组织能够在连续的基础上，依赖组织间信息网络进行原材料的及时交付，并通过建立客户订单最小化成品库存。而计算机这类行业的产品生命周期通常只有6 个月，甚至更短，这类企业有更多可能去采纳虚拟整合策略。虚拟整合的构成要素包括三个方面。

延迟生产 / 大规模定制。即直到客户订单下达前均实行延迟生产，延迟生产最重要的优点在于当大批量生产客户定制化产品时不会造成定制化成本（如生产准备成本和成品存储成本）。例如，惠普公司针对其部分产品生产线采用延迟生产的策略满足特定客户的需求。延迟生产包括三种类型：时间延迟、地点延迟和形式延迟。时间延迟即直到订单下达前，将活动推迟；地点延迟指在订单下达前，推迟将商品移动到下游；形式延迟指在订单下达前将那些决定产品形式和功能的活动推迟。

分包 / 外购。虚拟整合的组织通常会将一些非核心活动分配给外部合作伙伴，这是企业分包制造和外购策略的一种手法。分包 / 外购策略的作用在于其能使企业聚焦于核心能力并相应地配置其稀缺的资源。与垂直整合不同，分包 / 外购策略强调将一些内部职能从组织结构中"解除一体化"（De-integrating），如元件、零部件的制造职能等。有学者将虚拟整合现象置于一些情境下进行解释，例如：有些企业想要甩掉一些非核心单元（如分销渠道），并和其进行虚拟整合来继续获取其所能提供的服务（如分销、营销和推广等）。很明显，这一举动的价值在于其能够释放那些与组织结构绑定的资本投资，也因此帮助组织提升其战略柔性，并将更多资源配置给产品研发等战略活动。

通过信息系统实现过程整合。过程整合和系统整合是垂直整合和虚拟整合最大的区分点所在。过程整合包含重新组合供应商的内部过程和运作系统，这是通过企业与供应商间紧密的信息系统基础建设而得以完成的。具体而言，企业和供应商利用企业的基础设施（如企业软件、组织间网络和训练有素的职员）将生产计划、自动库存补充和产品规格等加以集成。这同样包含跨企业团队来协作计划、调度和执行订单。

Abebe（2007）指出，虚拟整合是基于和关键供应商间的长期协作，能够增强客户聚焦和竞争敏捷性，采纳虚拟整合策略的企业能够聚焦于其核心能力，资源可获取性更大、新产品面世速度更快。处于激烈竞争和动态环境中的企业能够更好地应对竞争压力，主要是由于虚拟整合具备三个特征：①组织间紧密协调。这些企业倾向于着重提升企业内部各职能部门和与外部供应商间的协调速度和水平，从而加快新产品面世速度。②灵活的组织结构（系统）。企业在这样一个竞争激烈的环境中，会努力追求组织结构和核心过程更高的灵活性，以使决策过程能够分散化从而更好地应对市场变化。③聚焦于核心能力。企业会聚焦于那些与竞争者相比做得更好的活动和过程，并将他们的非核心业务流程外购（分包）出去，从而将他们的关键资源转向战略决策。在此基础上，Abebe（2007）总结了虚拟整合策略采纳的影响因素模型，如图 6-12 所示。

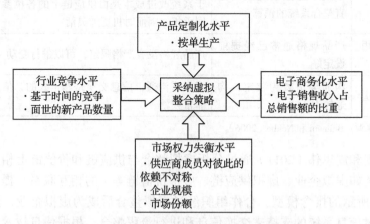

图 6-12 虚拟整合策略采纳的影响因素

资料来源：Abebe（2007）。

影响因素模型包括四方面：①市场权力失衡水平。若供应商的数目远超制造企业的数目，这时制造企业处于较为有利的市场地位，拥有较强的讨价还价能力，就可以较为容易地与供应商进行虚拟整合。②行业竞争水平。创新水平高的行业更有可能采纳虚拟整合策略。③产品定制化水平。产品定制化水平越高，企业越有可能采纳虚拟整合策略。④电子商务化水平。越多使用网络技术来进行商业操作的企业越有可能采纳虚拟整合策略。这一模型对于虚拟整合策略采纳时的企业决策问题具有重要意义。

Bhimani 和 Ncube（2006）指出，垂直整合和虚拟整合截然不同，如表 6-7 所示，虚拟整合包含更高程度地共享技术和财务信息，更高程度地管理组织间的紧密交互和信息共享。虚拟整合借助信息技术来有效地协调供应商关系，但这种扩展的组织活动会带来相应风险，价值链上组织间更高程度的相互依赖性加大了中断风险的可能性，引起一些足以抵消外包和供应链复杂性好处的滞留问题。由于企业扩展了价值链，因此需要做出投资以持续维持信息私密性、数据传播安全性、信息交流技术系统的可靠性。

表 6-7　垂直整合与虚拟整合的特征对比

特征	垂直整合	虚拟整合
知识	知识具备所有权	运作知识在各方之间流动，信息在不同的系统之间被"强制分享"
价格	运作成本很高	运作成本很低，可以将竞争性的招标过程囊括进来
时机	依赖于企业创建全面垂直整合系统的预算	对于违反合同条款制定了严格的惩罚规定，由于系统改进成本是由供应链上的各位参与者共同承担，因而时机更加灵活
合同专用性	产品规格通常已经提前设定好	产品规格没有严格限定，可以进行变动
沟通渠道	沟通渠道较为狭窄，沟通较为正式	多渠道沟通，信息交换是非正式的，信息交换非常频繁

资料来源：Bhimani 和 Ncube（2006）。

颜安和周思伟（2011）通过分析虚拟整合与供应链和价值链上相关概念与理论（如虚拟企业、虚拟供应链、虚拟价值链等）的相互联系，提出了如图 6-13 所示的概念模型。合作组织经过虚拟整合后成为虚拟企业，虚拟企业间通过信息系统的支持来交换信息和进行流程整合。根据信息技术所发挥的不同作用，可以将信息系统的应用形式分为电子科层和电子市场，根据对两者的倾向程度可以将虚拟企业分为紧密型虚拟企业和松散型虚拟企业，形成的供应链形态分别对应于供应链联盟和虚拟供应链。供应链联盟追求长期稳定的合作伙伴关系，成员拥有互补资源与能力，彼此间呈现为紧密的科层式的合作关系，企业将供应商视为企业边界的延伸；虚拟供应链是一种短期合作关系，成员企业为了抓住市场机会并充分利用各成员企业的能力与资源。价值网是价值链的延伸与拓展，与传统的供应链运作模式不同，价值网是以顾客为核心的价值创造体系。由于互联网的支持作用，各成员企业能够通过信息协同和信息效率等效应，将价值网塑造为基于信息增值的新的价值创造体系。

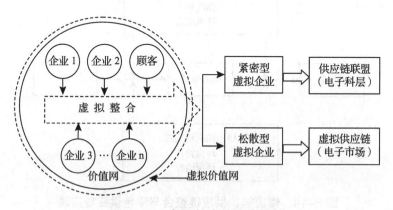

图 6-13　虚拟整合的概念模型

资料来源：颜安和周思伟（2011）。

（二）可持续管理研究中的供应商整合

20 世纪 90 年代，可持续的概念进入管理领域并开始高速发展，与供应链管理、企业社会责任和商业伦理等相关的可持续性问题变得流行（Sancha et al.，2016）。供应链管理中的可持续问题受到供应链管理领域企业管理者和学者的广泛关注（Kumar and Rahman，2015），可持续性已经成为将生态与社会问题纳入其业务战略的焦点，企业逐渐开始将可持续发展的理念加入企业文化，信奉与供应链上各成员企业进行合作来追求经济、环保和社会价值的平衡发展，可持续供应链管理（Sustainable Supply Chain Management，SSCM）的概念也逐渐产生。一些学者开始从供应链层面研究绿色供应链管理实践，探讨整个供应链的绿色化，如 Vachon 和 Klassen（2006）指出，绿色供应链管理实践应包含两类相关但却相互独立的环保活动：环保协作与环保监控，如图 6-14 所示。

环保协同指环保活动的计划与开发需要企业和供应商、客户直接参与到共同制定环保解决方案的过程中，环保监控指供应链上的环保活动具备市场交易的特征，通常包含通过公开披露信息、问卷调查、企业或第三方执行审核等方式对供应商环保实践实施监督的一系列活动，环保监控更像是一种风险管理工具而非竞争武器。为了增强环境的可持续性，企业内部实施环保管理实践，并考虑和上游供应商和下游客户展开协作，但本书所关注的焦点是上游段的"供应管理"而非整个"供应链管理"，因而本章仅关注上游供应商的环保协作。

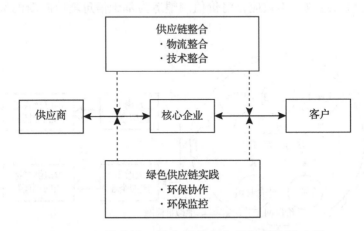

图 6-14　供应链、供应链整合与绿色供应链实践

资料来源：Vachon 和 Klassen（2006）。

Woo 等（2016）将企业与供应商的环保协作行为称为"外部绿色整合"，包括环保协作和绿色联盟两个方面，前者指企业与供应商共同解决问题（如削弱环境影响、一致化环保策略）、共同开展运作活动来减少环境影响和成本，后者指企业和供应商。概念模型如图 6-15 所示。Woo 等（2016）通过研究指出，企业不仅要被动地满足环境法规的要求，还需要主动地通过信息共享和网络化等行动实现与供应链成员的绿色整合，其中供应商扮演着重要角色，因为绿色供应商能够生产生态材料并为企业实行绿色产品设计。企业越来越多地开始管理供应商环保绩效，以确保供应商所供应的物料和设备是环境友好型的或是以环保友好型工艺所生产出来的。让供应商参与到绿色协作中并获取供应商的支持，使供应商为企业提供环保型原材料、减少有害物料的使用、促进污染防治过程，对于实现成本缩减、环保创新和企业竞争力的提升有关键作用。

Zhao 等（2018）在探讨对供应商的依赖，供应商信任对绿色供应商整合的影响，以及合同管理难度的调节作用中，基于资源依赖理论、社会资本理论和交易成本理论，建立了一个依赖—信任整合模型。结果表明，对供应商的依赖对绿色供应商整合和供应商信任有积极影响。绿色供应商整合和新产品灵活性对可持续的绿色产品创新有显著影响（Awwad et al.，2022）。

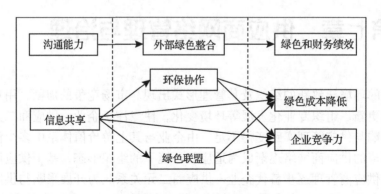

图 6–15　绿色供应商整合

资料来源：Woo 等（2016）。

在研究环境保护和企业可持续中的供应商整合问题时，绿色创新（Green Innovation）被视为帮助企业达成环保和经济目标时的关键因素之一。企业与供应商在绿色产品创新开发中的整合问题已经引起学术界和实务界的广泛关注。研究显示，企业与供应商间在环保方面的整合对绿色新产品开发具有显著促进作用，供应商对增强企业开发绿色创新产品的能力有重要作用，关键供应商能够帮助企业解决环境问题、成功实现绿色创新和绿色产品。企业与供应商间的协调和联盟、企业与供应商间的高效沟通是企业实施绿色产品创新的两个关键要素，前者有助于满足市场需求和环保法规要求，后者有助于将与需求相关的信息以合适的方式传递并运用于绿色产品设计。

▶ 第七章　供应商网络管理与治理

新的环境导致新的组织及其管理形式出现。市场竞争的加剧、用户需求的快速更新、组织专业化发展等环境变化，使专注于企业—供应商二元视角下的采购与供应管理实践变得不足，由企业与其上游价值体系中多个供应商共同组成的供应商网络逐渐成为适应新环境下的组织形态，基于供应商网络视角的供应商管理逐步替代企业—供应商二元关系成为开展采购与供应管理研究和实践的重点，本章是对供应基、供应商网络及其管理与治理的讨论。

第一节　供应基

一、供应基的内涵

为核心企业提供各种零件、原材料、服务的所有供应商构成供应基（Supply Base），也有学者将其译为供应商集合或供应商群（王晓晶，2010）。买方企业从关键原材料到核心技术，从零部件到运输服务涵盖了大量的采购产品和服务，采购过程中采取多源比对的方式，与众多供应商建立合作关系，最终形成了需要综合管理、优化的供应基。

供应网络中有一组供应商在核心企业的管理范围内，这些供应商通过零件、材料、服务的采购和合同被核心企业主动管理。这组供应商被认为是核心企业的供应基，同时是其管理范围内供应网络的一部分。Choi 和 Krause（2006）明确定义供应基，即仅通过合同进零件、原料与服务的购买的供应商，其构成如图 7-1 所示。

供应基采购产品和服务并从事价值增值活动的买方企业被称为"核心企业"。从供应基结构上看，核心企业位于所有供应商的中心，协调并控制各方活动。图 7-1 中描绘了核心企业和供应基之间的整体关系，箭头表示影响

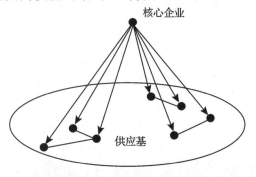

图 7-1　核心企业和供应基

资料来源：Choi 和 Krause（2006）。

的方向（如协调和控制），供应商之间的连线表示供应商之间的关系（如联合产品开发、参与共同的供应商协会、供应商之间的关系等）。

通常来说，核心企业决定生产的输入较多地通过购买而不是制造，则越依赖供应基。具体而言，采购项目和服务在销售产品总成本中占有比例越高，与企业相关的供应基管理的意义越重要（Dobler et al.，1996）。

强调一点，供应基中并非所有供应商都是一级供应商，根据核心企业的供应基管理政策和策略，供应基可能包括二级、三级供应商。换言之，核心企业管理的供应商不仅向该企业提供必要的货物和服务，还可能向供应基中其他供应商提供货物或服务。

一些学者通过交易成本理论解释核心企业和其供应商间的关系（Rindfleisch et al.，1997；Trent et al.，1999）。但是，交易成本理论并非供应基和管理者需要考虑的唯一问题，供应基的研究还基于组织信息处理理论。

以往研究主要集中在单个供应商角度，但近年来学术界越来越关注整体层面，即从供应基角度进行研究。供应基和单个供应商研究的主要区别如表7-1所示。

表7-1　供应基与单个供应商的主要区别

分析单位	单个供应商	供应基
主导问题	供应商绩效问题已经发生——需要什么来改正具体问题	企业拥有专门资源来开发供应基，资源应如何分配来获取最大收益
主要目标	缺乏供应商修正（短期改进）	供应基的持续改进（长期竞争优势）
选择 / 优化过程	问题驱动	市场驱动
驱动因素	错过交付日期	把供应商整合到买方企业的运营中
	质量缺陷	供应链优化
	消极的客户反馈	持续改进
	竞争威胁	增值合作
	生产中断	技术开发
	制造 / 购买决策的变化	寻求竞争优势

资料来源：Sillanp 等（2015）。

以单个供应商作为研究分析单位时，核心企业在供应商选择上需进行供应商绩效评价，并根据具体问题修正供应商缺陷以实现短期绩效改进目标；当学者将供应基作为研究分析单位时，核心企业拥有专门的资源来开发供应基，此时买方企业面临的主要问题是如何分配资源以实现利益最大化，因此需要不断改进整个供应基，以获取长期竞争优势，满足动态环境下不断变化的市场需求。

二、供应基的特征

供应基结构可以被定义为检验供应基的特征，如供应商规模、供应商分化程度以及供应商相互联系的方式等（Choi and Krause，2006）。在这些维度中，供应基规模的研究最多，通常在"供应基合理化/优化"这一话题下讨论。Choi 和 Krause（2006）采用复杂性视角描述供应基的特征，并探讨供应基复杂性如何影响采购绩效。一些研究将供应基复杂性作为调节因素，如供应商知识转移和复杂性之间（Blome et al.，2014）。总体来看，学者从两个角度描述供应基的特征，即结构视角和复杂性视角。

（一）供应基结构视角

Gadde 和 Hakansson（1994）在讨论采购中三个最具战略性的问题（自制或购进、供应基结构、买方—供应商关系）中首次创造了供应基结构这一术语。供应基结构涉及两个战略性方面：一是企业需要管理的供应商数量，二是如何组织供应基。供应商数量一直以来都是采购策略的重要方面，传统观点认为，一组供应商应该主要在价格方面相互竞争，因此企业拥有越多的供应商，供应基越好。然而，目前这一观点受到了质疑。与一个削减的供应基建立合作关系可以获取优势，同时深化个别供应商关系的活动对供应基整体也有一定影响。

供应基结构的问题是如何组织供应基。汽车行业的供应商关系研究中说明了各种供应商组织形式。汽车制造商直接处理的供应商数量显示出实质性变化。1994 年，通用汽车在美国的业务涉及大概 3500 个供应商，而沃尔沃汽车公司只依赖 800 个供应商。通用汽车和沃尔沃公司间的差异可以解释为规模因素，如工厂和生产汽车的数量。然而，来自日本的制造商相关数据并不适应这一模式。当时只有 200 多个供应商直接交付给本田和日产，这些区别主要是企业组织供应基的方式不同。通用和沃尔沃公司事实上没有组织。通过多元采购支持供应商间竞争，导致结构相当于一个"野生"的结构。丰田和日产用层次结构组织他们的供应商。只有第一层供应商直接交付给顾客。这些一线供应商负责及时交付。随着时间的推移，他们变成更加"系统的"而不是"组成的"供应商，负责产品开发的程度也不断增加。此外，这些一线供应商负责结构中其他层次的供应商活动。

已有文献认为供应基规模、供应商异质性和供应商之间的关系是供应基结构研究的主要问题。Akin Ates 等（2015）提出，供应基结构的五个不同维度：规模、异质性、相互联系、时效性和透明度，并讨论了他们与采购中的成本策略和创新策略如何联系。

（1）供应基规模。在给定市场环境下，传统观点认为拥有越多的供应商，价格就越有竞争力（Porter，1980）。然而，很多企业在大规模供应商削减运动中对这一传统原理提出异议。正如前文所述，采购人员通常在解释供应基合理化或优化时提到减少供应商数量。通过减少供应商数量，核心企业能够建立更有效率的买方—供应商关系，如实现更具成本效益的库存或订单控制。

拥有正确的供应商数量成为长期以来企业主要考虑的问题。通常认为小规模的供应基有很多优势，如总量折扣、降低管理成本、改进质量和协调性（Lemke et al.，2000）。Choi和Krause（2006）认为，减少供应商的数量在交易成本方面可能是有益的，但也可能会导致供应商创新减少。同时，少量供应商意味着对这些供应商增加依赖性，将买方企业锁定到这些特定的供应商和其技术上。然而，Koufteros和Marcoulides（2007）认为，较小规模的供应基可以加强与供应商的关系，减少投机取巧行为，增加创新想法的共享。

（2）供应商差异化。Choi和Krause（2006）把供应商的异质性定义为供应基中供应商间不同特征的分化程度，如组织文化、运营实践、技术能力和地理分散等。他们认为高度分化的供应基对成本绩效有负面影响，因为管理不同的供应商将带来额外的协作成本和运营负担。另外，同质的供应商有着相似的能力，在相似的行业中运营可能缺乏创新所需知识的多样性（Choi and Krause，2006）。

供应商的位置是影响创新的一种异质性因素。与买方邻近的供应商更有利于沟通和黏性知识的共享（Schiele，2007），全球化的供应商由于拥有不同的背景，在相互联系时能对创新产生积极影响。供应商的相对规模和类型也是影响供应商异质性的因素。一些企业偏好拥有多个供应商，以使其技术能力和基础设施受益。

（3）供应商之间的联系。Wynstra等（2003）指出，两家企业之间的关系不能被认为是独立于其他企业之间的关系。实际上，供应商之间存在合作与竞争两种关系。传统观点认为供应商之间是高度竞争关系，这有助于产生更有利的价格（Gadde et al.，1994），会导致买方企业更高的成本绩效和创新绩效。

竞争并非供应商之间唯一的联系方式。无论是否有买方企业介入，供应商之间的协作关系正在不断增加（Choi and Krause，2006）。Sobrero和Roberts（2002）认为，如果两个供应商供应同一核心企业，通过联合活动交换技术信息并承诺资源，实现创新的可能性增加。然而，Choi和Krause（2006）认为，在没有核心企业参与的情况下，供应商之间发生相互联系将导致供应商的高度自治，从而引发一致性活动的混乱和瓦解、破坏创新。

（二）供应基复杂性视角

组织信息处理理论（OIPT）核心理念是任务不确定性越高，决策者在任务中需要处理的信息越多。比起处于稳定环境中的组织，面临高度不确定性的组织必须收集、解释和合成更多信息以成功执行任务。

管理复杂性带来的不确定性的方法之一是有效的信息处理。为了管理不确定性，组织可以开发缓冲区域（如多元采购或额外能力）吸收不确定性（但需要处理的信息量增加），并投资提高组织能力的机制处理更多的信息（Flynn，1999）。供应链管理者通常采用持有安全库存的方式以缓解需求和供应之间延迟引起的不确定性，或通过共享需求数据，以改进决策制定的流程和质量（Mason-Jones et al.，2000）。

Choi 和 Krause（2006）指出，管理供应基复杂性应考虑三个维度：供应基中的供应商数量，供应商分化程度以及这些供应商相互联系的程度。供应基复杂性还来源于供应商在技术能力、长期或不可靠的前置期、广泛的地理分散上的差距（Caridi et al.，2010）。在不同研究中，供应链的上游供应基测量维度也不同（Bozarth et al.，2009；Choi and Krause，2006），四个维度通常被使用：供应商数量、供应商分化程度、供应商的交付可靠性和前置期；供应商的地理分散程度以及供应商之间相互联系（Caridi et al.，2010）。Brandon-Jones 等（2014）从五个维度研究供应基复杂性对供应中断和绩效产生的消极影响。

（1）规模复杂性。随着供应商数量或供应基规模扩大，信息流、物流和需要管理关系的数量增加从而增加复杂性（Bozarth，2009）。Handfield 和 Nichols（1999）指出，为某个零部件采用多个供应商会增加需要改进运营效率的协调水平。通过减少供应商数量，核心企业可以实施更有效的买方—供应商接口，如更有成本效率的库存或顺序控制。

（2）差异化复杂性。供应基中供应商的差异化指其在组织文化、操作实践、技术能力、地理分散等方面特征的不同程度。如果供应商在文化和工作规范相似且地理位置接近，核心企业更容易与供应商协调活动。供应商之间的差异化，尤其是在规模和技术能力方面，增加了管理者面临的适应一系列文化、实践和技术能力的复杂性（Choi and Krause，2006）。如果供应商在操作实践（如推动系统与拉式系统的不同）、跨境障碍（如语言差异或货物运送距离较远）、技术能力水平（如某些供应商在技术能力方面相对滞后，核心企业可能会需要进行更多的供应商开发以增加其竞争力）上存在差异，核心企业的供应基复杂性会增加。

（3）供应商之间联系的复杂性。在供应网络中，供应商—供应商关系逐渐引起了学术界的关注（Kamath et al.，1994；Wu and Choi，2005）。在供应基中，供应商之间寻找工作联系是一种正常现象。以汽车制造商的供应基为例，一个塑料成型公司可能向一个金属零件制造商同时提供塑料部件和金属部件（如连接器）。这种相互合作的关系在同一供应基中的供应商之间很常见，但通常并不为核心企业所知。当供应商之间的联系从二元（One Supplier to One Supplier）转移到三元（同一供应基中两个供应商互相竞争向另一个供应商提供产品）时，这种动态性变得更加复杂（Wu and Choi, 2005）。以前竞争的一组供应商现在可能转为合作关系，在与核心企业签订合同中，从虚拟组织获取更多的合作。除了实体产品的交换，供应商和供应商之间还可能进行信息交换。在典型的供应商—供应商关系中，关于另一个供应商的客观信息（如可预测的需求、竞争对手的产品特性以及生产能力）可以通过市场调查或买方企业获得。因此，供应基中的相互关系展现了核心企业管理复杂性的一个维度。

（4）交付复杂性。随着电子商务和外包的增加，企业需要更多的供应商为其提供原材料、技术、服务等。在全球化背景下，这些供应商可能来自不同地域和国家，交付复杂性随之提升。不可靠的或长期的供应商交付期增加了管理者需要处理的需求数据。一系列的上游运营活动和管理决策都会影响交付绩效。管理行为和外部商业环境都可以降低交付带来的复杂性。例如，管理者通过提供缓冲区，增加额外的库存或扩大提前期来改进交付的可靠性，从而降低交付复杂性。企业还可通过扩展计划范围，参与供应商合作或是供应商开发活动来降低交付复杂性。

（5）地理分散复杂性。Gibson 和 Gibbs（2006）将地理分散定义为分散在不同地方的团队成员的广泛程度。Stock 等（2000）将地理分散定义为广泛地理区域中企业供应链中元素的分散程度，本质上关注的是设施和活动之间的空间范围。扩大企业的供应基到新的地理位置通常被视为提高采购绩效的一种管理手段（Schiele et al., 2011）。除降低价格外，扩大供应基还可能提供战略优势，比如获取更高质量的原材料和货物、确保它们更好的可用性，获取技术和新市场，增加处理限制性规定的能力（Quintens et al., 2005）。除此之外，地理分散与库存、复杂的物流安排紧密相关，最终可能降低供应基的敏捷程度，增加企业的动态性和隐性成本（Holweg et al., 2011）。供应所处的地理位置越分散，需要管理的拥有不同文化或语言的供应商越多，带来的复杂性越多，从而带来更长的提前期和更高质量水平变化的挑战（Gray et al., 2011）。

三、供应基管理

供应基管理被广泛认为是实现竞争优势的战略工具（Choi and Krause, 2006）。近年来，最常见的供应基管理实践是"供应基优化"或"供应基合理化"，也有学者称为"供应基削减"，通过这一努力，可以降低行政和交易成本。Trent 和 Monczka（1998）研究表明，20 世纪 80 年代末和 90 年代初，许多企业以供应基优化的名义大幅削减其供应基规模，并希望这一趋势持续进行。一些大型原始设备制造商如通用汽车和通用电气也减少了供应商数量（Krause，1997；Bamford，1994）。为此，企业倾向于采用单元或双元采购策略，而非多元采购。通常，"正确"的供应商数量与供应商数量削减相关，小规模的供应基有很多优势，包括总量折扣、降低管理成本、改进质量和协调性等（Lemke et al.，2000）。供应基管理的重要目的是拓宽获取 SI 的渠道。通过跟踪关注现有供应商与供应市场中的潜在供应商，便于企业识别和吸引创新性供应商，并对现有供应商的创新绩效进行评价，动态调整供应基结构，以持续保持供应基创新性（Lorentz et al.，2020；Patrucco et al.，2021）。

四、供应基和供应商网络

供应基概念的提出旨在有效管理供应商，供应基规模、异质性、相互作用共同决定了买方企业的管理复杂性和运营负担。然而，这三个维度仅是供应基的水平特征，买方进行管理时还应该考虑垂直维度，以企业为核心引导供应基影响供应商的活动。文献中广泛讨论与供应商保持长期关系，通过信任和承诺增加买供方合作以实现创新。核心企业与每一个供应商建立二元关系，围绕一个企业建立多个简单的二元关系形成多重二元关系，此时与买方建立二元关系的整个供应商群体就是供应基。核心企业和供应商之间形成复杂的网络，使供应基管理扩展到供应商网络的研究，成为供应基领域研究的新趋势。网络视角强调企业间关系的网络嵌入性及关系依赖性，超越个体企业和简单的二元关系，注重关系对每个参与者的功能作用（Corsaro et al.，2012；Ramos et al.，2012）。

供应基和供应网络之间主要有两个区别。首先，供应网络中包含核心企业，而供应基中只包含供应商。其次，供应基中仅包括通过合同和零件、原料与服务的购买而被积极管理的供应商，但在供应网络中，核心企业不仅通过契约方式对供应商进行管理，还建立长期的信任关系与承诺，同时从供应商网络中获取有用的资源和能力。因此，供应基的研究为供应商网络研究奠定了一定的基础。

第二节　供应商网络

一、供应商网络源起

供应商网络是一种逐渐发展起来的新型组织形态，由制造企业作为核心企业主导，包括其上游价值体系中的所有供应商。这一形成并非突然事件，而是在深刻的实践和理论背景下逐步演化的。供应商网络的出现，最早可追溯到丰田汽车公司构建生产模式中的"供应商集群"（Keiretsu），其理论渊源则源于供应商管理研究视角的转变。

（一）丰田供应商集群：供应商网络的实践起源

丰田汽车公司（以下简称丰田）以其在采购与供应管理领域的卓越实践而闻名。为实现零库存和"在需要的时刻，按照需要的数量，生产需要的合格产品"，丰田将约80%的零部件及原材料外包给协作的供应商，且这些供应商或其生产工厂大多坐落于丰田的所在地，并以丰田为核心企业形成空间上的集群，称作"供应商集群"。通过这种方式，丰田在相对狭小的地域内形成了高度协作的生产体系，大幅度降低了库存，零部件在制品的库存时间只有2~3小时，备用零部件几乎为零。同时，地理接近性也促进了信息共享与人员交流协作，缩短了产品生产周期。

供应商集群中蕴藏着丰富的物料流、信息流、知识流、技术流，对丰田的发展至关重要。随着供应商集群的形成，丰田逐渐认识到与集群中供应商间关系并非独立存在，集群中生产相似或相同零部件的供应商可能存在激烈竞争，而资源与能力互补的供应商间又存在互惠的协作行为，供应商间的不同关系会影响丰田与供应商间的合作成效。为了更好地借助供应商集群创造价值，丰田主张共存（Coexistence/Kyoson）与共同繁荣（Co-prosperity/Kyoei），并致力于构建高效知识共享的供应商网络。由公司的采购部门和运作管理咨询部门（OMCD）引领，通过组建供应商协会、咨询小组以及自主学习团队三个创新制度，丰田的供应商集群实现了由最初以丰田为中心的企业—供应商弱连接、结构洞的网络组织逐渐转变为多边强联结关系（包含供应商—供应商关系、企业—供应商—供应商关系等）、较少结构洞的密集型网络组织，如图7-2所示。其形成过程分为三个阶段：

（1）最初丰田与供应商、供应商与供应商均为弱联结，供应商承诺参与供应商协会，希望获得更多交易量回报，知识共享行为逐渐出现，主要是显性知识的交换，但供应商缺乏网络群体意识和共同愿景培养。

（2）丰田与供应商之间建立了强双边联结，但供应商间仍为弱联结，进入供应商网络整合的启动阶段，丰田通过一对一的咨询服务帮助供应商获取有价值的知识，丰田与供应商间逐渐开始了隐性知识的对话与交流，而供应商间仍依靠供应商协会进行显性知识的传播，知识传播效率和价值有限。

（3）随着丰田组织自愿学习小组的展开，促使供应商间建立了强的多边联结，最终进入供应商网络整合的成熟阶段，网络成员充分协作，知识在整个网络中加速流动，显性知识与隐性知识得以同时交换，学习速度加快，形

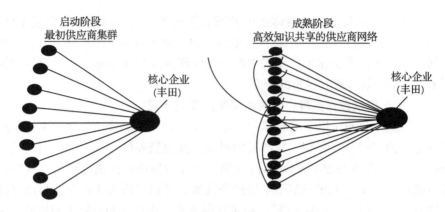

图 7-2　丰田高效知识共享供应商网络发展过程

资料来源：Dyer 和 Nobeoka（2000）。

成高效共享知识的网络，实现成员个体和网络整体的双赢。

丰田的经验有力地证明了在供应商集群内构筑较高水平的知识分享流程，能为企业创造和维持竞争优势，同时，知识共享的供应商网络能够促使供应商更快速地融入和学习，促进丰田与供应商间建立紧密和稳定的相互依赖关系，实现共享利益、共担风险、共创价值。丰田的成功也吸引了其他发达国家的制造企业（如福特、本田、戴姆勒－克莱斯勒等）采用网络思想管理供应商，通过构建供应商集群和积极协调管理网络中供应商，这些企业提高了生产运营绩效、降低了产品生产成本、提高了产品质量、增强了知识流动和产品创新（Kim et al.，2011）。供应商网络作为一种新的组织形态，已逐步替代企业—供应商二元关系，并成为采购与供应管理实践的重点。

（二）供应商管理视角的变革：供应商网络的理论渊源

供应商在企业中的角色日益重要，采购与供应管理特别是供应商管理的研究越来越受到学术界的重视（Liao et al.，2010；Prajogo et al.，2012）。随着竞争由企业间竞争演化为网络间的竞争，学术界逐渐认识到企业与众多供应商所建立的关系不再是孤立的二元关系。供应商管理也由最初的采购 / 供应商组合管理到二元关系（如企业—供应商关系、供应商—供应商关系）管理，进一步发展到更加复杂的供应商网络管理。

最初，由于不同采购需要集成不同的资源和行为，企业对其供应商资源的利用程度存在差异。企业采取供应商分类组合管理，决定适合不同供应商的管理策略并配置有限资源，以优化利用各供应商的能力（Padhi et al.，2011）。最早的采购 / 供应商组合管理研究是 Kraljic（1983）基于 Markowitz 的投资组合理论提出的采购组合管理矩阵，即 Kraljic 矩阵，其被广泛认为是供应商管理理论的一个重要开端。

Kraljic 矩阵已成为采购 / 供应商管理的基础，许多学者在 Kraljic 矩阵的基础上进行了拓展，采用不同分类维度，构建多种供应商组合管理模型。然而，有研究者指出，仅将供应商视为被动参与者是不合适的，企业采购策略的实现需要与供应商间的共同努力，因此管理者还面临着动员所有供应商的问题（Mouzas et al.，2007）。这一阶段学术界对供应商管理的研究发展到了二元关系管理阶段（Wagner，2006）。

20 世纪以来，全球化和复杂的竞争环境使企业认识到采购在产品输入中的重要性，采购职能在战略计划中的地位随之增加。企业转向战略采购以创造增值服务，将采购职能由过去"简单"的非核心产品和服务采购转向对高附加值的核心业务（如设计和产品开发）的战略采购。企业整合多个供应商以获取不同资源（如创新和柔性），这一转变使采购职能面临管理日益复杂的企业与供应商间的网络关系。虽然二元关系的研究范式有助于理解企业—供应商关系和供应商—供应商关系的特征，但却忽略了二元关系嵌入在更广泛的商业网络中的现实，作为基本的分析单元的二元关系已经不能满足采购与供应管理研究和实践的需要。例如，在研究供应商与供应商之间的关系时，如果不考虑企业与每个供应商的关系，就很难准确刻画供应商与供应商之间的关系。基于此，许多学者提出从网络视角出发研究如何管理供应商问题将更有意义。供应商网络作为一种考虑企业间关系的网络嵌入性及关系相互依赖性的互动模型已被广泛采用。

二、供应商网络的内涵与特征

（一）供应商网络的内涵

在采购与供应管理演进中，供应商网络概念的提出与供应链和供应网络密切相关。供应链指基于长期、深层次合作关系的独立企业围绕产品价值链而构成的系统，该系统中涉及产品、服务、资金或信息从源头向客户端向下或向上流动。随着供应链管理理论的发展，其关注的焦点逐渐从简单二元关系组成的供应链拓展到由企业与企业之间合作关系组成的供应网络。供应网络源于供应链的网络化拓展，又被称为运营网络（Operations Network）或生产网络（Production Network），是由企业及与其存在直接或间接物料供给关系的其他企业共同组成的复杂网络组织。供应商网络仅仅指企业上游价值体系中的所有供应商组成的网络，由一级供应商、二级供应商、三级供应商等组成。供应链、供应网络和供应商网络三者之间关系如图 7-3 所示。

目前，学术界讨论的与供应商网络相关的概念主要涉及供应基、供应网络等，许多研究认为，供应商网络是供应网络的一部分，其与供应基和狭义供应网络在概念范畴上可以互换或等同的。Kim 等（2002）从狭义上理解供

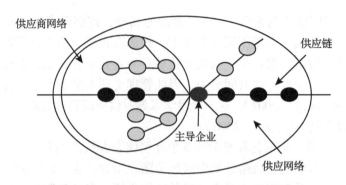

图7-3　供应链、供应网络和供应商网络关系

应网络，认为供应网络是包含企业与其所有供应商的网络系统。Choi 和 Hong （2002）认为，企业与其所有供应商间多重二元关系交互融合形成的网络称为供应基，核心买方企业需要管理供应基中一级供应商、二级供应商以及可能存在的三级供应商。Choi 和 Krause（2006）指出，供应基指提供的产品和服务有助于企业价值增值的一组供应商构建的组织形式，从供应基中采购产品和服务的买方企业占据了供应基的中心位置，能够通过契约合同等"看得见的手"来协调和管控供应商的行为与活动。Roseira 等（2010）指出，供应商网络包含业务相似或差异化的多个供应商，这些供应商间有可能存在互动，且他们不同程度地适应买方企业的战略目的和环境，因此，企业管理供应商网络除要差异化管理其与供应商间关系外，还需要管理这些供应商关系之间的相互依赖性。李随成等（2013）在梳理供应网络和供应商网络相关研究的基础上，将供应商网络定义为由企业通过合约以及采购零部件、原材料和服务积极管理的关键供应商所组成的复杂网络系统，并指出，尽管供应商网络延续了供应网络自组织适应特性，但由于核心企业与供应商间的供需关系以及由此形成特殊的网络结构和网络关系，使企业能够通过正式和非正式的网络机制设计并管理供应商网络，实现企业的价值增值。

虽然学者对供应商网络的表述不尽相同，但对于其核心观念的理解还是相同的，均认为供应商网络是企业供应网络的一部分，是企业主导的，由其上游价值体系中所有供应商共同构成的复杂网络系统。

（二）供应商网络的基本特征

相较于一般企业间网络组织，供应商网络因其成员企业构成、网络结构与网络关系特征的特殊性而表现出一些典型特征。

（1）供应商网络是由企业与上游价值体系中所有供应商共同构成的网络组织，企业在其形成与发展中起主导作用（Roseira et al.，2010）。供应商网络具有层级结构，包含一级供应商与可能涉及间接关联的二级或三级供应商，这些供应商间可能形成竞争或竞合关系。基于此，企业在管理供应商网络时，除了管理纵向的企业与供应商间关系，也需要对横向和纵向的供应商与供应商间关系进行管理（李随成等，2013）。

（2）供应商网络是众多围绕物料或服务供应的供应商关系组合的集合，具有明显的网络效应。由于企业产品的复杂性，企业为确保准时生产与供应、减少供应风险（包括供应商的机会主义行为风险和企业逆向选择风险）并降低库存成本，常选择两个或少数供应商建立供给关系，即便是当供应市场中只存在一个有效供应商时，企业也会选择另一个相对较弱的供应商，从而处于这些关联二元关系的核心位置，形成供应商关系组合。简言之，供应商关系组合是企业与多个相似供应商同时建立物料或服务供应关系的组织形式，三元组（Triad）是关系组合的最小单元（Choi and Wu，2009），众多围绕物料或服务供应的关系组合的集合形成了供应商网络。在供应商关系组合中，企业间关系不仅包含纵向的供应关系（如企业—供应商关系、供应商与其供应商间关系），还因交付同一种物料或服务存在横向的供应商—供应商关系（Wilhelm，2011）。依据交换网络理论，当由多个行动者及其相互之间的交换关系被视为一个网络系统时，网络中发生在不同成员企业之间的互动关系是相互影响的，因而供应商关系组合中二元关系间存在明显的相互依赖性（Roseira et al.，2010），某一供应商产品属性的改善或企业—供应商关系的变化，很可能促使企业与其他相关供应商间关系的变化，这种现象被学者称为网络效应（network effect）或交互效应（cross-effect）。

（3）企业嵌入在供应商网络中占据核心位置，负责构建网络、计划和协调整个供应商网络活动。占据核心位置的企业不仅拥有更多向网络中供应商学习、获取新知识和信息的机会，还被赋予了来源于物料供需关系和网络结构、关系特征的一些特殊权力，使其能够通过积极的管理实践引导供应商网络的演化方向。Roseira 等（2010）在案例研究中发现，核心企业能够影响企业—供应商关系的效率与创新在供应商网络中的扩散程度。Holmen 和 Pedersen（2003）通过案例研究和理论分析表明，供应商网络结构以及网络中的关系内容会受到核心企业中介管理机制的影响，并指出核心企业管理供应商网络时可选择联合（Joining）、隔离（Isolating）和关联（Relating）三种中介机制。联合管理机制是核心企业促使原先不存在交换和互动关系的两个供应商直接关联并相互作用的管理过程；核心企业也可选取隔离管理机制，故意使多个供应商相互隔离，促进供应商间的竞争行为；关联管理机制被视为是核心企业发挥"桥点"作用，将诸如信息、知识等特定资源从一个供应商关系转移到另一个供应商关系。Aune 等（2013）通过单案例研究发现，核心企业的联合、隔离和关联三种管理机制在供应商开发活动中扮演了关键角色，并强调核心企业凭借网络管理有助于企业获取和利用相关资源培育所需的供应商能力。因此，供应商网络不应再被视为外生情境，它是可以被管理的。企业可以主导和适应网络结构与关系的变化，从而最大化动员、配置和利用供应商网络。

除此之外，供应商网络还具有企业组织间网络的共性特征：①复杂性：供应商网络是由企业与其价值链上所有供应商组成的复杂网络组织，相较于管理少数供应商或单个企业—供应商二元关系，管理供应商网络将使核心企业面临同时处理更多不同且复杂问题的困境（Choi and Krause，2006）。②动态性：尽管占据核心位置的企业能够通过协调和控制供应商行为来引导供应商网络的演变轨迹，但作为供应网络的一部分，供应商网络本质上是自适应系统，其随时间推移和组织间互动而自发演化，也就是说，每个供应商诸如构建或终止连接关系、结成合作伙伴等行为与活动除受其自身利益驱动和核心企业在目标或战略方面的指引外，还受到网络中其他成员企业之间自发互动的影响（马汀等，2007）。③相互依赖性：正是由于供应商网络中成员企业间相互依赖性的存在，才使任意两个网络成员企业间均能通过直接或间接互动关系相互连接。④嵌入性：组织和组织间关系均镶嵌在供应商网络中，企业和供应商的决策与行为均受到作为行动脉络的当前供应商网络结构和作为游戏规则的供应商网络惯例的影响（Choi and Kim，2008）。⑤资源传递性：供应商网络作为企业的重要外部知识源，是知识、信息、技术等资源获取和传播的主要渠道，通过促进企业与众多供应商之间的信息和知识传播从而达到学习与创新的目的。由于供应商与制造企业的知识差异性，供应商多元化的技术背景更易与企业形成互补效应，弥补企业自身技术缺口（于茂荐和孙元欣，2020）。

三、供应商网络形态

（一）供应商网络最小单元——M–S–S 三元关系

近年来，学术界逐渐认识到三元关系（Triad）在社会网络分析中的重要作用，并通过研究发现，大多数发生在由三个或更多行动者组成的复杂网络中的问题都可以在三元关系中找到，并且这些问题并不会因为分析范围从"三元"向"网络"拓展而发生根本性改变。相较于企业—供应商二元关系，三元关系可以帮助企业认识网络中节点（Actor）对联结（Link）以及联结对联结的影响作用，进而有助于企业更充分地理解网络中供应商行为规律，因此，企业—供应商—供应商三元结构被视为是构成复杂供应商网络关系的基础，是网络分析的最小单元（曹智等，2011）。

三元关系最初由社会学家 Simmel（1950）在"The dyad and the triad"一

文中提出，用于描述三个个体或组织间的社会互动结构，它与二元关系有着很大的不同，两者概念的辨析如表7–2所示。从二元关系拓展为三元关系，不仅表现在参与成员数量上的变化，更多地体现在因成员数量变化所导致的互动结构上的差异。三元关系中可能会发生结盟、调解及其他一系列的社会活动，第三方成员的介入，可能强化或恶化原先的二元关系。三元关系有助于企业认识网络中组织间关系的嵌入性和相互依赖性，进而帮助企业制定并开展更加合理的外部网络管理策略与活动。在网络分析中，三元关系的重要性日益凸显，引起学术界广泛关注，众多学者开始探索制造企业如何利用M–S–S关系进行供应商关系管理，以提高企业绩效。

表7–2 二元关系与三元关系差异辨析

比较内容	二元关系	三元关系
关系内涵	两个节点企业如何相互影响	三个节点企业如何相互影响
关系结构		
关系功能	影响 A 与 B 的战略制定与实施以及 A 与 B 之间的关系	影响 A、B、C 的战略制定与实施以及 C 与 A 和 C 与 B 之间的关系；同时又受 C 的战略制定与实施以及 C 与 A 和 C 与 B 之间关系的影响
绩效影响	影响 A 和 B 的创新、关系等绩效	影响 A、B、C 的创新、关系等级小

资料来源：曹智等（2011）。

Wu 和 Choi（2005）针对买方企业—供应商—供应商间的三元关系做了细致的研究，并依据 Coach、Flip–Flop、Hands–off、Mediator、Organizer、Plotter、Puppeteer、Risk–minimizer 8 个不同案例来对买方企业—供应商间二元关系及供应商—供应商二元关系间的相互作用进行了区分和针对性研究，如表7–3所示。通过案例对比研究，他们认为供应商与供应商之间的关系对于买方企业具有重要的战略意义，针对不同的战略目标（如企业—供应商资源共享、供应商—供应商间共享资源、共同学习或新产品开发等），买方企业需要精心挑选供应商并构建相应的关系结构。

表 7-3　跨案例比较

企业	图示	企业战略意图	企业—供应商关系特征	供应商—供应商关系特征	对企业绩效的影响	对供应商绩效的影响
Coach	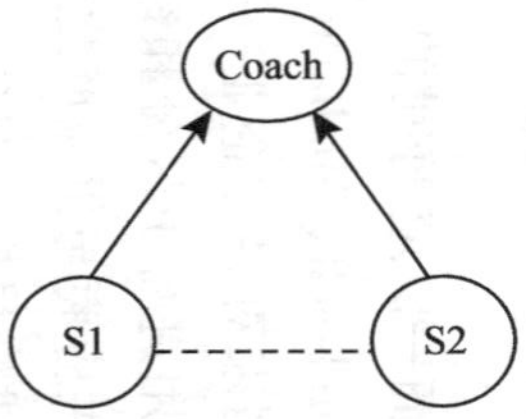	利用两个供应商降低供应风险 让供应商 S1 和 S2 一同工作提升供应商运作绩效	与 S1 长期联盟 与 S2 构建友善工作关系	合作关系 显性信息共享，一些隐性信息共享	缩短供应交付时间 更低的产品价格 更高的产品质量	S1：向 S2 学习技术；损失部分合同 S2：通过 S1 获得企业隐性知识
Flip-Flop	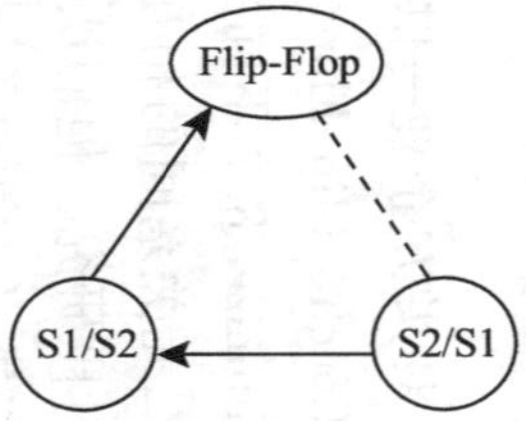	引入新供应商降低对供应商 S1 的依赖 让 S1 直接管理 S2 减少企业的供应管理工作	企业—供应商 S1 合作关系 企业—供应商 S2 交易关系	友善关系 最小化的显性信息共享，隐性信息共享	减少对供应商 S1 的依赖	S1：向 S2 学习成熟的业务流程 S2：最小利润到没有利润
Hands-off	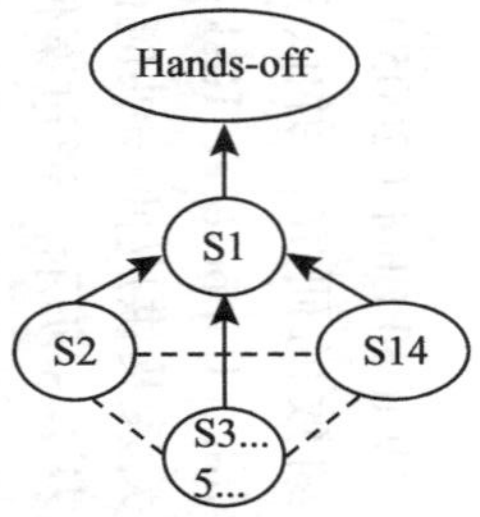	增加外购来减少成本 巩固供应基来减少成本	交易或有敌对性的工作关系	联盟和战略合作关系 显性和隐性信息共享	更低的采购成本 更好的质量 更富柔性的供应能力	S1：具有外包工作给其他供应商的能力 相较于企业，更多影响力 S2—S14：共享资源和学习

续表

企业	图示	企业战略意图	企业—供应商关系特征	供应商—供应商关系特征	对企业绩效的影响	对供应商绩效的影响
Mediator	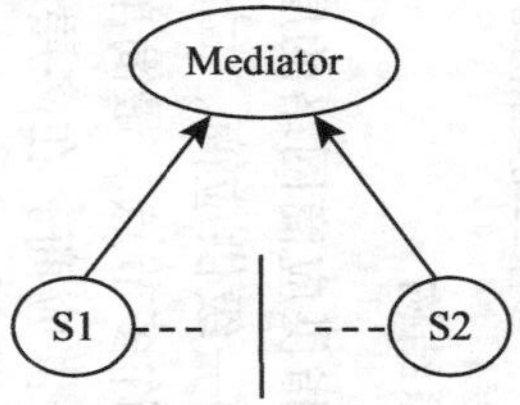	通过紧密协调两个供应商间活动 使两个供应商物流服务无缝衔接	合作关系 信息交换	交易关系 一些显性信息共享和最小化的隐性信息共享	供应管理成本的最小限度压缩 无法完全实现一个完整的交钥匙工程	S1：企业信誉受损 S2：获得企业青睐
Organizer	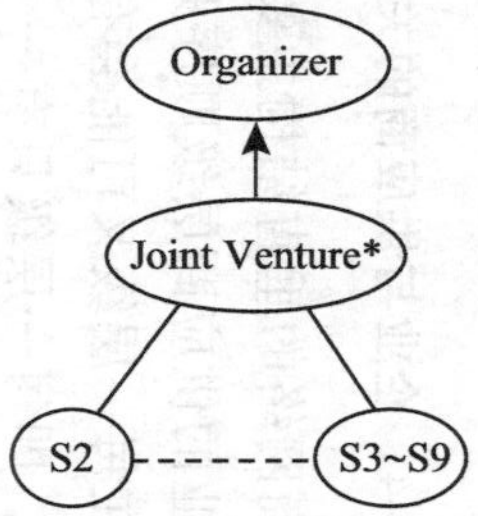	利用供应商间协同创造新产品	企业—供应商 合作关系 企业—供应商 S2~S9 专业工作关系	设计阶段，合作关系 投标阶段，竞争关系	成功的新品开发 新的收入来源	S1：成为检测设备的领先生产商 S2~S9：客户和市场需求的信息采集
Plotter	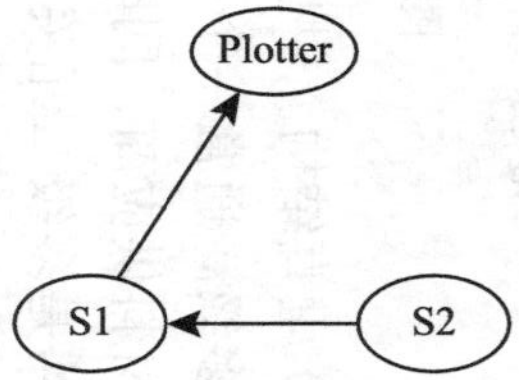	设立供应商 S1 的潜在替代者 让 S1 直接管理 S2 来降低供应管理工作	企业—供应商 S1 合作关系 企业—供应商 S2 工作关系	交易关系 监管下的信息共享，最小化的显性信息共享	减少对供应商 S1 的依赖 更低的采购价格	S1：核心能力的逐渐丧失 S2：通过 S1 学习企业业务流程

以往学者对 M–S–S 间的三元关系做了有益探索，为我们更好地理解供应商网络特征并探究有效的供应商网络管理方法提供了重要基础和前提。

（二）供应商网络结构

借鉴 Samaddar 等（2006）对供应网络结构的描述，从水平结构和垂直结构两个维度分析供应商网络的结构。

（1）水平结构。供应商网络的水平结构主要指同一层级供应商节点的数量，企业与供应商的关系结构可以分为二元关系和多重二元关系，如图 7–4 所示。二元关系指涉及两个企业间关系，主要指企业与单一供应商的关系形式。多重二阶关系指涉及一个企业同其他若干个企业间互动的关系网络（一对多或多对一），在供应商网络中表现为企业和多个供应商的多重二元关系。同时，Choi 等（2002）强调，在供应商网络中，供应商间存在潜在或直接的互动关系，供应商—供应商关系对于研究企业—供应商关系意义重大。供应商数量的增加和供应商间的互动导致了供应商网络的复杂性，当研究一个层级的供应商时，企业—供应商二元关系将这种复杂性降到了最低，而多重二元关系及水平层面上的供应商间互动则最大化地展现了这种复杂性。

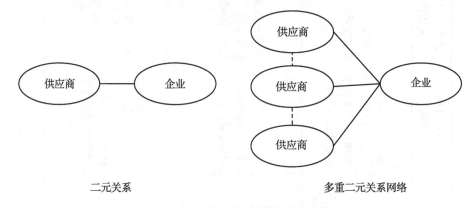

二元关系　　　　　　　　　　　　　　多重二元关系网络

图 7–4　企业与供应商的关系结构

（2）垂直结构。供应商网络的垂直结构主要指供应商网络的层级，分为单级和多级。通常一个企业的供应商层级顺序是一级供应商、二级供应商，直至原材料供应商，同时在每一层级又可能会有许多节点。最简单的多级供应商网络是多级二元关系，即每一层级只有一个供应商。在多层级网络中，由于不同层次的互动和不同的信息需求，对网络的有效维护变得非常具有挑战性。供应商网络层级增加了企业协调和信息处理成本，因此需要企业通过供应商网络利用外部资源来协调信息流动，以减轻网络复杂性带来的困难。

（三）供应商网络形态及其构成

网络形态（Network Configuration）是网络关键特征要素的特定安排或排

列，由各要素通过互补的方式组合，以达到供应商网络各要素内部一致性的多维度概念，用于反映网络的特定状态。网络的形态观点强调网络的整体性及构成要素间的相互关联，有助于企业深入分析并了解网络特征（Shi and Gregory，1998）。在采购与供应管理领域的文献中，如何利用形态理论更全面地理解供应网络内涵和结构，以实现对供应网络更有效的设计和管理成为学术界研究重点。

Singh 和 Gregory（2008）从供应网络形态视角对跨国供应链管理问题进行研究，通过单案例和多案例结合分析，识别出构成供应网络形态的四个方面：层级结构、关键业务单元运作和内部生产工艺、关键网络成员的角色定位和相互关系、产品结构，并指出案例中不同核心企业间的供应网络因这四方面内容的不同组合而呈现出较大差异，这种形态视角有助于企业更准确地理解并识别供应网络相关要素，更好地改善供应网络绩效。从组织之间信息共享特征的视角出发，Samaddar 等（2006）通过多种网络模式（二元模式、多渠道多层级模式）、企业在网络中的位置以及企业之间关系三个维度分析供应网络形态及其与组织之间信息共享的关系。

战略采购思想的引入和供应商网络重要性的日益凸显，使相关学者高度重视"供应商网络形态"概念。借助于社会网络分析方法，可从网络关系和结构两个维度分析供应商网络，因此，供应商网络形态要素包括网络中组织间关系以及网络结构两个方面。随着行业竞争的加剧，企业越来越倾向于与供应商建立良好的关系，依据自己的战略目标有针对性地建立其供应商网络。企业与供应商之间逐渐由简单交易关系向合作伙伴关系演化。因此，根据制造企业战略目标的不同，与供应商建立不同程度的合作关系对企业知识获取以及资源合理配置将起到重要作用。除企业与供应商之间关系外，供应商间的关系也会对制造企业生产运营产生很大影响，成本、时间和竞争压力促使部分供应商之间形成复杂的依赖关系。特别是，当企业与小部分供应商合作时，更有益于供应商之间建立关系，而且，当供应商处于同一行业且生产的是可替代产品而不是互补性产品时，他们的业务或者零部件在某种程度上有相似性，这些供应商的生产制造过程更有可能相互兼容（Choi et al.，2002）。供应商间合作有助于信息在供应商间自由流动，双方共享资源、技术专长来完成共同目标，将有助于制造企业产品创新以及产品质量的提升。但合作关系的形成需要建立在双方长期交易以及企业内部各层次人员的社会交往基础上。网络结构是供应商网络形态的重要维度。根据结构洞理论，富含结构洞的网络中较少冗余联系，能为企业获取新颖信息提供机会（Harris et al.，2012）。紧密网络理论认为，缺乏结构洞的网络中联系密集程度高，有利于网络成员知识共享、共同解决问题，能加强企业间信任和合作，并且能通过声誉效应控制网络成员的不正当行为（Gilsing et al.，2008）。不同的供应商网络结构关系到制造企业不同类型、不同程度的知识获取（闫泽斌等，2022）。

尽管如此，网络结构与网络关系仅是供应商网络形态研究的两个基本维度，从多角度刻画供应商网络对于企业建立并深入认识和管理其供应商网络至关重要。黄聿舟和裴旭东（2015）提出，嵌入性、开放性、黏性度和中心性是供应商网络形态的关键构成要素，供应商网络因在四个方面的不同组合而呈现出不同的网络形态。

李随成等（2013）首次正式提出供应商网络形态概念，并针对这一构念的内涵与测量展开研究，提出供应商网络形态是各网络要素不同特征对供应商网络进行分类所得的特定安排，反映了供应商网络的特定状态。进一步基于供应链、供应网络形态相关研究成果，以我国制造企业为研究对象，利用网络嵌入性理论分析并通过因子分析的方法鉴别出认知一致性、组织之间关系、协调机制、网络位置、网络结构这五个关键的供应商网络形态构成要素，各要素测量题项如表7-4所示。

表7-4　供应商网络形态维度及其题项

	维度	题　项
供应商网络形态	认知一致性	①我公司认为供应商网络中的成员需要按照共同的目标行动
		②我公司与供应商在产品开发过程中协调方式非常清楚
		③我公司与供应商网络成员共享行为规范
		④除核心供应商之外，我公司与供应商网络中其他多数供应商有共同合作的经历
		⑤供应商网络成员行为主要通过正式程度较低的规范来约束
		⑥我公司希望与供应商能够互利合作
	组织之间关系	①我公司认为供应商之间的关系能够对我们的产品创新绩效有影响
		②除核心供应商之外，我公司希望能够与其他多数供应商开放有利于产品创新的资源
		③除核心供应商之外，我公司关注网络中其他多数供应商的可信赖程度
		④除核心供应商之外，我公司希望与其他多数供应商之间有很多的知识交流

	维度	题 项
供应商网络形态	协调机制	①我公司希望与供应商交往过程中的行为通过高正规化的规则约束
		②我公司希望供应商网络中，关系集中于本公司周围
		③我公司希望网络中决策制定的权力集中于本公司
	网络位置	①我公司希望能够控制供应商网络中其他企业之间相互交互
		②相对于网络中其他供应商来说，我公司更加关注与其他企业的关系数量
		③在获取信息方面，我公司希望不受网络中其他公司对我公司的控制
	网络结构	①我公司希望各层级上供应商的数目较少
		②我公司希望供应商网络层级数目较少
		③我企业希望所有可能存在最大的联系数目中，能够用最多的联系连接起网络中的供应商

（四）供应商网络形态类型

黄聿舟和裴旭东（2015）应用构型理论分析制造企业的供应商网络的运行与管理。由于不同企业的复杂产品系统所需的信息和知识有很大差异，能产生最优绩效的供应商网络构型也有所不同。基于此，黄聿舟和裴旭东总结了供应商网络的三种典型形态，即契约主导型、关系主导型和权威主导型供应商网络形态，并指出各供应商网络形态下，嵌入性、开放性、黏性、密度和中心性等组合呈现出较大的差异性，如表7-5所示。

表7-5 三种典型的供应商网络形态类型

类型	契约主导型	关系主导型	权威主导型
示意图	主导企业 — 关键供应商 — 次级供应商	主导企业 — 关系型供应商 — 次级供应商	主导企业 — 一级供应商

续表

类型	契约主导型	关系主导型	权威主导型
网络形态	低 嵌入性 高 低 黏性 低 中心性 高 高 开放性		
典型案例	电脑 OEM 生产网络	丰田汽车制造网络	波音 787 生产网络

（1）契约主导型供应商网络中一般存在拥有较大规模、较强能力且技术不确定性的关键供应商。主导企业有针对性选择关键供应商构建供应商网络（而由关键供应商自行选择二级和三级供应商），主导企业一般通过试用订单和认证来了解关键供应商的制造能力，主导企业与关键供应商建立合作关系并组建合作学习小组，通过知识交流、关键问题解决，从而实现资源合理配置，大大降低制造成本。此网络的特征是开放性高，网络间成员的流动性较强，网络成员间的嵌入性和黏性较弱。

电脑 OEM 制造网络是典型案例，由于电脑的各个模块部件已经高度标准化，像戴尔、联想、惠普等国际大公司电脑业务以 OEM 代工为主。将电脑生产制造外包给具有较强成本控制和技术能力、大规模制造能力的鸿海、英顺达公司，通过资源有效配置，大大降低电脑制造成本和研发风险。

（2）关系主导型供应商网络是主导企业与一级供应商组成长期导向关系的稳定的网络结构，主导企业通过控制产品模块的物料清单，规定一级供应商所采用的二级和三级供应商的名单。主导企业间接控制二级和三级供应商，有利于主导企业利用其供应的零部件用在不同的产品线上，节省成本和增加产品模块化程度。关系主导型供应商网络的特点是主导企业与关系型供应商之间建立相互信任、承诺、开明的关系。主导企业不再一味关注最大化供应商的成本、质量、柔性等可操作性指标，它们开始从供应商身上寻找潜在创新，并尝试利用这种潜在创新为自己的客户创造价值。

丰田汽车公司组建的供应商网络便是典型案例。丰田汽车制造网络中共有 40000 多家供应商，其中，丰田公司直接管理的 168 个一级供应商，剩余的 5000 多个二级供应商和 40000 多个三级供应商分别由上一级供应商直接管理。丰田汽车制造网络是与少量的供应商形成长期导向的紧密合作伙伴关系，建立层级、结构化、稳定的网络结构。Dyer 和 Hatch（2004）通过对丰田汽车公司组建供应商网络的个案研究，探讨制造商通过管理促进制造商—供应商之间知识转移和知识共享，可以让制造商与供应商一起不断学习、不断改进、共同成长促进供应商改进绩效，并提升能力，进而使制造企业获取降低交易成本、节省管理费用、提高产品开发绩效等方面的利益。

（3）权威主导型供应商网络是主导企业直接与各个零部件模块供应商合作所形成的网络。主导企业往往拥有覆盖全价值链的超强实力，处于供应商网络的核心地位。这种网络构型相对封闭，网络的开放性低，成员之间的嵌入性和黏性较高，主导企业与供应商所形成的是一个紧密网络，通过频繁的交互以及相互沟通促进隐性知识在其之间的共享。

波音开发的梦想客机"Dreamliner"787 制造网络便是典型案例。波音公司开发 787 客机是第一次实施全球供应链战略，通过对 787 客机的各个模块进行重新设计，波音把大量的工作外包给全球 23 个一级供应商，波音在 787 客机研制中从一个单纯的飞机制造商转化为系统集成商。波音 787 客机在产品设计和开发中引入供应商，建立全球性协助体系，加快产品开发进度，大大降低开发成本，成为波音历史上造价最低，研制时间最低的机型。

同样以供应商网络形态类型为研究中，王玮等（2016）以探索不同创新导向下的供应商网络形态的差异为出发点，依据网络结构、网络位置、组织之间关系、认知一致性、协调机制五个组成要素，利用聚类分析方法对供应商网络进行分类，结果表明，制造企业所管理的供应商网络趋向于"开放式"和"封闭式"两种，且除网络位置之外，两种供应商网络形态在网络结构、组织之间关系、认知一致性、协调机制四个要素均存在显著差异，如表 7-6 所示。

表 7-6　供应商网络形态各要素特征

供应商网络形态关键构成要素	开放式供应商网络	封闭式供应商网络
认知一致性	较低	较高
组织之间关系	多为弱联系	多为强联系
协调机制	分权，规范化程度低	集权，规范化程度高
网络位置	制造企业中心性高	制造企业中心性高
网络结构	稀疏	密集

此外，王玮等（2016）进一步指出，根据产品特性及知识需求的差异，

供应商网络产品创新导向分为开发式和利用式，开发式产品创新中，制造企业在产品特性以及生产技术上有较大变革，制造企业需要新颖的、异质性的信息，而利用式产品创新中，企业开发新产品所需知识和技术是对现有知识和技术的提炼。而供应商网络形态各维度不同水平对制造企业知识获取和知识共享的影响存在差异，因此，当产品创新导向与供应商网络形态适配时，企业的产品创新绩效更高。开发式产品创新导向下，制造企业管理开放式供应商网络，相比于封闭式供应商网络能取得更高的产品创新绩效；利用式产品创新导向下，企业管理封闭式供应商网络，相比于开放式供应商网络能取得更高的产品创新绩效。

第三节　供应商网络管理

Ford 等（2002）在研究商业网络中指出，尽管网络演变不完全受某个网络成员的控制，但嵌入在网络中的企业，尤其是核心企业，可以通过构建和终止联结来影响网络的演变轨迹，并开创性地提出了网络管理模型，该模型由网络图景（Network Picture）、网络化（Networking）、网络结果（Network Outcomes）三个要素及其间的相互关联作用构成，如图 7–5 所示。

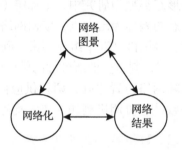

图 7–5　Ford 等（2002）提出网络管理模型

网络图景指网络成员企业中管理者对其所处网络的主观认知与看法，取决于该管理者的感知、经验和推断，并受到环境不确定性和自身理解能力的影响；网络化泛指成员企业在网络中的所有互动，其实质是成员企业治理网络的策略选择与实践行为，也被称为网络化行为或网络化活动；网络结果是网络反馈给每个成员企业的结果产出。在该网络管理模型中，网络图景、网络化行为和网络结果三者间相互关联，均呈现影响与被影响的关系。网络图景作为企业管理者对网络情境中关系、互动和相互依赖的解读，为企业层面的网络化行为提供了基础，也是网络结果的评估依据；网络成员的网络化行为即能产生个体的网络绩效结果，又能影响或改变行动者对于网络互动的认知；网络结果会进一步修正网络成员对网络的异质性理解与认知，也会促使行动者采取某些网络化行为。因此，网络管理框架是一个不断互动的动态过程，它清晰揭示了网络成员的网络图景如何形成与修正，其依据什么行动，以及其绩效结果如何产生，为企业理解网络中互动、如何有效管理网络产生回报提供重要理论基础。

在探讨如何有效管理网络时，Mitrega 等（2011）在 Ford 等（2022）提出的网络管理模型基础上，指出作为个体管理者对网络的解读和感知，网络图景需转移为企业集体在网络中的行为活动，但 Ford 等并未清晰指明管理者如何协调组织中多样的网络图景，并使网络中他们企业在决策和行动上达成某种一致性。Mitrega 等（2011）进一步指出，网络能力是企业的一种网络化战略能力，能够促进网络中业务伙伴开展企业期望的行为，从而保障上述网络中各种协调是可能的，这意味着网络能力连接了网络图景和网络化行为，能辅助企业把握网络发展方向、推动和维护网络的形成与发展。基于此，Mitrega 等将网络能力视为企业管理网络时需关注的第四个关键要素，拓展了Ford 等（2002）提出的网络管理模型，如图 7-6 所示。

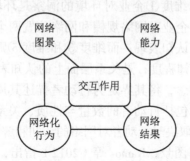

图 7-6 Mitrega 等（2011）提出的网络管理模型

借助网络管理模型，建立供应商网络模型，重点从网络图景、网络能力、网络化行为和网络结果四个方面论述供应商网络管理。

一、供应商网络图景

供应商网络管理需要企业深刻理解其所嵌入的供应商网络特性，除掌握网络中所能提供的资源和能力外，还要理解各网络成员间的交互关系。网络图景作为企业管理者对供应商网络的独特性认知与看法，能够帮助企业深刻理解其所嵌入的供应商网络特征及其占据的网络优势。网络图景概念最早由Ford 等（2002）在 IMP 会议上提出，指网络参与者持有的网络见解，并表示不存在单一、客观的网络，不同企业对网络的内容、范围和特性都有着不同认知与描绘，这些主观认知取决于参与者自身知识经验、拥有的网络关系以及所处的网络位置，并受所面临问题、环境不确定性及自身理解能力的限制。Henneberg 等（2006）将网络图景视为管理者对企业所处网络构成特性的主观异质性理解，其可以用边界、中心性、成员 / 活动 / 资源、焦点、方向性、权力、任务、环境 8 个相互关联要素进行表征。Leek 和 Mason（2010）进一步表示，上述 8 个要素可划分为五个维度：①环境因素（环境），这里的环境指网络边界之外的外部环境，其变化可能影响企业对网络的认知，企业有必要进行环境洞察，把握外部环境的动态变化；②成员 / 边界（成员、边界），通过"宽度"（企业具有的成员或关系数量）和"深度"（企业一条关系中的关系层级数）两维度进行定义，体现了一个企业识别关注的网络规模；③活动和资源焦点（活动 / 资源、焦点），指不同情境下企业在活动连接和资源联结方面重点关注的特性，调查研究目的不同，其关注焦点也不同；④定位 / 中心（定位、中心性），指企业识别及评估各网络成员所占据的网络位置及该位置的价值，并确定网络核心成员与关系；⑤过程和交互（方向性、任务、权力），反映企业在交互过程中感知到的网络成员间关系氛围，如沟通、信任程度。从内容性质上看，维度①企业对环境的洞察是环境层面上的认知表现；维度②和维度④主要是企业对网络规模和网络位置两个主要结构特性的深刻理解，是结构层面上的认知表现；而维度③和维度⑤则均反映企业对合作双方间关系相关特性的感知程度，是关系层面上的认知表现。Ramos 等（2012）提出网络图景复杂性构念，将其界定为行动者描述其周围业务网络所使用的语言和表征维度，具体包括行动者的数量与性质、关系的数量与性质以及动态性和柔性，这些维度取决于行动者对网络的认知和解释。

关于如何构建网络图景，Ramos 等（2012）指出，网络图景的持有者既可以是管理者也可以是研究者，因此可从管理者和研究者两个视角分析网络，如图 7-7 所示。对于管理者而言，因自身的企业嵌入在网络中，其可依据自身对网络中成员、活动和资源间的关联方式与程度的理解并分析网络，从而

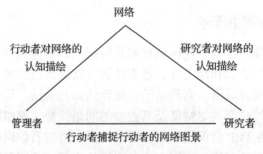

图 7-7　网络图景的三元认识论

构建自身的网络图景。而对于研究而言，其构建网络图景的方式有两种：一是研究者作为网络外的独立个体，以一种"鸟瞰"视角直接且客观对网络特征进行认知描绘，从而形成自身的网络图景；二是研究者通过理解多个管理者的网络图景间接地理解整个网络，从而构建网络图景。研究者通过对多个管理者所持有的网络图景进行感知描绘，从而寻求统一的对网络的认识与理解。

Corsaro 等（2011）运用认知与战略行动的基础理论探析业务网络中行动者的网络图景如何影响其网络化策略，他们认为，要想实施正确的战略性行动，企业首先应对其周围网络环境进行准确认知，也就是说，行动者对其周围网络环境的认识程度为其开展高效的战略性活动提供了重要基础。基于 Henneberg 等（2006）对网络图景构成的研究成果，Corsaro 等（2011）选取了权力、动态性、宽度、间接性四个维度分析行动者的网络图景，并从已有文献中选取关系组合、关系和网络三种视角下的网络化行为相关概念来理解网络化策略。运用实证方法证实行动者持有不同的网络图景，其选择网络化策略存在差异，尤其在网络图景的权力维度上表现得更为显著。

此外，基于有限理性理论，每个管理者的认知、能力都是有限的，因此，管理者对于供应商网络特性的认知理解有着自身的局限性（Mouzas et al.，2008）。依赖单个管理者的网络图景，可能造成企业对供应商网络认知的偏差，从而做出不正确的行动或反应。因此有必要将企业中所有管理者对供应商网络图景进行交互融合，形成一个较为客观且共享的集体层面的供应商网络图景，这被称为供应商网络洞察（Network Insight）（李随成等，2021；Öberg，2012）。这种源于不同管理者对供应商网络主观表征的交互融合的供应网络洞察，是企业集体关于供应商网络特性达成的客观一致理解（Mouzas et al.，2008），有助于提高企业对网络动态性以及机会把握和风险规避的理解（Ford et al.，2005），增大了企业发现潜在供应商网络资源和关系价值的可能性。

Kim（2014）基于供应商网络洞察观点提出了网络认知能力（Network Awareness Capability）的概念，将其视为企业认知、评价和整合供应商资源的能力，它具备感知识别供应商的网络位置、评价供应商自身资源以及其所占据的供应商网络位置所带来的信息和声誉资源，以及增强企业与多个供应商间的整合水平。具有良好网络认知能力意味着企业可以更为切实地评价供应商自身具备的和其所能接触及获取的资源，从而更好地理解并预测供应商的各种行为。在探讨弱联结对强联结的重要弥补作用时，学者开始关注到"供应商的供应网络"是可利用的创新源，进一步地将网络认知能力的概念扩展到供应商的供应网络情境研究，强调企业对供应商的供应网络的认知理解对于"企业感知、抓住供应商的供应网络中潜在机会和威胁并相应地配置企业资源以应对"至关重要（Li et al., 2021；李娜等，2015）。

通过以上对供应商网络图景研究成果的评述与分析，可以发现部分学者已认识到企业对其供应商网络的认知理解是其与网络中供应商交互的重要决定因素，更广、更准确的供应商网络视野有助于企业更准确地预测其直接或间接相关供应商的行动实践，并预估该供应商行动对企业战略目标的影响作用，从而应对或适当调整企业自身的战略行为（Roseira et al., 2013）。从认知视角深入理解供应商网络是企业有效管理供应商网络的重要基础。

二、面向供应商网络的企业网络能力

尽管供应商网络结构与关系可以为企业带来各种优势资源和网络机会，但过度依赖已建立的关系或忽视引进新关系的重要性会导致企业创新成功需要的新颖信息与资源的匮乏，企业需要发挥其个体能动性，主动构建并系统设计供应商网络结构，才能确保企业对于网络优势资源与机会的把握与利用。Mu 和 Di Benedetto（2012）强调，企业能够凭借其优于竞争者的网络能力主动建立网络关系、促进自身获取网络资源和网络收益。

自 Håkansson（1987）首次提出网络能力概念以来，企业实践和理论界对网络能力的认识不断深化，对其概念本质与构成的讨论与分析也越来越多，如表 7-7 所示。

表 7-7　网络能力的相关概念

作者（年份）	概念描述	维度	理论基础
Ritter（1999）、Ritter 和 Gemünden（2003）	网络能力（Network Competence）是企业处理网络关系所具备的网络管理资格和执行网络管理任务的完成情况	任务执行资格	产业网络理论能力基础观
Walter 等（2006）	网络能力（Network Capabilities）是企业发起、维持和集成与外部合作伙伴间的直接关系的能力	协调能力、关系技能、合作伙伴知识、内部沟通	动态能力
Mort 和 Weerawardena（2006）	网络能力（Networking Capability）是企业在其网络中开发一套惯例的能力，其旨在产生新的资源配置和企业整合、重复、获取以及释放资源组合的能力	资源配置（包括构建、重组、增加、删除）	动态能力

续表

作者（年份）	概念描述	维度	理论基础
Mitrega 等（2012）	网络能力（Networking Capability）是企业根据自身收益发起、开发和终止业务关系	关系发起、关系开发、关系终止	动态能力
徐金发等（2001）	网络能力是发展和管理外部网络关系的能力，其本质是利用网络资源来提升竞争	网络构想能力、角色管理能力、关系组合能力	动态能力
邢小强和全允桓（2006）	企业基于内部知识和其他补充资源，通过识别网络价值与机会、塑造网络结构、开发、维持与利用各层次网络关系以获取稀缺资源和引导网络变化的动态能力	网络愿景能力、网络管理能力、关系管理能力、关系组合管理能力	动态能力
朱秀梅等（2010）	网络导向驱动下，利用关系技巧和合作技巧进行一系列网络构建和网络管理活动，实现资源获取目标的能力	网络导向、网络构建能力、网络管理能力	动态能力
任胜钢（2010）	网络能力是企业识别外部网络价值机会，发展、维护与利用各层次网络关系以获取信息和资源的动态能力	网络愿景、网络构建、关系管理、关系组合	动态能力

　　随着供应商网络对企业运作与创新的重要性日益凸显，网络能力概念逐渐出现在供应商网络管理领域，并受到相关学者的高度重视。部分学者认为利用供应商网络成员的资源和能力与企业自身创新能力同等重要。成功建立、管理并协调其复杂的网络关系将使企业更有机会吸收外部供应商知识，形成新知识。企业若能从其所嵌入网络中获取所需资源，将改变其所面临的资源限制和依赖性，有能力适应并利用环境的变化。在从供应商网络视角研究供应商创新性的利用问题时，李随成等（2013）认为，对于已全面投产的制造企业，凭借网络能力，企业既能构建并有效利用现有供应商网络，促使供应商协助企业开展产品创新活动，又能够在供应商网络中减少与供应商的摩擦，及时发现产品创新的合作契机，并有效获取产品创新所需的重要资源。总之，网络能力是企业利用供应商网络资源，整合供应商资源与能力的关键。

三、企业供应商网络化行为

现有研究并未明确提出企业供应商网络化行为概念，但有少量学者对相关或类似概念进行了初步探讨。Dyer 和 Nobeoka（2000）以丰田汽车公司创建和管理高效知识共享的供应商网络为研究主题，明确指出丰田为促进知识在其供应商网络中的交流与传递，积极组建了 4 个供应商网络化流程，即供应商协会、咨询小组、自愿学习团队和企业间员工转移。Harland 和 Knight（2001）在梳理文献和对医疗行业实证研究的基础上，推断出 6 种供应网络管理角色，即网络构建代理、协调者、顾问、信息中介、关系中介以及创新发起者。Roseira 等（2010）认为，理解和管理供应商网络需从网络关系组合与网络整体视角出发，探析供应商网络中存在的相互依赖关系及其影响效应，从而有助于企业更有效地管理与利用供应商网络中相互依赖性而创造价值。Wu 等（2010）通过实证研究买方企业—供应商—供应商三元网络关系时指出，组织交流会议、鼓励供应商间协作、组建工作小组等买方企业所施加的影响（buyer influence）对供应商与供应商间竞合关系的形成起重要决定性作用。

由此可见，现有研究均是学者基于自己研究需要对体现企业供应商网络化行为的相关概念（如供应商网络化流程、供应网络管理角色、管理相互依赖性、买方企业所施加的影响）进行简单界定，结论非常分散，在研究深度上还处于较为表层和粗浅的阶段，且针对企业供应商网络化行为内涵构成的研究成果较少，结论缺乏一致性，不能准确反映企业供应商网络化行为的本质特征，对此有待进一步研究。从定义的系统性看，要理解什么是企业供应商网络化行为，应该从两个方面进行：①什么是企业网络化行为？②供应商网络是否以及在哪些方面需要企业主动管理改进？

在营销与战略管理领域的研究中，已有一些学者开始关注企业网络化行为，并对企业网络化行为内涵与构成进行了初步阐述（见表 7-8）。梳理分析发现，相关研究主要从三个角度理解企业网络化行为。一是策略角度，Ford 等（2002）最早提出网络化行为是企业建议、请求、要求、执行和适应等所有交互行为，并指出这些行为来自企业的三个管理选择，三个管理选择的不同组合可形成不同的企业网络化策略。Corsaro 等（2011）将网络化行为视为企业管理网络关系组合的策略。二是活动角度，Harland 等（2004）聚焦供应网络构建与运作过程，认为网络化行为是企业通过寻求协作和管理网络来挖掘和利用供应网络潜在价值的实践活动，并通过探索调查 16 个供应网络的形成与发展过程，获得 9 个具体的企业网络化行为。吴结兵和郭斌（2010）认为，网络化行为是企业对环境做出适应性反映的自主构建过程，有助于考察企业行为对网络关系形成、发展和结束的过程的影响作用，深化对企业与环境之间的共同演化机制。三是目标角度，Thornton等（2013）依据"目标驱动行为"框架对网络化行为进行定义。归纳来讲，学者对于"企业网络化行为"内涵的理解大体一致，将企业网络化行为看作企业为追求长期持久网络关系所采取的相关管理行为，其目的是通过构建和发展网络、维护网络组织的稳定运行，并利用网络关系产生网络效益。主动介入网络形成与发展、利用网络关系是企业网络化行为的本质特征。

表7-8　企业网络化行为相关概念

文献作者（年份）	内涵	维度	研究方法
Ford 等（2002）	网络化行为是指网络成员建议、请求、要求、执行和适应等所有交互行为	1.对抗或顺从现有关系 2.巩固或创造网络位置 3.控制或放任网络演变	理论研究
Harland 等（2004）	企业网络化行为被界定为是通过寻求协作和网络管理来利用网络潜在价值的行为实践	1.伙伴选择 2.资源整合 3.信息处理 4.知识获取 5.社会协调 6.风险与收益共享 7.决策 8.冲突解决 9.激励	案例研究
Mouzas 和 Naudé（2007）	企业网络化行为是企业为理解、利用其网络环境所采取的战略性、目标导向的组织行为		案例研究
Håkansson 等（2009）	企业网络化行为是企业影响网络中成员间互动内容与方向的有意行为，其服务于组织的特定网络目标		理论研究
吴结兵和郭斌（2010）	网络化行为是企业对环境做出适应性反映的自主构建过程，有助于考察企业行为对网络关系形成、发展和结束过程的影响作用		案例研究
Corsaro 等（2011）	企业网络化行为视为企业管理网络关系组合的策略选择	1.利用 2.适应 3.塑造	实验研究

文献作者（年份）	内涵	维度	研究方法
Mitrega 等（2012）	企业网络化行为是由形成或改变其自身业务关系组合的一系列核心企业行动，其目的是优化自身网络位置	1. 关系发起 2. 关系开发 3. 关系终止	实证研究
Ford 和 Mouzas（2013）	网络化行为是行动者为改变其所参与的特定关系或更广泛网络中互动结构与流程的有意尝试		理论研究
Thornton 等（2013）	企业网络化行为是企业基于自身网络位置，开发与利用不同类型的网络关系实现多种组织目标的一系列组织行为，是组织的一种"由外向内"能力	1. 信息获取 2. 机会把握 3. 强连接资源动员 4. 弱连接资源动员	实证研究

供应商网络是由企业与其上游价值体系中所有供应商共同构成的复杂网络系统，对企业经营生产、创新至关重要，但其构成特征决定了供应商网络运行过程中存在一些薄弱点，需要企业管理协调。主要表现在：①供应商网络成员共同参与关键业务活动，但彼此间相互独立、各自决策并追求自身利益的最大化，这很可能造成网络成员行为与网络整体目标的冲突，负作用于供应商网络的长期稳定；②供应商网络中企业与供应商之间并非单纯是买卖关系，供应商与供应商之间也不再仅是彼此独立或纯粹竞争关系，而更多是在彼此资源互补与交换关系前提条件下，进行知识、信息、技术、人力等多方面资源的交流与合作，但因网络成员间信息不对称形成的"道德风险""搭便车"等机会主义行为，很可能影响成员企业间的长期投入与互惠合作，进而影响供应商网络运行效率。因此，供应商网络的稳定、高效运行需要企业的管理协调，这正是要研究企业供应商网络化行为的重要原因。

本书借鉴企业网络化行为相关研究和供应商网络薄弱点分析，将企业网络化行为引入供应商网络情境下，结合先前学者对企业供应商网络化行为的认识，将企业供应商网络化行为界定为：为维护供应商网络的持续稳定运行并产生网络效益，企业主动介入供应商网络形成与发展并利用网络关系的持续互动。

四、供应商网络结果

有效管理供应商网络有助于优化网络特征，使企业有更多机会制定相应的网络规范和行为标准。基于网络嵌入性理论，网络成员行为受其网络嵌入特征与网络惯例的影响，因而，对供应商网络的有效管理可通过改善网络整体特征、形成网络惯例来动员供应商资源与能力、协调企业与供应商、供应商与供应商间互动行为与关系，进而保障供应商网络稳定运行，为企业提供可持续竞争优势。网络整体特征和网络惯例是网络结果的主要体现。

供应商网络是以企业为核心形成的自我中心网络（Ego-centered Network），核心企业的主动管理能够对供应商网络特征产生深刻影响。一方面，企业通过积极寻找合作供应商以及开发、协调与整合网络关系等能动性行为创造并维持与多个供应商间的长期合作互动，提高占据网络中心性与结构洞的可能性。同时，当企业有意捆绑管理网络中多个企业—供应商关系时，供应商将与网络中其他相似或相关供应商间形成竞争、协作或竞合互动联结，从而影响供应商网络密度。另一方面，企业重视对网络关系的维护、协调与系统整合，能有效减少企业与供应商、供应商与供应商间冲突，提高供应商对供应商网络的认可和参与意愿，进而增加网络成员间互动强度，提高网络关系质量。综上，企业的主动管理对网络结构与关系特征产生重要影响，恰当的供应商网络结构与关系有助于企业更好地整合利用供应商资源与能力，激发供应商更高水平的合作意愿，从而提高供应商网络运作效率，维持长期合作与提升网络稳定性。

网络惯例是维持供应商网络组织存在并有序运行的"游戏规则"，形成于企业与合作供应商间不断交互合作的过程中，很大程度上由核心企业有意塑造并决定，具有推动网络资源共享、保持供应商网络稳定等功能，有助于企业与供应商更好地获取与利用供应商网络资源，提升自身技术与创新能力。作为供应商网络的发起者与设计者，企业自身行为模式与行动规范总会被主动传递或被动模仿，并逐渐演变成一种网络规范，且这种规范还会因供应商自愿遵守与维护不断得到巩固。另外，企业承担着供应商网络协调、资源整合利用等管理任务，并具备完成这些任务的能力，能有效推动被网络成员接受资源共享行为模式与合作规范共识的形成，对网络惯例形成具有积极影响。综上所述，借助供应商网络管理，企业对网络惯例的形成起决定性作用，而网络惯例能够提升网络中知识与资源的流动速度与效率，进而影响企业与供应商获取网络资源的规模与质量。

第四节 供应商网络治理

供应商网络以其显著的资源优势与协同效应引起了理论界与实业界的高度重视，关于供应商网络的研究也已取得长足进展。但供应商网络快速发展的同时，凸显了很多问题。比如，从网络视野管理供应商所带来的复杂性，过度嵌入供应商网络所带来的网络负效应，预期协同效应未能实现等。这些问题的出现显示了现实中供应商网络并非自然地产生显著绩效，其根本原因在于供应商网络是由利益相对独立的多个供应商与企业通过物料供给形成的网络组织，成员企业间利益竞争与信息不对称很可能会造成目标冲突与机会主义风险。网络治理是对网络组织的治理，强调运用长期合作中演化而来的明示或隐性暗含的契约对关键资源拥有者的结构优化、制度设计，以适应多变的环境，防范道德风险、"搭便车"等机会主义行为，促进网络成员企业间协同互动，挖掘蕴藏在网络成员企业之间的潜在价值。可见，网络治理对缓解风险、提高网络组织的运行质量具有一定的可行性和效能，有助于维护网络的稳定与有效运行。基于此，为了使供应商网络组织向着既定目标发展、使企业预期的供应商网络协同效应得以现实，网络化经济环境下迫切需要加强对供应商网络治理的研究。

一、供应商网络治理的概念

现有关于供应商网络治理的研究尚不多见，多基于网络治理、供应链治理等概念延伸而来，且因研究目标不同，很多学者从各自角度给出了不同的定义。以网络治理、供应链治理和供应商网络治理为关键词进行搜索，通过对文章摘要、引言和文献综述部分进行阅读，梳理出具有代表性的相关概念定义，如表 7-9 所示，综观表 7-9 可以发现，这些概念大致分为三类（李维安等，2016）：一是将治理视为管理的一个分支，如 Richey 等（2010）等的研究；二是将治理等同于治理结构，如任志安（2008）、Gereff 等（2005）等的研究；三是将治理是一种维护和协调的机制，如 Shah（2000）、Farndale 等（2010）、Hernández 等（2010）等研究。

表 7-9　供应链治理、供应网络治理与供应商网络治理概念

概念	概念表述	作者（年份）	视角
网络治理	网络组织间要素的相互依赖是协调问题产生的来源，因而必须依据具体的依赖关系设计相对应的协调机制	Shah（2000）	机制
	关键资源所有者基于网络结构进行合作，为实现协同目标进行的规则生成、合规运行和违规问责的过程。简言之，就是网络组织中关键资源所有者围绕协作目标进行的制度设计与过程	李维安等（2004）	机制
	不同于传统的科层与市场的治理形式，以网络组织这一新型组织形态为治理对象的治理形式称为网络治理	任志安（2008）	结构

续表

概念	概念表述	作者（年份）	视角
供应链治理	将治理看作供应链管理战略下的一个潜在理论，认为供应链治理是对供应链内部及外部整合的边界和有利因素的管理	Richey 等（2010）	管理
	将供应链治理等同于供应链治理结构，并依据协调和权力不对称水平提出五种治理结构：科层（hierarchy）、俘房（captive）、关系（relational）、模块（modular）和市场（market）	Gereff 等（2005）	结构
	供应链治理是一种维护和协调的机制，它是能够应对风险的机制，并发挥维护和协调的角色来改善供应链绩效	Farndale 等（2010）Hernández 等（2010）	机制
供应商网络治理	供应商网络治理包含契约控制和关系控制两个主要内容，前者关注交易关系的建立和终止方面，如何选择供应商；后者关注交易关系的管理方面，企业如何调节和引导供应商行为	谢恩和梁杰（2016）	机制

这些定义都是学者基于自己研究的需要对供应商网络治理及其相关概念进行的简单界定。无论是从结构角度还是从机制角度界定供应商网络治理的内涵，都过于简单和片面，没有系统地阐述供应商网络这一复杂组织中的治理内涵。本书借鉴李维安等（2016）的看法，认为供应商网络治理是以协调供应商网络中成员目标冲突，维护供应商网络持续、稳定运行为目标，在治理环境的影响下，通过经济契约的联结与社会关系的嵌入所构成的利益相关者之间的制度安排，借由一系列治理机制的设计，实现供应商网络成员之间关系安排的持续互动过程。

供应商网络治理虽与供应商网络管理在字面上较为相近，但二者是有差别的。供应商网络管理是通过协调其他网络成员企业的行为活动、实现组织目标的过程，通常由层级的组织交易模式实现。其目标是追求并实现企业经营目标。而供应商网络治理强调企业与其他网络成员之间通过合作性的协调方式实现组织目标，一般通过调和供应商网络系统中各种利益与目标冲突实现，其目标是协调供应商网络成员的合作伙伴关系，抑制成员合作中的机会主义行为。

二、供应商网络治理边界

供应商网络治理涉及对象的范围代表了供应商网络治理的边界（见图 7-8）。以核心企业为焦点，企业与供应商、供应商与供应商联结起来形成的功能网状结构构成了供应商网络治理的核心范畴，其中，企业处于主导和组织地位，企业与参与的供应商之间通过交易关系联结、参与的供应商之间通过交易关系或相互依赖关系联结。

李维安等（2016）指出，随着供应商网络规模的扩大，外部性和社会力量的增加对供应商网络治理构成了强大的外部冲击，这个冲击可能涉及多方利益相关者，如政府、行业协会、竞争者及其他团体（如金融机构或债权人），其通过各种利益纽带与供应商网络内部成员形成关联关系。这些利益相关者不一定作为完全的内生变量纳入供应商网络治理，但可能通过外在倒逼机制压迫供应商网络适应外在压力的治理制度安排。政府的宏观调控政策及制定的各种法律、法规，如经济法、环保法和安全生产法等，以及行业协会的种种规定与要求都会对供应商网络产生约束力，其中的相关企业必须遵照执行。随着供应链融资的发展，金融机构及其他债权人也会对供应商网络治理行为的选择产生影响，如果供应链不能获得债权人的信任或不能通过债权人的风险评估，就难以筹措到所需的资金，增加了供应链的筹资成本，影响供应链的稳定。竞争者也是一类不容忽视的利益关系者，如在丰田公司的压力下，大众汽车于2007年在辽宁大连经济技术开发区建立本土以外第一家DSG变速器工厂，借以减轻对丰田关联公司——日本爱信6速自动变速器的依赖。因此，在治理行为选择中要考虑竞争对手的反应并作出相应预测。供应商网络治理的外部边界体现了供应商网络有限责任的范围。

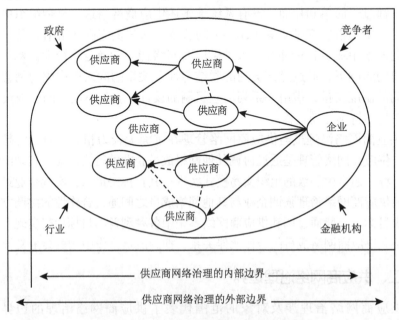

图7-8 供应商网络治理边界示意图

三、供应商网络治理机制

供应商网络能否稳定运行，协同效应能否充分发挥，直接取决于主导企业供应商网络治理机制是否到位。治理机制指治理有限理性、资产专用性和不确定性所带来的交易困境，防止供应商机会主义行为和"搭便车"现象发生所提供的正式和非正式的制度安排及规范，是网络治理的核心内容。供应商网络治理机制是为了保证供应商网络有效运行，在治理过程中采用的各种治理手段和方法的集合，目的是解决网络成员间合作协调等组织间治理问题。涉及供应商网络治理机制以及相关研究整体如表 7–10 所示。

表 7–10 供应商网络治理机制的多种解释梳理

作者（年份）	概念	具体内容	理解 / 解释
孙国强（2003）	网络组织治理机制	宏观治理机制	网络组织有序运作和有效治理的环境条件，包括信任治理机制、声誉机制、网络合作文化、联合制裁
		微观治理机制	合作成员在互动协作过程中调节行为的基本依据，包括学习创新、激励约束、决策协调、利益分配
白鸥和魏江（2016）	网络组织治理机制	正式契约机制	强调利用复杂合同、所有权等正式手段遏制机会主义行为，简化决策过程，建立合作秩序
		关系治理机制	关系治理通过关系规范和信任等手段控制机会主义，促进合作
		社会机制	包括"限制进入"（Restricted Access）、"宏观文化"（Macro-culture）、"集体制裁"（Collective Sanctions）和"声誉"（Reputation）四种社会机制
李维安和周健（2005）	网络治理机制	网络形成和维护机制	信任、决策平衡、利益分配、声誉和联合制裁等
		互动机制	沟通和学习
		共享机制	资源配置和知识共享
Teimoury 等（2010）、Bazyar 等（2013）	企业间治理模式	信任机制	信任机制是以信任为基础，有主导企业和其网络成员之间达成共识，并有相应的沟通协调运行机制，依赖于使用社会战略（社会规范、群体压力、分享信仰和经验）来减少委托者和代理者之间的目标不一致性
		控制机制	由于制造企业与供应商之间有一部分以股权为基础的战略联盟关系，网络间具有复杂产品系统的组织特征，为了保证契约的有效执行，控制机制不仅包括事前的契约治理，也包括事后的权威治理

续表

作者（年份）	概念	具体内容	理解／解释
Wathne 和 Heide（2004）	供应链网络中的关系治理机制	正式治理机制	契约治理：交易成本理论强调网络成员是先天具有投机倾向和追求利益最大化的主体，因而强调正式契约机制对网络组织的治理
		非正式治理机制	关系治理：社会交换理论则认为网络成员具有遵循社会行为规范和网络管理的积极性，因而强调基于社会关系下自我约束等行为规范对网络治理的有效性，认为关系本身就是一种治理机制
李维安等（2016）	供应链治理机制	利益分享机制	契约机制、互惠机制、价格机制、股权机制、权威机制
		关系协调机制	信任机制、声誉机制、关系机制、信息共享机制
刘小玫等（2009）	供应商网络治理策略	封闭式供应商网络治理	对供应商提供稳定的需求和紧密的协作，建立一个供应商数量较少、并具有较高稳定性的外部供应网络
		开放式供应商网络治理	选择建立一个数量较多的外部供应网络，通过供应商之间的相互竞争来提高供应效率
谢恩和梁杰（2016）	供应商网络治理机制	契约治理	关注在交易关系的建立和终止方面，如何选择供应商
		关系治理	在交易关系的管理方面，企业如何调节和引导供应商行为
李随成等（2014）、Caniëls 等（2012）、Burkert 等（2012）	供应商网络治理机制	权威治理	依赖权力来影响供应商的态度、意图和行为，使供应商能按照制造企业的流程、规则和法规以及相关要求
		契约治理	通过明确的契约协议来减少和抑制其他成员的机会主义行为
		规范治理	以信任为基础，有主导企业和其网络成员之间形成共识，并有相应的沟通协调运行机制

第三篇　集成供应商创新

▶ 第八章　供应商参与新产品开发

供应商参与新产品开发（Supplier Involvement in New Product Development, SINPD）充分结合买方企业和供应商的研发资源，通过双方协作实现更高的产品开发绩效。现今，越来越多的企业认识到，可以通过邀请供应商参与来获取供应商的先进资源与技术，分摊研发成本，降低创新风险。供应商参与新产品开发在改进产品开发效率与效果方面的显著作用，使其成为企业提升竞争优势的重要战略选择。

第一节　供应商参与新产品开发的研究演进

在过去的 30 多年里，国内外学术界关于供应商参与新产品开发的文献大量涌现，不同的阶段关注的角度不同，并逐渐延伸与深化。

一、研究源起

SINPD 是供应商参与到产品开发的全过程，协同企业实现产品、工艺与服务的改进与创新，其研究起因于寻求在产品开发绩效上日本汽车制造商优于欧洲和北美（Bidault et al., 1998a; Clark, 1989; Clark and Fujimoto, 1991），研究聚焦于日本汽车行业与欧洲、北美汽车行业间的"比较研究"。20 世纪 90 年代以前，日本汽车制造商在新产品开发的周期、柔性、成本、质量等方面，比西方竞争对手具有更大优势，这归因于新产品开发中供应商在设计上的参与（Liker et al., 1996）。日本企业的供应商在产品设计中被赋予更大责任，对整个供应链的效率和柔性做出更大贡献，使制造商以低成本、高效率地开发出新产品。Wasti 和 Liker（1999）发现，经过多年学习与追赶，欧、美汽车制造业在供应商早期参与的阶段、双方信息共享制度等方面与日本差异缩小，在供应商参与的某些方面甚至有所超越。因此，目前美、日、欧等发达国家企业已广泛地采用 SINPD。从研究来看，研究多以日、美、欧等发达国家的制造企业为研究背景。而针对这些发达国家之外的 SINPD 的系统研究仍是一个空白。

20 世纪 90 年代中期，研究热点仍然聚焦于美、日、欧的汽车制造业，但有少量研究逐渐跳脱出汽车行业背景，将目光转向计算机行业和食品加工行业。如 Bonaccorsi 和 Lipparini（1994）的新产品开发中伙伴关系模型、

Eisenhardt 和 Tabrizi（1995）研究技术不确定性对供应商参与的影响等。

二、理论拓展

20 世纪 90 年代末，学者从 SINPD 在日美欧间的比较研究逐渐向多个方向发散，做了大量拓展性研究，涌现出大量关于跨产业研究，进一步探讨了 SINPD 带来的绩效收益，同时揭示了 SINPD 中的一系列挑战与管理重点。

（一）供应商早期参与

许多学者关注供应商参与时机（timing）问题，如 Hartley 等（1997a）、Hartley 和 Meredith（1997b）等将供应商参与时机作为 SINPD 的一个构成维度，并认为时机会影响供应商产品开发贡献感知。根据供应商参与时机的划分，有学者提出了"供应商早期参与（ESI）"的概念，即企业早期让供应商参与概念与设计。Bidault 等（1998b）指出，ESI 是纵向合作形式，是新产品设计早期关键供应商参与的重要机制。Bidault 等（1998a）提出 ESI 采纳模型，包括环境压力、社会与行业规范和组织选择会影响 ESI 是否会被采纳。Dowlatshahi（1999）的 ESI 模型如表 8-1 所示，涵盖设计、采购、供应商和制造，表明 ESI 是企业内外职能的结合。

表 8-1　Dowlatshahi（1999）的 ESI 模型

设计 （design）	·为制造工艺之便，将设计概念化 ·定义工艺功能与用途 ·实行成本分析 ·决定新工艺和改进工艺的物料需求 ·讨论工艺操作的辅助功能 ·决定标准部件的数量与类型，决定改进所用物料，原材料的标准化 ·为新工艺和改进工艺建立物料规格与方差 ·决定质量目标	供应商 （Suppliers）	·决定标准部件的数量与类型，决定改进所用物料，原材料的标准化 ·改善供应商工厂的质量控制 ·解决问题 / 排斥 ·调查定价和成本改进 ·决定交付标准和目标 ·决定技术能力 ·决定研发投资
采购 （procurement）	·协商总价格 ·协商运输成本和条款 ·决定订单频率、库存成本和安全库存水平 ·协商提前期 ·决定订单频率、库存成	制造 （Manufacturing）	·定义和讨论制造工艺 ·回顾 / 更新生产计划 ·决定生产运行规模 ·设定库存周转目标 ·确定吞吐量成本 ·评估设置时间

续表

采购 （procurement）	本和安全库存水平 ·设定进料质量检验标准集 ·决定订单频率、库存成本和安全库存水平	制造 （Manufacturing）	·确定生产能力 ·设定生产效率目标 ·定义物料处理目标

资料来源：Dowlatshahi（1999）。

在产品开发的早期阶段，由于设计中存在很多的不确定因素，随着设计过程的逐渐推进，产品的概念模型基本被确定下来，问题变得越来越明确，设计的自由度越来越小。从整个设计过程看，初期设计对成本、质量、技术水平、开发速度和客户反应有关键影响，产品设计阶段是降低和控制成本的最佳阶段，同时随着产品开发的进程越深，产品设计不断完善，改变设计的难度、成本和代价越来越大。因此，让供应商早期参与、考虑问题时加入他们的想法，有助于发现设计中可能存在的某些矛盾和缺陷，减少研发风险、缩短产品开发周期，通过利用供应商在研究和发展项目上的能力和技术，降低开发成本并改善产品质量。例如，本田（Honda）在产品模型推出之前的两年到三年就和供应商展开紧密的合作交流。学者在之后的 SINPD 研究中，关注的重点在于产品设计等早期阶段，常常直接使用 ESI 对新产品开发中的供应商参与问题进行研究。

（二）供应商参与形态

Handfield 等（1999）、Monczka 等（2000）、Petersen 等（2005）和 Koufteros 等（2007）将 SINPD 的参与程度分为"不参与""白箱参与""灰箱参与""黑箱参与"等类型，如图 8-1 所示。

不参与 （None）	白箱参与 （White-box）	灰箱参与 （Gray-box）	黑箱参与 （Black-box）
供应商不参与新产品开发活动，被视为传统意义上的供货方	非正式供应商整合；制造企业就产品规范、设计等问题向供应商咨询	正式或非正式供应商整合；制造企业与供应商共同开发产品	正式供应商整合；供应商根据制造企业的要求相对独立承担组件开发任务

供应商参与程度逐步加深 ⟶

图 8-1　供应商参与程度划分

资料来源：Handfield 等（1999）。

借鉴该思路，结合协同任务侧重点的差异，李勃等（2021）将供应商参与绿色产品创新分为外包型、协作型和咨询型 3 种模式。Koufteros 等（2005）将"黑箱参与"称为"供应商产品整合"（Supplier Product Integration），"灰箱参与"称为"供应商工艺整合"（Supplier Process Integration）。综合以上学者观点，白箱参与指买方企业向供应商咨询关于产品规范 / 要求等方面的问题，但由买方企业主导最终的决策；灰箱参与指买方企业和供应商进行非正式或者正式的共同开发活动，可能涉及信息 / 技术共享、联合决策等，供应商本身不完全独立承担组件开发任务；黑箱参与指供应商接受来自买方企业的要求，相对独立承担所要供应组件、子系统的全部开发任务，而买方企业进行必要的审查。

（三）供应商参与程度

供应商参与程度对应于供应商在产品开发过程中所承担的产品开发责任水平。供应商参与程度取决于制造企业与供应商在功能规范和细节工艺设计等方面的任务划分。

Kamath 和 Liker（1994）针对日本的汽车制造业，研究制造商与供应商间进行产品开发时的不同合作关系类型，将供应商参与程度划分为：①合作伙伴（Partner），企业与供应商间拥有平等关系，供应商倾向于承担一个额外的子系统并很早参与到产品开发中；②成熟伙伴（Mature），企业提供产品规格，供应商在满足特定要求的基础上，对设计拥有一定的发挥余地与自由空间；③追随伙伴（Child），供应商的技术投入不多，多由制造企业预先设计好，供应商编制设计细节并设计和建立原型；④契约伙伴（Contractual），严格按照制造企业要求生产标准部件。

Wynstra 等（2003）将 SINPD 的参与程度划分为：①项目：在某一段特定时期开展产品开发活动；②供应商：不仅仅聚焦于单个产品开发项目，而强调与某个特定供应商建立长期合作关系；③技术：融合特定技术领域知识与实物资源，如表 8-2 所示。

表 8-2　供应商参与程度划分

供应商参与程度	重点	活动
项目（projects）	·采购职能在新产品开发项目中的作用 ·供应商参与对新项目范围与绩效的影响 ·在开发项目中的采购任务，研发部门和采购部门的差异 ·供应商参与对项目绩效（成本、质量、产品绩效、开发时间）的影响	决定哪种技术应该保留/内部开发，哪种技术应该从供应商处外购（自产/外购）

续表

供应商参与程度	重点	活动
项目（projects）	·量化供应商参与的获益和识别在个别项目的水平上的有效管理技术 ·供应商在开发项目参与时机与参与程度方面所可能扮演的不同角色 ·关于项目成果、项目层面管理工具的供应商参与最成功案例	决定哪种技术应该保留/内部开发，哪种技术应该从供应商处外购（自产/外购）
供应商（suppliers）	·产品开发过程中的买方—供应商交互 ·长期获取供应商知识，共同开发新能力 ·长期组建和管理供应商参与 ·从供应商获取产品创新所涉及的基本管理过程	·技术合作的目标供应商 ·激发供应商开发企业所需产品 ·利用供应商能力
技术（technologies）	·物料部门对自产/外购决策的贡献 ·核心能力、资源配置和外购 ·技术规划和战略，从外部获取技术能力（长期） ·核心能力和外购选择范围	·决定哪个供应商应该参与，何时参与，什么程度参与 ·将内部开发活动与供应商整合 ·与不同供应商的开发活动参与

资料来源：Wynstra（2003）。

李随成等（2009）指出，供应商参与程度分为低、中、高三种，低程度参与指新产品开发中仅考虑供应商的建议等，中程度参与即让供应商正式参与企业的新产品开发活动，高程度参与即企业让供应商按照自己的要求独立地完成零部件或子系统设计。

另外，供应商参与程度视灵活地依情况而定。Wasti 和 Liker（1999）研究发现，在技术不确定性较高时，日美两国制造商均倾向于鼓励供应商更深度参与，并赋予更高设计责任。Wasti 和 Liker（1997）指出，供应商参与程度受多方面因素影响，包括供应商能力（技术能力、人力资源、设计竞争力、过去绩效）、产品特征（零部件的定制程度、技术不确定性、战略重要性）及买方—供应商关系（供应商市场的竞争状况、供应商依赖、绩效监控、关系长度）。Swink（1999）指出，供应商在渐进式与突破式 NPD 项目中的贡献不同，企业应根据技术能力和创新需求灵活选择供应商参与程度，将权变思想应用于供应商参与决策。

（四）SINPD 中买方—供应商关系管理

企业在 SINPD 管理过程中常常会遇到问题，如与供应商缺乏交流和信任、供应商技术能力不足、供应商责任不足。新产品开发中除供应商参与时机和程度外，买方—供应商关系管理也很关键。企业需要提升关系质量，建立有效的买方—供应商关系管理方式。

Wasti 和 Liker（1997）研究了日本企业为何在产品设计中仅对某些供应商授予更多权力的问题。他们发现买方—供应商关系在其中发挥重要作用。Hartley（1997a）关注了买方—供应商界面管理对 NPD 项目速度的影响，如图 8-2 所示，建立长期合作关系可提升技术水平和促进产品开发。Ragatz 等（1997）研究了买方—供应商关系结构（共享培训、信任建立、风险 / 回报共享协议、联合绩效评价协议、高管承诺、对供应商能力的信心）对新产品开发的影响。

图 8-2　SINPD 中买方—供应商界面管理

资料来源：Hartley（1997a）。

三、聚焦供应商参与新产品开发实现要素

20 世纪的研究未厘清 SINPD 与绩效关系的争议，侧重于供应商参与时机、形态、程度、买方—供应商关系等管理要点。相较之下，关注合作过程本身的研究较少（Wu and Ragatz，2010）。因此，供应商参与看似存在潜在好处，但并不易于获得。21 世纪着眼于 SINPD 的关键成功因素，从而帮助管理者实现供应商参与的潜在收益。研究指出，供应商选择、关系开发与适应、企业内部能力是提升 SINPD 绩效的关键，如图 8-3 所示。

（一）供应商选择与评价

Ragatz（2002）强调企业在 SINPD 项目中应精选技术能力强的供应商，考虑让哪些供应商参与、供应商需何种能力及哪家供应商有能力。Koufteros 等（2007）认同此观点，强调除基于 NPD 能力的供应商选择外，供应基合理化和供应商嵌入性同样重要。Petersen 等（2005）强调供应商能力与文化互补性。李随成等（2012）探讨了我国制造企业在供应商选择时的关键因素，包括技术能力、信誉、合作经历、兼容性和合作意愿，以确保 SINPD 的顺利

实施。

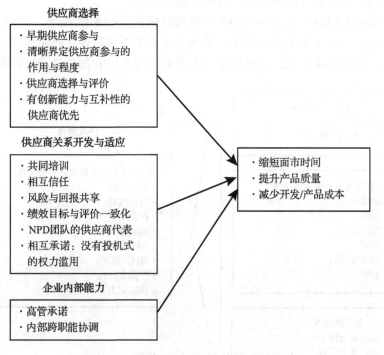

图 8-3 影响 SINPD 的关键成功因素

资料来源：Johnsen（2009）。

（二）供应商关系开发与适应

Walter（2003）调查德国 247 家企业后，强调关系适应、人员整合价值、"关系发起人"是提高供应商信任和承诺的重要途径，良好的企业—供应商间关系能显著提高供应商信任与承诺，对于有效整合供应商资源、规避投机和败德风险具有重要作用。李随成等（2014）指出，供应商投机行为是 SINPD 中的一个重要问题，治理机制（包括权威治理、契约治理和规范治理）能有效降低不确定性、交易成本和供应商的机会主义行为，使制造企业和供应商之间的合作更加稳定，从而有利于新产品开发绩效。

（三）企业内部能力

Johnsen（2009）认为，高管承诺和内部协调是企业 SINPD 的关键内部能力。Ellram 等（2007）指出，高管和职能领导、高管承诺与偏好对供应商参与设计与开发的初始阶段具有关键影响。Takeishi（2001）认为，高管支持、企业内部能力（包括内部协调和工程师知识）对 SINPD 至关重要。内部协调被以往学者所忽视，良好的内部界面是有效外部关系的重要前提，内部协调的水平与质量需要与内外部合作的需求相匹配。

Mirzaci（2014）对 2009~2013 年 SINPD 研究进行系统梳理，识别了聚焦于买方企业、聚焦于买方—供应商关系和聚焦于供应商等不同视角的 10 个热点主题，如图 8-4 所示，通过分析每类要素识别 SINPD 的关键成功因素。

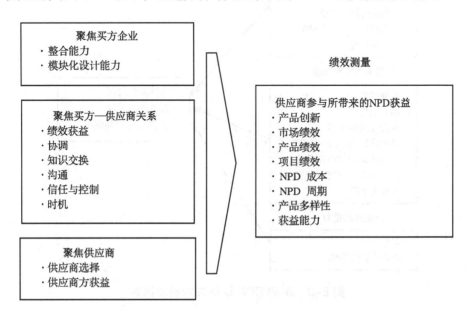

图 8-4　供应商参与新产品开发项目的关键成功因素

资料来源：Mirzaei（2014）。

第二节　供应商参与新产品开发的基本理论

一、基本概念

（一）SINPD 的概念

对于什么是 SINPD，以往学者给出了多种定义：

第一，组织行为观（Organizational Behavior）。①从企业视角出发，已有学者认为 SINPD 包括整合供应商专业技术、能力、信息（Handfield et al.，1999）以及让供应商参与决策、赋予其责任、参与产品修改与重新设计（Bonaccorsi and Lippaini，1994）等企业行为；②从供应商视角出发，SINPD 指供应商直接参与沟通与设计（Swink et al.，1999）、从产品概念开发到原型测试各阶段为企业做出贡献（Van Echtelt et al.，2008；Walter，2003）、提供设计创意、承担部件和系统设计（焦媛媛和吴业鹏，2021）、提供技术知识与创新能力、对制造商的设计以及制造能力提出建议、执行相应任务和承担相应责任（Wynstra and Pierick，2000）等供应商行为；③从企业—供应商间合作角度，SINPD被视为企业与供应商间的一种合作创新行为，合作的本质在于对双方互补性创新资源的获取、利用、有效整合（Yeniyurt et al.，2014），共同促进新产品开发绩效（Liker et al.，1996）。

第二，社会过程观（Social Process）。Van Echtelt等（2008）指出，SINPD是供应商为企业产品开发提供知识和技术支持，双方共同努力推动新产品开发的过程。Ragatz（2002）认为，SINPD实质上是一种包含整合领导力、相互调整和直接监控的关键社会过程。Handfield（1999）将SINPD视为供应商向制造商提供技术知识与创新资源并参与决策共同促进产品开发绩效的一个过程。Hartley（1997a）认为，SINPD是企业与供应商间界面的管理过程，而这一过程包括三个方面：供应商参与时机、供应商设计责任和买方—供应商间沟通。Liker等（1996）认为，SINPD指供应商提供资源、承担相关组件或子系统开发责任、提供支持、双方共同努力推动新产品开发的过程。李随成（2007、2008）认为，SINPD是企业集成供应商能力、赋予供应商适当责任，而供应商面向企业提供知识、技术与创新能力并参与决策，与企业共同促进新产品开发绩效的过程。

综合以上两种观点，可以认为SINPD指在产品服务的开发以及产品服务的制造或配送过程中，供应商为企业在能力、资源、信息、知识和创意等方面做出的贡献、履行的义务以及承担的责任，目的是确保企业当前或未来产品开发项目的收益。

（二）SINPD的要素与维度

1. SINPD的要素

SINPD的要素或实施状况可通过供应商参与时机反映（Jayaram，2008）。参与时机指供应商在哪个时间或阶段参与到企业新产品开发活动中。以往学者将参与时机划分为五阶段、三阶段和两阶段。

（1）五阶段划分。Handfield等（1999）指出，一般的新产品开发过程可由五个阶段组成，如图8-5所示，在决定供应商参与时机时应考虑两个主要因素：技术变动率、供应商特定技术的专业化水平，若技术变动幅度很大时，应该延迟供应商参与时机，若供应商设计专业性很强，供应商技术专家能对新产品开发项目提出关键性见解时，应该让供应商早期参与。Handfield等（1999）指出，早期参与、后期参与所需的供应商是不同的。在产品开发早期，由于不确定性较大，产品设计方案与细节等还未敲定，企业需邀请涉及复杂、关键物料及技术的供应商及拥有战略联盟关系的供应商参与，共同商定设计以降低风险、避免不必要的返修成本。同时，独立完成零部件或子系统的"黑箱"供应商也应早期参与。而在产品开发后期，产品设计思路已经成熟，产品试制已经开始，企业可独立完成后续生产，仅需一些非关键的"白箱"供应商参与，咨询物料、技术、市场、功能需求等方面有价值知识的建议。

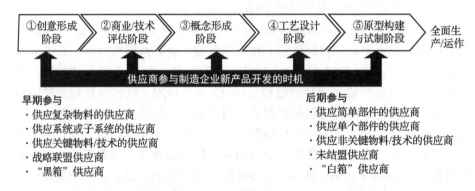

图 8-5　供应商在新产品开发中的参与时机——五阶段划分

资料来源：Handfield 等（1999）。

Bonaccorsi 和 Lipparini（1994）指出，供应商参与时机可分为另外五个阶段，如图 8-6 所示。在这个过程中，成本、绩效、时间、质量等问题的权衡都可能使产品设计发生变动，从产品初始设计到最终设计可能历经了多次修改。在创意形成阶段，设计者和市场人员依据顾客意见分析产品潜在功能、成本，并评估可能利用的技术，尤其关注供应商是否具备卓越新技术。商业与技术评估阶段，开发团队进行产品商业评估，形成可行技术方案，利用"质量功能配置"工具辅助形成符合客户要求的技术规范。在产品/过程/服务概念开发阶段，通过制定初始原型辅助概念定义，绩效规范在此时"冻结"。工艺设计阶段，供应商和制造企业的设计人员构建规划蓝图和设计规范，制定可运作的原型以测试和改进现有生产系统。最终，产品准备进入全面生产阶段。供应商提供的原材料占产品成本绝大部分，在某些技术方面可能比制造企业更具优势，其贡献和积极参与可发生在任何阶段。

（2）三阶段划分。李随成等（2009）指出，参与时机可分为三个阶段：早期包括产品构思、技术评估、概念和设计；中期为工艺阶段参与；后期为原型建立和试制阶段参与。Hartley 等（1997b）划分为概念形成与项目计划、模型构建与细节设计、原型构建与后续活动三个阶段，早期参与有助于考虑供应商制造能力局限性，避免生产中难以预见的问题。Mikkola 和 Skjoett-

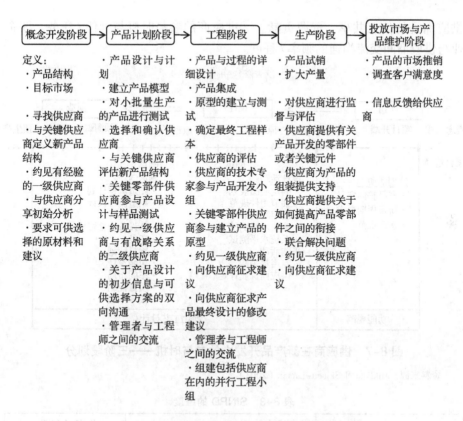

图 8-6 产品开发的过程与供应商的逐渐集成

资料来源：Bonaccorsi 和 Lipparini（1994）。

Larsen（2003）认为，供应商参与可发生在计划、设计和制造阶段，如图 8-7 所示。计划阶段是定义功能规范（如整体产品、研发周期要求、接口规范）；设计和制造是细节工艺设计阶段，主要包括物料清单和蓝图规划制定、原型构建和测试，制造过程确定设备选择等。

（3）两阶段划分。Wagner（2012）将参与时机分为模糊前端和实施阶段参与。Schoenherr 和 Wagner（2016）指出，模糊前端是实质开发前的阶段，包括创意产生、评估、产品定义等任务，特征是未明确工艺、临时决策、模糊和不确定，确定创意后进入正式结构化开发阶段。裴旭东等（2013，2015）将参与时机划分为模糊前端和执行阶段，前者包括创意产生、产品概念开发以及产品规划等活动，后者包括设计、试产、质检和扩产等活动。

2. SINPD 的维度

以往学者针对 SINPD 的维度有不同的见解，如表 8-3 所示。归纳分析后可以看出，不同学者理解基本上是相似的，均强调以下关键内容：①企业与供应商间的信息共享、资源贡献。②供应商的参与时机与责任/任务。③企业与供应商间交流沟通的频率/程度。

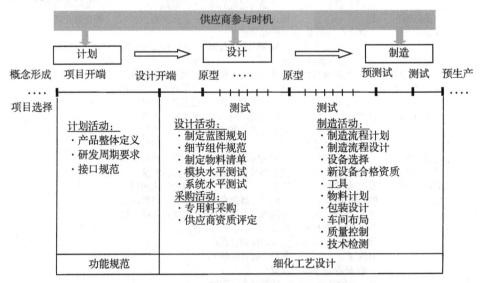

图 8-7 供应商在新产品开发中的参与时机——三阶段划分

资料来源：Mikkola 和 Skjoett-Larsen（2003）。

表 8-3 SINPD 的维度

SINPD 维度	作者（年份）
①供应商参与时机 ②供应商所承担的设计责任水平 ③面对面交流的频率 ④电话沟通的频率	Hartley 等（1997a）
①与供应商间频繁交流的程度 ②供应商参与时机 ③供应商所承担的设计责任	Hartley 等（1997b）
①供应商影响决策的程度 ②企业对项目的控制水平 ③项目的交流频率	Wasti 和 Liker（1997）
①交流与信息共享 ②参与 NPD 的不同阶段 ③联合战略项目	Jayaram（2008）
①供应商所贡献的资源（能力、投资、信息、知识、想法等） ②供应商所执行的任务 ③供应商所承担的关于部件、工艺和服务开发的责任	van Echtelt（2008）

SINPD 维度	作者（年份）
①供应商早期参与 ②联合求解 ③紧密沟通	Clark（1989）
①供应商积极参与 ②与 NPD 团队沟通	Swink（1999）
资产共享（智力资产、实物资产和人力资产）	Ragatz 等（1997）
①供应商参与时机 ②供应商责任水平 ③信息共享程度	李随成（2008）

资料来源：笔者整理。

（三）SINPD 的关键流程

1. SINPD 的管理流程

Wynstra 等（2003）提出了 SINPD 的五个管理流程，如表 8-4 所示。①优先序排定，企业选择投资方向和资源分配，包括合作伙伴选择和供应商的参与形式、程度方面的优先序；②动员，激发供应商参与特定任务，使供应商建立兴趣和做出承诺；③协调，调整和适应双方的开发活动和资源；④时机，及时协调开发活动；⑤信息传递，与特定供应商合作获取和分享信息，如市场调研和组件设计评估。

表 8-4 SINPD 关键流程

关键流程	举例
优先序排定 （Prioritizing）	·为某个特定部件的开发选择供应商 ·决定多少资源（成本与精力）可以投资于管理与特定供应商间的合作
动员 （Mobilizing）	·承诺与某个供应商的长期生产合同，以换取与供应商展开部件开发的合作 ·让供应商使用合作开发的知识，也可以将其用于第三方企业（须经过一段时间后）
协调 （Coordinating）	·拥有包装设备和包装材料供应商，并能使设备与供应商相互适应各自的新产品 ·根据各自的专长，将开发工作量分配给不同供应商之间
时机 （Timing）	·确保内部研发部门及时向供应商提供基本的技术要求，以确保项目的最后期限 ·供应商（自主）更新其产品的关键组成部分后，引入/开发新的最终产品

续表

关键流程	举例
信息传递（Informing）	·在供应商真正参与之前以及供应商参与时选择并与特定供应商一起工作，获取和共享信息

资料来源：Wynstra 等（2003）。

相关学者在项目层次，对 SINPD 的管理流程进行了研究，通过对战略和执行两方面展开分析，如表 8-5 所示。其中，Monczka 等（2000）提出了区分供应商参与战略规划流程和执行流程的过程模型，战略规划流程、执行流程各识别了 5 个能促使供应商参与成功的步骤。Van Echtelt 和 Wynstra 等（2001）提出了两组活动：长期战略 / 战术过程和短期运作过程，各流程间是连续的、重复的活动链。

表 8-5　供应商参与的管理流程

作者（年份）	流程
Monczka 等（2000）	**战略规划流程** A. 确定现在和将来的需求 第一步：形成内部核心能力 第二步：形成现在和将来的新产品的需求 第三步：识别现在和将来对外部技术和能力的需求 B. 在世界供应范围内形成战略联盟 第四步 a：选择合适的供应商并建立合作关系 第五步 a：目标和技术路线达成一致 C. 形成不同技术和供应商名录 第六步 b：引导供应市场显示技术 第七步 b：不断对出现的技术进行评估 **供应商参与执行流程** D. 明确供应商的任务并制定目标 第一步：在项目团队中，给供应商一个有意义的任务 第二步：共同形成明晰的量度和目标 E. 信息共享和从经验中学习 第三步：广泛和深入地进行信息共享 第四步：集成供应商在设计阶段进行决策制定和问题解决 第五步：结论监控以及经验学习

续表

作者（年份）	流程
Van Echtelt 和 Wynstra（2001）	**长期战略和战术流程** 1. 形成集成产品开发和外包的指导方针和流程方案，并对其进行沟通 2. 决定技术的来源，内部或外部 3. 对供应商市场和单一供应商的技术发展进行调查 4. 预挑选供应商参与产品开发合作 5. 提高供应商既有的技术和能力 6. 激励供应商发展专业知识和产品知识 7. 评估集成产品开发和外包的指导方针和流程 **短期运作流程** 8. 为了开发工作包，决定项目开发或购买 9. 提出替代供应商／产品／技术 10. 选择参与具体开发项目的供应商 11. 决定供应商参与项目的程度和时间 12. 对制造商和供应商之间的开发／设计／工程等活动进行协调 13. 对不同供应商之间的开发／设计／工程等活动进行协调 14. 评估项目设计 15. 对供应商联合开发绩效进行评估和反馈

资料来源：Monczka 等（2000）；Van Echtelt 和 Wynstra（2001）。

2. SINPD 的业务流程

曾德明和胡林辉（2012）认为，SINPD 是一个复杂过程，将 SINPD 过程归纳为产品立项、产品设计和产品推出三个主要阶段，各阶段又涉及多个子业务流程（交互业务流程），如图 8-8 所示。

产品开发阶段，供应商可提供市场、客户、产品部件等信息，助力总体方案形成。

产品设计阶段，供应商在工艺评估、仿真、设计方面协助企业专业决策。

产品推出阶段，供应商提供零部件成本、生产供应等外部知识。

他们对供应商参与新产品开发的流程分析是对序列思想的体现。无论参与程度与时机如何，企业与供应商的时序性互动清晰。通过明确各阶段角色与交互，双方有望更好整合知识资源，创造价值，从而最终将新产品推出市场。

二、经典分析框架

Wynstra 等（2003）建立了一个基于活动的 SINPD 框架，并识别了 20 多项管理活动，这些管理活动对于让供应商有效，高效地参与到新产品开发中

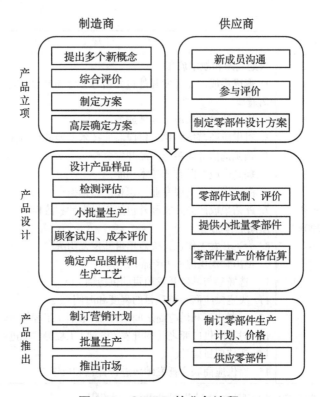

图 8-8　SINPD 的业务流程

资料来源：曾德明和胡林辉（2012）。

具有重要意义。由图 8-9 可知，所识别的一系列管理活动嵌入在企业是否有效管理参与的五个基本过程（优先序排定、动员、协调、时机和信息传递）中。该框架区分了四种管理领域：开发管理、供应商界面管理、项目管理和产品管理，前两个管理领域包含战略性的长期活动，后两个管理领域包含项目相关的短期活动。

开发管理聚焦于建立一个 SINPD 和所要协作的技术领域的通用政策及指南；供应商界面管理聚焦于为建立能够对产品开发过程有贡献的供应商网络而持续付出努力；项目管理主要考虑在特定开发项目中规划和实施 SINPD；产品管理聚焦于在产品项目中对实际的产品规格进行定义。此四个管理领域及相关活动使企业能够识别、协调、改善和转换内外部资源与能力。

Wynstra 等（2003）认为，供应商界面管理在所有 SINPD 管理领域中扮演着核心角色，供应商界面管理代表更多长期导向努力，以促进协同产品开发的实现。为了在协同产品开发中取得成功，企业需要以一致方式进行长期管理活动和短期管理活动，如图 8-10 所示。

管理领域		活动	所嵌入的关键过程
长期战略流程	开发管理	①决定何种技术需要自主开发，何种技术要从供应商处外购 ②对供应商参与制定政策 ③对于内部部门的采购相关活动制定政策 ④内外部交流政策和程序	·优先序排定 ·协调、时机 ·协调、时机 ·信息传递
	供应商界面管理	①监控供应商的技术开发市场 ②为产品开发协作预选供应商 ③激励供应商建立/保有开发某个产品的特定知识 ④利用供应商的技术能力 ⑤评价供应商的开发绩效	·信息传递 ·优先序排定 ·动员、协调 ·协调、时机 ·信息传递
短期运作流程	项目管理	**计划** ①决定特定的"自主开发/外购"的解决方案 ②选择供应商参与到开发项目中 ③决定供应参与的程度（"工作量"） ④决定供应商参与的时机。 **执行** ①供应商与制造企业间共同协调开发活动 ②不同的一级供应商间共同协调开发活动 ③一级供应商和二级供应商间共同协调开发活动 ④订购和交易原型	·优先序排定 ·优先序排定、动员 ·协调、时机 ·排序、协调 ·排序、时机 ·协调、时机、信息传递 ·协调、时机、信息传递 ·协调、时机、信息传递
	产品管理	**扩展活动** ①提供被开发或已经应用于供应商市场的那些新产品和技术的信息 ②提议可供选择的供应商、产品和技术，使最终产品的质量更好 **限制性活动** ①从零件的可替换性、可制造性、提前期、质量和成本等方面评价产品设计 ②促进设计和零部件的标准化和简化	·信息传递 ·排序、动员、信息传递 ·信息传递 ·排序、动员、信息传递

长期协作结果
·未来协作更有效、更高效
·获取到供应商的技术
·技术路线一致化
·将建立的解决方案用于其他项目

短期协作结果
·零部件的技术绩效
·零部件成本
·零部件开发成本
·零部件开发提前期

图 8-9　SINPD 管理活动

资料来源：Wynstra（2003）。

三、参与模式

（一）供应商参与的组合矩阵

Wynstra 和 Pierick（2000）提出了"供应商参与组合"的模式，以提供有关供应商参与新产品开发项目决策时作为优先顺序的依据。这种模式基于和供应商相关的两个变量：①供应商承担的产品开发责任水平；②产品开发的风险程度。以此为基础将供应商参与分为四种模式：一般交易型开发、战略开发、惯例开发和关键开发，如图 8-11 所示。

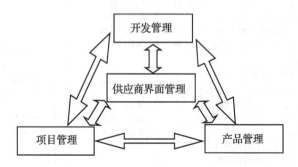

图 8-10 SINPD 四个管理领域间的关系

资料来源：Wynstra（2003）。

	高	
供应商责任水平	一般交易型开发 (Arm's-length Development)	战略开发 (Strategic Development)
	惯例开发 (Routine Development)	关键开发 (Critical Development)
	低　　　开发风险　　　高	

图 8-11 供应商参与组合

资料来源：Wynstra（2000）。

在战略开发模式下，合作伙伴关系像拍档，沟通频繁、开展面对面小组会议，重点沟通技术和商业化信息。在关键开发模式下，企业主导单向沟通，利用电话、传真等媒介，主要关注市场和技术信息。在一般交易型开发模式下，呈现为供应商依赖式的开发、单项沟通，由供应商主导，沟通频繁、开展面对面小组会议，主要关注技术和状态信息。在惯例开发模式下，双方互相告知变化，双向沟通、媒介限于传真、邮件、电子邮件，主要关注状态信息。

Le Dain 等（2010）基于"供应商自治程度""产品开发的风险程度"组合后分为五种模式：授权设计、战略联合设计、关键联合设计、共同协调开发和传统外包，如图 8-12 所示，也识别了 SINPD 各模式下协作情境的主要特征，如表 8-6 所示，从而帮助企业进行自制或外购决策。

供应商的自治程度分为五个等级：0、1、2、3、4（其中，2 等级分为两类，0 等级时供应商自治程度最低，4 等级时最高）。0 等级：供应商负责建立

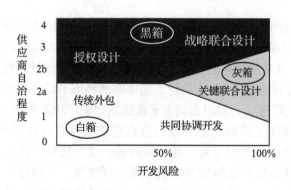

图 8-12　供应商参与矩阵

资料来源：Le Dain 等（2010）。

表 8-6　SINPD 各模式下协作情境的主要特征

SINPD 模式	协作情境的主要特征
授权设计	·产品开发和生产时，企业内部没有相应的技能和诀窍，只能依赖于外购 ·双方非耦合式的开发并在产品开发阶段刚开始的时候就进行直接协调
战略联合设计	·由于风险水平需要与供应商密切沟通，为了在项目中明确需求并监控流程，因此需要联合设计 ·控制关系需要高昂成本
关键联合设计	·企业和供应商都没有全面独立设计产品的知识和能力 ·关键（critical）意味着合作伙伴在早期阶段面临着很大程度的模糊性，规格较为粗糙，工艺有大量的不确定性 ·联合设计（co-design）意味着开发工作需要一整合的方式来实施
共同协调开发	·企业需要进行协调，来保证供应商能够知晓修改方案 ·供应商需要在产品设计阶段为企业提供咨询，而只在实施阶段其所发挥作用才能得到体现
传统分包	·关系是由企业所主导的，但对供应商没有什么重要影响

资料来源：Le Dain（2010）。

产品的生产过程，供应商通过共享其设备、工艺能力和生产计划等信息，对企业的产品设计进行投入。1 等级：供应商负责根据企业提供的图纸建立工业化和生产过程，供应商针对企业设计提供回馈，包括对成本和质量改善的建议等。2 等级：在规格的基础上，供应商全面或部分负责详细设计、生产与装配工艺的测试与建立；（2a 等级：企业持有部件的知识产权，并支付给供应商设计费，企业负责后续工程；2b 等级：供应商持有部件的知识产权，承担法律责任，供应商负责后续工程）。3 等级：在功能规格的基础上，供应商从概念设计到整个零部件制造负全责，供应商持有部件的知识产权并负责后续工程。4 等级：在功能规格的基础上，供应商负责整体设计（概念、可行性研究、设计和供应链组织）、细节设计、整体监测和细节设计检测以及复杂子系统的生产装配过程建立，供应商只有子系统的知识产权并负责后续工程。

开发风险体现了外购物品开发的潜在影响，共有六种类型：系统联结、新度、内部复杂性、产生的差异性、时间轴、成本权重。其中，系统联结是指外购物品和其他物品之间相互依赖联结的紧密性，联结越紧密，外购物品对技术绩效和最终产品设计的影响越大；新度是指使用新技术或在新情境下使用已有技术；内部复杂性是指在外购物品上使用的不同技术或部件的数量；产生的差异性是指与之前的系统相比，外购物品体现了对整个系统必要的新贡献；时间轴是指外购物品在企业产品开发项目的关键路径上的所处位置；成本权重是指外购物品的成本对最终产品成本的影响。

（二）OEM–ODM–ODM 模式

根据供应商参与阶段和所担负责任，可将供应商参与分为 OEM（Original Equipment Manufacture）、ODM（Original Design Manufacture）和 OBM（Original Brand Manufacture）三种模式，如表 8–7 所示。

表 8–7　三种 SINPD 模式的比较

参与模式	参与阶段	供应商承担的责任	竞争供应商	信息沟通程度	利益分配
OEM 模式	晚期：设计完成阶段	很低，只需要按照制造企业的规格与要求	很多，主要打价格战，竞争激烈	仅仅有变化时才进行沟通	对立，零和博弈，利益不共享
ODM 模式	中期：设计阶段	一般	少数几个，但参与过程中表现不好可能被淘汰，竞争较激烈	较高	合作，利益共享
OBM 模式	早期：概念阶段	很高	几乎没有，和制造企业有长期合作伙伴关系，不存在竞争者	很高	合作，利益共享，长期利益来源

资料来源：叶飞等（2006）。

在 OEM 模式下，供应商参与程度最低，企业主导技术规格和监控措施，通过竞标选择供应商，供应商在产品主体设计完成后才参与进来，供应商为非关键供应商，企业与供应商之间是纯粹的买卖关系，仅在成本和规格变化时沟通，保障按期按量保质交货，双方利益不共享，企业通过竞价攫取利益。

在 ODM 模式下，供应商参与程度中等，企业主导新产品开发，供应商承担零部件设计任务，双方商议新产品的技术规格、通过沟通达成方案共识，供应商一般供应的是瓶颈部件，企业为供应商提供培训、技术支持，使供应商成为产品开发团队一部分，实现利益共享。

在 OBM 模式下，供应商参与程度最高并在早期概念阶段参与，供应商在满足设计要求的基础上，自行设计并开发产品，产品开发早期存在多重不确定性，信息模糊，开发风险较大，因此企业与供应商建立长期合作关系，密切沟通以应对不确定性和开发风险，实现利益共享。

（三）SINPD 的三种伙伴关系模式

根据"供应商参与时机"和"供应商间竞争程度"，SINPD 呈现三种伙伴关系模式，如表 8-8 所示。

表 8-8　SINPD 的伙伴关系模式

过程阶段	参与 NPD 过程中供应商间的竞争程度		
	被选供应商	优先供应商	所有潜在供应商或合格供应商
·概念阶段 创意形成 筛选 初步市场评估 概念设计	供应商选择 / 伙伴关系	（非正式网络化）寻求信息	
·可视化阶段 初步技术评价 市场调研 财务分析		技术讨论	
·开发阶段 通用设计 细节设计 技术规格问题 竞标程序 供应商选择 原型交付		技术讨论 征询方案	征询方案
·扩产阶段		供应商选择	供应商选择
·商业化阶段			

续表

过程阶段	参与 NPD 过程中供应商间的竞争程度		
	被选供应商	优先供应商	所有潜在供应商或合格供应商
	日本模式	进阶模式	传统模式

资料来源：Bonaccorsi 和 Lipparini（1994）。

（1）传统模式：供应商在产品设计完成后参与，供应商信息受限、无法早期参与创新，因此在供应商选择和订单奖励等环节会和其他供应商存在竞争关系，供应商需要全面报价并提供全面的技术与商业条件。在纯粹竞争的程序中，企业可能邀请所有潜在供应商或仅邀请得到认可的合格供应商。

（2）日本模式：SINPD 通常在新产品设计概念阶段发生，与负责设计、开发以及集成部件与系统的那些一级和重要供应商的协作，可加速产品上市并带来长期绩效。这些供应商早期参与企业的会议讨论，与企业进行紧密沟通。然而，由于仅选择单源供应商，企业可能错失来自其他供应商的新想法。

（3）进阶模式：该模式平衡了日本模式和产品最终定义前获取新技术的优势，在高技术产业中广泛存在。少数优先供应商在规格定义前就参与进来，需要投资并贡献详细技术方案，供应商在企业定期举办的技术研讨会上展示模拟仿真、图纸，供应商选择可能不在产品开发早期发生，但所有供应商在预选开发时就需投资，即使他们中仅有一位会在供应商竞争中最终胜出。

（四）美国模式与日本模式

Ro 等（2008）将 SINPD 模式分为两种：美国模式和日本模式，如表 8-9 所示。

表 8-9　供应商参与设计的传统美国模式 VS. 日本模式

特征	美国模式	日本模式
外购	高程度垂直整合	高程度外购
供应商选择基础	市场竞争	建立长期伙伴关系
供应基	任何拥有技术能力的供应商	一小部分的合作伙伴
参与设计的时机	晚期，预产阶段	早期，概念阶段
供应商在产品开发中的作用	执行详细的规格要求	基于不确定需求开发产品
期望供应商做出的贡献	满足规格要求	创新解决方法
质量决定因素	谨慎地遵从质量程序	与设计思路紧密地集成
组织设计方法	分层控制	水平方向的高程度协调与沟通

特征	美国模式	日本模式
官僚主义	高强制性	高授权性

资料来源：Ro 等（2008）。

在美国传统的对立关系模式下，企业采购由原材料发布工程师所设计的现成商品或相对简单的部件，在这种情况下，供应商间存在价格竞争，供应商一旦不能有效执行相关任务则很容易被替代。在采购完整模块的情况下，供应商能够建立起不易被模仿的独立制造能力，使企业转换成本很高，企业也许承担较大风险。从供应商处采购完整系统设计和系统制造会使企业严重依赖于供应商，从而促使企业保持对产品的内部分层控制。在日本模式下，企业通常外购占汽车整体大量份额的模块和系统，一级日本供应商对子系统承担主要设计责任，所有的供应商并未被企业同等对待，对于简单的按图制造部件，日本企业明显占据主导地位；对于产品模块，企业对供应商做出大量投资，不会过多地考虑风险；对于系统供应商，通常企业会与之建立合作伙伴关系。除此之外，日本企业与供应商建立长期相互受益的关系，并培养公平交易与信任的关系类型。

第三节 供应商参与新产品开发的影响因素

SINPD 对买方企业至关重要，但实施受多种因素影响，如冲突管理和协调。不同类型、规模和技能的企业实施 SINPD 面临的因素各不相同。因此，企业需要深刻理解实施中的驱动和使能因素，并了解风险障碍和管理行为，以确定关键成功因素，以确保 SINPD 的成功实施，并进行系统分析，这对企业具有重要指导意义。

一、驱动因素

企业新产品开发为什么需要供应商参与是研究者首要探明的问题。国内外许多学者从不同角度进行了研究。例如，Abdolmaleki 和 Ahmadian（2016）从产品特性角度发现，要求创新性、差异化和模块化程度高的产品研发会促进供应商参与；Luzzini 等（2015）从企业战略角度分析，认为强调创新战略的企业会与供应商合作进行产品开发，因为供应商拥有互补知识，了解企业内部流程和产品，尤其在建立长期关系的情况下，供应商能预测可能引起生产问题的限制条件，从而加速产品开发、降低成本并提高产品质量。

（一）ESI 采用模型

Bidault 等（1998a）通过研究新产品开发中早期供应商参与的驱动因素，构建了一个 ESI 采用模型（见图 8-13）。他们认为企业实施 ESI 主要受到三个方面的驱动力影响。

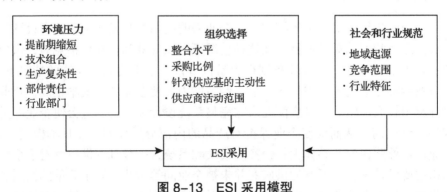

图 8-13　ESI 采用模型

资料来源：Bidault 等（1998a）。

（1）环境压力。企业采用 ESI 实践的基础动力是环境压力，其中市场竞争和技术进步是最常见的压力来源。竞争压力以多种形式存在，尤其是由于产品创新步伐加快而带来的压力，如产品开发中的时间压缩。技术进步表现形式多样，尤其是大规模生产和产品组合带来的技术多样性和复杂性，对设计资源的需求增加，驱使企业通过采用 ESI 实践更好地利用供应商的设计资源进行产品开发。

（2）社会与行业规范。社会与行业规范是驱使企业采取 ESI 的因素，主要包括地域起源、竞争范围和行业行为规范等。这些驱动力可称为"文化"因素，涉及特定行业的行为规范和较为落后社会的社会文化现象。有些企业采取 ESI 是因为它们所处文化环境中存在一种对供应商开放和合作的行为规范，而作为其中一员，它们必须遵守。行业中也存在行为规范，如超越经济理性的行业（如建筑业）通常采用较低水平的合约形式。此外，行业规范还可能受其国际化水平的影响。如果一个行业在全球范围内活动，其最佳实践往往会受到其他国家的模仿。

（3）组织选择。企业行动并非只能通过外部理性标准单独解释，因为企业可以是非理性的，并具有自由选择的能力。驱使企业自主选择 ESI 主要有两方面因素：制造企业的垂直整合水平及其与供应基的关系。前者可以通过与竞争者相比测量企业的整合水平和零部件采购比例，后者可通过测量企业为改善供应基所采取的措施数量（如资格审查、巩固、JIT 计划）和供应商活动范围（如从零部件供应转向系统/组件供应）进行衡量。

（二）SINPD 驱动因素模型

我国制造企业实施 SINPD 既是市场竞争的结果，也是在国家政策引导下影响的结果。政府加大了创新投资，企业积极争取了国家资金的支持，从而增强了企业自主创新的动力。因此，企业实施 SINPD 也是国家创新政策的间接推动结果。根据李随成和王巧（2008）的研究，SINPD 实施有六大关键驱动因素。如表 8-10 和图 8-14 所示。

表 8-10　SINPD 驱动因素内涵及观测变量

因素	内涵	观察变量
外部竞争压力	由于消费者需求的不断变化，竞争范围和竞争强度都大大加强，属于外部驱动因素	竞争者数量；竞争范围；竞争激烈程度；产品种类极大丰富度
国家创新政策引导	国家有关创新的相关政策驱动了制造企业寻求合作方进行合作研发，属于外部驱动因素	政府加大投资力度；国家政策强调创新；企业研发投入政策激励
产品复杂技术组合	制造企业研发的新产品组成越来越复杂，由于所需技术在新颖度、不确定性程度上要求都很高，因而需要技术组合，属于内部驱动因素	R&D 的技术风险；技术日益多元化；技术创新度；技术复杂程度；技术组合程度；产品所需技术复杂；产品组成复杂；技术不确定程度
R&D 依赖	公司的类型以及所处的地位决定了 R&D 的重要性，属于内部驱动因素	企业属于研发性企业；对 R&D 投入大量资金；R&D 是获取竞争优势来源
供应商依赖	由于制造企业长期依赖某些供应商，或由于供应商的技术能力和实力原因，造成对供应商的依赖，属于供应商吸引驱动	转向其他供应商难度很大；供应商实力；长期依赖供应商；供应商的技术能力
以期获得绩效	由于制造企业对 NPD 绩效的追求，驱使实施 SINPD，属于结果驱动因素，不仅包括 R&D 速度、成本和质量等方面改善的短期绩效，还包括获得新技术、竞争优势、提高自主创新能力以及战略合作关系等方面的长期绩效	战略联盟；竞争优势；获取新技术；未来技术合作的有效性；R&D 成本；R&D 速度；自主创新能力；新产品质量；NPD 流程复杂性

资料来源：王巧（2008）。

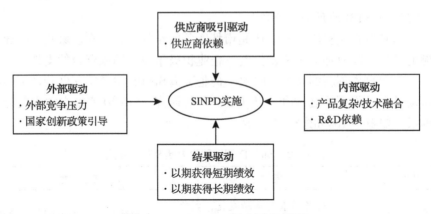

图 8-14　SINPD 驱动因素模型

资料来源：王巧（2008）。

1. 外部驱动：外部竞争压力和国家创新政策引导

外部竞争压力。外部竞争压力指制造企业面临的市场不确定性和技术不确定性所带来的激烈市场竞争。由于全球化、互联网、技术革命等因素影响，市场变得复杂并愈加动荡，市场不确定性日益提高，同时技术创新与竞争日益激烈，技术不确定性也在提高。不确定性加剧了企业之间的竞争强度，推动企业寻求新的产品开发合作伙伴和建立合作关系，越来越多的制造商开始实施 SINPD 以发挥供应商的技术优势。外部竞争压力是驱动制造企业实施 SINPD 的根本，不仅适用于我国企业，更适用于国外企业。例如，Fine（2000）在描述竞争、创新和市场对"时钟速度"影响时指出，市场和技术不确定性推动了公司向垂直或水平集成两方向发展。我国改革开放后企业走向市场化较晚，特别是 20 世纪 90 年代后，企业才真正面临强烈的竞争压力，开始与其他企业和供应商合作。

国家创新政策引导。我国企业对国家政策更加敏感，反应速度明显加快，能根据国家政策制定企业战略和调整业务与管理。由于整体技术创新能力不强，政府将增强自主创新能力作为国家战略，引导我国企业将创新提高到企业发展的战略位置。在国家政策的引导下，我国企业开始寻求合作伙伴，积极争取国家资金的支持，希望通过合作创新提高自身的创新能力。其中，企业实施 SINPD 是多种合作研发中的一种方式，是国家创新政策引导结果之一。国家创新政策直接驱动了企业自主创新和制造商实施供应商参与新产品开发。

2. 内部驱动：产品复杂、技术融合和 R&D 依赖

产品复杂、技术融合。为满足消费者的个性化需求，各家制造商不断增

加产品组合，导致产品复杂化趋势不可避免。产品复杂化要求多种技术组合和复杂技术，增加了研发的技术风险。同时，新技术层出不穷也推动了技术研发的更高要求。为在竞争中生存，企业不断研发新产品并更新技术，导致产品本身零部件组成和零部件之间的关联技术不断增加，产品复杂程度逐渐上升。由于企业资源有限，企业注重核心能力培养和核心业务开拓，因此，需要从外部获取资源并与供应商进行核心技术融合，以开发复杂程度高的新产品，创造更强的市场竞争优势。这种产品复杂和技术组合满足了消费者个性化需求，从内部驱动了制造企业实施供应商参与新产品开发实践。

R&D 依赖。我国制造商需要更强的创新能力以迅速开发适应市场需求的高质量、低成本的创新产品，这是企业生存的关键，也推动了制造企业向研发型转变。目前，我国制造商加大对研发的资金投入，将研发作为获取竞争优势的主要手段，实现自主创新以满足消费者需求。企业对研发依赖程度不断增加，愿意与供应商合作共同致力于新产品开发，特别是在风险较高的情况下更趋向于寻求供应商的帮助来共担风险。

3. 供应商吸引驱动

供应商吸引驱动主要指供应商的依赖程度。依赖程度可通过制造商的零部件采购率和对特定供应商的长期依赖而确定。如果制造商在某些技术上依赖供应商的力量优势大于自身，属于制造商依赖供应商，因为制造商愿意与供应商合作进行新产品开发。在实际合作中，合作动机多样且供应商参与的依赖结构也不同，包括制造商权力优势和相互依赖。制造商权力优势表示供应商依赖程度超过制造商依赖程度，相互依赖表示供应商和制造商之间存在相互依赖关系。无论是哪种依赖关系结构，只要制造商在某些技术上依赖供应商，并且供应商能为制造商提供价值服务，制造商就愿意邀请供应商参与新产品开发。

4. 结果驱动

制造商实施 SINPD 旨在提高新产品开发的绩效，而 SINPD 模式的成功应用和理论证实，又从结果上为研发提供了强大的驱动力。SINDP 的效果包括短期绩效（如提高新产品开发速度、降低开发成本、提高开发质量和简化开发流程）和长期绩效（如提高自主创新能力、增强竞争优势、获取新技术、建立长期战略伙伴关系和提高技术合作的有效性）。

以上研究从买方企业角度分析了驱使 SINPD 的动因，而李随成和杨婷（2011）从供应商角度出发，认为供应商参与买方企业新产品开发的主要动因包括竞争压力、市场开拓、促进创新和利益分配。在竞争激烈的环境下，供应商需要与买方企业建立稳定合作关系来提升竞争优势。竞争压力越大，供应商越倾向于参与新产品开发；市场需求的变化促使新产品快速进入市场，而新产品的成功与多种因素有关。供应商在推动新产品上市和开拓市场方面通常能力较弱，而买方企业对市场敏感，能够快速获得市场信息并回应需求；供应商希望更深度参与和与买方企业紧密合作，以获得核心技术提升自身创新能力；适当的利益分配机制影响着供应商与企业的合作效果及合作期限的稳定性，因此是供应商早期参与买方企业新产品开发的主要动因之一。

二、使能因素

关于 SINPD 驱动因素的研究，解释了 SINPD 的动机和原因，但如果企业具备的条件并不支持 SINPD 活动的实施，成功的概率也会减小。因而，SINPD 使能因素成为实践者和研究者关注的又一重要问题。SINPD 使能因素指能够使企业有效实施 SINPD 活动的条件因素。以下学者从不同的分析角度对 SINPD 的使能因素进行了系统讨论。

李随成等（2009）实证分析验证了 SINPD 实施的组织管理、人力资源质量、合作关系和相互吸引力四个维度 12 个使能因素，如图 8-15 所示。

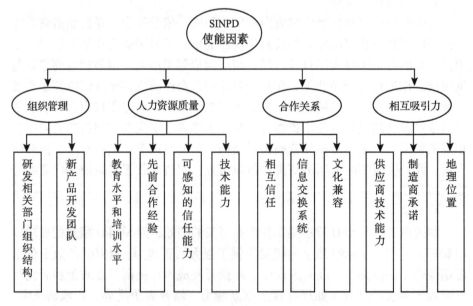

图 8-15　SINPD 使能因素模型

资料来源：李随成等（2009）。

（1）组织管理。组织管理是 SINPD 中不可或缺的使能因素，主要涉及研发相关部门组织结构和新产品开发团队两个方面。研发相关部门的组织结构和专业分工水平决定了研发人员对供应商和产品的了解程度，进而影响对集成供应商的选择。而新产品开发团队的组织结构以项目为导向，有利于人员合作；相反则不利于人员合作，因为他们更关注原部门利益。因此，有效的组织管理是 SINPD 合作关系的基础。此外，研发相关部门的水平和复杂性对整体能力有影响，包括沟通能力和合作能力等。

（2）人力资源质量。人力资源质量是影响 SINPD 合作关系能力的重要因素。在 SINPD 实施过程中，合作关系的管理至关重要，而人是任何管理活动的执行者。相关合作人员具备合作经验、受过培训/教育、技术专长及可被他人感知信任的能力等，是促进 SINPD 合作关系有效管理的关键因素。

（3）合作关系。相互信任、信息交换系统和文化兼容是合作关系维度中的重要使能因素。相互信任对于合作的成功至关重要。若企业营造了开放和互信的氛围，将有助于加强 SINPD 合作关系。SINPD 是一系列活动流程的信息集合，供应商参与其中的活动也涉及信息元素。因此，为了进行技术或供应商市场扫描，必须利用数据库存取或其他信息和交流手段。若企业的信息交换系统完善，将有助于实施 SINPD。在文化兼容方面，有三个元素影响着制造企业和供应商的合作，即价值共享、运作模式和冲突解决方式。若这些元素中任意一个不匹配，将导致供应商参与的不成功。

（4）相互吸引力。相互吸引力是制造企业和供应商之间合作的交互过程。这涉及制造企业和供应商双方的合作吸引力。供应商的合作吸引力主要指其技术能力，而制造企业的合作吸引力主要指其长期合作倾向和承诺，包括与供应商地理位置的接近程度。

Garengo 和 Panizzolo（2013）研究了供应商在新产品开发中的使能因素，从组织、技术和方法三个层面进行了探究。他们构建了一个参与新产品开发（IPD）的成员与使能因素模型（见图 8-16）。为了建立一个高绩效的开发组织，企业需要确保内部成员（不同部门）和外部成员（如供应商和顾客）之间高水平的整合与合作。达到这一目标需要满足三类使能条件：组织使能因素（组织结构和机制的变化）、技术使能因素（如计算机辅助设计/CAD、计算机辅助制造/CAM 等计算机技术工具）和方法（如制造和装配设计/DFM 和DFA 或质量功能展开等形式化的程序和技术）。

1）组织使能因素。在组织使能因素研究中，许多研究者将开发过程视为一系列问题解决周期的结果。不同问题解决周期之间的连接对设计活动绩效具有重要影响。从这个角度来看，组织可以看作一个信息处理系统。许多管理研究已经证实组织机制对有效管理供应商整合至关重要。这种综合性组织机制包括跨职能团队、协调委员会、矩阵结构、方案和项目管理者、职能轮换、早期供应商参与、设计者和顾客直接接触、分散式和参与式决策以及人力资源实践。这些机制有助于企业打破传统的知识边界和控制，正如

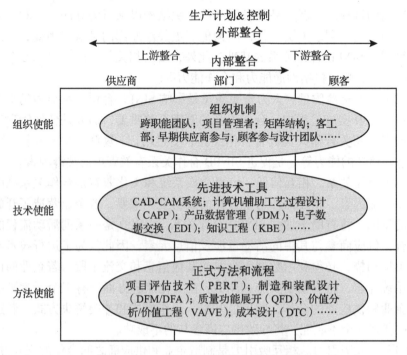

图 8–16 IPD 中的成员与使能因素

资料来源：Garengo 和 Panizzolo(2013)。

Andreasen 和 Hein（1987）所说："如果产品开发分解为不同的专业领域、活动领域或责任领域，将无法以最佳的方式进行。因此，产品开发的主要挑战在于整合不同学科和人才。"

2）技术使能因素。在产品开发过程中，与设计者共享信息非常重要。特别是当设计工作涉及多个参与者和设计阶段并行或同时进行时，这点尤为关键。已经出现了许多创新的技术工具来支持参与式产品开发（IPD）。传统上，正确的 CAD/CAM 设置被用来支持 IPD，但当 IPD 工作分配给不同的部门和领域时，CAD 系统在成本评估和产品制造方面的能力有限，并且面临信息共享的障碍。产品数据管理系统或产品信息管理系统以及先进的 AI/ 专家系统（或知识工程）在将不同现有系统和流程捆绑在一起以及管理数据流动方面起着重要作用。此外，这些先进的系统可能会显著影响设计者未来的工作方式。

3）方法使能因素。在 IPD 环境中，采用恰当的方法和方案是设计活动的关键要素。过去 20 年里，除传统的项目管理技术（如 PERT 和 CPM）之外，出现了各种支持产品开发的创新方法。这些正式方法通常被称为"X"设计，分为三类。第一类方法旨在提高设计和制造之间的协同效果，考虑产品结构对制造成本和生产率的影响。这些方法包括 DFM、DFA、各种减排项目、正式的供应商绩效评估、成本设计、维护和拆卸设计、回收和生命周期分析设计。第二类方法旨在确保产品的高可靠性和控制成本，不断改进产品开发过程，并提供对设计选择结果和意义的全面快速评估。这些方法包括实验设计、失效模式效应分析和评审设计。第三类方法旨在改进设计和营销接口，包括质量功能展开、价值工程和价值分析。质量功能展开可用于产品规划和提高顾客满意度，而价值工程和价值分析主要研究产品绩效和成本之间的功能关系，以确保零部件的设计和加工达到最佳价值。

　　Valk 和 Wynstra（2005）则通过"条件—管理过程—结果"逻辑框架系统分析了企业实施供应商参与新产品开发的先决条件、管理过程和结果，并综合考虑了 SINPD 的驱动和使能因素两个方面，如图 8–17 所示。企业规模、供应商依赖、R&D 依赖和制造类型是影响战略层面驱动因素；而项目的创新程度影响运作层面驱动。最为重要的使能因素包括人力资源的质量和采购与研发部门跨职能导向。

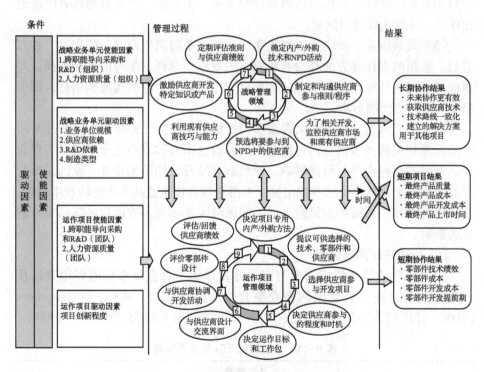

图 8–17　供应商参与产品开发系统框架

资料来源：Valk 和 Wynstra（2005）。

三、风险与障碍因素

（一）SINPD 风险因素

企业实施 SINPD 过程中往往面临着众多风险。在供应商参与中存在的不确定性会对供应商参与产生影响，使新产品开发的实际与期望收益发生偏差，从而产生受损的可能。影响供应商参与的风险因素有很多且基于作用的侧重，主要将其分为四类（曹玉玲和李随成，2009）。

（1）市场因素。新产品开发的目的是适应市场快速的变化，但市场中的不确定因素也会给供应商参与的新产品开发带来不确定性，如消费偏好的改变、技术市场的巨变、国家宏观政策的调整、成本结构的改变等，都会影响供应商参与过程，而且这些变化是市场主体难以预测和控制的。

（2）利益因素。制造商和供应商各自利益最大化带来的风险。供应商和制造商是不同的利益实体，他们可能为了自己的利益而损坏对方的利益，一种可能是合作伙伴不承担自己的责任和义务，不为整个项目着想或者中途退出项目，导致项目难以继续。

（3）关系因素。供应商与制造商之际的关系对供应商参与的程度、参与时机、承担的责任等方面都会有影响。关系质量越高，参与的质量越高，对供应商参与的绩效作用越明显。如果双方之间缺乏相应的沟通和信任，则会给参与带来负面的影响。

（4）信息因素。信息在供应商参与过程中的作用非常重要，尤其是与新产品开发相关的技术信息。合作企业间的信息不对称或不完全对成功实现新产品开发的目标会产生负面影响，导致新产品开发的不确定性。原因是参与开发的双方企业从自身的利益出发，不愿意与合作企业共享先进的技术信息，造成信息阻塞，从而产生风险。以上的风险因素都是多方面对供应商参与造成的影响。

（二）SINPD 障碍因素

企业在管理早期供应商参与产品开发过程中存在很多的阻碍因素以及开发风险，这些障碍会限制企业整合供应商的能力，Mcivor 和 Humphreys（2004）详细列举了企业与其关键供应商间实施 ESI 的障碍，如表 8-11 所示。

表 8-11　企业实施 ESI 的主要障碍

ESI 障碍
·在某些情况下，企业仍然在设计过程中排斥供应商，以获得更有利的条款
·目前，在设计过程中缺乏一种清晰且一致的政策方针用于指导供应商参与程度和参与时机

ESI 障碍
·来自企业层面的影响可能不利于当地 ESI 的管理
·设计人员在设计过程中抵制供应商参与程度的日益增加
·集成产品开发团队成员间存在冲突，如设计者试图进行供应商选择决策，限制供应管理职能的影响
·在企业中供应商的转换仍然是降低成本的主流重新设计过程
·供应商怀疑企业索求成本信息的动机
·一些供应商没有足够的信心去与他们的顾客共享其准确的成本结构
·企业在与其关键供应商进行 EDI 时"系统"不兼容
·企业在与关键供应商合作中没有足够的专用资源去完全实现 ESI 所能带来的利益
·供应商每年的合同谈判不利于合同成功有效改进
·顾客在关系中行使权利可能不利于早期供应商有效参与
·企业与供应商间企业文化不兼容会阻碍供应商缩减、成本信息共享、高层资源承诺等 ESI 重要原则

资料来源：Mcivor 和 Humphreys（2004）。

SINPD 过程中存在各种风险和障碍。研究表明，SINPD 并不总能提升新产品开发的有效性和效率。许多企业在管理 SINPD 过程中面临问题，如供应商与制造商之间的交流和信任不足、供应商技术能力较低、供应商责任较低以及在管理制造商与供应商关系时需要投入大量时间和资源。尽管企业已考虑供应商因素，但缺乏有效的、系统的分析、规划和管理，外部因素的参与既带来好处也带来新的问题。

邱钊等（2009）通过基于国内研究成果和我国制造行业实际情况，以大中型汽车制造企业为样本，深入研究了阻碍供应商早期参与的影响因素。他们确定了 11 个操作变量指标，如表 8-12 所示，用于衡量阻碍中国制造行业供应商参与新产品开发的因素。通过探索性因子分析，他们识别出两类障碍因素：信任过程障碍和信任初始障碍。信任过程障碍主要涵盖信息交流、人员交流、高层承诺和绩效衡量等软性保障措施，以及统一的互联网络硬件保障等硬性保障措施。信任初始障碍主要涵盖技术标准不统一以及制造企业不信任供应商技术能力导致合作经历缺乏等因素。他们认为，缺乏信任是阻碍国内汽车行业早期供应商参与的主要因素，不仅在合作初期，而且在合作过程中都会对双方产生影响。

合作初期，制造企业担心私有信息泄露给竞争对手，导致信息交流保守；

供应商也担心关键技术被制造企业掌握降低议价能力。这种初始不信任只能通过长期合作逐渐消除。因此，制造企业可以通过战略联盟、长期契约等方式加强合作，建立共同技术标准等基础以提高双方初始信任。

表 8-12　中国制造行业制造商联合供应商早期介入 NPD 的障碍因素

一级指标	底层指标（障碍）
制造商联合供应商早期介入 NPD 的障碍因素	·采购企业不熟悉供应商的技术能力、管理能力及制造能力
	·采购企业高层对于联合供应商共同参与新产品开发或产品改进项目的承诺及资源支持力度不够
	·供应商与采购企业之间缺乏统一的软硬件系统，因而无法支持技术信息有效沟通
	·供应商高层对参与采购商公司的产品开发或产品改进项目的承诺以及资源支持力度不够
	·供应商高层对参与采购企业对于联合开发新产品或产品改进项目的实现目标难以达成一致
	·采购企业与供应商双方习惯于将新产品开发或产品改进项目局限于企业内部
	·供应商高层对参与采购企业对于联合开发新产品或产品改进项目的实现目标难以达成一致
	·供应商与采购企业在联合开发新产品或产品改进期间均无法保证参与人员的稳定性
	·供应商与采购企业之间只拥有短期联合开发新产品或产品改进合作经历
	·采购企业自身研发人员不信任供应商的技术能力
	·采购企业与供应商之间的技术标准不统一

资料来源：邱钊等（2009）。

在合作过程中，制造企业常会坚持控制设计理念，不接受供应商更先进的设计理念和经验，这源于对原创意识的文化挑战。此外，供应商可能因发现早期参与新产品开发收益小于付出而抵制或消极参与，仅基于整体成本意识而积极参与。尽管双方高层承诺投入资源支持项目共同开发，但缺乏相应的共同绩效衡量体系，这种承诺往往只是形式主义。现有的绩效衡量体系是以双方个别利益为基础，无法真实评估双方在新产品开发中的努力。唯有建立基于共同利益的绩效衡量体系，才能促进双方达成共同目标。否则，由于不同绩效衡量体系所导致的障碍将导致双方在新产品开发中缺乏资源支持以及信息、人员交流不足。

四、关键成功因素

以往研究探究了 SINPD 关键成功因素，包括高层承诺、文化兼容性、建立程序、目标和责任感、频繁沟通、拥护合作关系、团队组成、内部过程、高层管理支持、供应商选择等因素。而近期研究则从不同角度出发开展探究，如供应商能力、信誉、过往合作经历、合作双方兼容性和情景及合作意愿五个关键因素，以及高层管理支持、买方企业与供应商之间的沟通、信任和长期收益期望、相互依赖和同质性等因素。

（一）单一视角

1. 买方企业实践角度

Ragatz 等（1997）最早对 SINPD 的关键成功因素进行系统讨论，通过对比分析 60 家企业所提供的最成功和最不成功的 SINPD 项目案例的完整和详细的信息数据，识别出两类关键成功因素：关系结构化实践和资产配置实践，如图 8-18 所示。

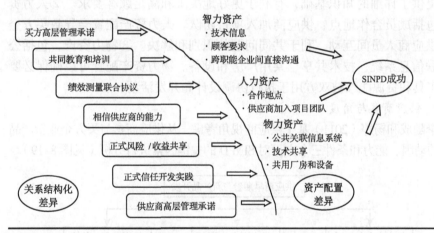

· 保密协议 · 正式的供应商能力协议 · 正式的供应商选择流程 · 供应商选择和计划的跨职能团队 · 参与目标制定
· 目标/度量明确 · 项目团队稳定 · 参与必要性共识 · 目标一致性

图 8-18 SINPD 成功的解释模型

资料来源：Ragatz 等（1997）。

SINPD 的潜在利益巨大，但实施不易，需克服内、外部障碍。买方企业内部成员可能担心供应商泄露产权信息而抵制共享。在存在竞争对手的供应商情况下，问题尤为关键。此外，"非我发明"文化在接受供应方想法时成为挑战，买方设计师和工程师可能抵制放弃决策控制权。供应商组织内也可能存在担心信息泄露的抵制，特别是面对具有较强权力的买方企业。研究结果表明，这些障碍可通过两个重要概念主题克服或最小化。

其一，关系结构化实践。主要包括4个管理实践因素（共同教育和培训、正式的信任开发流程、正式的风险/收益共享协议、绩效测量的联合协议）和4个环境因素（供应商高层管理承诺、买方企业高层管理承诺、熟悉供应商能力并对"选定的供应商是合适的"具有共识，即"相信供应商的能力"）。关系结构化实践有助于打破障碍、扩大关系边界、建立信任、明确预期、促进资产整合和共享，但对NPD的速度、成本和质量直接影响有限。资产共享实践对NPD结果的影响更为直接。在一定程度上，关系结构化因素促进资产配置实践。例如，高层管理承诺通过指明信息共享是可行的，资源将有效支持整合工作，有助于改变和对齐组织文化。共同教育和培训、正式的信任开发流程、正式的风险/收益共享协议有助于减少互相利用的问题。绩效测量联合协议为项目提供明确的指导和预期，帮助双方确定整合工作的共同利益。

其二，资产配置实践。主要包括三类资产8个方面的管理实践因素：①智力资产，包括技术信息、顾客要求、直接跨职能企业间沟通。智力资产配置提供了详细的知识基础，有利于更好地决策和满足顾客要求。②人力资产，包括成员合作地点、供应商加入项目团队。人力资产配置会导致买方企业和供应商人员间互动，利于共同问题的识别和解决。③物力资产，包括公共关联信息系统、技术共享、共用厂房和设备。物力资产配置可以确保必要技术工具和资源能够被双方用于执行协调设计和开发活动。

2. 供应商参与角度

李随成和杨婷（2011）基于供应商视角考虑，从供应商参与买方企业新产品开发的动因、能力和条件三个方面对SINPD的关键因素进行分析（见图8-19）。

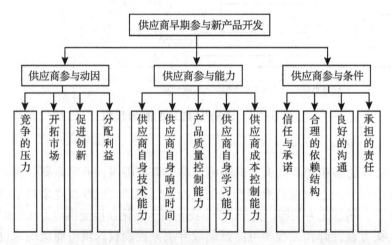

图8-19 供应商早期参与制造企业新产品开发的关键因素分析框架

资料来源：李随成和杨婷（2011）。

竞争压力、开拓市场、促进创新和分配利益是供应商参与买方企业新产品开发的主要动因。但具备参与动因并不意味着 SINPD 就一定能够获得成功，还需要供应商具备相应的参与能力和参与条件。

（1）供应商参与能力。供应商应具备高技术能力、短响应时间、高产品质量控制能力、强学习能力和成本控制能力。高技术能力有助于顺利实施制造企业的新产品开发；短响应时间能缩短开发周期、降低成本并提高合作绩效；高产品质量控制能力影响开发周期和产品品质；强学习能力使供应商能早期参与、深入学习制造企业的技术与知识；成本控制能力强的供应商能在早期参与开发并有效控制成本风险。

（2）供应商参与条件。供应商参与的成功除需要相应的参与能力，还需要信任和承诺、合理的依赖结构、良好的沟通和责任承担等条件。不确定性给供应商带来风险，而相互的信任能减少危机感、改善交流透明度和信息交换，使双方动机和目标更清晰，规避风险。制造企业的承诺是交易行为和合作关系的基础，供应商同样需要企业的承诺以防止核心技术泄露给竞争对手。在不对称的依赖结构中，弱势的供应商可能被制造企业压榨，合理的依赖结构可以提高供应商参与的成效。良好的沟通能保障信息的畅通传递，减少界面矛盾的产生。供应商承担的责任直接影响其参与程度，更多责任的承担可以缩短开发周期，降低成本，显著提高供应商参与制造企业新产品开发的效果。

（二）整体视角

Corswant 和 Tunälv（2002）的研究分析了瑞士汽车制造企业及其五个重要系统供应商之间的 SINPD 合作，发现实际情况比先前研究结论更为复杂和多方面。研究识别出 9 个关键因素对 SINPD 成功产生影响，包括供应商技术能力、开放性和期望匹配、供应商参与时机、长期参与战略、项目管理、供应商与其他制造企业和自有供应商的合作、生产与产品开发的耦合、供应商积极主动性和制造企业协调。该研究除了强调前五个因素，还强调后四个因素在 SINPD 成功中的重要作用。

（1）供应商与其他制造企业和自有供应商的合作。供应商需要与更新、学习新技术，维持长期合作关系，并且这是成功的合作关系所必需的。虽然存在知识泄露的风险，但所有受访者都认为合作带来的利益大于潜在风险。然而，有时预期利益未能实现，主要有两个原因：供应商内部组织可能限制了知识转移的可能性，或者对制造企业领域的研究很少或不感兴趣。此外，为了扩大知识学习和转移范围，一级供应商利用二级供应商进行子系统开发，但研究表明，出现的问题主要体现在沟通方面：信息被一级供应商"过滤"或沟通过程中让一级供应商感到被孤立。因此，二级供应商参与开发需要建立正式化的沟通。

（2）生产与产品开发间的耦合。大多数受访者认为，供应商生产设施与产品开发部门之间的邻近关系非常重要。这种关系可以帮助开发团队设计出更高质量、更低成本且适合供应商生产的产品。然而，与供应商合作开发并不能保证获得供应商的生产能力和资源。这时，组织问题再次对知识转移的可能性产生重要影响。当供应商的开发和生产部门属于近期合并的不同公司，或者当一级供应商将这些部门分离时，沟通和知识转移受到限制。一个重要因素是供应商在开发工作中使用技术顾问。由于顾问对供应商生产设施不够熟悉，转移到开发团队的生产知识也有限。传统上，供应商根据汽车制造企业的规格说明制造简单的组件或子系统。然而，随着外包模块的复杂性和功能关联度的增强，生产和设计之间的密切沟通变得越来越重要。为了避免上述问题，需要将供应商生产设施的代表纳入开发团队。

（3）供应商积极主动性。SINPD对制造企业和供应商带来了新的挑战。相互依赖性的增强需要正确管理组织、技术和能力。广泛的设计责任对供应商提出了高要求，表明他们必须积极主动。这种主动性包括四个方面：首先，供应商需要积极了解一线技术并开发自有的关键技术，以建立良好的标杆活动，从而说服制造企业采用他们的设计方案。其次，虽然制造企业未明确要求供应商提出新方案，但供应商积极参与意味着他们是积极的，并且应具备关键能力来发挥主动性。这种主动性对于供应商与制造企业之间的紧密关系至关重要。再次，供应商需要仔细审查其设计方案，特别是在与其他系统相互影响时。他们的设计方案可能在自己系统下有效，但在制造企业系统中不起作用。因此，供应商需要全面了解自有系统与其他相关系统之间的相互影响。最后，积极主动的供应商应能预见所需的资源和承担项目开发责任的管理能力，特别是项目管理技能。当出现管理和技术问题时，供应商必须能够及早发出预警。

（4）制造企业协调。供应商认为传统习惯导致制造企业工程师常常干涉供应商的开发工作。这说明制造企业有管理技能的新需求，如从事工程设计任务的人员需要更多的项目管理技能。此外，采购职能面临不同情况，因为长期互惠关系需要更多的法律和跨职能工作能力，如处理复杂的合同等。尽管制造企业充当协调者，但其产品开发能力对整体计划、布局以及传达给供应商的系统功能要求仍然至关重要。能够评估和选择合适供应商的能力对于协同开发越来越重要。供应商协同是一种长期参与且涉及大量资源的合作，这意味着选定的供应商必须是基于长期视角下的正确选择。

第四节 供应商参与新产品开发的绩效

供应商参与新产品开发绩效研究是一个重要话题,可以从不同研究视角分析。基于制造商视角和供应商视角,可以将研究分为不同的绩效研究。同时,根据绩效评价的不同,可以分为积极绩效研究和负面绩效研究。另外,根据参照时间的长短,可将其分为短期绩效研究和长期绩效研究。

一、对买方企业绩效与供应商绩效的影响

目前,关于供应商参与新产品开发绩效的研究主要从买方企业视角探讨SINPD 对买方企业新产品开发的效益和效率的影响。研究聚焦于开发周期、成本、质量和市场适应能力等方面。

一方面,SINPD 在新产品开发中有多种益处。首先,它通过融合双方互补性专业知识和创意想法,显著缩短产品生产周期,降低重新设计风险,提高产品开发质量(周英等,2019)。其次,SINPD 通过缩短开发周期和避免不必要的重新设计,降低开发成本,节约后期制造设计成本。最后,SINPD 通过与具有尖端技术的供应商共享信息,降低市场风险,提高企业市场适应能力。在新产品设计中,由供应商参与生成的专业技术还能推动产品配置优化(Cheng and Shiu,2020)。同时,与外部组织共享新想法和观点可以创建一个充满活动和创新的企业文化。Kanapathy 等(2014)通过对马来西亚 146 家制造企业的研究发现,供应商参与实践对新产品开发项目的质量、设计、成本和上市目标具有显著促进作用,如图 8-20 所示。

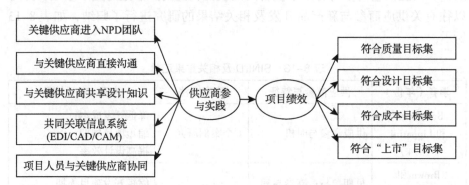

图 8-20 供应商参与实践的绩效影响模型

资料来源:Kanapathy 等(2014)。

另一方面,供应商参与新产品开发需要获取一定的好处,才能保持积极

性。为确保供应商的忠诚度，需设计有效的保障机制，让供应商相信参与制造企业的新产品开发会带来利益。Chung 和 Kim（2003）指出，供应商参与新产品开发会带来以下好处：①与制造企业分享合作带来的好处，利用在合作过程中获得的知识和技术来降低成本、提高市场适应性，从而提升财务表现；②参与新产品开发能提供更多学习新技术和了解市场信息的机会，推动供应商不断提升技术创新能力；Yeniyurt 和 Henke（2014）指出，买方企业与供应商合作共同进行新产品开发有助于建立高质量、非契约和自我强化的关系，这种关系将对买方企业和供应商的销售绩效产生正向影响，因为供应商在合作中提升了技术能力和水平。

二、对短期绩效与长期绩效的影响

供应商参与新产品开发绩效可分为短期项目绩效和长期战略绩效，前者侧重于单个新产品开发项目的影响，如成本、周期等，后者关注其对企业长期发展的影响，如合作能力、技术创新能力、企业文化转变等。供应商的有效参与可使新产品开发更加高效率、高效益。同时，制造企业与供应商建立更紧密、开放的长期信任关系，更容易获得和利用供应商的专有知识和技能，从而促进卓有成效的合作和沟通。

（一）短期绩效影响

短期绩效主要包括提高产品质量、降低产品成本、缩短开发时间和降低开发成本。Primo 和 Amundson（2002）认为，企业有效利用外部资源尤其是供应商的技术和知识可以减少产品开发成本，缩短产品开发周期，提高产品质量，而且供应商参与有助于改善产品设计，提高产品最终生产绩效，并对以往有关供应商参与新产品开发及相关结果的研究进行了归纳，如表 8–13 所示。

表 8–13　SINPD 及相关结果汇总

学者（年份）	供应商参与特征	研究方法	产品 / 项目结果
Bonaccorsi 和 Lipparini（1994）	供应商参与时机	1 个案例研究	降低开发成本；缩短项目周期；提高设计效率
Brown 和 Eisenhardt（1995）	早期参与；高参与程度	理论研究	缩短开发项目周期；提高生产能力
Clark（1989）	早期参与；共同解决问题；良好沟通	调查 / 访谈20家企业29个项目	缩短开发项目周期

续表

学者（年份）	供应商参与特征	研究方法	产品/项目结果
Eisenhardt 和 Tabrizi（1995）	供应商负责的开发步骤数量	调查 36 家企业 72 个项目	缩短开发项目周期
Gupta 和 Souder（1998）	开发团队中供应商人员数量	分析 38 家企业 110 个项目	缩短开发项目周期
Hartley 等（1997a）	早期参与；频繁沟通；组件设计责任水平	调查 79 家企业的工程师	买方感知到供应商贡献；但对整体项目成功无影响
Hartley 等（1997b）	早期参与；频繁沟通；组件设计责任水平	调查 79 家企业的工程师	提高供应商准时完成任务比例；减少项目延迟时间
Kamath 和 Liker（1994）	供应商在开发过程中的角色	理论研究	开发更快更有效；改进现有产品
Mabert 等（1992）	早期参与	6 个案例研究	缩短开发项目周期
McGinnis 和 Vallopra（1999）	供应商整合（不包括早期参与）	调查 252 采购管理者	缩短开发项目周期；提高产品质量
Ragatz 等（1997）	资产共享（智力、物力和人力）	调查 83 家企业	降低开发成本；缩短项目周期；提高采购材料质量；获取技术
Swink（1999）	供应商积极参与；沟通	调查 91 个项目	新产品可制造性
Wasti 和 Liker（1997）	早期参与；低规格控制；频繁沟通	调查 122 家日本汽车企业	改进产品设计和可制造性设计

资料来源：Primo 和 Amundson（2002）。

Burt（1989）阐述了施乐公司通过让供应商参与到其新产品开发项目中，使产品开发时间和开发成本降低了 50%；供应商的参与可以尽早发现设计或生产过程中潜在的问题，提高最终的产品质量，能避免或消除重复的工作，减少整个新产品开发的成本。Van Echtelt 等（2004）研究表明，供应商参与新产品开发可以带来良好短期协同结果，提高零部件技术绩效，降低零部件成本和零部件开发成本，以及缩短零部件开发交付时间；Valk 和 Wynstra（2005）进一步表示，供应商参与实践不仅可以带来良好短期协同结果，而且能提高短期项目绩效，如最终产品质量、最终产品成本、最终产品开发成本和最终产品上市时间。

（二）长期绩效影响

除短期绩效外，Van Echtelt 等（2004）认为，供应商参与实践对于新产品开发的长期绩效会产生深远影响。长期绩效主要包括提高双方协同效率和效果、获得供应商技术、确保双方技术路径相一致，以及将解决方案用于其他项目。他们指出，企业在 SINPD 管理过程中主要涉及两大管理领域：战略管理和运营管理，如图 8-21 所示。

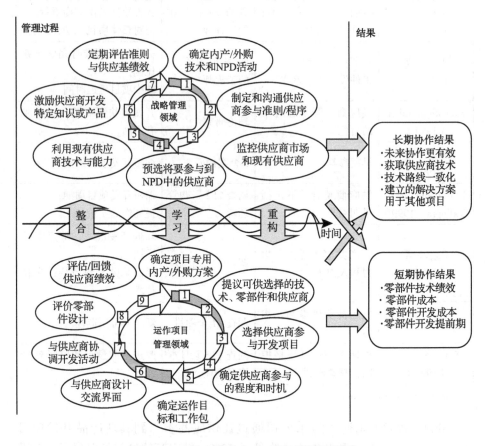

图 8-21　供应商参与产品开发管理活动

资料来源：Van Echtelt 等（2004）。

其一，战略管理领域主要包括七个管理活动（确定内产 / 外购技术和NPD 活动；制定和沟通供应商参与准则 / 程序；监控供应商市场和现有供应商；预选即将参与到 NPD 中的供应商；利用现有供应商技术与能力；激励供应商开发特定知识或产品；定期评估准则与供应基绩效），可以提供一种长期战略性指导，并为项目团队实施供应商参与实践提供可操作性支持，这些过程有助于建立一种有意愿且有能力的供应基于满足当前和未来技术与能力变化需求。

其二，运作管理领域主要包括九个管理活动（确定项目专用内产 / 外购方案；提议可供选择的技术、零部件和供应商；选择供应商参与开发项目；确定供应商参与的程度和时机；确定运作目标和工作包；与供应商设计交流界面；与供应商协同开发活动；评价零部件设计；评估 / 回馈供应商绩效），目的在于计划、管理和评估在实际协同开发项目中他们的中间和最终开发绩效。

供应商参与新产品开发作为一种战略，其成功取决于企业获取短期和长期利益的能力。为了实现这些利益，企业需要通过一系列战略决策过程和可操作的管理流程来确定正确的合作伙伴和合适的供应商参与水平，以及建立长期关系和学习惯例，从而获得长期协同利益。这两个管理领域既相互区别又相互关联，交互作用产生短期项目利益和长期战略利益。另外，通过 SINPD 获取供应商技术是企业成功开发当前和未来产品的关键因素。双方合作还将产生长期利益，帮助调整供应商和制造商的技术战略，促进技术资源的形成。供应商在设计等方面的创新可以提高制造商产品在市场上的竞争地位，增加制造商的利润。

三、积极绩效与消极绩效

（一）积极绩效

供应商参与新产品开发对制造企业的绩效有积极影响。研究表明，SINPD 在新产品开发周期较短的企业中更高（Gupta 和 Souder，1998）。供应商参与有助于降低成本、缩短开发周期（Clark，1989），提高采购质量和技术利用（Ragatz，1997），增加新产品开发成功概率（Wasti 和 Liler，1997），并保证开发质量（Eliram，2003）。Chang 等（2006）通过收集主板行业中 105 家制造企业数据，以不同供应商参与实践为基准，对供应商参与、制造柔性和企业绩效间的关系进行调查研究，揭示出供应商参与实践与制造柔性不同维度间的具体影响关系，如表 8-14 所示。

丁宝军等（2013）以广东 158 家企业为对象，从知识获取角度分析了供应商参与对新产品开发效率的影响机理（见图 8-22）。结果显示，供应商参与通过制造企业对供应商相关知识的获取和利用产生影响，而非直接影响新产品开发效率。研究者认为，新产品开发过程中，功能知识和结构知识是设计产品所必需的，而工艺知识保证了产品的可制造性。供应商的参与有助于制造企业获取与新产品概念、规格特性相关的功能知识，技术和成本方面的结构知识，以及制造方面的工艺知识，从而弥补了企业在产品性能、技术和工艺知识方面的不足。

表 8-14　供应商参与和制造柔性

供应商类型	供应商参与实践	对制造柔性的影响
芯片供应商	参与制造设计（DFM）、DFT 和装配设计（DFA）→缩短新产品开发和测试时间	增强新产品柔性
	提供芯片数据表→提出最好的芯片与相关部件的组合→缩短新产品测试和 / 或翻新时间	增强新产品和产品组合柔性
	协助软件开发以调适质量问题→缩短新产品测试时间	增强新产品和产品组合柔性
	协助新芯片和相关部件兼容性检测→缩短新产品开发和 / 或修改现有产品时间	增强新产品和产品组合柔性
	提出新主板设计→缩短新产品开发时间	增强新产品柔性
相关部件供应商	开发协同商务平台→①共享生产计划、日程、可交付量、存货和预测信息；②交换相关部件的质量信息	增强数量和产品组合柔性
	参与 DFM、DFT 和 DFA →设计 & 生产与芯片兼容的相关部件→降低新主板设计错误	增强新产品和产品组合柔性
	协助设计新工具→提供与新工具兼容的相关部件→缩短转换时间	增强数量柔性
	签订长期合约→储备应对需求波动的能力	增强数量柔性
	参与检测设计（DFI）会议→协助安装自动光学检测和 X 射线检测设备→缩短新产品测试时间	增强新产品柔性

资料来源：Chang 等（2006）。

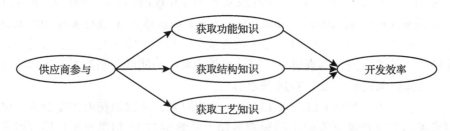

图 8-22　供应商参与对新产品开发效率影响机理模型

资料来源：丁宝军等（2013）。

　　Potter 和 Lawson（2013）从知识模糊性角度分析，认为成功管理 SINPD 实践（包括供应商参与导向、参与深度和长期关系承诺）无论对新产品开发绩效还是实现项目目标至关重要，但在供应商参与过程中，买方企业和供应商间的知识转移会受到因果模糊性（Causal Ambiguity）的影响，企业应该理解 NPD 中因果模糊动态性（见图 8-23）。并在此认识基础上，通过调查英国 119 家研发密集型企业进行实证研究。

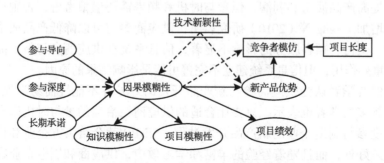

图 8-23　Potter 和 Lawson(2013) 的研究模型

资料来源：Potter 和 Lawson（2013）。

研究表明，因果模糊性会降低产品优势和项目绩效。它阻碍了要素流动，限制了组织间和知识共享，增加了技术错误和设计错误的可能性，削弱了新产品的竞争力。管理者和科学家可能在错误的技术轨迹和细分市场上投入资源。此外，因果模糊性限制了管理者对项目成功或失败因素的理解能力，增加了项目延期、成本超支、停产、设计失败的风险，降低了项目绩效。由于 SINPD 中的关联系统、子系统、技术、知识和信息极为复杂，企业难以确定项目成功所需的重要个体资源。

供应商参与导向和长期关系承诺可以间接提高企业的新产品优势和项目绩效。首先，清晰的供应商参与导向可以让企业更好地匹配供应商技术并理解他们与最终产品的交互。同时，明确认识供应商重要性和贡献的企业更有可能降低不确定性并解决技术交互中的问题。其次，长期关系承诺可增加透明度并利于沟通、知识交换、目标确定和协商谈判，有助于限制 SINPD 项目中的模糊性。此外，长期关系承诺还促使供应商对必需技术能力进行投资，以应对 SINPD 中的模糊性。最后，与预期不同，参与深度并不能显著降低因果模糊性，因为随着参与深度的增加，复杂性和协调问题可能增加，进而导致更大的因果模糊性。

（二）消极绩效

然而，一些实证研究发现，供应商参与新产品开发并不一定对制造商带来积极效益。Zirger 和 Hartley（1990）发现，供应商参与不会缩短项目开发周期。这可能与协同过程中存在的内部风险有关，如知识分散、技术丧失、机会锁定、关系成本增加、目标不可测度和承诺水平不同。Hartley 等（1997）

调查发现，供应商参与对时间没有积极影响，而电话和会议等低效率行为反而增加了开发成本。Littler 等（1998）的调查结果显示，供应商参与增加了管理难度，导致成本增加和速度下降。Yoo 等（2015）研究发现，适度的供应商参与可提高产品质量和利润，但参与时机和频率需要谨慎考虑，否则可能导致成本增加。Feng 等（2010）研究表明，供应商参与可以降低产品成本，但对质量、交付、顾客服务的影响不显著，信息系统在供应商参与新产品开发中起到重要作用，但信息系统建立不完善可能是影响结果的原因。

虽然有学者认为供应商参与新产品开发的好处并不能轻而易举地获得，但越来越多的学者也表示，只要让合适的供应商在恰当的参与时机以合适的参与程度参与制造企业的新产品开发过程，SINPD 就会给买方企业和供应商双方带来好处，而且随着经验的丰富和学习效应，供应商和制造企业在新产品开发过程中的合作技巧会不断提高，这种好处也日益被企业实践所证实。

第五节　供应商参与新产品开发情境下的知识管理

一、供应商参与新产品开发情境下的知识管理活动

以往学者针对知识管理做了大量研究，针对知识管理活动从不同角度进行探索和发掘，形成了多种不同解读，认为其包括知识识别、知识获取、知识存储、知识转移、知识创造、知识利用 / 应用等一系列活动。依据所管理的知识对象可划分为组织中、组织间知识管理。组织中知识管理强调企业以提高竞争力为目标识别、创造、存储 / 检索、转移和应用内部知识的过程。而组织间知识管理是企业通过一系列跨组织知识活动以有效利用组织边界内外的知识资源（Bhosale et al.，2016）。

知识复杂性推动企业进行跨组织间知识交互，以实现产品和技术创新。知识基础观认为，知识因其价值、稀缺、不可替代和异质性，是能提供持续竞争优势的战略性资源（Lawson and Potter，2012）。在 SINPD 中，企业与供应商的知识交互质量对新产品开发效率和效果至关重要，成为近年 SINPD 研究的焦点。

学者聚焦于 SINPD 中的跨边界知识交互过程，研究主要围绕知识转移与共享的前置因素及作用展开。尽管有效的知识转移与共享能促进对互补性供应商知识的吸收，但产品创新最终取决于对知识的利用效果。与知识转移和共享不同，知识整合关注知识的转化、利用与创造，是对知识转移与共享的拓展，更准确反映新产品开发中的复杂知识交互（Rosell and Lakemond，2012）。SINPD 实质是企业与供应商间知识整合的过程，强调知识的共享

（Sharing）与利用（Utilization）两个关键活动（Rosell et al.，2014）。

二、供应商参与新产品开发情境下的知识转移

知识转移是知识从知识源向接收方传输，并由接收方接受和整合的过程。Battistella 等（2016）提出如图 8-24 所示的组织间知识转移框架，展示了组织（知识源与接收方）、知识、组织间关系、渠道与机制等因素对知识获取的影响。

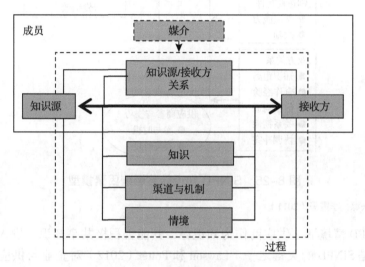

图 8-24　知识转移框架

资料来源：Battistella 等（2016）。

知识转移通过双向箭头表示，涉及知识源和接收方，强调互惠和回馈；知识转移中存在媒介这样的潜在成员；交互由关系情境塑造，涵盖知识、技术和诀窍等知识实体的转移；渠道与机制在这一过程中扮演着关键角色，情境包含固有设计参数和外部环境等外部因素。

现有研究指出，将知识从供应商处成功转移给企业是很难达成的，特别是在新产品开发过程中。与 Battistella 等（2015）所提出的组织间知识转移框架基本思想一致，李霞等（2011）认为，知识转移包含知识的传达与接收，并提出了 SINPD 中知识转移的影响因素模型，如图 8-25 所示，该模型从供应商特性、知识特性、制造商特性和双方关系四个维度综合考虑其对 SINPD 情况下知识转移绩效的影响。并认为供应商参与技巧也有重要影响，具体为：供应商参与的时机越早，参与的程度越高，对 SINPD 中知识转移绩效的提升作用越明显。

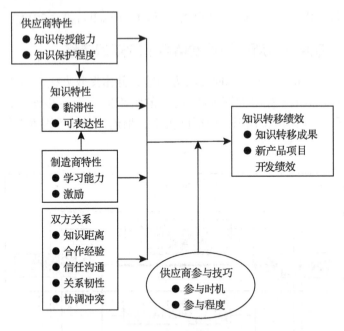

图 8-25 SINPD 知识转移影响因素模型

资料来源：李霞等（2011）。

SINPD 情境下，供应商作为知识源，其能否积极共享知识、投入知识创造活动是 SINPD 的关键之一。Lawson 和 Potter（2012）对企业与供应商间知识转移的决定因素进行了理论研究，提出供应商知识转移是有效整合供应商实现产品创新的关键，认为新产品开发过程中，影响企业与供应商间知识转移的影响因素包括三点：①所转移知识的特征；②知识源与接收方的动力；③企业的吸收能力。并进一步通过对英国 153 家研发密集型制造企业的问卷调查，证实了企业学习意图、吸收能力、供应商保护意愿和知识模糊性会促进或阻碍企业间的知识转移，如图 8-26 所示。以往研究集中于考虑知识接受者的能力特征（如吸收能力），知识发送方的作用很大程度上被忽视了（Bravo et al., 2020）。

基于以上学者观点，企业的吸纳动机与吸收能力、供应商的共享动机、知识特性以及双方合作关系、知识获取机制等直接决定 SINPD 中企业的知识转移效果。当企业试图将供应商的知识转移到新产品开发过程中时，要考虑多重因素的影响作用。新产品开发与产品创新需要宽泛且关键的知识，企业为了获取供应商知识来领先创新优势的趋势明显，则企业学习意图/吸纳供应商知识的动机强烈，企业需要提升自己对知识的吸收能力；而作为知识源，供应商在共享技术与知识时，供应商一般都具有知识保护倾向（Supplier

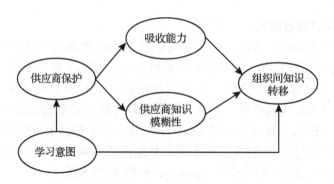

图 8-26　组织间知识转移的决定因素模型

资料来源：Lawson 和 Potter（2012）。

Protectiveness），使知识模糊性提高，从而隐藏、锁定知识，只有克服供应商的知识保护，使其分享自己的私有知识与信息，才能减少了企业的信息搜索与挖掘成本，避免一些不必要的误区阻碍新产品开发的成功；而要克服供应商的知识保护倾向，企业与供应商之间的强联结是必需的；模糊程度高、隐性知识和黏滞性知识都是不易转移的，因此企业需要与供应商建立高效的知识获取机制，进而提升知识获取效果。

三、供应商参与新产品开发情境下的知识整合

SINPD 是企业与供应商间知识整合的过程，表现为企业与供应商间知识的有效衔接及其在产品开发中的集成应用（Wu and Ragatz，2010）。整合知识是企业创导供应商参与的初因，也是企业实现产品创新的关键。SINPD 的目的在于实现产品与服务创新，而创新是组织内或组织间知识获取、共享、利用与创造的结果（祝明伟和李随成，2022），SINPD 中知识整合是企业与供应商合作不断学习并产生新知识的过程，知识整合不是简单的组合离散的知识，而是将知识作为一种战略资源。有效的知识整合能够利用供应商先进知识和技术帮助企业改进产品和工艺、快速制定决策并解决产品开发和制造问题（解学梅和陈佳玲，2022）。关于对供应商知识的整合，Wu 和 Ragatz（2010）将供应商参与视为知识的整合过程，研究在企业产品开发过程中如何整合供应商及利用其知识提高产品开发绩效，证实了制造企业整合能力的影响作用。Rosell 等（2014）指出，通过利用供应商的产品技术和制造专长上的优势，提升企业和供应商间知识整合的水平，能够帮助改善产品和流程、决策力并寻求产品开发和制造中问题的解决方法。因此，从知识整合视角研究 SIPND 中如何有效整合供应商成为近年来理论界和实务界共同关注的焦点问题。现有研究从知识整合的模式、过程、机制等角度深入分析和研究 SINPD 中的知识整合。

（一）知识整合模式

Rosell 等（2014）指出，在企业与供应商的合作研发—制造界面，知识整合不仅包括知识共享，还包括对所共享知识的利用（如对知识的扩展和重构等知识融合过程，目的是产生和应用新知识），与已有研究将新人作为知识整合的前因不同，Rosell 等（2014）将信任分为基于关系的信任（Relational-based Trust）和基于能力的信任（Competence-based Trust），把信息作为一个情境因素来考虑其对知识整合的影响，并提出了两种知识整合模式——共同学习（Joint Learning）和捕获（Capture），如图 8-27 所示。

图 8-27　供应商参与新产品开发中的知识整合模式

资料来源：Rosell 等（2014）。

"共同学习"知识整合模式下，企业与供应商呈现为一种耦合的知识整合方式，企业与供应商知识高度交互和循环迭代，强调双方不断共享知识、相互学习、共同拓展和重构知识以创造新知识，其核心是通过共同学习达到知识整合。企业和供应商共同学习并对关系中存在的关键、战略性知识形成清晰的共同理解，建立共同的心智模式，促进双方准确地共享信息，清楚各自对产品开发的贡献，并有针对性地讨论和评估。双方共同对产品研发过程中的相关问题做出决策，提供产品开发过程中的实用经验（Hands-on experience），使双方了解保证运作过程顺利实施的具体做法，为合作成员间沟通、协调和协作提供机会（Revilla and Knoppen，2015）。这种耦合方式的知识整合基于高程度的关系信任。

"捕获"知识整合模式下，企业与供应商间呈现为一种解耦合的知识共享，而知识利用主要发生在买方企业内部。这一模式首先要求企业能够有效获取供应商知识，然后为了产生和应用新知识，通过组合、拓展及重构等一系列活动进一步将知识应用于新产品的开发与创新。捕获知识整合模式及其本质是企业对供应商有价值知识的获取和利用。这种解耦合方式的知识整合是基于对供应商能力的高度信任。

（二）知识整合过程

对知识整合过程的研究，是将知识整合视为一个学习过程，它涉及企业间紧密互动、知识共享与聚合以及新知识创造等一系列实践活动。已有学者分别对过程视角的知识整合内涵与外延（Hung et al., 2008）、不同属性知识的整合过程（Tzabbar et al., 2013）等方面作了初步探索。Carlile（2004）认为，合作创新中跨边界知识整合是一个复杂过程，并借用语言学中语言的语法、语义和语用类比获得跨组织边界知识整合的三种知识交互方式，即知识转移（Transfer）、转译（Translation）和转化（Transformation）。

知识整合视角下，SINPD 不再是双方知识的简单叠加，而是通过对供应商知识的转移、转译和转化等一系列复杂处理与聚合，最终实现双方知识在产品开发中的联合应用与价值创造（Carlile, 2004）。企业与供应商间知识整合模式是由知识转移、转译和转换等知识交互方式递进组合形成的，如图8-28 所示，知识转换方式下的知识新度最高，知识转移方式下的知识新度最低。知识转移中，双方共享显性、可编码并且可存储的知识；知识转译中，知识复杂程度的提高导致双方对共享知识有不同理解，需要建立共同释义（Common Meaning）消除跨边界的解释差异；知识转化中，合作双方除不断学习新知识外，还需改变现有知识并创造新知识解决复杂问题。

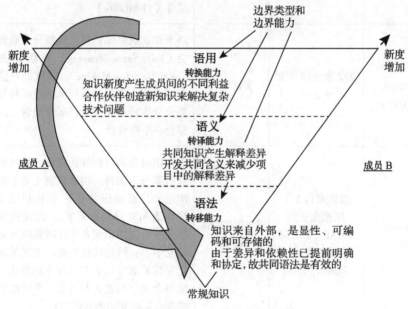

图 8-28　SINPD 的知识整合过程

资料来源：Carlile（2004）。

（三）知识整合机制

对知识整合机制的研究主要强调关系的有效治理对知识访问和获取的重要作用，最早可以追溯到 Grant（1996），他系统地提出了规则与指示（Rules and Directives）、序列（Sequencing）、惯例（Routines）和集体问题解决与决策（Group Problem-solving and Decision Making）四种知识整合机制，前三种机制关注知识整合的效率，而后一种机制则强调以密集沟通方式实现知识的整合。随后各学者从多个角度研究知识整合的过程与机制。已有研究关于 SINPD 中知识整合机制的相关研究成果，如表 8-15 所示。

表 8-15 SINPD 中知识整合机制相关研究

文献作者 （年份）	样本数据或 研究对象	研究方法	研究结论
Grant （1996）	—	理论研究	聚焦于知识整合的交流机制提出四种整合机制：规则与指示、惯例、序列以及群体商议决策，知识整合机制也分为结构性机制和沟通密集型机制。与竞争优势相关的知识整合特性包括知识整合的效果（Efficiency）、范围（Scope）以及柔性（Flexibility）
Revilla 和 Villena （2012）	932 家西班牙制造企业	实证研究	基于知识观将知识整合机制分为联合意会（Joint Sense Meaning）与联合决策（Joint Decision Making），并依据对这两个知识整合机制的不同采纳程度将知识整合分为最小化整合、运作整合、战略整合、平衡整合
Enberg （2012）	包含来自 5 个国家企业的FCAS（Future Combat Air System）项目	访谈式案例研究	以知识整合的目标导向视角，将知识整合机制分为两种：沟通机制（基于频繁沟通和广泛知识共享）；结构机制（轻视沟通和知识共享需求）。沟通机制关注具有不同知识储备个体间紧密互动与相互学习；结构化机制则以正式的结构化安排将双方知识共享行为规范化，促使整合过程的透明与规范。不同的整合机制会影响知识整合的过程
Rosell 等 （2014）	CARCOM 公司两个最重要的液压盘式刹车部件供应商	案例研究	通过对这两家供应商共享、利用产品及制造知识过程的描述，指出不同类型的信任对应了不同程度的知识整合过程，企业间合作中不一定信任程度高就越好

续表

文献作者 （年份）	样本数据或 研究对象	研究方法	研究结论
Jayaram 和 Pathak （2013）	属于 SIC 编码中 35~38 的 432 个 新产品开发项目 中的 1500 家公 司	实证研究	知识整合机制包括：短期知识共享与重复知识丰裕。上游两种知识整合机制对产品概念有效性及工艺绩效的影响超过了下游这两种知识整合机制，且知识整合机制对产品概念有效性及工艺绩效的影响由于产品类型、产品生命周期阶段、项目规模的差异而有所不同

资料来源：笔者整理。

　　Nonaka（1994）探讨了企业中知识的内隐性问题，他认为隐性知识需要转化为显性知识才能更有效地为企业所用。为了发挥成员个人所具备的内隐性"技术诀窍"（Know-how），知识整合机制的应用极其关键。Wu 和 Ragatz（2010）认为，知识的累积和维持是以人为载体，显性知识仅仅是知识主体的"冰山一角"，最具价值的知识是内隐的、根植于具体背景下的行动、承诺和参与中的，企业必须通过必要的机制和管理手段来整合供应商的隐性知识。在新产品开发中，组织间跨学科团队的构建是常见的整合机制之一，团队成员的交流互动推动隐性知识向显性知识转化，从而促进知识得到更广泛的共享与集成。学者普遍认为，企业主动设计和实施知识整合机制，通过促进企业与供应商间互补性知识的衔接与集成响应新产品开发需求，对企业实现知识的联合应用与产品创新意义重大（Jayaram and Pathak，2013）。

▶ 第九章 供应商创新性的开发与管理

近年来，供应商创新性作为供应商创新潜能的直观体现，在买方企业—供应商合作创新中的重要作用得到管理学者的诸多关注，如何激发并管理供应商创新性来提升买方企业创新绩效，成为当前采购与供应管理学科的重点研究问题。

第一节 供应商创新性研究的兴起与发展

20 世纪 90 年代初，技术变革、产品生命周期缩短、市场全球化使买方企业关注点逐渐转向新产品开发过程以获取竞争优势。尤其是 2000 年后，买方企业对外部创新支持的依赖率由 20% 上升到 85%（Roberts，2001），产品创新范式由封闭式向开放式转变（Poot et al.，2009；Schiele et al.，2011）。供应商作为买方企业开放式创新的主要合作对象，对买方新产品成本、质量、技术和上市时间存在直接影响。随着供应商在企业产品创新中的作用越来越突出，供应商的创新潜能得到不断激发、创新积极性得到不断提升。实践中，许多汽车制造商的创新特征都来源于供应商（如微软、谷歌等）所制造的创新部件（Yan et al.，2020），因而如何在新产品开发过程中有效整合供应商成为供应链管理研究学者和买方企业重点关注的问题之一。买方不仅依赖供应商提供原材料、零部件和服务，更重要的是依赖供应商提供创意和创新（Goldberg and Schiele，2020）。大部分研究学者认为，供应商参与新产品开发正向影响企业产品开发效率与效果（Koufteros et al.，2005；Petersen et al.，2005）。但有少数学者发现，供应商早期参与对开发结果的影响并不显著，甚至产生负向作用（Koufteros et al.，2005）。究其原因，供应商是否具备创新是造成这一矛盾结果的重要原因之一。由此，学术界重点关注供应商创新以及如何在开发过程中对供应商创新进行有效利用，大量关于供应商创新与买方企业绩效结果间关系的研究迅速展开（Wagner，2012）。Azadegan 等对 2008 年前关于供应商创新的文献进行梳理总结，如表 9-1 所示。

结果显示，供应商创新是买方企业新产品创新的关键来源之一，对提升竞争优势至关重要。然而在实践中，买方企业对供应商创新的利用并不理想。Pulles 等（2014）指出，这可能存在两方面原因：①参与新产品开发供应商所具备的创新可能无法满足买方企业核心需求；②即使供应商所具备的创新满足需求，其他竞争者也依赖于该创新，导致买方企业在竞争中无法充分享受创新的贡献。与此同时，买方企业也意识到单纯依靠供应商创新可能难以最大化实现新产品开发成功，需要寻求具有创新潜能的供应商，并加以开发和利用来保持自身的竞争优势（Inemek and Matthyssens，2013）。因此，有学者提出"供应商创新性"（Supplier Innovativeness）这一概念来体现供应商创新潜能，并围绕这一概念展开相关研究（Azadegan and Dooley，2010；Bengtsson，et al.，2013）。

表 9-1　供应商创新研究文献回顾

		作者（年份）	研究结果	S	M	AR
战略（Strategy）	联盟和伙伴关系（Alliance & Partnerships）	Merrifield（1989）	创新联盟即与其他企业、高校和政府间的协作工作	X		X
		Kochatzky（1999）	创新密集型企业经常与它们的供应商互动		X	X
		Sivadas 和 Dwyer（2000）	制造商的创新与竞争能力同时增加		X	
		Muller 和 Valikangas（2002）	介绍了不同行业的跨企业联盟		X	X
		Chang（2003）	组合间合作对创新绩效有多种影响			X
		Faems 等（2005）	联盟中组织间合作支持创新战略	X	X	
		Belderbos 等（2006）	研发中互利合作联盟战略依赖于企业的战略和规模		X	
		Feller 等（2006）	开发渐进和突破创新的供应商的特征是不同的	X	X	
采购	创新和采购网络（Innovation and Sourcing Networks）	Baptista（1996）	本地供应商和合作伙伴集群在生成创新中展现出更多协作			X
		Hutcheson 等（1996）	产品生命周期影响不同供应商创新的整体强度			X
		Arndt 和 Sternberg（2000）	一个区域内拥有网络的制造商展现出更多创新成功		X	X

续表

		作者（年份）	研究结果	S	M	AR
采购	创新和采购网络（Innovation and Sourcing Networks）	Diez（2000）	与研究机构间的创新区域关系更强，而与供应商间更弱	X		X
		Van Aken 和 Weggeman（2000）	在控制中寻找到合适的平衡点是管理非正式创新网络的核心			X
		Sawnhey（2000）	"创造社区"是层次结构和市场基础间的一种治理机制			X
		Choi 等（2001）	供应网络适当的控制和出现能够增强创新性			X
		Chesbrough（2003，2006）	"开放式创新"允许获取和利用外部知识并解放内部专业技术			X
		Fowles 和 Clark（2005）	提出与网络供应商间的结构关系是"有限的程度"			X
		Choi 和 Krause（2006）	当供应基复杂性增加时供应商创新性达到最优	X		X
	采购（Sourcing）	Veuglers（1997）	创新外包可被制造竞争力利用	X		
		Handfield 等（1999）	外部技术的采购和整合与企业能力相关	X		X
		Swink 和 Mabert（2000）	创新被认为是一种"内部开发"和"外部采购"间制造—购买的选择	X	X	
		Roy 等（2004）	相较于其他外部创新，供应商创新更容易管理和整合	X		X
		Stock 和 Tatikonda（2003，2004）	建议基于创新性进行供应商选择	X	X	

续表

		作者（年份）	研究结果	S	M	AR
采购	供应商关系（Supplier Relations）	Chiesa 等（2004）	在单一采购关系中成本和创新间存在交易关系	X		
		Phillips 等（2006）	与供应商间生产力和创新力的合作界面是不一样的	X		X
		Cassiman 和 Veugelers（2006）	供应商创新性能够提升制造商产品	X	X	
		Swink 和 Zsidisin（2006）	协调供应商的创新活动会实现制造商成本降低	X		X
		Langlosis 和 Robertson（1992）	供应商创新是采购竞争优先权的一部分	X	X	
产品开发运作	供应商参与新产品开发、外包研发（Supplier Involvement in NPDOutsourced RD）	Baldwin 和 Clark（1997）	外部采购研发增加内部研发的影响	X	X	
		Methe 等（1997）	供应商创新性是新产品开发参与的一个考虑	X		
		Tidd（1999）	供应商创新性是制造商与供应商在新产品开发中合作的一个关键要求	X	X	
		Sobrero 和 Roberts（2001）	供应商时新产品开发中创新的来源之一	X	X	X
		Midler 和 Lenfle（2001）	在新产品开发中整合供应商技术依赖于制造商的转移流程	X		
		Chen 和 Liu（2005）	提出外包的研发需要更高水平的专业供应商		X	X
		Robertson 和 Gatignon（1986）	在新产品开发中与供应商间紧密的合作增强间断式创新	X		
		Gatignon 和 Robertson（1989）	内部研发和外部知识获取是互补的创新活动			X

续表

		作者（年份）	研究结果	S	M	AR
产品开发运作	供应商参与新产品开发、外包研发（Supplier Involvement in NPDOutsourced RD）	Tidd（1997）	对供应商完全承诺和完全没有承诺都可能减少供应商创新	X	X	
	产品和系统设计（Product & Systems Design）	Slowinski 等（2000）	模块化系统设计增加自发的供应商创新，提升学习速度			X
		Gourlay 和 Pentecost（2002）	设计模块化和解耦合组织促进创新			X
		Frambach 和 Schillewaert（2002）	成功发现并整合外部技术在于内部技术领导力	X	X	
		Zablah 等（2005）	与供应商联结增强创新性，当严格关注核心竞争力而忽视潜能时	X		X
		Veuglers（1997）	设计范围，任务相互依赖性是项目绩效的预测因素			X
		Handfield 等（1999）	为特定供应链关系设计的创新无法被其他供应链关系采用			X
		Swink 和 Mabert（2000）	网络供应商间平台标准可能限制创新性			X
营销	供应商创新的组织扩散和采纳（Organizational Diffusion & Adoption of Supplier Innovation）	Roy 等（2004）	供应商的声誉和需求不确定性影响对创新的传播和采纳	X	X	
		Stock 和 Tatikonda（2004，2003）	可基于信息处理能力区分创新采纳者	X		
		Chiesa 等（2004）	制造商的战略和能力增强其技术获取		X	X

		作者（年份）	研究结果	S	M	AR
营销	供应商创新的组织扩散和采纳（Organizational Diffusion & Adoption of Supplier Innovation）	Phillips 等（2006）	高层领导力和跨职能团队参与增强技术采纳	X	X	
		Cassiman 和 Veugelers（2006）	制造商内部学习和通过实践积累学习影响对技术的采纳		X	
		Swink 和 Zsidisin（2006）	创新特征（兼容性、复杂性、可观察性）是影响采用的因素	X	X	
		Langlosis 和 Robertson（1992）	供应商技术的有效性影响创新采纳	X		X

S, suppliers capabilities–justification for using supplier innovation.

M, manufacturer capabilities in applying suppliers innovation.

AR, arrangement/relationship between buyer and suppliers.

资料来源：Azadegan 等（2008）。

最初，有少数采购、产品生产运作领域的学者强调了供应商创新性对买方企业绩效的好处。Krause 等（2001）指出，创新是买方企业在选择和保留供应商过程中重要的评价指标，包括供应商技术能力、共享技术信息意愿和供应商设计新产品或改进现有产品的能力。他提出评价认为，供应商战略重要性的创新指标不仅涉及供应商的创新能力，还包含供应商共享创新的意愿，是供应商创新性的重要体现。Azadegan 等（2008）将供应商创新性定义为供应商创造创新的能力，可能会促进制造商的学习，并通过案例分析对供应商创新性、对制造商绩效，以及学习因素在其中扮演的角色进行了初步探讨。自此，围绕供应商创新性的研究正式展开。Schiele 等（2011）指出，供应商的创新能力对其创新性有显著的贡献，而占据优先客户地位的买方能够优先从供应商创新性中获得好处。Bengtsson 等（2013）证实了买方企业内部知识整合能力在其利用供应商创新性实现创新绩效的过程中的重要作用，尤其是在高技术不确定性情境下。Inemek 和 Matthyssens（2013）认为，在跨境供应网络中，买方企业—供应商关系为供应商提升创新性提供了必要的知识基础和重要机会，有助于供应商学习、生成新知识并获得新能力。Pulles 等（2014）提出，创新型供应商更具创新性，在合作中对买方企业创新的贡献更大。Jean等（2016）在国际客户—供应商关系情境下实证讨论了供应商创新性的关键驱动因素以及其对关系绩效的影响。

第二节　供应商创新性的内涵与测量

一、供应商创新性的内涵

目前，对供应商创新性的分析通常伴随着创新型供应商、供应商创新概念的出现，部分学者在涉及供应商创新性的相关研究时将供应商创新性等同于供应商创新。Jean 等（2012）指出，创新和创新性间存在明显的不同，创新是典型的结果导向型（如"新产品和工艺创新"），而创新性则捕获了组织层面对创新的导向以及创新文化。

（一）创新型供应商

买方企业往往鼓励参与到开发中的供应商主动推进改进，帮助买方企业解决问题、开发新想法以及改善现有产品、工艺和技术（Mooi and Frambach，2012）。但让任意供应商参与到设计项目中并不能保证对买方企业创新绩效有直接的提升。因此，有学者提出创新型供应商的概念，并认为相对于一般供应商，创新型供应商能够在合作创新中为买方企业做出更多贡献，使买方企业获得领先于行业竞争者的竞争优势（Schiele，2006）。关于采购参与新产品开发、早期供应商参与的研究中，已注意到创新型供应商对买方企业创新的重要作用，指出供应商的能力和支持不仅是买方企业或制造商重要的外部资源，还对买方企业的创新和创新能力带来显著贡献，并将在产品或技术中体现出多样化创新水平的供应商定义为创新型供应商（Kisperska-Moroń and Klosa，2012；Subramanian et al.，2016）。

与一般成本供应商相比，创新型供应商除具备价格、质量和物流等优势外，还表现出有其他方面的特征，更趋向于参与到合作关系和外部联盟中，而不仅仅局限于与买方已建立的关系。Krause 等（2001）对创新型供应商提出可操作的期望：①供应商具有设计新产品或改变现有产品的能力；②供应商拥有足够的技术能力并愿意应用；③供应商具有共享关键技术信息的意愿；④供应商具有支持新产品开发和工艺改进中合作过程的能力和意愿。Schiele（2006）指出，可以从以下特征描述创新型供应商：①专业化的企业（"技术专家"）比同时供应多个行业的总承包商表现出更多的创新；②在质量比价格竞争力更强的寡头垄断供应市场的供应商，比多头垄断结构中的供应商表现出更多创新；③强出口导向的供应商比单纯的国内供应商表现出更多创新。Hoegl 和 Wagner（2005）指出，买方和创新型供应商间关系基于相互间义务，关系质量与新产品开发成功相关。Kraljic（1983）认为，创新型供应商与买方间互为重要的合作伙伴，创新性供应商与买方间合作通常超过 10 年以上。供应商的设计能力、工艺、产品技术和证明（如取得的认证）组成了买方对供应商能力信任的重要基础，是影响创新结果的重要元素（Roy et al.，2004）。创新型供应商通常可能同时参与到多个合作项目中，因此证明合作是其战略和文化。

创新型供应商相对一般供应商来说更加重要，因为买方企业对新技术和联合产品开发的优先承诺将导致买方企业在需要变更供应商并与新供应商建立关系时产生高的转换成本。关注采购和新产品开发的学者指出，创新型供应商能为买方企业的创新带来更多贡献，在合作中表现出更多创新性特质（Pulles et al.，2014；禹文钢和李随成，2016）。另外，最新研究指出，不是所有的创新型供应商对买方而言都是有价值的，对于不同的买方，同一个供应商的创新价值可能是不同的（Li et al.，2022）。只有当其提供的创新成果与买方产品开发高度相关、能够满足买方创新要求时，才是具有创新价值的（Chae et al.，2020）。

（二）供应商创新

供应商创新指供应商利用其创新资源与能力实现自身或客户企业的技术创新，其主要表现为供应商采用与其当前活动相关的新颖或改善的产品、服务和工艺活动（Noordhoff et al.，2011）。依据创新的具体内容，供应商创新可分为产品创新与工艺创新两种类型。供应商产品创新指供应商预期或响应客户企业需求进行新产品和新技术的开发，当致力于产品创新时，供应商调试其当前产品供应或提供给客户企业新的或改善的产品。而供应商工艺创新指供应商预期或响应客户企业需求而使用最新技术开发新工艺，能够帮助买方改善内部工艺和双方互动的效率与效果。尽管产品创新与工艺创新关注的重点不同，是两个不同概念，但单独注重产品或工艺创新将会严重影响现产品的可制造性和新产品开发周期，因此需要在产品设计和新产品开发中将工艺设计和生产技术整合在一起。

此外，Voss（1985）按照需求识别、想法构思、开发以及商业化和传播的创新过程对供应商创新进行分类。据其观点，如果供应商独立完成以上四个步骤，那么就认为存在供应商创新。Winter 和 Lasch（2016）将供应商创新定义为供应商由于对其创新起源者（供应商或买方）的责任所进行的产品、工艺或服务创新。供应商创新能专门为买方开发，也可因市场需求而开发；创新既可以是渐进式的，也可能是突破式的。

综合以上观点，供应商创新指供应商作为独立企业自身的创新，引入与其自身生产经营活动相关的新的或改进的产品、服务、过程、活动等，反映了供应商在创新方面的能力和潜力特征，具有结果性。

（三）供应商创新性

学者最初对供应商创新性内涵的界定，是以组织创新性内涵为基础的

（Azadegan and Dooley，2010；Azadegan et al.，2008）。

组织创新性反映了组织致力于并支持新观点、新方法、试验和创造过程，为企业带来新产品、服务和技术流程（Lumpkin and Dess，1996）。广义上讲，创新性产生于企业从简单的意愿到不断尝试并掌握开发新产品和技术的连续过程中（Salavou，2004）。Hurley 和 Hult（1998）认为，组织创新性是组织对新观点的开放性，是组织文化的一方面，强调以学习、开发和参与决策等方面为特点的能力。张国良和陈宏民（2007）认为，组织创新性是组织就创新而言其思想接受与行动实现快慢的综合体现。Ruvio 等（2013）认为，组织创新性反映组织特质，是能够为组织持续产生新观点、新产品提供环境支撑的氛围，也就是说，组织创新性反映了组织在创新中产出的活动，具有高度创新性的组织更倾向于实施或采取更多创新。组织创新性体现了组织迫切追求创新和不断整合、更新有资源以高效地实现产品创新的能力。

供应商作为独立组织，供应商创新性具备组织创新性的特征，组织创新性相关研究可为解释供应商创新性的内涵提供基础。就供应商自身创新而言，供应商较关注环境熟悉程度、创新项目与企业战略匹配性、技术和市场等，从买方企业视角探索供应商创新性应更加注重供应商的创新能力、创新特性、承受风险、现有行为方式的变化程度等。供应商扮演着买方企业重要合作伙伴的角色，展现其不断创新的内部特质对买方企业尤为重要。以物料供应为例，具备高水平供应商创新性的供应商通过实现自身在产品、服务和工艺等方面创新的同时，能够为买方企业提供创新的零部件，有助于买方企业产品质量提高。另外，从买方企业视角，在供应商参与买方企业创新情境下，供应商创新性强调供应商依据买方企业设计需求改进产品和制造工艺、提供所需新产品等方面所体现的价值，是买方企业产品、工艺创新以及降低成本及交付时间，提升产品质量等方面的重要价值来源。

相对于组织创新性，供应商创新性更强调供应商能够良好适应外界环境变化且能持续创新的特征。同时，供应商创新性多基于买方企业—供应商二元关系情境下，而不仅仅局限于供应商内部。依据关系观，供应商创新性可以看作合作关系中能够产生关系租金的影响资产和互补性资源禀赋，是产生关系租金的重要决定因素（Azadegan，2011）。因此，供应商创新性是供应商所作出的关于创新的贡献，着重与供应商能够为买方企业提供所缺少的知识和技术，或通过双方的优势互补提升制造商创新能力，以实现双赢。

关于供应商创新性的内涵，Azadegan 等（2008）、Azadegan 和 Dooley（2010）借鉴组织创新性的内涵，认为供应商创新性是供应商开发和引进新产品或工艺的能力。Inemek 和 Matthyssens（2013）提出，供应商创新性是供应商作为独立企业生成并实现新想法、新做法或新运作方式的能力，以及对新产品、工艺和技术的投资。Nagati 和 Rebolledo（2013）认为，供应商创新性代表供应商产品创新的能力，是与客户间关系的结果。李勃和李随成（2015）在梳理有关供应商创新性相关研究的基础上指出，供应商创新性是供应商产生创新的主要动力，包含两层意思：一是指供应商面向买方企业创新的能力，如供应商按照买方企业的要求开发新产品和采取新工艺的能力；二是指供应商面向买方企业创新的意愿，如供应商未来满足买方企业的特别需求，对新产品、新工艺和新技术的投入力度。

综合以上研究学者的观点，本书将供应商创新性定义为在买方—供应商关系中，供应商体现出的生成并实现新想法、新技术或运作方式的能力，以及将新产品、工艺和技术应用于与买方合作中的意愿。

二、供应商创新性的测量

（一）供应商创新性单变量测量

目前，关于供应商创新性的研究中，大部分学者借鉴组织创新性的内涵和创新相关研究成果，本书将供应商创新性看作单维度变量并进行测量，如 Azadegan（2010，2011）、Jean（2016）、Holger（2011）等学者。目前国内外学者对供应商创新性的测度如表 9-2 所示。

表 9-2 供应商创新性的测度

作者（年份）	对供应商创新性的定义	测度
Azadegan 和 Dooley（2010）；Azadegan（2011）	供应商开发和引进新产品或工艺的能力	①在新产品和服务引入时，该供应商通常最先进入市场 ②与其他竞争者相比，该供应商在过去五年引入更具创造力和实用性的产品和服务 ③该供应商侵略性地推销其产品创新性 ④在新产品和服务引入时，该供应商处于技术领先地位 ⑤该供应商不断提升自身制造工艺 ⑥与其他竞争者相比，该供应商以非常快的速度改变生产方法 ⑦在过去 5 年中，该供应商开发了许多新管理方法（不包括制造工艺） ⑧当该供应商用传统方法无法解决问题是，它能做到采用新方法

续表

作者（年份）	对供应商创新性的定义	测度
Schiele 等（2011）	供应商创新性可以理解为在与买方联合创新中供应商的贡献	①该供应商拥有的技术能力水平和将技术能力用于我们产品的意愿很高 ②该供应商愿意共享关键技术信息 ③该供应商有能力支持产品开发和工艺改进中的合作过程 ④该供应商频繁地带着创新接近我们
Inemek 和 Matthyssens（2013）	供应商创新性是供应商作为独立企业生成并实现新想法、新做法或新运作方式的能力，以及对新产品、工艺和技术的投资	①尝试新想法 ②不断寻找新的运行机制 ③应用新的运作方法 ④新产品和工艺投资 ⑤新技术采用
Nagati 和 Rebolledo（2013）	供应商创新性代表供应商产品创新的能力，作为与客户间关系的结果	①提升能力来开发客户需要的产品 ②提升能力来开发新产品和特色 ③提升产品设计绩效
Jean 和 Sinkovics（2010）；Jean 等（2016）	供应商创新性是供应商企业层面导向和文化中对新想法开放性的一面	①在面对最重要的国际客户时，我公司的管理积极寻找创新想法 ②在项目管理中容易采用创新 ③在我们公司中技术创新很容易被接受
Joshi（2016）	供应商创新性指供应商自愿对其开发出的元件创新的持续进化进行投资	在试验和评价阶段， ①我们持续开发该元件创新 ②我们试图为了未来发展来开发该元件的新版本 ③我们对建立该元件创新投入资源 ④我们关注于提升该元件的创新
Kibbeling 等（2013）	供应商创新性是供应商对新想法的开放性，是其企业文化的一个方面，包括使用超远现状信息的意愿以及将想法转化成有价值的机会	①在我们公司中，很容易接受基于调查结果开发创新 ②在我们管理组中，我们积极寻求创新想法 ③在我们公司中，创新被认为是项目管理的核心
李勃和李随成（2015）	供应商创新性包含两层含义，一是供应商面向制造企业的能力，如供应商按照制造企业的要求开发新产品和采取新工艺的能力；	①公司主要供应商愿意将其最先进的技术用于公司购买的产品／服务 ②公司主要供应商的技术能力长期以来高于行业平均水平 ③公司主要供应商愿意与公司开展共同开发新产品或改进生产工艺的合作

续表

作者（年份）	对供应商创新性的定义	测度
李勃和李随成（2015）	二是供应商面向制造企业创新的意愿，如供应商为了满足制造企业的特别需要，对新产品、新工艺和新技术的投入力度	④公司主要供应商会为了满足公司需要而提前开展创新

资料来源：笔者整理。

（二）供应商创新性多变量测量

尽管现有研究已经对供应商创新性展开初步探索，但对其内涵的理解仅仅是对组织创新性的简单借鉴，未能体现与制造企业长期合作过程中供应商所作出的创新贡献，忽视了对供应商创新性特殊性的具体研究，无法体现供应商创新性多方面特征。供应商创新性的特殊性决定了供应商创新性是多维度而非单维度构念，有助于买方企业从多方面评价并管理供应商并提出更复杂的理论视角。

王玮等（2015）以关系观和组织创新性相关研究为依据，通过深度访谈和扎根理论，形成供应商创新性构念解释构架，如表9-3所示。

表9-3 典型关系结构与二阶范畴

二阶范畴	典型关系结构	访谈对象代表性语句
技术能力	产品服务创新能力→技术能力	供应商的产品是按照企业要求设计和制造的，供应商的产品创新能力和优质的服务直接影响企业最终产品的质量、性能，例如采用新的屏幕显示技术，客户满意度也会相应提高
	工艺创新能力→技术能力	企业产品改进和交货期缩短很大方面是由供应商工艺创新引起的，工艺创新能力是供应商高技术创新的重要表现
创新欲求	开放性→创新欲求	电子产品生命周期短，供应商要创新首先要能够积极接受外部的新事物和新想法，这样在他们的产品上才能有适应外部客户要求和新规范的创新体现出来
	探索精神→创新欲求	创新是艰难的并且风险大，供应商不惧风险，勇于打破旧模式探索新方法的精神是供应商的重要特性，我们的创新正是需要这样的合作伙伴共同完成
	率先行动→创新欲求	供应商应当对商业机会有敏锐的捕捉，在竞争对手还没意识到商机时就率先采取行动，当然先人一步的做法必须要有较强的技术实力做保证才有可能快速转化为新产品

续表

二阶范畴	典型关系结构	访谈对象代表性语句
创新欲求	创新规划→创新欲求	他们的产品对我们非常重要，我们有意与他们建立长期合作关系，希望他们不断创新，洞察市场变化并且为应对客户需求有长期的规划，鼓励员工能从各方面支持创新目标的实现
资源共享意愿	知识共享→资源共享意愿	合作创新需要双方积极沟通共同完成，在我们创新过程中面临困难和挑战时需要供应商积极提出新解决方案，提供新设计思路帮助我们创新快速顺利进行
资源共享意愿	技术资源共享→资源共享意愿	供应商独有的技术资源往往是很多企业努力争取的对象，供应商愿意将这些技术应用到我们新产品中，并且保障这些技术在我们产品中性能得到最大发挥也是供应商创新性的重要表现
关系协同能力	供应商—制造商关系协同能力→关系协同能力	企业之间的良好合作同样需要供应商的努力协调，比如经常来考察以便熟悉我们的运营情况、派技术人员及时协调指导，尤其是遇到问题时能及时协商解决等，这些重要的投入也是供应商创新性所要考虑的方面
关系协同能力	供应商—供应商关系协同能力→关系协同能力	供应商不止一个，很多产品的设计和制造工作需要两个或两个以上供应商共同完成，我们会组织供应商通过会议、访问等形式促进供应商相互探讨重要信息，甚至必要的情况下供应商之间要相互协助，这些都对所提供零部件的质量、一致性的提高有重要帮助

资料来源：王玮等（2015）。

供应商创新性由技术能力、创新欲求、资源共享意愿和关系协同能力4个维度组成，前两个维度表明买方企业注重供应商自身应具备的创新特征，后两个维度表明买方企业注重供应商在合作中体现的将其创新资源高效用于促进企业运营的特征。

第三节　创新型供应商的识别与评价

战略采购与供应管理相关研究中，如何战略性地管理供应商是一个重要的研究问题。具有创新性的供应商成为买方企业价值的关键来源之一，包括能为买方企业提供新产品、工艺和技术，以及更高效地响应买方企业要求，并针对商业问题和变化开发可供选择的解决方案（Azadegan，2011；Azadegan and Dooley，2010）。因此，买方企业的管理重点逐渐转向对创新型供应商的战略性管理。要实现对创新型供应商战略性地管理，最重要以及最关键的一步是识别创新型供应商。在 IMP（Industrial Marketing and Purchasing）协会组织研究文献中，一些理论框架能够用来识别创新型供应商（Rese，2006），如图 9-1 所示。

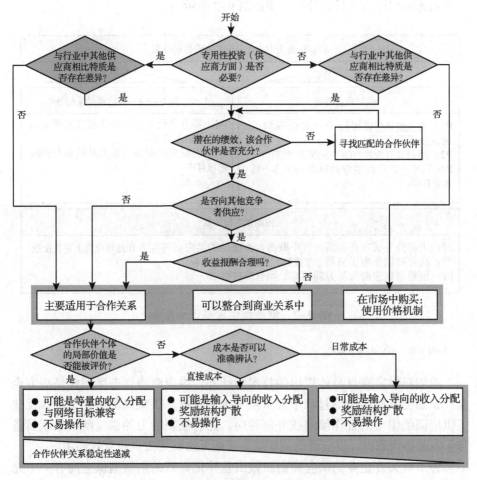

图 9-1 选择正确合作伙伴的决策模型

资料来源：Rese（2006）。

该决策模型基于多个与价值创造网络相对吸引力和不同治理机制优势相关的假设，能够揭示在决定支持或反对联合生产者的实际情况时是否支持或反对伙伴间协调的重大问题，描述了买方企业在选择"正确"供应商的全部决策过程。

Schiele（2006）对如何识别并选择创新型供应商进行了初步的系统性探讨，重点回答了哪些对买方创新贡献最大化的供应企业如何被识别出来，提出从 3 个方面识别创新型供应商，包括供应企业特征、买方企业—供应商关系的特征、使能和支持因素；并分析提出 8 个命题作为选择创新型供应商的一系列标准和综合工具。分析框架如图 9-2 所示。

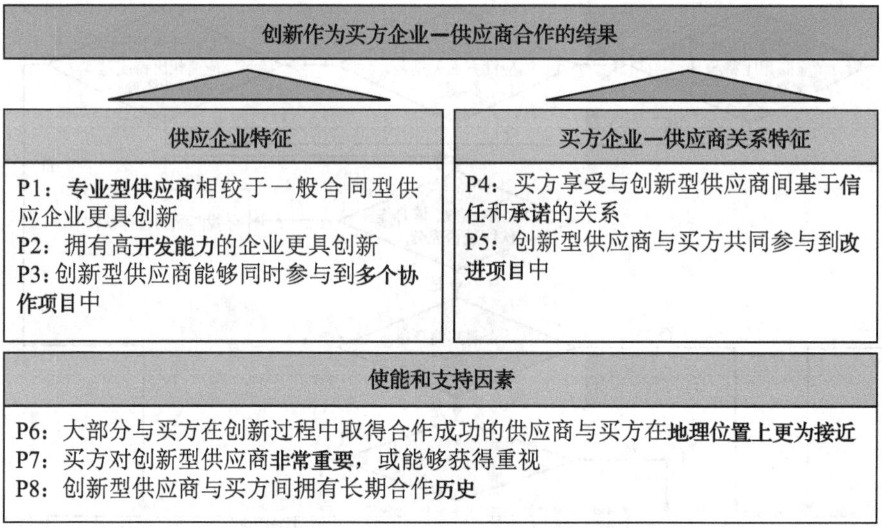

创新作为买方企业—供应商合作的结果

供应企业特征

P1：专业型供应商相较于一般合同型供应企业更具创新
P2：拥有高**开发能力**的企业更具创新
P3：创新型供应商能够同时参与到**多个协作项目**中

买方企业—供应商关系特征

P4：买方享受与创新型供应商间基于**信任和承诺**的关系
P5：创新型供应商与买方共同参与到**改进项目**中

使能和支持因素

P6：大部分与买方在创新过程中取得合作成功的供应商与买方在**地理位置上更为接近**
P7：买方对创新型供应商**非常重要**，或能够获得重视
P8：创新型供应商与买方间拥有长期合作**历史**

图 9-2　创新型供应商识别框架

资料来源：Schiele（2006）。

除创新供应商自身体现出的技术特征外，供应商协作态度同样是买方企业在识别创新型供应商过程中应重点考虑的特征。供应商的协作态度，反映了供应商组织中的合作倾向或外部导向。拥有创新能力的供应商如果不具备与买方的协作态度，供应商的创新能力可能无法被买方企业有效利用。

为了对买方企业—供应商创新做出差异化贡献的创新型供应商有一个充分的理解，Pulles 等（2014）提出一个由三类因素构造的概念结构模型，如图 9-3 所示。

其中，创新型供应商主要具有以下特征：供应商特征；供应商的协作态度。Pulles（2014）指出，供应商的职业化和专业化对买方企业从供应商处寻求创新贡献可能更加重要，而供应商并不总是将他们的资产分配给与特殊买方企业间的关系；通过开发项目建立关系并获得优先客户地位，对协作的买方企业来说，与供应商技术特征同等重要，甚至比供应商技术特征更重要；具有强协作态度的供应商不仅在买方企业—供应商关系中做出更多的创新贡献，而且高协作态度有助于买方企业更好地利用供应商职业性以及开放项目中买方企业—供应商交互。然而由于买方企业与供应商间清晰的边界，高协作态度不利于供应商专业性对创新贡献的影响。

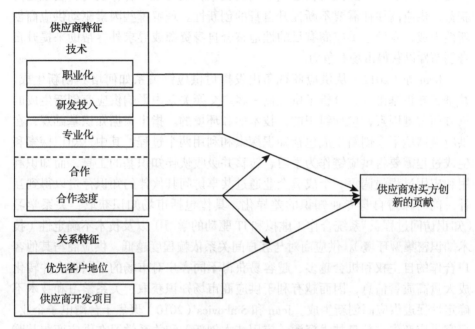

图 9-3 创新型供应商特征

资料来源：Pulles 等（2014）。

禹文钢和李随成（2016）认为，买方企业创新能力的提升依靠创新型供应商的有效协作。他们提出研究创新型供应商的特质在于分析供应商凭什么及如何做出贡献，对供应商内部研发能力和协作管理的关注，为理解创新型供应商提供了思路，并通过实证检验了知识管理和协作能力作为创新型供应商的重要特质，是供应商向买方企业提供创新贡献的基本保证。

第四节 供应商创新性获取和提升

供应商创新性的获取与提升研究大致可以分为三类：一是从供应商视角出发，分析供应商创新性受到哪些前因变量的影响；二是站在制造企业角度，探讨制造企业如何激发并获得供应商创新性；三是探究买方—供应商二元关系在增强供应商创新性过程中的作用。因此，本节将从三个视角出发介绍供应商创新性的产生与获取机制。

一、供应商视角的供应商创新性产生

在供应链环境中，相较于处于核心位置的制造企业，供应商往往在权利中处于劣势。为了加强与核心企业间的关系，获得更多合作机会，实现更高获益，供应商往往需要不断提升自身的创新性。理解哪些因素驱动供应商创新性生成，有助于供应商有目的性地整合自身资源或寻求外界帮助来提升自身创新性以获得市场竞争力。

Jean 等（2012）从供应商视角出发探讨供应链关系如何培养创新生成，并基于知识基础观，分析了供应商—客户交换关系中影响供应商创新生成的三方面关键因素，包括组织的、技术的和环境的。指出根据知识基础观，在供应链情境下，创新生成包括知识探索和利用两个过程，其中，知识探索和生成过程需要将供应链作为学习、转移并吸收伙伴知识基的工具，而知识利用和应用过程强调每一个成员企业通过共享访问其伙伴的知识存量以得到互补，同时保持自身专业知识的差异化，具体包括市场知识获取、关系学习（知识访问过程）、系统合作（虚拟和 IT 驱动的学习）以及技术不确定性（技术知识密集型环境）。供应商对与客户间关系依赖程度越低，供应商与其他客户合作的自主权和机会越多，越容易获得不同客户对市场的不同观点并转化成大量高质量信息，因而越有利于供应商市场知识获取、关系学习和技术不确定性促进供应商创新生成。Jean 和 Sinkovics（2010）聚焦于台湾电子企业，探究供应商先进信息技术资源（应用技术创新）和关系学习在供应商与其跨国买家交互中如何提升供应商与买家间的工作关系。供应商采用最先进的信息技术提升其供应链沟通系统，这种先进的技术创新作为一种关键的信息技术资源，能够促进供应商与跨国买方往来时进行关系学习，进而促进更高的供应商创新性和关系绩效。同时，应用技术的创新对供应商创新性具有直接提升作用。Jean 等（2014）基于知识基础观和交易成本理论，探究了新兴市场中跨国供应商如何开发适配的产品创新来创造竞争优势，并从组织（供应商参与、知识保护和信任）和环境（技术不确定性）两方面识别了影响产品创新过程的因素。其中，供应商参与对供应商产品创新的影响为倒 U 形，知识保护、信任和技术不确定性显著提升产品创新。Jean 等（2016）讨论了新兴市场客户—供应商关系中哪些是供应商创新性的关键驱动因素，并提出相应的理论模型，如图 9-4 所示。根据资源基础观，提出供应商创新性是一种稀缺的企业价值资源，能够驱动供应商关系绩效，同时基于资源依赖理论指出，供应商创新性是一种增强伙伴间依赖的价值资源和依赖平衡战略。并结合两种理论观点，从内外部资源两个方面来检验供应商创新性的前置因素，着重分析探讨了"客户导向作为供应商内部特征""客户控制和技术不确定性作为供应商外部特征"对供应商创新性的解释。

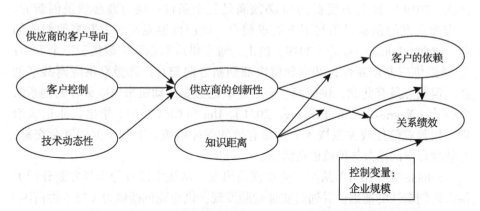

图 9-4　跨国客户—供应商关系中供应商创新性的前因及结果模型

资料来源：Jean 等（2016）。

　　Nagati 和 Rebolledo（2013）以加拿大制造商为研究对象，检验了供应商如何通过与客户间关系来提升自身创新性。实证结果显示，供应商与其客户间交互机制、文化相似性、环境动态性为供应商创新性提升提供机会，供应商吸收能力对供应商创新性产生促进作用，同时，当供应商吸收能力强时，供应商与客户间交互机制对供应商创新性的提升效果会更加明显。

　　供应商创新性代表了供应商探索新机会并对新产品、工艺或技术进行投资的意愿，提升供应商创新性，往往需要驱动供应商投资的意愿。Baxter 和 Kleinaltenkamp（2015）从供应商角度探讨了哪些因素能够驱动供应商，使其愿意为与客户间合作关系作出投资，并提出了积极投资的三个主要驱动因素：关系质量；供应商对未来在该客户获得重要的无形资源的预期；供应商所感知的关系价值，并进行了实证检验。结果显示，供应商感知的关系价值以及在未来利用客户资源的期望对供应商投资意愿具有直接的正向影响，关系质量以其他两个因素为媒介从而产生显著的促进作用。

二、买方视角的供应商创新性获取

　　内部管理方面，买方需要打通获取供应商创新的有效通道，并在内部培育创新文化、组织跨职能协作、联合制定战略（Constant et al., 2020）。创新外包现象日益普遍，使买方为获得竞争优势而对创新型供应商有限资源的展开竞争。如何激发供应商产生创新想法并共享给买方，是目前学者重点讨论的话题之一。激发供应商创新（Stimulation of Supplier Innovation）指买方利用各种方法影响供应商创新强度和方向，并获取供应商开发的创新（Pihlajamaa et al.，2019）。使买方受益的 SI 必须满足三个条件：供应商必须是创新的；供应商开发的创新必须与买方需求契合；供应商愿意与买方共享他们的创新。据此，Pihlajamaa 等（2019）提出，激发供应商创新应聚焦于三个方面：①增强供应商创新性；②引导供应商创新方向契合；③激励供应商共享创新。但买方虽有此意，供应商也有可能缺乏必要的动机来回应买方的创新激发行为（Nevries and Wallenburg，2021）。Um 和 Oh（2020）指出，非正式治理（如善意信任或关系嵌入）是最有效的保障措施，有利于促进复杂交易，并鼓励合作伙伴参与价值创造活动。

Schiele 等（2011）从买方企业视角出发，从技术以及行为两方面分析了供应商创新性的前因。并通过实证检验发现，供应商创新能力（技术性前因）和买方优先客户地位（行为性前因）能够解释供应商创新性的绝大部分，尤其是买方企业优先客户地位的解释水平更加显著。李勃和李随成（2015）指出，利用供应商创新性是制造企业集成外部资源与能力开展创新的有效途径，但激发供应商创新性的机制仍不明确，并通过对相关文献分析提出了能够有效整合供应商并使其能够且愿意向制造企业创新的机制，如图 9-5 所示，通过定量分析，检验了供应商整合对供应商创新性的直接激发作用，以及供应商响应性在激发过程中的部分中介作用。

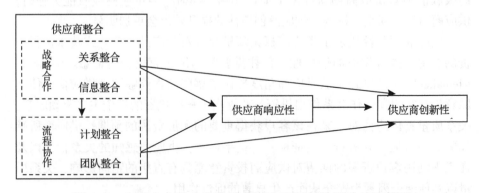

图 9-5　制造企业供应商整合对供应商创新性影响机理模型

资料来源：李勃和李随成（2015）。

禹文钢和李随成（2016）指出，制造企业创新能力的提升依靠创新型供应商有效协作，创新型供应商具有知识管理能力和知识协作能力两种重要特质，当两种能力强时，供应商对制造企业做出的贡献更多。制造企业对创新型供应商的管理和利用能力为创新型供应商做出创新贡献提供有利条件。当制造企业具有较高的供应商集成能力与采购能力时，更有助于其利用供应商的协作行为实现高水平的创新贡献。

　　Henke 和 Zhang（2010）以及 Zhang 等（2009）基于社会交换理论和供应链管理相关研究，认为买方企业作为供应商的客户，与供应商间工作关系是实现供应商向买方企业转移创新的一种重要机制。买方企业和供应商的合作行为会建立双方间信任并形成供应商创新转移活动。Henke 和 Zhang 指出，对买方企业具有显著影响的两种与创新相关的供应商行为，包括为创造创新产品或工艺而投资技术资源以支持与买方企业间潜在的未来商业机会，和在没有采购需求保障下向买方企业共享技术。这两种行为显示了供应商超越现有关系成本和收益计算而对关系做出承诺，反映供应商长期创新意图。如何鼓励供应商增加对买方企业相关技术的投资并共享技术，是买方企业需要考虑的重要问题之一。Henke 和 Zhang 提出了提升供应商创新的理论模型，如图9-6 所示，供应商投资新技术与共享新技术的意愿是其开展创新活动的重要表现，买方企业行为活动对供应商创新产生直接影响。

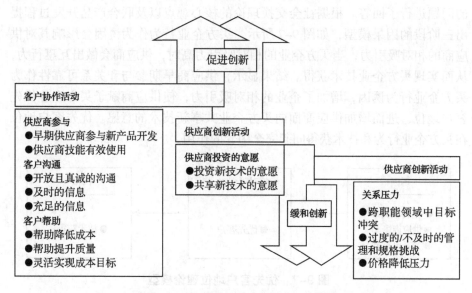

图 9-6　提升供应商创新性理论模型

资料来源：Henke（2010）。

　　一方面，买方企业合作行为会拉动供应商创新；另一方面，买方企业竞争行为会对供应商创新产生抑制作用。其中，买方合作活动主要包括三个典型活动：①让供应商参与到企业运营环节中，尤其是产品开发环节，保证供应商专业与先进技能的有效使用；②展示自身开放性，并及时与供应商充分并及时共享信息；③共同工作，帮助供应商提升其在成本、质量与柔性方面的竞争力。然而，买方企业竞争活动会阻碍买方企业合作行为对供应商创新的驱动力，主要表现在营造的关系压力方面，如买方企业与供应商间的目标冲突、供应商感知到的工程与专业的巨大挑战以及降价压力等。因此，买方企业可以通过使合作行为最大化，同时使竞争行为最小化来增加供应商创新。

Wagner 和 Bode（2014）着眼于供应商积极主动并自愿向其客户提供和推动创新的"推动模型"，基于关系营销相关研究，提出并实证检验了供应商关系专用性投资推动供应商工艺创新共享但阻碍供应商产品创新共享，然而当买方企业采取正式或非正式的保障机制时，将增强供应商关系专用投资的推动效果或减弱阻碍效果。当买方企业与供应商合作强度高时，供应商关系专用性投资对供应商工艺创新共享的推动作用得到加强，而对供应商产品共享的阻碍作用将削弱；当买方企业与供应商间正式合约时间长、双方间关系持续时间长时，将减弱供应商关系专用投资对供应商产品创新共享的阻碍作用。

Ellis 等（2012）基于社会交换理论对买方企业如何获得供应商创新技术的问题进行了回答。根据社会交换理论的核心观点以及联合产品开发过程提出三阶段的因果模型，如图 9-7 所示。买方企业行为作为诱因会影响其对供应商的相对吸引力，当买方企业的相对吸引力高时，供应商会做出互惠行为，从而实现买方企业技术获得。结果显示，供应商早期参与和关系可靠性作为买方企业行为诱因，增加了企业的相对吸引力，使供应商赋予买方企业优先客户地位，进而增加供应商面向买方企业共享新技术的意愿。优先客户地位在买方企业行为和技术获得间起完全中介的作用。

图 9-7 优先客户地位理论模型

资料来源：Ellis 等（2012）。

Zhang 等（2015）以北美汽车制造企业一级供应商为调查对象，实证检验制造企业成本共享和供应商共享并投资新技术意愿间的互惠关系。结果发现，制造企业成本共享作为一种重要的企业战略对供应商共享有明显的促进效果，且这种促进效果相较于供应商参与更加显著。与此同时，作为互惠，供应商向买方共享并投资新技术的意愿有显著提升。

三、买方—供应商关系视角的供应商创新性提升

买方—供应商关系为提升供应商创新性提供了大量资源和机会。Inemek 和 Matthyssens（2013）试图解释跨边界供应链关系情境中供应商创新性的驱动因素。基于组织学习理论和关系观，提出企业间知识共享惯例、关系专用性投资和治理机制通过扩大供应商知识资源并促进其投资创新活动而提升供应商创新性，如图 9-8 所示。结果表明，在买方企业—供应商关系中，买方帮助、联合产品开发和战略合作联结能够增强供应商创新性，而供应商关系位置会增强买方对供应商创新性的促进作用，但对战略合作联结和供应商间关系起削弱效果。

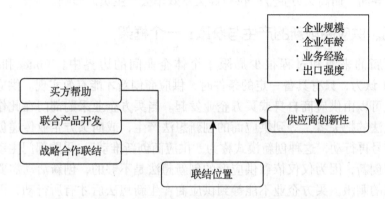

图 9-8 买方—供应商关系中供应商创新性研究模型

资料来源：Inemek 等（2013）。

Charterina 和 Landeta（2013）指出，要提升组织的创新能力，需要获取和内化新知识，并用于目标实现中。供应商通过超越其现有知识域来提升自身创新能力以满足客户需求。因此，当供应商想要提升自身创新能力时（并最终提升竞争力），必须大胆地接受对现有知识进行改变。与此同时，确保自身在此过程中得到客户的支持（互补性研发资源）、投资和知识（关系专用性投资），并提供两种力量之和（知识共享惯例），加上供应商与客户合作所产生的新知识，以实现挑战成功。

Yeniyurt 等（2014）从纵向视角研究了供应商参与买方企业新产品开发的动态变化，并假定买方企业与供应商间工作关系和相互依赖影响供应商对合作创新的态度以及供应商合作创新行为。利用北美汽车制造企业近 10 年的资料，发现买方企业—供应商沟通、供应商对长期回报的期望、供应商对买方企业的信任，以及买方企业—供应商间相互依赖作为关键驱动因素，显著地促进供应商对合作创新的态度，包括供应商为买方企业投资专用新技术的意

愿以及供应商向买方企业共享专有新技术的意愿，并促使供应商参与到买方企业新产品开发中。

Clauss 和 Spieth（2016）指出，买方企业—供应商关系是买方企业竞争优势的一种重要来源，供应商能够为买方企业提供有价值但并不完美的交易资源，买方企业需要建立交易型和关系型治理机制来提升供应商战略创新。实证分析结果显示，交易型治理主要形成买方企业—供应商关系效率（如成本降低或交付周期缩短），关系型治理加强买方企业—供应商关系效果（如产品客户化或联合创新）。对治理机制的选择，买方企业—供应商关系效率和效果间接影响供应商战略创新导向，买方企业—供应商关系效果会促进供应商战略创新导向，而高买方企业—供应商关系效率会产生负向影响。

四、供应商创新的产生与获取：一个框架

创新的来源和过程很少局限于个体企业间的边界中。Winter 和 Lasch（2011）认为，只有具备一定的条件时，供应商创新才能有效实现。供应商创新产生可以由供应商自身或买方企业发起。当买方企业采购部门在此作为供应商想法的把关者，等到供应商的创新想法产生，或向买方企业传递创新想法的信号再行动，这种创新模式称为"供应商创新推动"；采购部门主动要求供应商创新，因为仅仅依靠供应商的创新想法是不够的，创新活动需要得到系统化的刺激。买方企业不能等到供应商产生新想法后才有所行动，因为供应商有可能将创新想法提供给其竞争者，使竞争者同样从中获益，这种创新模式称为"供应商创新拉动"。

为了识别对供应商创新的需求，Winter 和 Lasch（2011）对相关文献总结并识别了 4 种类型的需求：企业相关需求、供应商关系相关需求、关系相关需求和项目相关需求，并指出买方企业需要考虑所有的需求，从而实现对供应商创新成功获取和实现。因此，他们提出获取和成功实现供应商创新框架，如图 9-9 所示，并指出该框架中涉及的 6 个必要条件。

第五节　供应商创新性利用

一、基于关系视角的供应商创新性利用

评价并选择创新型供应商以及有效增强供应商创新性并不是买方企业的最终目标。如何吸收创新型供应商的资源，将供应商创新性转化为自身创造能力是买方企业关注和重视供应商创新性的根本目的。

供应商创新性利用是买方企业和供应商互动来保证供应商创新性有效转

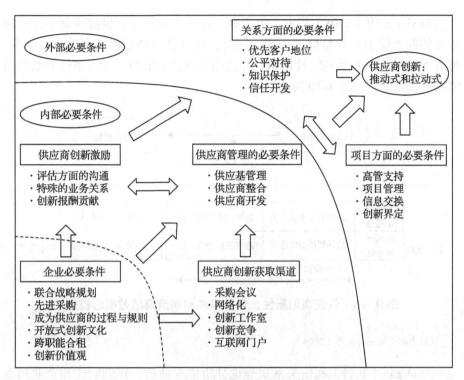

图 9-9　获取和成功实现供应商创新的框架

资料来源：Winter（2011）。

移至买方企业并应用的过程。关系视角强调买方企业与供应商合作能够创造出单一个体所无法创造的价值，因此关系视角下需要买方企业和供应商共同努力来促进供应商创新性的利用。已有学者从关系视角试图帮助买方企业有效利用供应商创新性。Azadegan 和 Dooley（2010）通过定性和定量分析探讨了制造商能否从其供应商的创新性中获得好处，以及制造商和供应商间学习方式匹配在供应商创新性和制造商绩效间关系中的作用。供应商创新性对制造商多方面绩效（如成本、质量、产品开发、柔性和交付）具有显著促进作用。供应商创新性代表供应商对变化的高承受力以及面对新挑战的意愿，促使制造商利用创新型供应商能力进而更好地响应环境变化。与创新型供应商共享任务，为制造商提供增强通过企业间合作部门学习的机会。当供应商设计责任低时，与供应商间对照 / 差异的学习方式匹配，有利于供应商创新性对制造商绩效中成本、质量和产品开发方面的促进；而当供应商具有高设计责任时，制造商与供应商间探索式学习匹配，会提升供应商创新性对制造商绩效的促进效果。

Azadegan 等（2008）指出，由于嵌入在供应元件中，供应商创新性对制造商的制造能力有直接促进作用，同时，随着制造从供应商处学习增强，制造商的制造能力受到间接影响，并提出供应商创新性、学习事件和制造商绩效概念模型，如图 9-10 所示。

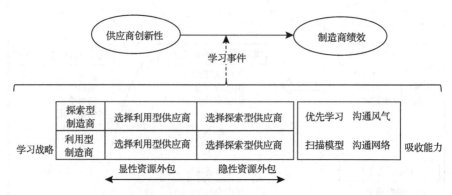

图 9-10　供应商创新性，学习事件和制造商绩效概念模型

资料来源：Azadegan 等（2008）。

Azadegan（2011）利用关系观理论分析供应商的运作创新性和企业制造绩效之间的关系。从关系观的角度，利用制造商—供应商互补能力和关系专用性资产分析运营创新性与制造商绩效之间的关系；供应商评估项目作为有效治理的工具、制造商吸收能力作为加强知识共享规则的工具，对二者间关系起正向调节作用。Wagner（2012）指出，利用供应商创新需要对新产品开发过程的模糊前段进行有效管理，并基于组织学习理论、知识观和交易成本理论，通过实证分析研究，检验了供应商整合与模糊前端对核心企业新产品开发具有显著正向影响。Bengtsson 等（2013）着眼于供应商参与情境下供应商创新性如何通过买方企业内部知识整合能力得到有效利用的问题，其研究模型如图 9-11 所示。结果表明，买方内部知识整合能力包含对供应商管理的熟练度以及跨职能决策会促进买方企业的创新绩效，尤其是在高技术不确定性情境下。

Wagner（2009）通过对供应商创新的研究，总结出促进、征求、实现和奖励供应商创新的途径包括四个方面，即识别并吸引创新型供应商、评估供应商的下游客户导向、维持真正的合作型供应商关系，以及合理解决人员沟通与培训。

Joshi（2016）从交易成本研究视角指出，作为原始设备制造商竞争优势的基础之一，供应商创新性激发制造商持续与该供应商的关系，进而对关系稳定性产生贡献，形成关系优势，并对制造商创新应用产生显著的正向影响，最终提升制造商元件创新绩效。

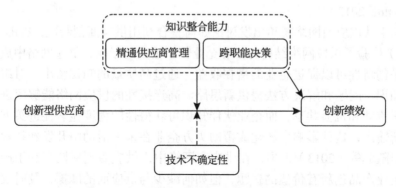

图 9-11　通过知识整合利用供应商创新性

资料来源：Bengtsson 等（2013）。

Kibbeling 等（2013）从资源依赖视角探讨了供应商的终端用户导向和创新性如何影响下游核心企业活动以及终端用户的满意度。结果显示，客户满意度由核心企业创新性所驱动，而核心企业的创新性，一方面依赖于核心企业的市场导向，另一方面依赖于其供应商的创新性。因而企业为其客户创造价值主要通过内部市场导向努力和外部供应商的创新性实现。

二、基于网络视角的供应商创新性利用

目前对供应商创新（性）利用的研究多是从二元关系视角，运用关系观、知识观、组织学习理论展开分析。然而，供应商并非孤立存在，买方企业与供应商二元关系已扩展到网络关系。借助网络这种组织形式，一方面，买方企业更容易获取信息与知识，并有助于其通过与供应商的直接关系获取其他网络成员更多的资源；另一方面，买方企业可以更好地进行学习和创新，同时有利于获得声誉和地位。因此构建恰当的网络结构、有效地管理网络对企业更好地整合利用供应商资源与能力显得尤为重要。

由于能够及时获取其他企业所不能轻易获取的知识和资源，网络成为买方企业创新和价值获取的重要途径（Jean 等，2012）。关于买方企业通过供应商网络获取并利用供应商资源与能力、实现产品创新，战略联盟网络、企业间网络、创新网络等领域的研究成果，可为从网络视角研究买方企业有效整合利用供应商创新性提供依据和支撑。这些领域的相关文献集中于网络结构、网络关系等网络特征对买方企业创新绩效的影响和买方企业如何通过自身网络管理能力有效管理网络关系动员、配置、使用网络中的关系与资源两

方面。前者侧重买方企业如何认识并设计网络，后者侧重研究买方企业主动建立、管理和利用网络关系的能力（Dhanaraj and Parkhe，2006；Mu and Di Benedetto，2012）。

关于从供应商网络视角出发讨论如何整合利用供应商创新性，Bellamy 等（2014）检验了供应网络结构特征和企业创新输出的影响，供应网络中成员间高水平创新性可以促进企业的潜在收益，通过高质量的知识溢出，对组合和利用知识、问题和解决方法提供新思路。高连接性的供应网络能够促进成员间知识流动和机会共享，而企业伙伴知识可获得性的程度显著促进买方企业的创新输出，这种影响应转化成帮助买方企业在未来活动中开发新技术的助力。李随成等（2013）提出，在供应商网络中，供应商创新性有利于产生对制造企业产品创新有价值的资源，但如何减少与供应商的摩擦，及时发现产品创新的合作契机，有效获取制造企业产品创新所需要的资源，与企业自身的网络关系管理能力相关。不同供应商网络结构特征对制造企业利用供应商创新性和网络能力提高产品创新绩效的作用是不同的，制造企业在供应商网络中占据中心位置、网络成员间彼此关系强，有利于供应商创新性和网络能力提高产品创新绩效；网络成员间相互连接的密集程度高，不利于企业对供应商创新性的利用和网络能力对产品创新的提升；功用上网络内部结构多样化与复杂程度对供应商创新性和制造企业产品创新间的关系没有显著影响，但有利于网络能力对产品创新的提升。供应商网络结构对供应商创新性网络能力和制造企业商品创新的影响关系的调节作用如图 9-12 所示。

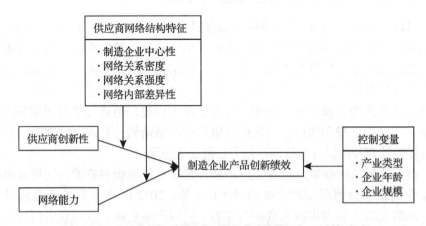

图 9-12　供应商网络结构对供应商创新性、网络能力
和制造企业商品创新影响关系的调节作用

资料来源：李随成等（2013）。

第四篇　可持续采购与供应管理

▶ 第十章 可持续采购与供应管理

在全球化背景下，企业不仅是经济实体，也承担社会责任，其行为对社会、经济和环境有重大影响。例如，企业追求利润与社会责任脱节的问题，舍弗勒因供应商环境违规行为引发了全球汽车供应链供应危机。这些事件凸显了企业在经济活动中面临的伦理和责任挑战。因此，可持续采购与供应管理成为关键议题，不仅是商业战略，也体现社会责任。这要求企业在采购和供应链管理中综合考虑经济、社会和环境因素，实现经济效益、社会责任和环境保护的统一。

第一节 可持续采购与供应管理的融合

一、可持续采购与供应管理研究的源起

可持续发展被认为是满足当前需求而不损害未来世代能力的发展模式。这一概念常被称为"三重底线"，即考虑到经济、社会和环境三个方面的因素。从经济层面看，可持续发展意味着实现长期稳定的经济增长，不仅仅追求短期的利润。从社会层面看，可持续发展意味着实现社会公正和包容，确保所有人都能享有基本权利和资源。从环境层面看，可持续发展意味着保护和维护生态系统的稳定，减少对自然资源的消耗和污染。

经济效益、生态环境和社会责任三个目标相互关联，多项研究显示企业环保参与社会责任承担与经济效益正相关。环保和社会责任能为企业带来利润，补偿成本，促进长期收益。同时，经济效益提升为企业提供资本，支持其全面参与环保和承担更大的社会责任。1998 年，英国学者 John Elkington 首次提出"三重底线"概念，强调企业经营需满足经济、社会和环境底线，追求三者平衡。企业应在追求经济效益的同时，考虑其对社会和生态环境的影响，创造综合价值，并将环境保护和社会公正纳入战略规划。

在这一背景下，学者开始呼吁将可持续发展原则纳入采购与供应管理中。这是因为采购与供应管理在整个供应链中起着关键的作用，直接影响到产品的生产过程、资源利用以及最终产品的环境和社会影响。因此，将可持续发展原则纳入采购与供应管理中，不仅有助于企业实现可持续发展的目标，还能推动整个供应链向着更加可持续的方向发展。学者提出了许多观点支持将可持续发

展原则纳入采购与供应管理中。首先，他们指出，采购与供应管理是企业实现可持续发展的关键环节。传统的采购和供应管理往往只注重成本和质量，忽视了环境和社会的因素。因此，学者呼吁企业在采购和供应管理中考虑环境和社会的影响，以实现整个供应链的可持续发展。Christopher（2016）指出，企业应该将可持续发展视为其战略目标之一，并将其融入采购和供应管理的各个环节中。其次，学者强调了采购与供应管理的综合性和复杂性。采购与供应管理涉及多个环节和多个利益相关者，包括供应商、消费者、政府和社会组织等。因此，要实现可持续发展的目标，需要建立起这些利益相关者间的合作关系，并共同努力推动供应链的可持续发展。

综合上述观点，Carter 和 Easton（2011）构建了可持续供应链管理的研究框架，如图 10-1 所示。他们提出了在供应链中实现"三重一致"（Triple Alignment）的概念，强调企业、供应商和消费者之间的利益应该在经济、社会和环境方面保持一致，以实现可持续供应链的目标。此外，他们还进一步将可持续概念引入供应链管理领域，并将其扩展至三重底线之外，以考虑实施可持续供应链管理实践所必需的关键支持方面，包括：战略层面将可持续作为企业战略目标的重要构成部分；组织文化层面是在企业中将社会、环境与经济共同和谐发展理念根深蒂固，形成组织公民行为，自上而下树立正确的伦理价值观；风险管理方面着眼于应对供应链出现的风险与危机，如制订权变计划，灵活管理应对中断风险；供应链透明度则强调多方利益者的参与以及良好的供应商运作。

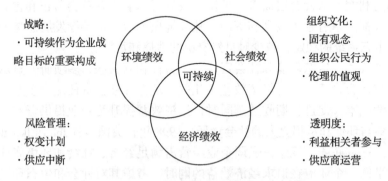

图 10-1　可持续供应链管理研究框架

资料来源：Carter 和 Easton（2011）。

二、可持续采购与供应管理研究的演进

可持续采购与供应管理经历了萌芽期、发展期和成熟期三个阶段。萌芽

期，企业开始意识到供应链活动对环境的影响，研究集中在环境管理标准、绿色采购和供应链环境绩效评价方面。发展期，关注社会责任和供应链协作，强调企业的社会影响和合作关系。成熟期，重点是可持续采购与可持续供应管理，为企业实现可持续发展提供理论和实践支持。在每个阶段，学者的观点和理论框架都贯穿着研究的发展脉络，呈现出可持续采购与供应管理领域的丰富性和多样性。

（一）萌芽期

在可持续采购与供应管理领域的源起阶段，环境问题被认为是最为紧迫的挑战之一。企业开始认识到其供应链活动对环境的影响，因此，环境管理和绿色采购成为研究的重要方向。这一阶段的学者主要集中在以下几方面的研究：

（1）环境管理标准与法规遵从：在可持续采购与供应管理研究的早期阶段，学者们开始关注企业如何遵守环境管理标准和法规，以确保其采购和供应管理活动符合相关的环境法规和标准。这项研究的重要性在于促使企业意识到环境责任的重要性，并建立相应的管理体系应对环境挑战。代表性学者如 Vachon 和 Klassen（2007）与 Darnall 等（2008）指出，企业应通过建立环境管理系统以确保环境责任的落实。

（2）绿色采购：随着环境意识的增强，学者们开始研究企业如何采购环保产品和服务，以减少资源消耗和环境污染。这项研究的重要性在于推动企业向更加环保与可持续的采购模式转变，从而减轻其对环境的不利影响。Min 和 Galle（1997，2001）强调了企业采购行为对环境的重要影响，并提出了一些实用的策略和方法，帮助企业在采购过程中考虑环境因素，选择更加环保与可持续的产品和服务。

（3）供应链环境绩效评价：评估整个供应链的环境绩效是可持续采购与供应管理领域的重要研究方向之一。这项研究的重要性在于，传统的企业环境管理往往局限于企业内部，无法全面了解供应链中各个环节对环境的影响。因此，学者开始关注如何通过跨组织和跨行业的合作，对整个供应链的环境绩效进行了评估和管理。其中，主要研究团队是 Bai 和 Sarkis，他们强调了供应链环境绩效评价的重要性，并提出了一系列的评价方法和指标（Bai and Sarkis，2012）。此外，还有许多学者提出了各种各样的评价方法和工具，如生命周期评价（McIntyre et al.，1998）、环境影响评价等（Chardine-Baumann and Botta-Genoulaz，2014），帮助企业全面了解其供应链的环境影响，并提出相应的改进措施。

（二）发展期

随着研究的深入，学者们逐渐意识到单纯关注环境问题是远远不够的，还需要考虑社会责任和供应链协作等因素。因此，可持续采购与供应管理的研究逐渐向社会责任和供应链协作方向发展。在这一阶段，学者开始更加全面地审视企业在采购与供应管理过程中的社会影响，并探索如何通过供应链协作实现更加全面的可持续发展目标。

（1）社会责任采购：学者开始越来越关注企业在采购和供应管理过程中的社会责任实践，这一关注点不仅限于企业自身的行为，还包括对其供应链中各个参与方的影响。特别是对供应商的劳工权益保护、人权问题和公平贸易等方面的关注成为研究的重要内容。据此，Carter（2004）提出"社会责任采购"（Socially Responsible Purchasing）概念，指企业将利益相关者所关注的与供应链中存在的社会问题。Leire 和 Mont（2010）在此基础上进行了一项系统性总数研究，提出了一些重要的观点和建议。首先，他们强调企业在采购和供应管理中应积极履行社会责任的重要性。企业作为供应链的主要参与者，其行为不仅会影响自身的利益，也会对供应链中其他参与方产生深远影响。因此，企业应意识到其在采购和供应管理中的社会责任，并采取相应的措施保护供应链中各个参与方的权益。其次，他们指出对供应商劳工权益的保护。在全球化的背景下，许多企业将其生产和采购活动外包给发展中国家的供应商。然而，一些供应商存在劳工权益被侵犯的情况，如低工资、长工时和不安全的工作环境等。因此，企业应与供应商建立良好的合作关系，并确保他们遵守相关的劳工法律和标准，保障员工的基本权益。最后，他们还关注人权问题和公平贸易。在全球供应链中，存在一些因素导致人权被侵犯的情况，如强迫劳动、童工和歧视等。因此，企业应积极倡导和支持人权保护，并与供应商合作，推动公平贸易的实践。通过采取这些措施，企业可以为社会责任实践作出积极贡献，促进供应链的可持续发展。此外，他们还揭示了实施社会责任采购实践必要的五个基本步骤（见图10-2）：制定内部政策、设置采购标准、建立监督机制、管理供应商关系与构建内部能力。

（2）供应链协同：在这一时期，学者逐渐认识到仅仅关注企业内部的可持续性努力是不够的，需要与供应商、合作伙伴和客户

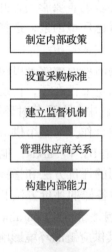

图 10-2　社会责任采购实施流程

资料来源：Leire 和 Mont（2011）。

等外部利益相关者进行紧密合作和沟通，共同解决供应链中存在的问题和挑战。因此，学者开始积极探索如何通过建立良好供应链伙伴关系推动可持续采购与供应管理的实践。Soylu 等（2006）指出，供应链协同是供应链上各公司共享信息、结成战略联盟以提高绩效、降低总成本和库存的一种常见方式。Gunasekaran 等（2014）进一步发现，绿色协同关系并非一蹴而就，而是通过不同层次的严谨逐步形成，如图 10-3 所示。第一层次为绿色交易（Green Transaction），绿色交易包括买方和供应商间任何交易中涉及绿色方面的内容；第二层次为绿色合作（Green Cooperation），指与愿意分享绿色利益的上下游成员建立长期合作关系；第三层次为绿色协调（Green Coordination），是在供应链成员间实现横向整合，包括业务计划与流程再造以实现资源有效利用，减少浪费；第四层次为绿色协同（Green Collaboration）是供应链合作伙伴为实现绿色发展建立起的长期稳定关系，包括战略与运作层面的同步一致。

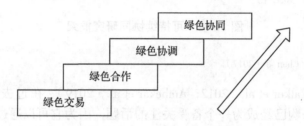

图 10-3　绿色协同层次演化

资料来源：Gunasekaran 等（2014）。

　　Chen 等（2017）构建了可持续协同的研究框架（见图 10-4），系统梳理了可持续供应链协同实践及其可实现的可持续绩效（经济、环境与社会绩效）。他们将可持续协同实践分为内部实践与外部实践。内部实践包含过程整合（管理）、跨职能协调与建立环境管理系统；外部实践则按照协同主体划分为与供应商、客户、竞争对手的协同。其中，供应商协同涉及供应商开发、供应商整合、供应商监督与绿色采购；客户协同包含沟通、基础设施整合与决策整合；竞争对手整合涉及与竞争者共享协同能力与联合生产。

（三）成熟期

　　随着时间的推移和研究的不断深入，可持续采购与供应管理研究进入了成熟阶段并逐步呈现出两个主流研究方向：可持续采购与可持续供应管理。成熟期的可持续采购与供应管理不仅延续了前两个阶段的研究内容和主题，还呈现出更加全面和深入的发展趋势。

　　（1）可持续采购：可持续采购不仅关注产品和服务的环保性，还将社会责任的理念整合其中。这一概念被定义为通过采购和供应过程追求可持续

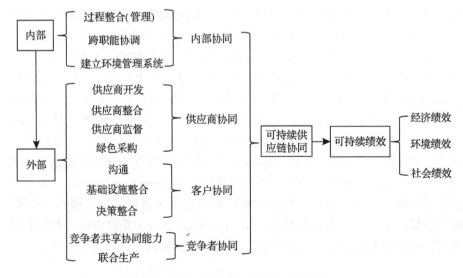

图 10-4　可持续协同研究框架

资料来源: Chen 等（2017）。

发展目标（Walker et al., 2012; Ambekar et al., 2019）。在过去几年的研究中，可持续采购已经成为一个备受关注的话题，因为它可以通过将可持续的环境因素纳入企业的采购职能，从而减轻由商业行为引起的环境与社会问题（Kabra et al., 2023）。研究者对可持续采购的概念进行了深入的探讨，主要涉及两类主题：绿色（循环）采购（Min and Galle, 2001; Xu et al., 2022）和社会责任（包容性）采购（Carter, 2004; Silva and Ruel, 2022）。绿色采购关注企业在采购过程中如何选择和购买环保产品和服务，以减少资源消耗和环境污染。这包括从供应商处购买符合环保标准的原材料和产品，以及采用环保的生产和运输方式。此外，近年来学者将循环经济的思想融入采购职能中，提出"循环采购"的概念。循环采购指买方购买遵循循环经济原则的产品或服务，支持对产品的设计、制造、销售、再利用和回收进行评估，以确定如何在使用和使用寿命结束时从产品中获得最大价值（Xu et al., 2022）。社会责任采购强调企业在采购过程中承担的社会责任。这不仅包括对供应链中各个参与方的劳工权益保护和人权问题的关注，还涉及公平贸易和社区责任等方面。企业需要确保他们的供应商遵守相关的劳工法律和标准，保障员工的基本权益，并积极推动人权保护和公平贸易的实践。包容性采购指采购公司在选择、评估和/或发展供应商时，对供应商进行管理，并强调社会包容标准的能力。

（2）可持续供应管理：可持续供应管理强调通过供应商管理实现环境、

社会和经济的可持续发展。该方向侧重于对供应商的管理和控制，以确保供应链的可持续性（Tachizawa et al., 2012; Sancha et al., 2016）。

一方面，学者探究了如何确保供应商在生产和运输过程中遵守环境法规和标准，关注供应链中劳工权益的保护和社会责任的履行，以减少对环境与社会的不利影响。这包括对供应商的环境管理体系、环境绩效与工作条件进行评估和监督，提高供应链透明度，确保供应商遵守环保法规和社会责任标准（Ageron et al., 2012; Danese et al., 2019）。另一方面，研究者还研究了企业与供应商之间的合作关系，更加强调供应链的整体性和协同性。学者认识到建立良好的合作关系和加强信息共享对于实现可持续供应链至关重要，因此提出了一些策略和方法来促进供应链伙伴之间的合作与沟通，通过建立跨组织的合作机制，促进供应链的可见性与可持续发展（Allenbacher and Berg, 2023; Jia et al., 2018）。

三、可持续采购与供应管理的研究框架

可持续发展目标不仅可以通过组织的努力实现，还可以通过整个供应链成员的积极参与实现。因此，为了实现可持续发展目标，有必要将战略制定、企业采购与供应管理活动紧密结合起来（Johnsen et al., 2017）。目前，可持续采购与供应管理领域的两个核心研究主题包括可持续采购与可持续供应商管理（Seuring and Müller, 2008）（见图10-5），两个方面相互关联又互相补充，对于发展既能减轻负面影响又能为企业、社会和环境创造正面价值的可持续供应链至关重要。可持续采购管理聚焦于组织如何制定并实施采购策略，以平衡经济效率与社会、环境责任之间的关系。该策略包括确保商品与服务的道德采源、选择坚持可持续实践的供应商，以及管理采购活动，促进环境与社会的长期福祉。研究内容涉及可持续采购实践、可持续采购形成机制、可

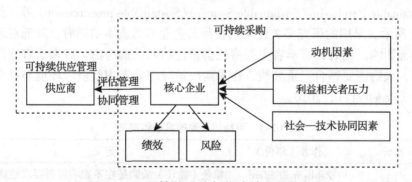

图10-5 可持续采购与供应管理研究框架

资料来源：Seuring 和 Müller（2008）。

持续采购作用机制。而可持续供应商管理专注于推动和监管供应商遵循可持续性标准的方法及措施。这涉及基于供应商的环境与社会绩效进行评估和选择、与供应商建立协作关系以改善可持续性，以及通过开发举措持续监控和管理供应商绩效，以确保其符合组织可持续性目标。

第二节 可持续采购

为了推动组织实现可持续发展目标，一个选择是动态提高他们在采购职能方面的能力，尤其是实施可持续采购。可持续采购不仅有助于推进买方企业，也可帮助其他供应链成员向可持续发展目标共同前进。可持续采购可以定义为通过采购和供应过程追求可持续发展目标（Walker et al.，2012）。可持续采购的首要问题是识别可持续性的构成。相较于企业其他职能，采购能够成为强大的变革推动者。采购策略的焦点既要关注经济，同时要关注环境与社会维度。此外，可持续采购的形成与作用机制逐渐成为现有研究领域关注的焦点话题（Kannan，2021）。

一、可持续采购实践

（一）可持续采购的内涵

目前，可持续是大多数企业关注的重要主题，包括同时考虑商业活动的经济、环境与社会影响。而企业实施可持续发展依赖于多部门的协同努力。采购由于是物料流入企业的起点，因此有助于组织的整体可持续性。采购职能逐渐成为实现企业可持续发展需求的核心。因此，可持续采购这一话题在采购研究中变得越来越重要。学者在研究过程中关于可持续采购产生了不同的术语和定义，包括绿色（循环）采购、社会（包容性）采购、可持续采购（Sustainable Purchasing/ Sustainable Sourcing/ Sustainable procurement）等，如表10-1所示。早期的研究多关注采购在帮助企业节约成本的同时，降低对环境的负面影响。同时，有学者主张将社会责任纳入采购考虑。后来学者逐渐意识到，采购需要整合三重底线，在采购决策时综合考虑经济、环境与社会三方面（Pagell et al.，2010）。

表 10-1 可持续采购的术语和定义

术语	作者（年份）	定义
绿色（循环）采购	Zsidisin 和 Siferd（2001）Xu 等（2022）	绿色（循环）采购是在不影响材料要求性能的情况下进行环境意识采购的实践，减少废物来源，促进材料的回收和再利用

术语	作者（年份）	定义
社会责任（包容性）采购	Maignan 等（2002）；Silva 和 Ruel（2022）	社会责任（包容性）采购是将组织利益相关者倡导的社会问题纳入采购决策
可持续采购（Sustainable procurement）	Walker 和 Brammer（2009）	符合可持续发展原则的采购，例如确保建立一个强大、健康和公正的社会，在环境保护允许范围内生产
可持续采购（Sustainable sourcing）	Pagell 等（2010）	可持续采购是指管理供应链上游组成部分的所有方面，以最大限度地提高三重底线绩效
可持续采购（Sustainable purchasing）	Miemczyk 等（2012）Schulze 和 Bals（2020）Kabra 等（2023）	可持续采购是指在组织外部资源管理中考虑环境、社会、伦理和经济问题，使运行、维持和管理组织的主要活动和辅助活动所必需的所有商品、服务、能力和知识的供应不仅为组织提供价值，而且为社会和经济提供价值

（二）可持续采购实践

随着全球环境和社会挑战的不断升级，企业在采购决策中越来越注重融入可持续发展原则，从而在经济、社会和环境层面有更加平衡的影响。可持续采购实践涉及多个层面，其中，社会责任、环境可持续性和经济效益是其核心要素。绿色采购作为环境可持续性的体现，通过优先选择环保产品、降低能源消耗清洁能源使用、废弃部件回收、采用可持续包装以及推动循环经济，确保采购的产品对环境的影响最小化，为企业构建起可持续的生态系统（Schulze and Bals，2020；Silva and Nunes，2022）。在社会责任方面，企业逐渐认识到其在供应链中的作用，致力于确保供应商合规、维护劳工权益、促进社区发展（Sancha et al.，2019）。在经济效益方面，企业通过采用可持续材料、提高供应链透明度以及优化采购流程，不仅降低了成本，还塑造了可持续竞争优势。尽管学者侧重于可持续采购的不同方面，反映了可持续采购实践的多元性，但缺乏系统性地将经济、社会与环境融为一体对可持续实践内容展开的探究。Akhavan 和 Beckmann（2017）利用结构化方法，系统梳理可持续采购的实践内容，并最终归纳为四方面实践类型，包括内部整合与治理、关注可持续问题的供应商选择、关注可持续问题的供应商开发，如表 10-2 所示。

表 10-2　可持续采购实践

可持续采购 实践大类	具体活动与相关研究
内部整合 与治理	高管承诺（Pagell 等，2010；Carter 和 Rogers，2008）
	使用内部行为准则、指导方针和政策（Bowen 等，2001；Harms 等，2013）
	设定目标、行动计划与管理系统（Carter 和 Rogers，2008；Pagell 等，2010）
	建立员工的激励与奖励制度（Hoejmose 和 Adrien-Kirby，2012）
	系统性的供应链分析与供应商分类（Foerstl 等，2010）
关注可持续 问题的供应 商选择	制定最低筛选要求与标准（Harms 等，2013；Vachon 和 Klassen，2006）
	制定供应商选择流程（Carter 和 Rogers，2008；Bowen 等，2001）
	制定不合规与补救措施（Leire 和 Mont，2010；Vachon 和 Klassen，2006）
关注可持续 问题的供应 商开发	教育与培训（Gimenez 和 Sierra，2012；Reuter 等，2012）
	协同与联合产品开发（Vachon 和 Klassen，2006；Leire 和 Mont，2010）
	供应商激励（Gimenez 和 Sierra，2012；Andersen 和 Skjoett-Larsen，2009）
	共享知识和资产（资源和能力）投资（Bowen 等，2001）
外部协作与 联盟	与外部组织协作或加入可持续性非政府组织（Pagell 等，2010；Foerstl 等，2010；Leire 和 Mont，2010）

资料来源：Akhavan 和 Beckmann（2017）。

1. 内部整合与治理

在可持续采购实践的首要步骤中，内部整合与治理是构建企业可持续战略的关键环节。这一类别的实践活动旨在通过高度协调的内部机制，确保企业在采购过程中积极融入可持续发展理念。具体实践活动包括：

（1）高管承诺：高管层的积极承诺是可持续采购的起点。领导层的明确支持不仅为企业设定了明确的方向，也为内部文化的变革奠定了基础。这种高管层的领导承诺将在整个可持续采购实践中贯穿始终，为组织带来长期的战略指引（Pagell et al.，2010；Carter and Rogers，2008）。

（2）内部行为准则、指导方针和政策：制定内部行为准则、指导方针和政策通常与来自国际规范［例如，全球契约、国际劳工组织（ILO）或道德贸易倡议］的原则保持一致。有助于确立企业的可持续采购价值观和目标，为员工提供清晰的行为规范。这些内部机制贯穿整个采购过程，保障采购活动与企业可持续战略的一致性（Bowen et al.，2001；Harms et al.，2013）。

（3）设定目标、行动计划与管理系统：明确的目标、行动计划和有效的管理系统是实现可持续采购的基础。设定明确目标在整个实践过程中起到驱动作用，而有效的管理系统将确保采购活动能够有条不紊地进行，达成可持续采购的长期目标（Carter and Rogers，2008）。

（4）建立员工的激励与奖励制度：为激发员工积极参与可持续采购，建立激励与奖励制度至关重要。这一机制将贯穿在整个实践过程中，通过激发员工的积极性，推动可持续采购理念融入企业文化（Hoejmose and Adrien-Kirby，2012）。

（5）系统性的供应链分析与供应商分类：实施系统性的供应链分析与供应商分类是确保供应链整体可持续性的关键环节。这一实践将贯穿于整个采购过程中，通过深入了解供应商的可持续绩效，实现有针对性的管理和改善供应链关系，从而促进整个供应链的可持续发展（Foerstl et al.，2010）。

2. 关注可持续问题的供应商选择

可持续采购实践的第二大类别聚焦于社会问题的供应商选择，旨在确保企业在选择供应商时充分考虑环境与社会责任因素，这是确保企业供应链的环境和社会责任可持续性的核心步骤。具体实践活动包括：

（1）制定最低评选标准与要求：在实施可持续供应商筛选时，企业需要明确并制定最低评选要求与标准，以确保供应商的业务活动符合公司设定的可持续性标准（Klassen and Vereecke，2012；Vachon and Klassen，2006）。这些标准不仅涵盖社会责任，如禁止童工、消除歧视、确保员工权利，还包括环境责任，如资源利用、废弃物管理和排放控制。通过明确这些标准，企业能够在供应链中选择那些对环境和社会责任持有高标准的供应商。

（2）制定供应商选择流程：制定清晰的供应商选择流程是确保可持续性问题得到综合考虑的关键。该流程覆盖从供应商的甄选、评估到最终选择的各个环节（Carter and Rogers，2008；Bowen et al.，2001）。这包括评估供应商的环境管理体系、社会责任政策和实际执行情况。通过建立系统性的选择流程，企业可以更全面地了解潜在供应商的可持续绩效，从而做出更明智的选择。

（3）制定不合规与补救措施：面对供应商可能存在的不合规行为，企业需要制定明确的不合规与补救措施（Leire and Mont，2010；Abbasi et al.，2017）。这包括建立响应不符合标准的机制，明确可能的处罚措施，制定纠正计划。通过这些措施，企业不仅能够及时解决不合规问题，也能促使供应商积极改善其环境和社会绩效。

3. 关注可持续问题的供应商开发

在可持续采购实践中，通过积极合作与支持，引导供应商朝着可持续性方向发展。这一类别的实践活动包括：

（1）教育与培训：通过提供教育和培训，企业可以帮助供应商了解和遵守可持续采购的最佳实践。教育与培训活动包括社会责任的培训、环境管理体系的建设以及可持续生产方法的传授。相关研究强调，通过提升供应商的能力，推动整个供应链向更可持续的方向发展（Gimenez and Sierra，2012；Reuter et al.，2012）。

（2）协同与联合产品开发：通过协同和联合产品开发，企业与供应商共同努力，推动可持续产品的创新和设计。这种协同的方法有助于减少环境和社会影响，共同致力于研发更环保和社会负责的产品（Vachon and Klassen，2006；Leire and Mont，2010）。

（3）供应商激励：通过建立激励机制，企业可以激励供应商采取更具可持续性的做法。这可能包括奖励符合可持续标准的供应商，鼓励其持续改进可持续绩效（Gimenez and Sierra，2012；Andersen and Skjoett-Larsen，2009）。

（4）共享知识和资产（资源和能力）投资：企业可以通过共享知识和资产，包括技术、经验和资源，支持供应商在可持续性方面的提升。这种投资有助于提高供应商的可持续能力，共同创造更有利于可持续问题解决的供应链（Bowen et al.，2001）。

4. 外部协作与联盟

企业可以与供应链外部组织协作，合作的主体涉及非政府组织（NGO）、非营利组织、政府与竞争对手。通过与 NGOs 的合作，企业可以更全面地了解和解决可持续性问题。公司还可以与其他非营利组织、政府以及行业竞争对手合作，共同开发和分享可持续供应链管理的知识（Foerstl et al.，2010）。这种协作可以促使行业内的知识共享和经验传递，从而推动整个行业朝着可持续性目标迈进。另外，企业可以主动加入致力于可持续发展的非营利组织，以及时了解并参与供应链中的热点问题。通过成为这些组织的一部分，企业能够保持对行业动态和可持续性挑战的敏感性，从而更及时地采取相应措施。此外，公司可以发起新协会或与专业组织和竞争对手合作制定行业标准，以促进更加可持续的供应链管理。引入竞争对手参与标准制定过程有助于创造公平的竞争环境，并共同致力于行业可持续性的提升（Leire and Mont，2010）。

二、可持续采购的影响因素

本节旨在深入剖析可持续采购的影响因素，涵盖了企业实施可持续采购的内部动机、外部利益相关者的压力以及社会—技术协同的视角。首先，通过研究企业内部的实施动机，揭示企业在采纳可持续采购实践方面的内在动因和驱动力。其次，关注外部利益相关者的压力对企业可持续采购决策的影响。深入研究了来自消费者、投资者、政府以及其他相关利益方的期望和压力，分析这些外部力量如何塑造企业的可持续采购战略，并推动企业在供应链中更广泛地考虑环境和社会问题。最后，从社会—技术协同的视角出发，全面探究可持续采购的影响因素。详细研究技术创新如何支持可持续采购实践，并与社会因素相互交织，创造共同推动可持续供应链发展的力量。

（一）动机因素

先前的研究发现，有三种动机可以驱使企业实施可持续采购实践：工具性动机、关系性动机与道德性动机（Paulraj et al., 2017；Ambekar et al., 2019）。工具性动机本质是一种自利性动机，是受自身利益驱使的，目的是增加股东价值、提升声誉以及提升增强企业盈利能力与市场竞争力。关系性动机其实质为合法性，涉及外界对企业行为的感知，是对外部利益相关者的被动回应。关系性动机反映了与工具激励相冲突的商业价值观和理想，遵循功利主义而非利己主义。道德性动机是组织在没有外部压力的情况下自发地承担社会责任。具有道德动机的企业有一种组织伦理责任，即创造积极的经济、社会和环境效应。

Shahzad 等（2023）系统分析了工具性动机、关系性动机与道德性动机对可持续采购的驱动作用（见图 10-6）。工具性动机对企业实施可持续采购具有积极的推动作用。工具性动机使得企业更加倾向于在采购过程中寻求效益最大化。可持续采购不仅有助于节约资源、减少弃废物，还可以通过提高效率、降低运营成本实现长期经济效益。关系性动机促使企业关注法规和行业标准的遵守，而可持续采购往往与环保法规和社会责任标准高度契合。通过积极参与可持续采购，企业能够避免环境与社会法规合规风险，建立良好的企业声誉，并在业界获得认可。道德性动机使企业更加关注社会责任，认识到企业的采购决策对社会和环境产生的影响。实施可持续采购是企业履行社会责任的一种方式，通过选择符合道德标准的供应商，企业可以提升自身的

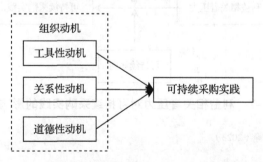

图 10-6　组织动机对可持续采购实践的影响模型

资料来源：Shahzad 等（2023）。

社会声誉，建立良好的企业形象。此外，道德性动机注重企业的长期可持续性发展。通过实施可持续采购，企业更加关注其供应链的稳健性，避免短视的经营策略，从而为企业未来的长期发展创造有益条件。

此外，Shou 等（2020）从环境绩效期望角度探讨了环境绩效反馈对可持续采购的积极影响。一方面，环境绩效期望作为一个引导因素，能够塑造企业对可持续采购的目标与期望。企业期望在环境绩效方面取得良好表现，因为这不仅有助于满足社会的期望，也提升了企业在环保方面的形象。这种期望在企业战略中对可持续采购的明确定位起到了推动作用。另一方面，环境绩效反馈可以作为一种激励机制，鼓励企业采取积极的可持续采购措施。企业期望通过采购环保友好产品、优化供应链以降低环境影响等方式，实现环境绩效的提升。这种积极的反馈机制有助于形成长期的企业动力，推动其在可持续采购领域的不断创新与改进。

（二）外部利益相关者压力

利益相关者指任何可能影响或受组织目标影响的组织或个人。利益相关者可以通过施加强制性、规范性和模仿压力塑造公司的可持续行为。这些压力来自政府的监管压力、客户要求、竞争者以及非政府组织（Meixell and Luoma，2015；Vidal et al.，2023）。管理者通过实施可持续采购实践响应利益相关者的压力以寻求合法性（Arora et al.，2020；Kannan，2021；Walker et al.，2012）。例如，Vidal 等（2023）研究发现，利益相关者压力对企业采取可持续采购具有正向推动作用，并且在创业导向与可持续导向强的企业这一现象尤为明显，如图 10-7 所示。

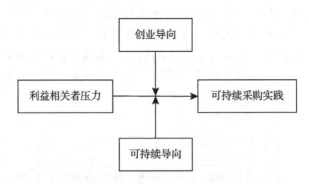

图 10-7 利益相关者压力对可持续采购实践的影响模型

资料来源：Vidal 等（2023）。

政府监管部门往往是推动企业实施可持续采购的强大动力源。这种推动力源于对排放和废弃物减少的监管要求以及涉及商业活动社会方面的法律规定，如最低工资、工作条件标准以及企业经济稳定性和寿命的法规，固定资产税收折旧、摊销规则以及负债和费用的规定，对企业行为产生显著影响。政府监管部门由于其权力和紧迫性，所以是推动企业开展可持续性采购的重要利益相关者（Vidal et al., 2023）。

客户在市场化公司中的作用至关重要，其重要性源于其购买决策直接关联企业收入。Carter 等（2011）指出，客户的影响力和紧迫性是促使其成为实施可持续采购实践的关键驱动力。鉴于此，核心企业通常将客户期望作为重要关切，并努力满足这些标准。客户对可持续性的要求不仅影响了可持续采购的实施，还对企业管理层在企业战略层面的决策产生了深远影响。这表明对客户需求的理解和满足，在推动企业可持续采购实践中，扮演着不可忽视的角色。

企业的市场定位包括对竞争对手的活动和战略的持续及密切观察，作为市场环境的核心要素，应该反映在企业经营战略中。虽然竞争对手可能没有能力将可持续性行为强加给核心企业，但越来越多的竞争对手实施可持续采购，从而建立一定的可持续性行业标准，可以有效地给核心企业施加压力。竞争对手通过采取可持续行动留住客户和维持竞争产品优势。因此，竞争对手在公司层面扮演着重要的利益相关者的角色，同时影响着其他市场参与者，如客户和供应商。企业越来越多地受到行业竞争对手的压力，要求他们采取可持续采购实践以获取更多的竞争优势（Dai et al., 2015）。

非政府组织因其在揭露不负责任企业行为方面的有效性而受到重视，逐渐成为企业可持续发展的关键信息来源之一（Reuter et al., 2010）。由于其客观、诚实的立场以及良好的声誉和高信赖度，非政府组织已成为重要的利益相关者。在可持续采购方面，不同的非政府组织会根据各自的使命而重点关注不同的领域。例如，绿色和平专注于环境可持续性，大赦国际关注社会问题，而 Attac 则集中于反对全球化和资本主义的负面影响。非政府组织能有效引导公众舆论，并对企业管理层施加压力，促使其放弃不良采购做法，确保采取负责任的行动。此外，非政府组织还可以推动核心企业的其他利益相关者避免不可持续的行为，并通过与核心企业的互动来解决客户和供应商的问题。非政府组织披露不负责任的行为还能警示竞争对手，并激励他们避免不负责任的做法。例如，绿色和平组织针对雀巢使用棕榈油的行动在 2010 年展示了非政府组织的影响力。这次行动显著提升了公众对棕榈油使用对雨林破坏的认识，并促使雀巢采取限制其棕榈油购买的措施，同时参与可持续棕榈油圆桌会议。

（三）社会—技术协同因素

社会因素指各种社会因素，如组织结构、文化与制度。技术因素涉及

各种技术要素，如可用于将投入转化为产出的设备、技术、工具。Shan 等
（2021）根据社会—技术系统理论发现了社会整合与技术整合对企业采取可持
续实践的积极作用，如图 10-8 所示。

　　社会整合通过多个方面对企业的可持续采购实践产生积极影响。首先，
社会整合提供了组织支持，特别是通过最高管理层的承诺和支持性文化。这
种支持是激励可持续发展实践实施的关键因素。管理层的承诺和支持性文化
不仅为可持续采购提供了战略指导，还为组织内部创造了一个有利于可持续
发展的文化氛围。其次，社会整合培养了必要的人力支持。通过授权和团队
合作，员工可参与环境问题的解决，激发了环境创新，并成为企业环境改善
的关键推动力。员工的参与和沟通促进了可持续发展战略的传达与理解，而
工作灵活性有助于提高员工对公司可持续性行动的参与度。技术整合通过协
调技术系统中的技术要素，为可持续采购实践提供多方面的支持。企业通过
应用综合工具、技术和标准化过程，帮助监测和提高生产的可持续性水平。
例如，采用失效模式和影响分析（FMEA）等工具有助于减少环境污染，而通
过模块化设计集成则促进了再制造和处理。最后，在实施可持续发展实践的
过程中，新技术有助于设计环境友好型产品。技术能力对于开发符合可持续
性标准的产品至关重要。例如，采用环境意识的质量功能部署（QFD）可以
综合考虑产品设计中的可持续性问题，并结合使用生命周期评估。社会整合
与技术相互整合，并使其与组织资源及技术部署相匹配，对于企业发展可持
续性实践至关重要。这种整合匹配为企业提供了全面的支持，既促进了技术
的发展和应用，营造了良好的社会文化和团队协作氛围，从而推动了可持续
采购实践的成功实施。

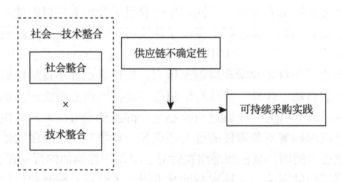

图 10-8　社会—技术协同因素对可持续采购实践的影响模型

资料来源：Shan 等（2022）。

三、可持续采购的作用机制

可持续采购在当代企业管理中发挥着关键作用，其作用机制主要体现在绩效提升、风险降低和竞争优势获取三个方面。首先，通过选择环保、社会责任感强的供应商，企业实现了生产流程的优化，提高了产品质量，降低了生产成本，从而在绩效方面取得了显著提升。其次，可持续采购有助于减少企业的环境和法律法规风险，提高了企业的供应链韧性，降低了不稳定因素的影响。因此，企业应充分认识到可持续采购的战略重要性，将其纳入企业管理体系，以实现经济、社会和环境的可持续发展目标。

（一）改善绩效

（1）买方绩效：在可持续采购与供应管理的领域研究中，广泛的证据表明可持续实践的改进对提升企业的环境绩效具有积极作用（Touboulic et al.，2015；Wolf et al.，2014）。尽管如此，能够明确阐述可持续采购与环境绩效之间联系的研究仍然较少。一些研究从内外部环境管理的角度对二者的关系进行了解答。外部环境管理聚焦于实现供应商的绿色化，即推动供应商采用更环保的做法（Bowen et al.，2001）。而内部环境管理体现在绿色创新上，包括通过产品和工艺的创新来实现环境目标。可持续采购的开展有助于推进两种管理策略的实施，进而共同作用于推动企业整体环境绩效提升。获得经济绩效被视为企业实施环境管理实践的关键动因。有效地解决环境问题不仅为竞争带来新机遇，也为核心业务项目提供了增值的新途径。可持续采购可显著提升销售额、资本回报、税前利润和运营现金流。此外，可持续采购是实现社会可持续绩效的关键途径。可持续采购有助于确保供应链中的劳工获得公正待遇、合理薪酬，以及在安全和健康的环境中工作。

González-Benito 等（2016）指出，可持续采购对企业的采购绩效有积极影响。如图 10-9 所示，尤其当核心企业与供应商保持长期稳定的合作关系或将采购职能纳入战略规划过程中时，将有助于强化可持续采购的实施效力，创造更为卓越的采购绩效。

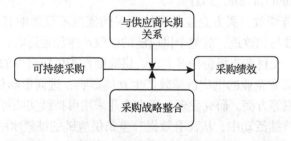

图 10-9　可持续采购对采购绩效的影响效力模型

资料来源：González-Benito 等（2016）。

Arora 等（2020）探讨了供应基规对可持续采购与组织可持续绩效间关系的调节作用（见图 10-10）。他们发现，企业实施可持续采购实践有助于提升组织的可持续绩效，而其内在机理是由于可持续实践的实施强化了核心企业与供应商间的环境协同，这将促进二者为可持续目标的努力。此外，研究指出，当核心企业供应级规模越大时，实施可持续采购，进而增强与供应商环境协同，最终促进可持续绩效改进的优势越凸显。

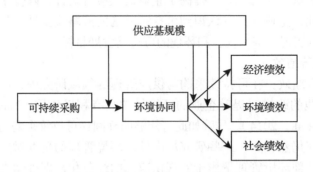

图 10-10 可持续采购对可持续绩效的影响机理模型

资料来源：Arora 等（2020）。

（2）供应商绩效：目前，可持续采购实践对供应商绩效的改进主要集中于两方面：一是环境；二是社会责任。环境方面，可持续采购被视为控制和预防污染的有效工具，最终可能带来环境和经济双重效益。作为一种深植于组织内部的惯例，供应商的绿色管理能力是复杂且需要时间积累的，这种路径依赖的能力对企业竞争优势产生深远影响（Qiao et al.，2022）。然而，可持续采购不仅仅是一个环境友好的采购策略，它还对供应商的社会责任承担产生深刻影响。通过可持续采购，企业能够推动供应商遵守更高的劳工标准、确保公正的工作条件，以及促进社区的经济发展。这不仅提升了供应链的整体社会责任水平，而且有助于创建一个更加公平和可持续的商业环境（Alghababsheh and Gallear，2021）。

（3）供应链绩效：买方企业的可持续采购实践不仅影响其自身绩效，还通过供应商的参与和改进，对整个供应链的绩效产生深远影响，这些影响体现在质量、成本、交付和市场份额等方面。供应商作为供应链中的重要利益相关者，其行为对买方企业的供应链绩效产生直接影响，进而影响到买方的战略、财务和运营效率等方面。研究发现，买方企业采用可持续实践可以间接促使供应商参与到可持续活动中，从而有效提升整条供应链的绩效水平（Mani et al.，2016）。此外，由于客户更倾向于购买可持续产品，这可能导致销售额的大幅度增加，进而改善企业的供应链绩效（Gimenez et al.，2012）。买方企业通过可持续供应商开发实践，主要是提高供应商绩效，保证供应链需求的稳定性，最终带来更佳的供应链绩效。Klassen 和 Vereecke（2012）发现，与供应商就可持续性问题的合作活动，能以降低成本和扩大市场份额的形式带来更好的经济效益。供应链中的可持续性实践有助于提高质量、降低成本和改善交付，原因在于买方企业员工受到激励，旷工成本降低，生产力相应提高。

（二）降低风险

在全球竞争日益加剧的背景下，许多企业在追求绩效时，往往将成本和风险转嫁到自然和社会环境中，这一现象在供应链中尤为显著。随着消费者对可持续性的认识提高，企业不得不面对这些外部化的成本和风险，特别是在工作条件、事故、碳足迹和腐败等方面。近年来，一系列供应链丑闻如欧洲的马肉丑闻、纺织业的拉纳广场灾难以及苹果供应商的恶劣工作环境事件，进一步凸显了可持续发展相关风险对企业的重大影响（Hajmohammad and Vachon，2016）。Hofmann 等（2014）指出，企业通过可持续采购不仅能够提升供应商的可持续绩效，还能减轻整个供应链的风险，从而促进整个供应链的可持续发展。这要求企业更加关注供应商的选择、合规性审查和持续监管，并通过建立健全的供应链合作伙伴关系，鼓励企业采取环保、社会责任和可持续发展的做法，共同降低供应链的不稳定性和风险。

（三）促进创新

可持续采购在供应管理中的作用不仅体现在环境和社会责任绩效改进与降低风险方面，还在创新方面产生积极而深远的影响。可持续采购的实施倡导企业与供应链伙伴共同探索、开发和采纳新的创新性解决方案。通过与供应商建立更紧密的合作关系，企业能够共同研究新的材料、生产技术和设计理念，以提高产品和服务的可持续性（Melander et al.，2019）。这种合作有助于创造更环保、社会友好的供应链，推动创新成果的应用和推广。可持续采购通过强调对可持续性标准的遵循，激励企业在产品设计和生产过程中引入创新性的环保和社会责任考量。在这一框架下，企业被迫重新思考材料选择、生产工艺以及产品寿命周期管理等方面，从而推动创新的发生。这种创新不仅关乎产品本身，还包括供应链管理的各个环节，促使企业更具竞争力地适应不断变化的市场和法规环境。此外，可持续采购强调了对供应链中各方的社会和环境影响的全面认知（Agyabeng-Mensah et al.，2023）。企业在寻求更可持续的供应链时，必须考虑到社会、环境和经济的综合利益。这种全面性的考量激发了企业对创新性解决方案的需求，从而推动了新技术、新管理实践以及新商业模式的发展。

第三节　可持续供应管理

Ageron 等（2012）在文献回顾和分析的基础上构建了可持续供应管理领域的系统性研究框架前因（可持续供应管理前因）—行为（可持续供应管理）—结果（可持续供应管理的作用），包含三部分内容：①可持续供应管理的内涵；②可持续供应管理前因；③可持续供应管理所能产生的效益，如图 10-11 所示。

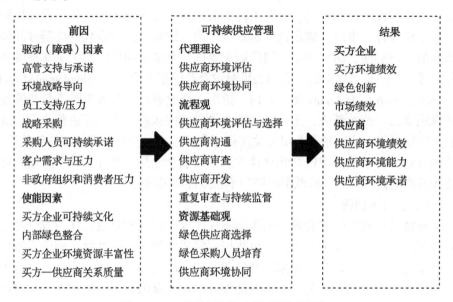

图 10-11　可持续供应管理研究框架

资料来源：Ageron 等（2012）。

首先，回顾了代理理论、流程观以及资源基础观三种理论视角下的可持续供应管理的内涵与所包含的实践类型。随后梳理了可持续供应管理的前因与作用。现有前因研究中区分了驱动（障碍）因素与使能因素。Ageron 等（2012）主要从以下三方面主体对可持续供应管理的驱动（障碍）展开了回顾：一是买方企业自身方面，包括高管支持与承诺、环境主动性战略导向、员工支持、战略采购、采购人员环境承诺；二是供应链层面的驱动因素来自客户需求与压力；三是面临其他利益相关者如非政府组织（NGO）、消费者等带来的压力。使能因素主要从企业内外部展开分析，内部使能因素关注买方企业内部关于环境方面的建设，包括买方企业内部的可持续性文化、内部绿色整合、买方企业环境资源丰富性；外部使能因素主要从供应链角度分析，包括买方—供应商关系质量、供应链领导等。其次，该研究框架指明了可持续供应管理的作用，目前可持续供应管理的受益主体主要是买方企业与供应商。通过回顾文献发现，买方企业实施可持续供应管理可以提升自身环境绩效、推动绿色创新以及获得更大的市场回报。而供应商积极配合买方企业实施可持续供应管理有助于其逐步构建完善环境能力、增强可持续实质性投入与努力，以及改善可持续绩效。

一、可持续供应管理实践

越来越多的企业认识到有必要制定环境战略，将其传统的公司治理流程从企业边界扩展到供应链合作伙伴（Belhadi et al.，2021）。许多公司正在积极实施供应商环境评估和行为准则以及与供应商就环境事项进行合作。如买方企业要求供应商减少或消除生产过程中使用污染材料，在运作过程中关注环境要求，并与供应商联合开发新材料、新工艺或其他减少环境影响的解决方案（Bowen et al.，2001；Blome et al.，2014；Patil et al.，2022）。现有研究将企业针对供应商所采取的一系列绿色与社会责任实践统称为可持续供应管理。可持续供应管理指企业以改善供应商可持续绩效为目标所实施的一系列供应管理活动（Bowen et al.，2001；Yu et al.，2017）。可持续供应管理主要关注上游业务的可持续性，同时兼顾供应职能的整个流程。现有研究学者主要从代理理论、供应链流程观以及资源基础观理论对可持续供应管理实践进行了研究与分类，不同研究中可持续供应管理实践的归纳与总结如表 10-3 所示。

表 10-3　可持续供应管理实践

可持续供应管理实践	文献来源
要求供应商取得环保认证或资质	Bowen 等（2001）；Simpson 等（2007）；Zhu 等（2008）；Grimm 等（2016）
对采购人员实施绿色培训	Bowen 等（2001）；Yu 等（2017）
为供应商建立环境标准	Bowen 等（2001）；Grimm 等（2016）
对供应商实施正式评估	Bowen 等（2001）；Lee 和 Klassen（2008）
对供应商实施可持续审计	Lee 和 Klassen（2008）；Rao（2002）；Zhu 和 Sarkis（2004）
对供应商评估结果及时反馈	
对供应商培训与教育	Lee 和 Klassen（2008）；Rao（2002）；Simpson 等（2007）；Vachon 和 Klassen（2008）

续表

可持续供应管理实践	文献来源
利用或与供应商共同减少资源浪费	Bowen 等（2001）；Rao（2002）；Tachizawa 等（2012）；Simpson 等（2007）；Zhu 和 Sarkis（2004）；Wang 等（2021）
利用或与供应商共同设计流程	
利用或与供应商共同设计产品	

（一）代理理论视角下的可持续供应管理

代理理论是供应链风险相关问题的重要理论视角。供应商作为核心企业的重要代理，存在环境机会主义的较大风险。企业需要实施可持续供应管理以降低潜在风险。在代理理论框架下，买方作为委托人将工作委托给代理人即供应商，并试图控制代理人的机会主义行为。根据代理理论，主体可以选择三种不同的控制机制来控制其代理行为：结果、行为和输入控制（Maestrini et al.，2018；李金华和黄光于，2019）。结果控制关注于代理人的绩效，即根据预定的目标对其进行评估；行为控制集中于代理实现绩效目标的过程，即预期会导致其绩效的过程、任务和活动；输入控制产生于委托人和代理人之间的社会化过程，导致了共同的信念和价值观，即输入控制通常用于提升代理的知识、技能和动机，以确保代理具有所需的执行能力。

供应商的环境不当行为可被视为买方需要控制的机会主义行为（Hajmohammad and Vachon，2016）。而买方降低供应商机会主义的控制机制指买方为降低供应商的机会主义行为的可能性而采取的主动行动。对供应商的不可持续行为的控制越有效，买方面临的供应商环境风险越小。因此，买方的控制机制可作为缓解供应商所带来环境风险的重要机制。结果控制通过评估供应商的环境绩效来降低供应商的环境风险。行为控制通过长期密切监视和评估供应商的行为，为纠正偏差提供建设性的反馈，从而降低风险。相反，当买方使用输入控制时，它通过促进供应商的意识建设，鼓励供应商开发对环境负责的文化，帮助供应商开发相关的能力，而不是一个特定的短期结果，以降低供应商行为不端的可能性。通过代理理论视角逐渐衍生出了两类可持续供应管理活动：评估和协同。在代理理论框架中，结果和行为控制机制的组合类似于可持续供应管理中的供应商环境评估实践，而输入控制类似于供应商环境协同实践（Yadlapalli et al.，2018）。

基于评估的可持续供应管理的特点是使用独立的方法控制输出，以获得合法性（Tachizawa et al.，2012）。评估实践作为一种减少信息不对称的机制，是一种风险管理工具。学者总结了一系列供应商环境评估实践，包括通过检查供应商的环境记录、由买方或独立第三方进行审计活动、要求供应商取得环境相关资质认证、为供应商制定环保标准与规范（Lee and Klassen，2008；Zhu et al.，2012）。基于协同的可持续供应管理的特点指直接与供应商合作，为其提供支持或共同开发环境友好的过程或产品。供应商评估旨在降低供应商潜在的环境与社会风险，通常是对环境/社会规范或标准的遵守（Bowen et al.，2001；Grimm et al.，2016）。相较之下，供应商协同则试图实现与可持续性相关的竞争优势，基于协同的可持续供应管理而专注于为供应商提供培训和教育，举办环保峰会，共同设计新材料或工艺等。企业寻求通过与供应商的合作来改进流程或产品设计，甚至商业模式，从而从提供可持续的产品中获得机会（Yadlapalli et al.，2018）。

因此，代理理论视角下的可持续供应管理是买方企业为提升环境合法性地位所开展的可持续供应管理活动，包含供应商环境评估与供应商环境协同两类实践（Sancha et al.，2019；Tachizawa et al.，2012；李金华和黄光于，2019）。但二者在许多方面存在差异，如表 10-4 所示，通过战略意图、对供应链的影响、实践内容、驱动力、买方—供应商关系管理、效果以及实施困难几方面对供应商环境评估和环境协同两类实践进行比较分析。

表 10-4　供应商环境评估与协同实践比较分析

维度	供应商环境评估	供应商环境协同	文献来源
战略意图	降低风险	增加机会，提升竞争优势	Tachizawa 等（2012）
对供应链的影响	对当前运营流程影响较小	对当前产品或流程根本性的改变	Vachon 和 Klassen（2008）；Gimenez 和 Tachizawa（2012）
具体实践活动	①要求供应商取得相关资质认证（例如 ISO14000）②制定相关供应商行为准则 ③对供应商进行审查 ④要求供应商遵守环境法律法规	利用或与供应商协同进行生态设计、环境友好型产品与流程设计 商业模式创新	Tachizawa 等（2012）；Wang 等（2021）
主要驱动力	法律法规	客户要求	Danese 等（2019）
买方—供应商关系管理	供应商监督、评价与选择	供应商整合与开发	Danese 等（2019）

续表

维度	供应商环境评估	供应商环境协同	文献来源
涉及职能部门	采购部门	研发与市场部门	Lee 和 Klassen（2008）
效果	减少了负面影响 提升了声誉 遵守了法律法规	创造了积极影响 开发了环保产品与流程 提升了客户满意度	Sancha 等（2016）
实施困难	难以获得有效的信息 形式化的监控 信息不对称	资源投入大 长期结果的不确定性 稀缺资源损失	Yadlapalli 等（2018）

（二）流程观下的可持续供应管理

供应链流程观认为，可持续供应管理是确保供应链管理的各个流程都符合环境要求的流程管理活动。如图 10-12 所示，依据供应链流程管理，可持续供应管理实践通常包括：①供应商评估和选择；②供应商沟通；③供应商审核；④供应商开发；⑤供应商重新审核和持续监控五个环节（Gimenez and Sierra，2013；Soundararajan and Brammer，2018）。

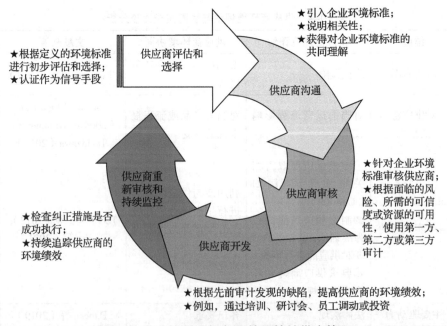

图 10-12　流程观视角下的可持续供应管理

资料来源：Grimm（2013）。

（1）供应商评估与选择：组织在制定采购决策时，越来越多地将环境可持续性标准作为其承担环境责任的一部分。因此，投标供应商除提供任何传统的业务和经济报价外，还需要提供环境标准相关信息。这使核心企业能够评估潜在的供应商的环境绩效，并选择那些拥有遵守核心企业环境要求资源和能力的供应商。在供应商选择过程中，环境认证（如ISO14000）可作为供应商环境绩效的重要信号。为了提高筛选过程的效率（降低交易成本和信息不对称），只有那些以前获得过社会或环境认证的供应商才可以进入候选名单。供应商选择过程要求预先选择正确的供应商，并降低供应商任何隐藏的环境不当行为在后期可能被揭露的风险（Reuter et al.，2012）。

（2）供应商沟通：尽管在供应商选择过程买方向其供应商强调了自身的环境要求，但供应商可能无法捕获买方环境要求对自身的益处，甚至可能无法理解内容（要求和标准），以及遵从买方环境要求的具体措施。以往文献强调了让供应商理解并遵守买方环境要求的重要性，如企业与供应商通过沟通，建立共同的理解和共同的愿景，以实现供应商对买方环境要求的理解与认可。当供应链合作伙伴之间存在文化距离和语言差异时，适当的沟通尤为重要（Awaysheh et al.，2010）。

（3）供应商审核：供应商审查主要是企业依据既定的环境标准评估供应商绩效。根据评估主体的不同，主要包含两类：一是企业直接对供应商实施环境评估；二是依靠第三方机构对供应商实施环境评估。若通过环境审查发现供应商不符合企业要求，企业既可通过实施供应商开发提升供应商的合规能力，又可以选择对供应商实施惩罚（如终止与其合作）。但供应商审查也存在许多问题，首先会引发买方与供应商之间的信任危机（Blome et al.，2023）。此外，审查结果的准确性和可信度也值得怀疑，因供应商在环境审查方面欺瞒行为。通过建立长期合作关系（如通过承诺的采购量和合同）和特定关系的投资（供应商开发）可能有助于弥补供应商审查的缺陷（Wilhelm and Villena，2021）。

（4）供应商开发：虽然供应商审查在一定程度上可以确保供应商符合买方企业的环境要求，但供应商开发提供了从根本上改善供应商环境绩效的途径，尤其是对于较小的供应商和位于发展中国家的供应商（当地法规不太严格）可能没有能力遵守企业的环境要求（Awaysheh et al.，2010）。改善供应商可持续性绩效的实践包括培训、研讨会、员工调动，甚至是设备和基础设施投资。但供应商开发需要企业投入大量的资源，有些小企业可能不具备实施的能力。

（5）重复审核与持续的监督：重新审查是验证初始审核结果的后续实践。如果第一次审查发现不符合，则重新审查检查是否成功执行了纠正措施。反过来，如果第一次审查成功完成，重新审查的目的是再次审查供应商的结果，以确保环保实践在日常经营中真正被实施，而非伪造通过之前的审查。重新审查进一步以实现渐进式改进，以拥有符合不同利益相关者可持续期望的能力。由于审查结果只反映了当时供应商现场的情况，企业需要找到进一步跟踪供应商的环境绩效。因此，供应商监控指更非正式的审计类型，目的是不断观察和衡量供应商的业绩（Soundararajan and Brammer，2018）。持续的供应商监督可能包括来自信息技术对接、召开供应商会议和与供应商的其他交互的有形与无形的输入。

（三）资源基础观视角下的可持续供应管理

资源基础观（RBV）认为，拥有稀有、宝贵和不可模仿资源的企业可以通过实施新的价值创造战略来获得可持续的竞争优势，而这些战略是竞争对手难以复制的。根据 RBV，企业的竞争优势可以通过内部组织资源，如资产、能力、过程、属性、信息和知识等获得和维持。通过绿化供应链上游改善组织绩效（环境和运营），进一步支持 RBV 的价值、稀缺性、不可模仿性和不可替代性。因此，企业若拥有可持续供应管理的知识和能力，则将会具备有价值和独特的资源，并使供应链中的所有参与者（包括企业、上游供应商、下游客户）都能从中受益，这是其他企业难以复制与模仿的，是嵌入企业供应链内的能力。因此，根据资源基础观，学者将可持续供应管理定义为依靠改进供应商环境绩效或增强其环境能力以增强自身竞争优势的管理活动。因此，资源基础观流派的学者认为，可持续供应管理主要包含三类实践：培育可持续采购人员、选择可持续供应商以及与供应商协同（Bowen et al.，2001；Yu et al.，2017）。

但可持续供应管理并非单一进程，而是个多维结构。首先，依据环境与社会标准遴选供应商。在选择战略性供应商时，除价格外，还应考虑供应商的财务业绩、战略一致性、设计速度、设计能力和生产能力等因素。如果环境绩效是经营的竞争维度和绩效目标，那么环境绩效可以转化为选择供应商的标准，而不是传统的价格、质量、交付和服务标准。因为根据环境绩效执行供应商选择政策不涉及现有的供应商基础，管理供应商选择的政策很容易改变，需要最少的组织资源承诺。

其次，供应商可持续协同实践。供应商可持续协同是买方企业及其供应商在实施可持续管理实践方面的协同活动。RBV 有助于证明对供应链上游供应商的投资是合理的，以创造竞争优势。根据 RBV，在有资源限制的情况下，协同为企业提供了获得互补能力的机会。供应商被认为是供应链中至关重要的合作伙伴，他们能够支持组织的可持续倡议，并在改善供应链可持续绩效方面提供帮助。

除此之外，资源基础观理论学派的学者认为，有知识和有技能的采购人员被认为是构建可持续供应能力的重要资源。为了提高采购职能的有效性，现在大多数公司在寻求填补其组织中的采购职位时，都会寻找拥有特定采购技能的人才。而采购职能中的可持续人力资源管理实践活动包括采购人员的可持续技能培训、激励和采购人员与供应商就可持续问题的沟通参与。首先，对采购人员实施可持续供应管理方面的培训，有助于增加采购人员对可持续供应管理活动的认识，具有适当水平的行业经验和知识的采购人员可以帮助公司有效地实施环境措施，从而更有效地将企业的相关环境政策传递至上游供应商，增进供应商对企业环境活动的理解与认识。其次，依据采购人员对上游供应商的可持续管理水平制定相应的激励制度，以更好地促进员工实施可持续实践，提高企业与供应商进行可持续协同能力。

二、可持续供应管理的前因研究

可持续供应管理的相关前因研究大致可区分为两类（见表 10-5）：一是关注买方企业发起（制约）/实施可持续供应管理的原因（动机），即驱动因素；二是促使买方企业成功实施可持续供应管理的因素，即使能因素，这类研究中还包含了可持续供应管理的关键成功因素。

表 10-5　可持续供应管理驱动与使能因素

类型	主体	因素	文献来源
驱动因素	买方企业内部	高管支持与承诺	Lee 和 Klassen（2008）；Sajjad 和 Tappin（2015）；Paulraj 等（2017）
		可持续导向	Li 等（2015）；Bowen 等（2001）
		员工支持/压力	Zhu 等（2008）；Lee 和 Klassen（2008）
		战略采购	Bowen 等（2001）；Large 和 Gimenez Thomsen（2011）Carter 和 Rogers（2008）
		采购人员可持续承诺	
	供应链	客户需求与压力	
	其他利益相关者	非政府组织和消费者压力	Lee 和 Klassen（2008）；Walker 等（2012）；Paulraj 等（2017）
使能因素	内部使能因素	买方企业可持续文化	Walker 等（2012）；Gimenez 和 Tachizawa（2012）
		内部整合	Blome 等（2014）；Grimm 等（2014）；Dai 等（2015）

类型	主体	因素	文献来源
使能因素	内部使能因素	买方企业可持续资源丰富性	Gimenez 和 Tachizawa（2012，2013）
	外部使能因素	买方—供应商关系质量	Yadlapalli 等（2018）
		供应链领导	Gosling 等（2016）；Tachizawa 等（2012）

（一）驱动（障碍）因素

近年来，社会和环境责任似乎已经成为制造和服务组织战略目标的一部分，并以积极的方式为组织做出贡献。还有其他因素也会影响公司追求可持续供应链管理，特别是与供应链上游有关的因素。这些因素可分为外部因素和内部因素。内部因素包括最高管理层的愿景、客户需求和供应商的可持续发展计划。外部因素包括法规要求、竞争对手和利益相关者的行动（如非政府组织）。回顾文献表明，在追求供应链管理时，外部压力占主导地位。

1. 内部因素

可持续供应管理涉及企业采购部门的各项活动，实施可持续供应管理需要依靠自身一些因素。实际中，由于管理者缺乏环境管理的相关知识，同时企业的环保能力不足，往往造成可持续供应管理实践难以进行的局面。成功地实施可持续供应管理需要克服来自组织内的诸多阻碍，这些阻碍通常有缺乏高管支持、环境管理相关知识、信息技术系统和不菲的财力、人力成本等。

首先，高层管理人员对可持续问题的态度和承诺，以及他们自上而下的倡议可有效激励和指导可持续活动开展（Sajjad et al., 2015）。相反，缺乏高管支持将会抑制买方企业采取可持续供应管理实践。员工也可以对企业实施绿色供应商管理活动施加压力，并推动其发展（Carter et al., 2011；Carter and Rogers, 2008）。具有可持续导向的企业拥有一套以减少对环境造成负面影响的目标、愿景、计划和流程（Li et al., 2015）。Shou 等（2019）利用资源基础观发现，对可持续保护持积极态度的企业（具有可持续导向）更愿意在战略规划中考虑环境与社会因素，将可持续发展与企业的政策和目标相联系，利用其有形和无形资源减轻环境负担，并采取各种可持续实践，提升三重底线（经济、环境与社会）绩效，如图 10-13 所示。

由于员工熟悉日常运作流程，他们可以提出新的想法和倡议，将可持续发展嵌入日常活动中（Wolf, 2014），自下而上地推动企业实施可持续供应管理活动（Paulraj et al., 2017；Zhu, 2016）。Large 和 Gimenez Thomsen（2011）探讨了采购部门对核心企业实施可持续供应管理活动的影响，识别了三方面

图 10-13　组织导向对可持续供应管理的影响模型

资料来源：Shou 等（2019）。

促进可持续供应管理实施的重要影响因素：买方企业采购对战略的支撑程度、采购人员的环境承诺与采购人员环境能力，如图 10-14 所示。

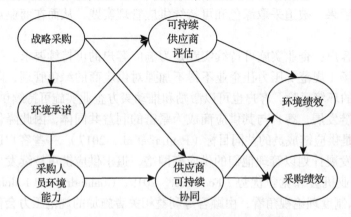

图 10-14　可持续供应管理影响因素模型

资料来源：Large 和 Gimenez Thomsen（2011）。

其次，专业知识、跨部门沟通与环境管理体系等企业特有的能力，也对可持续供应管理的实施有促进作用。企业拥有绿色相关的知识可以为可持续供应管理实践的开展提供保障，更易于实施可持续供应管理（Lee and Klassen，2008）。跨部门沟通能够有效地提高解决环境问题的效率。环境管理体系依靠环境标准的确立来控制企业自身环境管理情况，而且可以加强企业绿色供应的能力。此外，财务和人力资源是可持续供应管理实施的基本条件。就供应商可持续协同实践而言，它的实施离不开具有环保知识的员工参与培训供应商，协同制造更加环保的产品往往要求企业前期有大量投入。

2. 外部因素

外部利益相关者主要来自非政府组织和消费者。消费者和非政府组织的压力会迫使企业实施绿色实践，从而减少因环境问题带来的消费者抵制、声誉损失等负面效应。企业要对各种利益相关者负责，如政府、顾客、竞争对手等（Danese et al.，2019）。利益相关者给企业施加的环保压力会驱动企业实施绿色供应管理。

（1）政府：政府或相关监管机构通过环境规制给予企业强制性压力，迫使其采取可持续供应管理以获取制度合法性。这种政府推动在许多相关研究中都被看作企业可持续实践的一个主要驱动因素（Danese et al.，2019；Zhu，2016）。制度合法性对企业而言至关重要。政府通过制定法规框架，为企业提供了明确的可持续供应链管理指导。企业遵循这些法规不仅确保了法律合规性，也赢得了公共信任和声誉，为其在市场中的稳健发展奠定了基础。而政府的强制性压力在推动企业走向可持续供应链管理方面发挥着关键作用。这种压力不仅来自法规执行，还可能伴随着罚款和其他惩罚性措施。企业为了避免不良后果，被迫采取绿色和可持续供应管理实践，从而在商业运作中更加负责任。

（2）客户：企业实施可持续实践是为响应客户的可持续要求。一些学者提出，市场（规范）压力让企业不得不加强对供应商的绿色管理，降低由供应商造成的环境风险。客户也可以激励和推动买方企业实施可持续供应管理。随着供应链发展，客户与其供应商成为紧密的利益共同体，因此降低成本与增强声誉是供应链成员的共同目标（Paulraj et al.，2017）。一些客户已经制定了可持续发展计划以管理他们的供应商网络，追求供应链可持续发展，赢得更多的商业机会和竞争优势（Foo et al.，2019；Gualandris and Kalchschmidt，2014）。从制度理论视角看，由顾客等利益相关者施加的规范压力会促使企业环境合规（Tachizawa et al.，2012）。

（3）竞争者：竞争对企业实施可持续供应链管理产生了重要的推动作用。这一观点不仅为企业提供了战略动机，也促使其在可持续性方面取得长期的竞争优势。这种竞争驱动的可持续实践是推动可持续供应管理发展的重要因素之一（Tachizawa et al.，2012）。在竞争激烈的市场环境中，企业追求提高竞争力的目标变得至关重要。有学者指出，当竞争对手通过良好的环境管理实践获得了经济效益和市场认可时，其他企业的管理者为了保持或提升竞争地位，会被激发增加对环境管理实践的支持。Dai 等（2015）提出了竞争（模仿）压力的概念，强调竞争对企业环境实践的推动作用（见图 10-15）。在竞争激烈的市场中，企业感受到来自竞争对手成功实施可持续供应管理的压力，从而被迫采取相似的管理实践，以保持竞争地位。因而，为了在竞争中脱颖而出，管理者会倾向于增加对可持续供应管理实践的支持，这包括资源投入、培训计划和技术创新等方面的支持。

（二）使能因素

依照 Gimenez 等（2012）的研究，从内部和外部对使能因素进行分析。

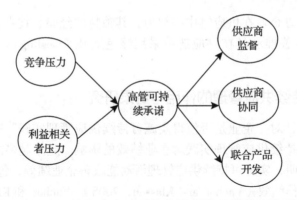

图 10-15 外部压力对可持续供应管理的影响模型

资料来源：Dai 等（2015）。

内部使能因素关注内部组织环境，是克服企业实施可持续供应管理内部障碍有效的因素。外部使能因素注重企业所处的外部环境。内部使能因素中，买方企业的可持续发展文化被认为是至关重要的（Lee and Klassen，2008）。重视可持续发展的企业文化通常会建立一系列机制或者组织惯例来支持企业绿色发展，如组建员工绿色团队、将环境目标与管理者（部门）绩效目标相联系以及发起可持续发展项目（Gimenez and Sierra，2012；Walker et al.，2012）。一个重要的内部使能因素是买方企业内部整合（Blome et al.，2014；Grimm et al.，2014）。研究发现，在供应链环境中实施内部整合的企业更有可能要求供应链合作伙伴采用可持续实践（Dai et al.，2015）。内部整合程度较高的企业有更强的动机和意愿对供应商进行管理、监督和控制，增强供应商可持续性，以降低自身的环境和社会声誉风险。此外，内部整合活动增加了企业与外部合作伙伴合作的可能性，并从外部合作伙伴环境吸收知识和技术。对于具有跨职能集成活动的组织，与外部伙伴共同协作建立同步流程能力往往较强，能够更好与供应商建立沟通，使其了解彼此业务流程。买方企业的资源丰富程度也被认为是其有效实施可持续管理实践的内部使能因素（Gimenez and Sierra，2012）。

在外部使能因素中，买方—供应商间的关系质量发挥了重要作用。Awaysheh 等（2010）探究了买方—供应商关系特征如何影响可持续供应商管理实践的实施。结果发现，当买方极其关键供应商建立以信任、相互尊重、承诺和互惠为基础的关系时，双方倾向于共享更多的有形资源和无形的想法、经验和知识，打破了共享敏感信息的障碍，增加了信息交换的数量和质量（Chowdhury et al.，2019）。这将促使企业从供应商处获取稀缺的环境资源，打破资源约束，进而成功开展可持续实践。供应链领导是另一个关键的外部使能因素。买方企业在供应链中的权力，其独特的经验、技术、知识转移的能力等可以显著推动其在供应链中采用绿色实践（Gosling et al.，2016；Jia et al.，2018）。

三、可持续供应管理的作用与结果研究

许多研究针对"企业是否值得实施可持续供应管理实践"这一问题展开研究，考察可持续供应管理实践对企业绩效的影响。越来越多的可持续供应链管理研究表明，实施可持续供应管理活动能改善企业绩效，包括环境绩效、经济绩效、运作绩效（Vachon and Klassen，2008）。Vachon 和 Klassen（2008）的实证结果表明，与供应商的绿色协同活动与企业制造绩效正相关，即企业与供应商的绿色协同积极影响运作绩效（质量、成本、交付、柔性）和环境绩效。因此，越来越多的实证表明，与企业希望满足内在道德或社会责任的要求相比，可持续供应管理的实施是企业获得绩效和竞争优势的来源。买方企业实施可持续供应管理对整个供应链可产生较大的经济、环境、技术效益，不仅有助于改善自身可持续绩效，促进绿色创新，获得更大的市场与财务绩效，也可以帮助供应商增强环境能力，改善可持续绩效等。

（一）买方企业

（1）可持续供应管理实践包含对供应商实施可持续评估与供应商围绕可持续方面实施紧密协同，可以帮助买方企业降低对环境的负面影响，提高可持续绩效，进而增强竞争优势。首先，对供应商实施环境评估，可以要求供应商在产品设计阶段考虑可回收等问题，在生产阶段采用环保型原材料或者可降解原材料，并要求供应商实施环境管理系统和 / 或确保 ISO 14001 认证，进而降低对环境的负面影响（Paulraj et al.，2017；Zhu et al.，2012）。可持续评估和可持续协同作为环境可持续延伸到供应商的重要活动，并验证了可持续供应管理实践对环境绩效的正向影响，即可持续评估与协同能够积极促进环境绩效与采购绩效的改进。其次，买方企业通过教育、培训供应商，并帮助其构建环境管理系统，有助于提升供应商满足买方企业环境要求的能力（如提供更环保产品，使用更少的有害材料等），这将间接地促进买方企业环境绩效的改善（Sancha et al.，2016）。如图 10-16 所示，Huang（2024）发现，中小企业实施绿色供应链管理实践对提升可持续三重底线（经济、环境与社会绩效）存在积极影响。实施可持续实践有助于减少社会与环境负面影响，同时提高公司声誉和竞争力。在此基础上进一步识别了工业 4.0 的中介作用与全面质量管理的调节效应，为理解可持续供应管理对可持续绩效的潜在机制提供了更为清晰细致的见解。可持续供应管理实践与企业绩效的关系存在另一种对立的观点，认为可持续供应管理实践不利于企业绩效，日益严

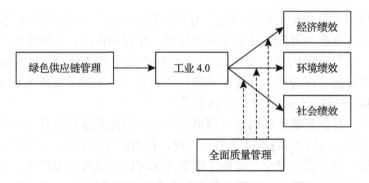

图 10-16　绿色供应链管理对可持续三重底线绩效的影响模型

资料来源：Huang 等（2024）。

格的环保要求和规定会给企业带来额外的治理污染的成本，分散企业专注于其核心领域的注意力和投资，加重企业的负担，进而损害企业的利益和竞争力（Sancha et al.，2019）。Danese 等（2019）研究得出结论，仅仅依靠评估或协同是无效的。在供应商管理过程中，企业需要综合考虑供应商评估和协同，以实现打造可持续供应链的战略目标。

（2）买方企业采取可持续供应管理实践有助于推动自身绿色创新。由于环境法规日益严格以及消费者要求企业为其供应商环境不合规行为负责，越来越多的企业采取"绿化"供应商的手段获得环境"合法性"地位和绿色竞争优势。Chiou 等（2011）研究发现，绿化供应商有助于企业自身实施绿色创新，并进一步改善环境绩效与增强竞争优势（见图 10-17）。一方面，企业将供应商按照环保水平分级，并帮助环境承诺较弱的供应商建立自己的环境管理体系。要求供应商获得第三方环保认证，并为供应商举办环保研讨会，与

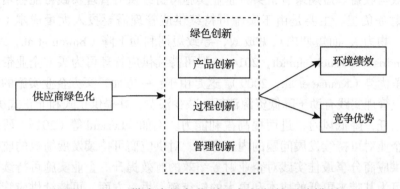

图 10-17　供应商绿色化对绿色创新的影响模型

资料来源：Chiou 等（2011）。

其他供应商讨论当前的环保问题，分享知识，以提高供应商的环境合规性。另一方面，企业为供应商提供足够的指导、建议和帮助，并分享他们的知识和技能，以帮助他们变得更"绿色"。并在产品开发的早期与供应商密切合作，减少可能对环境造成负面影响的材料和包装。邀请供应商帮助改进产品设计和制造过程（Chen et al.，2018）。

此外，有学者基于利用供应商可持续知识与能力提升自身可持续绩效角度展开了研究。如 Wang 等（2021）发现，利用供应商的专业知识并将其整合至自身新产品开发过程中，有助于增强内部可持续设计实践产生的经济与环境效益，同时该过程还取决于供应商自身的环境管理能力，如图 10-18 所示。

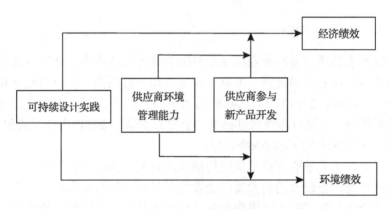

图 10-18 利用供应商实施绿色创新影响模型

资料来源：Wang 等（2021）。

（3）买方实施可持续供应管理长期有助于企业减少成本，获取更多市场绩效与收益。短期来看，买方企业实施可持续供应管理实践可能会增大企业的财务负担。主要是由于实施可持续供应管理需要投入大量成本（包括人力、物力），而短期内难见成效，导致短期利润下降（Bowen et al.，2001；Gualandris and Kalchschmidt，2014）。但可持续供应管理可为买方企业带来长期竞争优势（Krause et al.，2009）。这是由于：一方面，买方企业实施的可持续供应管理实践有助于降低资源消耗，减少浪费，并提供正式和非正式机制，促进信任，降低风险，进而提高盈利能力。例如，Luzzini 等（2015）研究证实了企业对可持续发展问题的内部意识、对供应商可持续发展绩效的监控以及与供应商分享最佳实践对企业财务绩效的有效提升。企业实施可持续供应管理可为其带来更低的成本和更大的销售额。另一方面，可持续供应管理实践可以提高企业对利益相关者的环境响应性，改善品牌形象和企业在利益相关者中的声誉，获得环境合法性地位，创造更高的经济利润（Paulraj et al.，

2017）。

（二）供应商

（1）买方实施的可持续供应管理实践有助于改善供应商可持续绩效。首先，买方通过评估供应商对外部环境法规或买方环境要求的遵守情况，并依照评估结果进行奖惩，向供应商灌输可持续理念，敦促供应商采用无毒无害的原材料，为买方企业提供环保产品，迫使其提升环境合规性（Shafiq et al.，2022）。其次，买方与供应商在环境问题上（产品设计开发、工艺优化）建立紧密合作关系，可提高环境知识与信息在供应链伙伴间的交换与扩散，产生任意一方都无法单独实现的环境收益即"联合环境收益"（Saghiri and Mirzabeiki，2021）。正如 Touboulic 和 Walker（2015）研究发现，沟通和信息共享是改进供应商绩效的关键因素。此外，买方通过环境培训、直接投资等形式对供应商实施环境开发活动，可帮助供应商获得关系租金，缩短学习曲线，有效实施可持续管理实践，从而提高其可持续绩效（Sancha et al.，2019）。

（2）可持续供应管理的有效实施可促使供应商实施可持续实践，同时增强其可持续供应链管理能力。Wagner（2010）研究发现，供应商开发活动与可帮助供应商改进产品质量、提升开发能力、强化制造与财务能力。根据能力观，可持续供应管理可被视为买方企业减少环境影响和提高生态效率以获得竞争优势的重要能力（Chen et al.，2023）。而可持续供应管理能力的改进也可能为后续能力的发展积累必要的资源和知识。如买方企业利用其资源和能力帮助供应商实施可持续实践，有助于供应商可持续管理能力的发展（Gualandris and Kalchschmidt，2014）。适当的供应商可持续评估可以帮助供应商识别补充性资源，这些资源可能有助于其解决所面临的环境威胁和挑战。环境协同可以促进双方形成互动惯例，使特殊资产和知识的交换成为可能，从而增强供应商环境能力（Chen et al.，2023）。Allenbacher 和 Berg（2023）基于德国制造业供应商数据，研究了买方企业的评估与协同实践能否促使供应商采取类似的做法。研究结论表明，多层级供应链中，若买方企业实施可持续评估与协同实践，可能会引发供应商追随。从买方企业到供应商、从供应商到子供应商的"涓滴效应"见图 10−19。与评估实践相比，只有合作实践才能证明对供应商可持续发展能力的发展是有效的。即买方企业利用可持续供应管理实践，在推动和支持供应商采用环境实践的同时，开发出了显著提升环境责任承担的互动惯例，导致不可模仿的、稀缺的、环境能力的形成（Vachon and Klassen，2008）。

（3）买方企业实施的可持续供应管理可增强供应商可持续承诺。可持续供应管理促使企业在对供应商可持续管理方面做出巨大努力，要求供应商满足环境标准与承担社会责任，不断提升环境意识与能力（Simpson et al.，

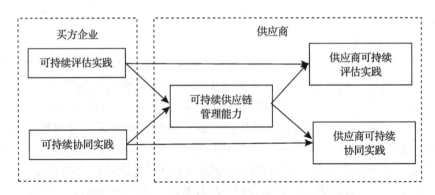

图 10-19　供应商绿色化对绿色创新的影响模型

资料来源：Allenbacher 和 Berg（2023）。

2007）。而可持续供应管理的有效实施取决于供应商的可持续承诺水平，高水平的可持续承诺将有更大可能性改善可持续绩效，如通过减少污染或采用体现环保意识的商业实践（Sancha et al.，2016）。因此，买方企业可持续供应管理是否有助于获得供应商环境承诺类话题显得尤为重要，但目前关于这一话题仅有少量研究尝试做出解答。Simpson 等（2007）通过对六家汽车企业的供应商展开研究，结果指出，买方企业需要经常合理地利用一些"奖励"或"惩罚"措施，一定程度上提升供应商对买方可持续要求的响应。评估活动在买方—供应商关系中扮演起着两个重要角色，一方面保障特定资产投资；另一方面降低了信息不对称（Patrucco et al.，2020）。因此，以奖惩为导向的可持续供应管理评估实践对供应商在环境管理方面的投资水平有积极的影响。

▶ 参考文献

［1］ Abbasi M. Towards socially sustainable supply chains - themes and challenges ［J］. European Business Review, 2017, 29（3）: 261–303.

［2］ Abebe M. A. To integrate or not to integrate: Factors affecting the adoption of virtual integration strategy in organizations ［J］. Business strategy series, 2007, 8（3）: 196–202.

［3］ Ağan Y., Kuzey C., Acar M. F., Açıkgöz A. The relationships between corporate social responsibility, environmental supplier development, and firm performance ［J］. Journal of Cleaner Production, 2016, 112（2）: 1872–1881.

［4］ Ageron B., Gunasekaran A., Spalanzani A.Sustainable supply management: An empirical study ［J］.International Journal of Production Economics, 2012, 140（1）: 168–182.

［5］ Agndal H., Nilsson U. Different open book accounting practices for different purchasing strategies ［J］. Management Accounting Research, 2010, 21（3）: 147–166.

［6］ Agyabeng-Mensah Y, Afum E, Acquah I. S. K., et al. How does supply chain knowledge enhance green innovation? The mediation mechanisms of corporate reputation and non-supply chain learning ［J］. Journal of Business & Industrial Marketing, 2023, 38（4）: 852–868.

［7］ Ahmad R., Buttle F. Customer retention: A potentially potent marketing management strategy ［J］. Journal of Strategic Marketing, 2001, 9（1）: 29–45.

［8］ Ahmed M., Hendry L. Supplier development literature review and key future research areas ［J］. International Journal of Engineering & Technology Innovation, 2012, 2（4）: 293–303.

［9］ Akhavan R. M., Beckmann M.A Configuration of sustainable sourcing and supply management strategies ［J］.Journal of Purchasing and Supply Management, 2017, 23（2）: 137–151.

［10］ Alghababsheh M, Gallear D. Socially sustainable supply chain management and suppliers' social performance: The role of social capital ［J］.Journal of Business Ethics, 2021（173）: 855–875.

［11］ Ambekar S, Kapoor R., Prakash A, et al. Motives, processes and practices of sustainable sourcing: A literature review ［J］. Journal of Global Operations and Strategic Sourcing, 2019, 12（1）: 2–41.

［12］ Ambrose E., Marshall D., Fynes B., Lynch D. Communication media selection in buyer-supplier relationships ［M］. Supply Chain Management and Logistics in a Volatile Global Environment, 2009: 360-379.

［13］Andersen B. S., Kreye M. E. Implementing a centralised procurement strategy for global supplier base management ［J］. Production Planning & Control, 2023: 1-13.

［14］Andersen M., Skjoett-Larsen T. Corporate social responsibility in global supply chains ［J］. Supply Chain Management: An International Journal, 2009, 14（2）: 75-86.

［15］Anderson E., Jap S.D. The dark side of close relationships ［J］. Sloan Management Review, 2005, 46（3）: 75-82.

［16］Anderson E., Weitz B. The use of pledges to build and sustain commitment in distribution channels ［J］. Journal of Marketing Research, 1992, 29（1）: 18-34.

［17］Anderson M.G., Katz P. B. Strategic sourcing ［J］. The International Journal of Logistics Management, 1998, 9（1）: 1-13.

［18］Arora A., Arora Anshu S., Sivakumar K., Burke G.Strategic sustainable purchasing, environmental collaboration, and organizational sustainability performance: The moderating role of supply base size ［J］.Supply Chain Management: An International Journal, 2020, 25（6）: 709-728.

［19］Asare A. K., Brashear T. G., Yang J., Kang J. The relationship between supplier development and firm performance: The mediating role of marketing process improvement ［J］. Journal of Business & Industrial Marketing, 2013, 28（6）: 523 - 532.

［20］Ateş M. A., van Raaij E. M., Wynstra F. The impact of purchasing strategy-structure（mis）fit on purchasing cost and innovation performance ［J］. Journal of Purchasing and Supply Management, 2018, 24（1）: 68-82.

［21］Aune T. B., Holmen E., Pedersen A.C. Beyond dyadic supplier development efforts: The multiple roles of the network in bringing about supplier development ［J］. The IMP Journal, 2013, 7（1）: 91-105.

［22］Awaysheh A., Pieter van Donk D., Klassen R. D.The impact of supply chain structure on the use of supplier socially responsible practices ［J］.International Journal of Operations & Production Management, 2010, 30（12）: 1246-1268.

［23］Awwad, Abdulkareem, Abdel Latef M. Anouze, and Nelson Oly Ndubisi. Green customer and supplier integration for competitive advantage: The mediation effect of sustainable product innovation ［J］.Sustainability2022, 14（16）: 10153.

［24］Bai C, Sarkis J, Wei X, et al. Evaluating ecological sustainable performance measures for supply chain management ［J］. Supply Chain Management: An International Journal, 2012, 17（1）: 78-92.

［25］Baier C., Hartmann E. V. I., Moser R. Strategic alignment and purchasing efficacy: An exploratory analysis of their impact on financial performance ［J］. Journal of Supply Chain

Management, 2008, 44 (4): 36-52.

[26] Barney J. B. Purchasing, supply chain management and sustained competitive advantage: The relevance of resource-based theory [J]. Journal of Supply Chain Management, 2012, 48 (2): 3-6.

[27] Barney J. Firm resources and sustained competitive advantage [J]. Journal of management, 1991, 17 (1): 99-120.

[28] Battistella C., De Toni, A. F., Pillon, R. Inter-organisational technology/knowledge transfer: A framework from critical literature review [J]. Journal of Technology Transfer, 2016, 41 (5): 1195-1234.

[29] Belhadi A., Kamble S. S., Mani V., Venkatesh V. G., Shi Y.Behavioral mechanisms influencing sustainable supply chain governance decision-making from a dyadic buyer-supplier perspective [J].International Journal of Production Economics, 2021 (236): 108-136.

[30] Bemelmans J., Voordijk H., Vos B., et al. Antecedents and benefits of obtaining preferred customer status: Experiences from the Dutch construction industry [J]. International Journal of Operations and Production Management, 2015, 35 (2): 178-200.

[31] Bengtsson M., Kock S. Cooperation and competition in relationships between competitors in business networks [J]. Journal of Business & Industrial Marketing, 1999, 14 (3): 178-194.

[32] Bensaou M. Portfolios of buyer-supplier relationships [J]. Sloan Management Review, 1999, 40 (4): 35-45.

[33] Benton W. C. C. Prahinski and Y. Fan, The influence of supplier development programs on supplier performance [J]. International Journal of Production Economics, 2020 (230): 107793.

[34] Berger P., Zeng A. Single versus multiple sourcing in the presence of risks [J]. Journal of the Operational Research Society, 2005, 57 (3): 250-261.

[35] Bhimani A., Ncube M.. Virtual integration costs and the limits of supply chain scalability [J]. Journal of Accounting and Public Policy, 2006, 25 (4): 390-408.

[36] Bhosale V. A., Kant R., Al-Mashari, M. Metadata analysis of knowledge management in supply chain: investigating the past and predicting the future [J]. Business Process Management Journal, 2016, 22 (1): 140-172.

[37] Biazzin C. The role of strategic sourcing in global supply chain competitiveness [M] // Managing Operations Throughout Global Supply Chains. IGI Global, 2019.

[38] Bidault F., Despres C., Butler, C. New product development and early supplier involvement (ESI): The drivers of ESI adoption [J]. International Journal of technology Management, 1998a, 15 (1/2): 49-69.

[39] Bidault F., Despres C., Butler C. The drivers of cooperation between buyers and suppliers for product innovation [J] . Research Policy, 1998b, 26（7）: 719–732.

[40] Blindenbach–Driessen F. The effectiveness of cross functional innovation teams [C] . In: Academy of Management Best Paper Proceedings, 2009.

[41] Blome C., Hollos D., Paulraj A.Green supply management – the influence of strategic supply and end–customer orientation [J] .International Journal of Procurement Management, 2014, 7（5）: 582–595.

[42] Blome C., Paulraj A., Preuss L., Roehrich J. K.Trust and opportunism as paradoxical tension: Implications for achieving sustainability in buyer–supplier relationships [J] . Industrial Marketing Management, 2023（108）: 94–107.

[43] Blome C., Hollos D., Paulraj A. Green procurement and green supplier development: Antecedents and effects on supplier performance [J] . International Journal of Production Research, 2013, 52（1）: 32–49.

[44] Blonska A., Storey C., Rozemeijer F., Wetzels M., Ruyter K. D. Decomposing the effect of supplier development on relationship benefits: The role of relational capital [J] . Industrial Marketing Management, 2013, 42（8）: 1295–1306.

[45] Bonaccorsi A., Lipparini A. Strategic partnerships in new product development: An Italian case study [J] . Journal of Product Innovation Management, 1994, 11（2）: 134–145.

[46] Bowen F. E., Cousins P. D., Lamming R. C., Farukt A. C. The role of supply management capabilities in green supply [J] .Production and Operations Management, 2001, 10（2）: 174–189.

[47] Bradbury H., Clair J. A. Promoting sustainable organizations with sweden's natural step [J]. Academy of Management Executive, 1999, 13（4）: 63–74.

[48] Braunscheidel M. J., Suresh N. C. The organizational antecedents of a firm's supply chain agility for risk mitigation and response [J] . Journal of Operations Management, 2009, 27（2）: 119–140.

[49] Bravo M. I. R., Stevenson M., Moreno, A. R., Montes F. J. L. Absorptive and desorptive capacity configurations in supply chains: An inverted U–shaped relationship [J] . International Journal of Production Research, 2020, 58（7）: 2036–2053.

[50] Bravo M. I. R., Stevenson M., Moreno A. R., Montes F. J. L. Absorptive and desorptive capacity configurations in supply chains: An inverted U–shaped relationship [J] . International Journal of Production Research, 2020, 58（7）: 2036–2053.

[51] Brennan D. R., Turnbull P. W., Wilson D. T. Dyadic adaptation in business–to–business markets [J] . European Journal of Marketing, 2003, 37（11/12）: 1636–1665.

[52] Brennan R., Turnbul P. W. Adaptive behavior in buyer–supplier relationships–a study of relationship development in the advertising sector [J] . Industrial Marketing Management,

1999, 28（5）: 481-495.

［53］Buck T., Liu X., Ott U. Long-term orientation and international joint venture strategies in modern China［J］. International Business Review, 2010, 19（3）, 223-234.

［54］Burkert M., Ivens B. S., Shan J. Governance mechanisms in domestic and international buyer‑supplier relationships: An empirical study［J］. Industrial Marketing Management, 2012, 41（3）: 544-556.

［55］Burt R. S. The network structure of social capital［J］. Research in Organizational Behavior, 2000, 22（22）: 345-423.

［56］Busse C., Schleper M. C., Niu M., Wagner S. M. Supplier development for sustainability: Contextual barriers in global supply chains［J］. International Journal of Physical Distribution & Logistics Management, 2016, 45（5）: 442-468.

［57］Cambra-Fierro J. J., Polo-Redondo Y. Long-term orientation of the supply function in the SME context: Reasons, determining factors and implications［J］. International Small Business Journal, 2008, 26（5）: 619-646.

［58］Campbell A. Buyer-supplier partnerships: Flip sides of the same coin?［J］. Journal of Business & Industrial Marketing, 1997, 12（6）: 417-434.

［59］Caniëls M. C., Gelderman C. J. Power and interdependence in buyer supplier relationships: A purchasing portfolio approach［J］. Industrial Marketing Management, 2007, 36（2）: 219-229.

［60］Caniëls M. C., Gelderman C. J., Vermeulen N. P.. The interplay of governance mechanisms in complex procurement projects［J］. Journal of Purchasing and Supply Management, 2012, 18（2）: 113-121.

［61］Canning L., Hanmer-Lloyd S. Modelling the adaptation process in interactive business relationships［J］. Journal of Business & Industrial Marketing, 2002, 17（7）: 615-636.

［62］Cannon J. P., Perreault W. D. Buyer-seller relationships in business markets［J］. Journal of Marketing Research, 1999, 36（4）: 439-460.

［63］Cao M., Vonderembse M. A., Zhang Q., Ragu-Nathan T. S. Supply chain Collaboration: conceptualisation and instrument development［J］. International Journal of Production Research, 2010, 48（22）: 6613-6635.

［64］Capaldo A. Network structure and innovation: The leveraging of a dual network as a distinctive relational capability［J］. Strategic Management Journal, 2007, 28（6）: 585-608.

［65］Carlile P. R. Transferring, translating, and transforming: An integrative framework for managing knowledge across boundaries［J］. Organization Science, 2004, 15（5）: 555-568.

［66］Carr A. S., Smeltzer L. R. An empirical study of the relationships among purchasing skills and strategic purchasing, financial performance, and supplier responsiveness〔J〕. Journal of Supply Chain management, 2000, 36（2）: 40–54.

〔67〕Carr A. S., Kaynak H. Communication methods, information sharing, supplier development and performance: An empirical study of their relationships〔J〕. International Journal of Operations & Production Management, 2007, 27（4）: 346–370.

〔68〕Carr A.S., Pearson J. N. The impact of purchasing and supplier involvement on strategic purchasing and its impact on firm's performance〔J〕. International Journal of Operations & Production Management, 2002, 22（9）: 1032–1053.

〔69〕Carr A. S., Smeltzer L.R.. An empirically based operational definition of strategic purchasing〔J〕. European Journal of Purchasing and Supply Management, 1997, 3（4）: 199–207.

〔70〕Carr, A. S., Smeltzer L.R.. The relationship among purchasing benchmarking, strategic purchasing, firm performance, and firm size〔J〕. Journal of Supply Chain Management, 1999, 35（3）: 51–60.

〔71〕Carter C. R. Purchasing and social responsibility: A replication and extension〔J〕. Journal of Supply Chain Management, 2004, 40（3）: 4–16.

〔72〕Carter C. R., Liane Easton P. Sustainable supply chain management: Evolution and future directions〔J〕. International Journal of Physical Distribution and Logistics Management, 2011, 41（1）: 46–62.

〔73〕Carter C. R., Rogers D. S.. A framework of sustainable supply chain management: Moving toward new theory〔J〕. International Journal of Physical Distribution and Logistics Management, 2008, 38（5）: 360–387.

〔74〕Carter C. R., Ellram L. M. Thirty–five years of the journal of supply chain management: Where have we been and where are we going?〔J〕. Journal of Supply Chain Management, 2003, 39（1）: 27–39.

〔75〕Chan K., H., Watts C. A., Kim K. Y. The supplier development program: A conceptual model〔J〕. International Journal of Materials Management, 1990, 26（2）: 2–7.

〔76〕Chang S. C., Chen R. H., Lin R. J. Supplier involvement and manufacturing flexibility〔J〕. Technovation, 2006, 26（10）: 1136–1146.

〔77〕Chardine–Baumann E., Botta–Genoulaz V. A framework for sustainable performance assessment of supply chain management practices〔J〕. Computers & Industrial Engineering, 2014（76）: 138–147.

〔78〕Chen I. J., Paulraj A., Lado A. A.. Strategic purchasing, supply management, and firm performance〔J〕. Journal of Operations Management, 2004, 22（5）: 505–523.

〔79〕Chen J., Yu K., Gong J.Supply chain slack and sustainable development performance: The "fit–adjust" effect of objective and perceived environmental uncertainties〔J〕.Corporate Social Responsibility and Environmental Management, 2022, 29（5）: 1595–1604.

［80］Chen Y., Wang S., Yao J., Li Y., Yang S.Socially responsible supplier selection and sustainable supply chain development: A combined approach of total interpretive structural modeling and fuzzy analytic network process ［J］.Business Strategy and the Environment, 2018, 27（8）: 1708–1719.

［81］Chen Y., Zhu Q., Sarkis J.Green supply chain management practice adoption sequence: A cumulative capability perspective ［J］International Journal of Production Research, 2023, 61（17）: 5918–5933.

［82］Chen I. J., Paulraj A., Lado A. A. Strategic purchasing, supply management, and firm performance ［J］. Journal of Operations Management, 2004, 22（5）: 505–523.

［83］Chen I. J., Paulraj A. Towards a theory of supply chain management: The constructs and measurements ［J］. Journal of Operations Management, 2004a, 22（2）: 119–150.

［84］Chen I. J., Paulraj A.. Understanding supply chain management: Critical research and a theoretical framework ［J］. International Journal of Production Research, 2004b, 42（1）: 131–163.

［85］Chen L., S. Ellis and C. Holsapple, A knowledge management perspective of supplier development: Evidence from supply chain scholars and consultants ［J］. Knowledge and Process Management, 2018, 25（4）: 247–257.

［86］Cheng C. C., Shiu E. C. What makes social media–based supplier network involvement more effective for new product performance? The role of network structure ［J］. Journal of Business Research, 2020, 118（9）: 299–310.

［87］Chenoweth M. E., Moore N. Y., Cox A. G., Mele J. D., Sollinger J. M. Best practices in supplier relationship management and their early implementation in the air force materiel command ［D］. Rand, 2012.

［88］Chetthamrongchai, Paitoon, and Kittisak Jermsittiparsert. Modernizing supply chain through cloud adoption: Role of cloud enabled supplier integration in gaining competitive advantage and sustainability ［J］. International Journal of Supply Chain Management, 2019, 8（5）: 708–719.

［89］Chiou T. Y., Chan H. K., Lettice F., et al. The influence of greening the suppliers and green innovation on environmental performance and competitive advantage in Taiwan ［J］. Transportation Research Part E: Logistics and Transportation Review, 2011, 47（6）: 822–836.

［90］Chkanikova O.Sustainable purchasing in food retailing: Interorganizational relationship management to green product supply ［J］.Business Strategy and the Environment, 2016, 25（7）: 478–494.

［91］Choi T. Y., Hong Y. Unveiling the structure of supply networks, case studies in honda, acura, and daimler Chrysler ［J］. Journal of Operations Management, 2002, 20（5）:

469–493.

［92］Choi T. Y., Kim Y. Structural embeddedness and supplier management: A network perspective ［J］. Journal of Supply Chain Management, 2008, 44（4）: 5–13.

［93］Choi T. Y., Krause D. R. The supply base and its complexity: Implications for transaction costs, risks, responsiveness, and innovation ［J］. Journal of Operations Management, 2006, 24（5）: 637–652.

［94］Choi T. Y., Wu Z., Ellram L., Koka B. R. Supplier–supplier relationships and their implications for buyer–supplier relationships ［J］. IEEE Transactions on Engineering Management, 2002, 49（2）: 119–130.

［95］Choi T. Y., Wu Z. Taking the leap from dyads to triads: Buyer–supplier relationships in supply networks ［J］. Journal of Purchasing and Supply Management, 2009b, 15（4）: 263–266.

［96］Choi T. Y., Wu Z. Triads in supply networks: Theorizing buyer–supplier–supplier relationships ［J］. Journal of Supply Chain Management, 2009a, 45（1）: 8–25.

［97］Choi T. Y., Hong Y. Unveiling the structure of supply networks: Case studies in Honda, Acura, and Daimler Chrysler ［J］. Journal of Operations Management, 2002, 20（5）: 469–493.

［98］Chowdhury P., Lau K. H., Pittayachawan S.Operational supply risk mitigation of SME and its impact on operational performance ［J］.International Journal of Operations & Production Management, 2019, 39（4）: 478–502.

［99］Clark K. B. Project scope and project performance: The effect of parts strategy and supplier involvement on product development ［J］. Management Science, 1989, 35（10）: 1247–1263.

［100］Clark K. B., Fujimoto T. Heavyweight product managers ［J］. McKinsey Quarterly, 1991（1）: 42–60.

［101］Clark K. B., Fujimoto T. NPD performance: Strategy, organization, and management in the world auto Industry ［M］. Cambridge: Harvard Business School Press, 1991.

［102］Coase R. H.. The nature of the firm ［J］. Economica, 1937, 4（16）: 386–405.

［103］Corsaro D., Ramos C., Henneberg S. C., Naudé P.. Actor network pictures and networking activities in business networks: An experimental study ［J］. Industrial Marketing Management, 2011, 40（6）: 919–932.

［104］Costantino N., Pellegrino R. Choosing between single and multiple sourcing based on supplier default risk: A real options approach ［J］. Journal of Purchasing and Supply Management, 2010, 16（1）: 27–40.

［105］Cousins P. D., Lawson B. Sourcing strategy, supplier relationships and firm performance: An empirical investigation of UK organizations ［J］. British Journal of Management,

2007, 18（2）: 123–137.

［106］Cousins P.D., Spekman R. Strategic supply and the management of inter- and intra-organisational relationships［J］. Journal of Purchasing and Supply Management, 2003, 9（1）: 19–29.

［107］Cox A. Understanding buyer and supplier power: A framework for procurement and supply competence［J］. The Journal of Supply Chain Management, 2001, 37（2）: 8–15.

［108］Dace H., Sherwin H. W., Illing N., Farrant J. M. Intra-industry imitation in corporate environmental reporting: An international perspective［J］. Journal of Accounting & Public Policy, 2006, 25（3）: 299–331.

［109］Dai J., Cantor D. E., Montabon F. L.How environmental management competitive pressure affects a focal firm's environmental innovation activities: A green supply chain perspective ［J］. Journal of Business Logistics, 2015, 36（3）: 242–259.

［110］Danese P., Lion A., Vinelli A. Drivers and enablers of supplier sustainability practices: A survey-based analysis［J］. International Journal of Production Research, 2019, 57 （7）: 2034–2056.

［111］Danese P., Romano P. Supply chain integration and efficiency performance: A study on the interactions between customer and supplier integration［J］. Supply Chain Management: An International Journal, 2011, 16（4）: 220–230.

［112］Darnall N., Jolley G., J, Handfield R. Environmental management systems and green supply chain management: Complements for sustainability?［J］. Business strategy and the environment, 2008, 17（1）: 30–45.

［113］Das A., Handfield R. B. A meta-analysis of doctoral dissertations in purchasing［J］. Journal of Operations Management, 1997, 15（2）: 101–121.

［114］Das A., Narasimhan R., Talluri S. Supplier integration—Finding an optimal configuration ［J］. Journal of Operations Management, 2006, 24（5）: 563–582.

［115］Das A., Narasimhan R. Purchasing competence and its relationship with manufacturing performance［J］. Journal of Supply Chain Management, 2000, 36（2）: 17–28.

［116］Das A., Narasimhan, Ram. Srinivas T.. Supplier integration—Finding an optimal configuration［J］. Journal of Operations Management, 2006, 24（5）: 563–582.

［117］Day M., Lichtenstein S. Strategic supply management: The relationship between supply management practices, strategic orientation and their impact on organisational performance ［J］. Journal of Purchasing and Supply Management, 2006, 12（6）: 313–321.

［118］De Toni, A. Buyer-supplier operational practices, sourcing policies and plant performances: Results of an empirical research［J］. International Journal of Production Research, 1999, 37（3）: 597–619.

［119］Demirtas E. A., Üstün Ö. An integrated multiobjective decision making process for supplier selection and order allocation〔J〕. Omega, 2008, 36（1）: 76–90.

〔120〕Dickson G. W. An analysis of vendor selection system and decision〔J〕. Journal of Purchasing, 1966, 2（15）: 1377–1382.

〔121〕Donaldson B., O' Toole T. Classifying relationship structures: Relationship strength in industrial markets〔J〕. Journal of Business & Industrial Marketing, 2000, 50（7）: 491–506.

〔122〕Dou Y., Zhu Q., Sarkis J. Evaluating green supplier development programs with a grey-analytical network process–based methodology〔J〕. European Journal of Operational Research, 2014, 233（2）: 420–431.

〔123〕Dowlatshahi S. Early supplier involvement: Theory versus practice〔J〕. International Journal of Production Research, 1999, 37（18）: 4119–4139.

〔124〕Dubois A., Fredriksson P. Cooperating and competing in supply networks: Making sense of a triadic sourcing strategy〔J〕. Journal of Purchasing and Supply Management, 2008, 14（3）: 170–179.

〔125〕Dubois A., Pedersen A. C. Why relationships do not fit into purchasing portfolio models–a comparison between the portfolio and industrial network approaches〔J〕. European Journal of Purchasing & Supply Management, 2002, 8（1）: 35–42.

〔126〕Duffy R. S. Towards a better understanding of partnership attributes: An exploratory analysis of relationship type classification〔J〕. Industrial Marketing Management, 2008, 37（2）: 228–244.

〔127〕Dwyer F. R., Oh S., Schurr P. H. Developing buyer–seller relationships〔J〕. Journal of Marketing, 1987, 51（2）: 11–27.

〔128〕Dwyer F. R., Schurr P. H., Oh S. Developing buyer–seller relationships〔J〕. Journal of Marketing, 1987, 51（2）: 11–27.

〔129〕Dyer J. H., Cho D. S., Chu W. Strategic supplier segmentation: The next "best practice" in supply chain management〔J〕. California Management Review, 1998, 40（2）: 57–77.

〔130〕Dyer J. H., Chu W. The determinants of trust in supplier – automaker relationships in the US, Japan, and Korea〔J〕. Journal of International Business Studies, 2000, 31（1）: 259–285.

〔131〕Dyer J. H., Ouchi W. G. Japanese–style partnerships: Giving companies a competitive edge〔J〕. Sloan Management Review, 1993, 35（1）: 51–63.

〔132〕Dyer J. H., Singh H.. The relational view: Cooperative strategy and sources of interorganizational competitive advantage〔J〕. Academy of Management Review, 1998, 23（4）: 660–679.

〔133〕Dyer J., Nobeoka K. Creating and managing a high performance knowledge–sharing network: The Toyota case [J]. Strategic Management Journal, 2000, 21 (3): 345–367.

[134] Egels-Zandén, N. Revisiting supplier compliance with MNC codes of conduct: Recoupling policy and practice at Chinese toy suppliers [J]. Journal of Business Ethics, 2014, 119 (1): 59–75.

[135] Eisenhardt K. M., Tabrizi B. N. Accelerating adaptive processes: Product innovation in the global computer industry [J]. Administrative Science Quarterly, 1995, 40 (1): 84–110.

[136] Elkington J. Partnerships from cannibals with forks: The triple bottom line of 21st–century business [J]. Environmental Quality Management, 1998, 8 (1): 37–51.

[137] Ellram L. M., Carr A. Strategic purchasing: A history and review of the literature [J]. Journal of Supply Chain Management, 1994, 30 (1): 9–19.

[138] Ellram L. M., Krause D. R. Success factors in supplier development [J]. International Journal of Physical Distribution & Logistics Management, 1997, 27 (1): 39–52.

[139] Ellram L. M., Tate W. L., Carter C. R. Product–process–supply chain integrative approach to three–dimensional concurrent engineering [J]. International Journal of Physical Distribution and Logistics Management, 2007, 37 (4): 305–330.

[140] Ellram L. M. The Vendor selection decision in strategic partnerships [J]. Journal of Purchasing & Materials Management, 1990, 26 (4): 8–14.

[141] Ellram L.M., Carr A. Strategic purchasing: A history and review of the literature [J]. Journal of Supply Chain Management, 1994, 30 (2): 9–19.

[142] Ellram L.M., Zsidisin G.A., Siferd S. P., Stanly, M. J. The impact of purchasing and supply management activities on corporate success [J]. Journal of Supply Chain Management, 2002, 38 (1): 4–17.

[143] Eltantawy R. A., Giunipero L., Fox G.L. A strategic skill based model of supplier integration and its effect on supply management performance [J]. Industrial Marketing Management, 2009, 38 (8): 925–936.

[144] Enberg C. Enabling knowledge integration in coopetitive R&D projects–The management of conflicting logics [J]. International Journal of Project Management, 2012, 30 (7): 771–780.

[145] Eriksson P. E., Pesämaa Ossi. Buyer-supplier integration in project-based industries [J]. Journal of Business & Industrial Marketing, 2013, 28 (1): 29–40.

[146] Faes W., Matthyssens P. Insights into the process of changing sourcing strategies [J]. Journal of Business & Industrial Marketing, 2009, 24 (3/4): 245–255.

[147] Fan D., et al., Gaining customer satisfaction through sustainable supplier development: The role of firm reputation and marketing communication [J]. Transportation Research

Part E: Logistics and Transportation Review, 2021 (154): 102453.

[148] Fang T. Culture as a driving force for interfirm adaptation: A Chinese case [J]. Industrial Marketing Management, 2001, 30 (1): 51-63.

[149] Fantazy K. A., Mukerji B. An empirical study of the relationships among strategic purchasing, supply chain capabilities and performance: SEM approach [J]. Journal of the Academy of Business and Emerging Markets, 2021, 1 (1): 3-18.

[150] Feng T., Sun L., Zhang Y. The effects of customer and supplier involvement on competitive advantage: An empirical study in China [J]. Industrial Marketing Management, 2010, 39 (8): 1384-1394.

[151] Fiorini N., Pucci T., Casprini E., et al. Strategic purchasing and performance: The role of supply chain innovation, Technology orientation, and R&D effectiveness [J]. Journal of Innovation Management, 2023, 11 (2): 173-193.

[152] Foerstl K., Reuter C., Hartmann E., et al. Managing supplier sustainability risks in a dynamically changing environment—Sustainable supplier management in the chemical industry [J]. Journal of Purchasing and Supply Management, 2010, 16 (2): 118-130.

[153] Foo M. Y., Kanapathy K., Zailani S., Shaharudin M. R.Green purchasing capabilities, practices and institutional pressure [J].Management of Environmental Quality: An International Journal, 2019, 30 (5): 1171-1189.

[154] Ford D., Mouzas S. The theory and practice of business networking [J]. Industrial Marketing Management, 2013, 42 (3): 433-442.

[155] Ford D., Redwood M. Making sense of network dynamics through network pictures: A longitudinal case study [J]. Industrial Marketing Management, 2005, 34 (7): 648-657.

[156] Forkmann S., Henneberg S. C. Naudé P., et al. Supplier relationship management capability: A qualification and extension [J]. Industrial Marketing Management, 2016, 57 (6): 185-200.

[157] Formentini M., Ellram L M., Boem M., et al. Finding true north: Design and implementation of a strategic sourcing framework [J]. Industrial Marketing Management, 2019 (77): 182-197.

[158] Freeman V. T., Cavinato J. L. Fitting purchasing to the strategic firm: Frameworks, processes, and values [J]. Journal of Purchasing and Materials Management, 1990, 26 (1): 6-10.

[159] Frohlich, M. T., Westbrook, R.. Arcs of integration: An international study of supply chain strategies [J]. Journal of Operations Management, 2001, 19 (2): 185-200.

[160] Galt J. D. A., Dale B. G.. Supplier development: A british case study [J]. International Journal of Purchasing & Materials Management, 1991, 27 (1): 16-22.

[161] Ganesan S. Determinants of long-term orientation in buyer-seller relationships [J] . Journal of Marketing, 1994, 58 (2): 1-19.

[162] Garengo P., Panizzolo R. Supplier involvement in integrated product development: Evidence from a group of Italian SMEs [J] . Production Planning & Control, 2013, 24 (2/3): 158-171.

[163] Gelderman C., Van Weele A. New perspectives on Kraljic's purchasing portfolio approach [C]//. 2000: 291-298.

[164] Gelderman G. J., van Weele A. J. Purchasing portfilio models: A critical and update [J] . Journal of Supply Chain Management, 2005, 41 (3): 10.

[165] Ghijsen P. W. T., Semeijn J., Ernstson S. Supplier satisfaction and commitment: The role of influence strategies and supplier development [J] . Journal of Purchasing & Supply Management, 2010, 16 (1): 17-26.

[166] Gilsing V. A., Duysters G. M. Understanding novelty creation in exploration networks- Structural and relational embeddedness jointly considered [J] . Technovation, 2008, 28 (10): 693-708.

[167] Gimenez C., Sierra V. Sustainable supply chains: Governance mechanisms to greening suppliers [J] . Journal of Business Ethics, 2013 (116): 189-203.

[168] Giunipero L. C. Motivating and monitoring JIT supplier performance [J] . Journal of Purchasing & Materials Management, 1990, 26 (3): 19-24.

[169] Glavee-Geo R. Does supplier development lead to supplier satisfaction and relationship continuation? [J] Journal of Purchasing and Supply Management, 2019, 25 (3): 100537.

[170] Goedhuys M., Sleuwaegen L. The impact of international standards certification on the performance of firms in less developed countries [J] . World Development, 2013, 47 (47): 87-101.

[171] Golmohammadi A., et al. Three strategies for engaging a buyer in supplier development efforts [J] . International Journal of Production Economics, 2018 (206): 1-14.

[172] González-Benito J., Lannelongue G., Ferreira L. M., Gonzalez-Zapatero C.The effect of green purchasing on purchasing performance: The moderating role played by long-term relationships and strategic integration [J] .Journal of Business & Industrial Marketing, 2016, 31 (2): 312-324.

[173] Gonzalez-Benito J. A theory of purchasing's contribution to business performance [J] . Journal of Operations Management, 2007, 25 (4): 901-917.

[174] Gonzalez-Zapatero C., Gonzalez-Benito J., Lannelongue, G. Antecedents of functional integration during new product development: The purchasing - marketing link [J] . Industrial Marketing Management, 2016 (52): 47-59.

［175］Gosling J., Jia F., Gong Y., Brown S.The role of supply chain leadership in the learning of sustainable practice: Toward an integrated framework［J］.Journal of Cleaner Production, 2016（137）: 1458-1469.

［176］Grant R. M. Toward a knowledge-based theory of the firm［J］. Strategic Management Journal, 1996, 17（2）: 109-122.

［177］Grant R.M. The resource-based theory of competitive advantage: Implications for strategy formulation［J］. Knowledge and Strategy, 1991, 33（3）: 3-23.

［178］Grimm J. H., Hofstetter J. S., Sarkis J.Critical factors for sub-supplier management: A sustainable food supply chains perspective［J］.International Journal of Production Economics, 2014（152）: 159-173.

［179］Grimm.Ensuring suppliers' and sub-suppliers' compliance［D］.University of St.Gallen, 2013.

［180］Gualandris J., Kalchschmidt M.. Customer pressure and innovativeness: Their role in sustainable supply chain management［J］. Journal of Purchasing and Supply Management, 2014, 20（2）: 92-103.

［181］Gulati R. Network location and learning: The influence of network resources and firm capabilities on alliance formation［J］. Strategic Management Journal, 1999, 20（5）: 397-420.

［182］Gunasekaran A., Subramanian N., Rahman S. Green supply chain collaboration and incentives: Current trends and future directions［J］. Transportation research part E: logistics and Transportation Review, 2015（74）: 1-10.

［183］Gupta A. K., Souder W. E. Key drivers of reduced cycle time［J］. Research Technology Management, 1998, 41（4）: 38-43.

［184］Hadeler B., Evans J. Supply strategy: Capturing the value［J］. Industria Management, 1994, 36（4）: 3-4.

［185］Hahn C. K., Kim K. H., Kim J. S. Costs of competition: Implications for purchasing strategy［J］. Journal of Purchasing and Materials Management, 1986, 22（3）: 2-7.

［186］Hajmohammad S., Vachon S. Mitigation, avoidance, or acceptance? Managing supplier sustainability risk［J］. Journal of Supply Chain Management, 2016, 52（2）: 48-65.

［187］Hallikas J., Puumalainen K., Vesterinen T., Virolainen V. M. Risk-based classification of supplier relationships［J］. Journal of Purchasing and Supply Management, 2005, 11（2）: 72-82.

［188］Handfield R. B., Krause D. R., Scannell T. V., Monczka R. M. Avoid the pitfalls in supplier development［J］. Sloan Management Review, 2000, 41（2）: 37-49.

［189］Handfield R. B., Ragatz G. L., Peterson K., and Monczka R. M. Involving suppliers in new product development?［J］. California Management Review, 1999, 42（1）:

59-82.

[190] Harland C.M., Knight L. A.. Supply network strategy: Role and competence requirements [J]. International Journal of Operations & Production Management, 2001, 21 (4): 476-489.

[191] Harland C.M., Lamming R. C., Cousins P. D. Developing the concept of supply strategy [J]. International Journal of Operations & Production Management, 1999, 19 (7): 650-674.

[192] Harland C., Zheng J., Johnsen T., Lamming R. A conceptual model for researching the creation and operation of supply networks [J]. British Journal of Management, 2004, 15 (1): 1-21.

[193] Harland C. Supply network strategies: The case of health supplies [J]. European Journal of Purchasing and Supply Management, 1996, 2 (4): 183-192.

[194] Harland C. M., Knight L. A. Supply network strategy: Role and competence requirements [J]. International Journal of Operations & Production Management, 2001, 21 (4): 476-489.

[195] Harland C. M., Lamming R. C., Cousins P. D. Developing the concept of supply strategy [J]. International Journal of Operations & Production Management, 1999, 19 (7): 650-674.

[196] Harris L., Rae A., Misner I. Punching above their weight: The changing role of networking in SMEs [J]. Journal of Small Business and Enterprise Development, 2012, 19 (2): 335-351.

[197] Hartley J. L., Choi T. Y. Supplier development: Customers as a catalyst of process change [J]. Business Horizons, 1996, 39 (4): 37-44.

[198] Hartley J. L., Jones G. E. Process oriented supplier development: Building the capability for change [J]. Journal of Supply Chain Management, 1997, 33 (2): 24-29.

[199] Hartley J. L., Meredith J. R. Suppliers contributions to product development: An exploratory study [J]. IEEE Transactions on Engineering Management, 1997b, 44 (3): 258-267.

[200] Hartley J. L., Zirger B. J., Kamath R. R. Managing the buyer-supplier interface for on-time performance in product development [J]. Journal of Operations Management, 1997a, 15 (1): 57-70.

[201] Hartmann E., Kerkfeld D., Henke M. Top and bottom line relevance of purchasing and supply management [J]. Journal of Purchasing and Supply Management, 2012, 18 (1): 22-34.

[202] He Y.Q., Lai K. K. Supply chain integration and service oriented transformation: Evidence from Chinese equipment manufacturers [J]. International Journal of Production

Economics, 2012, 135 (2): 791-799.

[203] Hedberg C. J., Malmborg F. V. The global reporting initiative and corporate sustainability reporting in Swedish companies [J]. Corporate Social Responsibility and Environmental Management, 2003, 10 (3): 153-164.

[204] Heide J. B. Interorganizational governance in marketing channels [J]. Journal of Marketing, 1994, 58 (1): 71-85.

[205] Heide J. B., John G. Alliances in industrial purchasing: The determinants of joint action in buyer-supplier relationships [J]. Journal of Marketing Research, 1990, 27 (1): 24-36.

[206] Helper S., Levine D. I. Long-term supplier relations and product-market structure [J]. Journal of Law Economics & Organization, 1992, 8 (3): 561-581.

[207] Henneberg S. C., Mouzas S., Naudé P. Network pictures: Concepts and representations [J]. European Journal of Marketing, 2006, 40 (3/4): 408-429.

[208] Henriques I., Sadorsky P.. The relationship between environmental commitment and managerial perceptions of stakeholder importance [J]. Academy of Management Journal, 1999, 42 (1): 87-99.

[209] Hernández-Espallardo M., Rodríguez-Orejuela A., Sánchez-Pérez M. Inter-organizational governance, learning and performance in supply chains [J]. Supply Chain Management: An International Journal, 2010, 15 (2): 101-114.

[210] Hesping F. H., Schiele H. Purchasing strategy development: A multi-level review [J]. Journal of purchasing and supply management, 2015, 21 (2): 138-150.

[211] Ho H., Ganesan S. Does knowledge base compatibility help or hurt knowledge sharing between suppliers in coopetition? The role of customer participation [J]. Journal of Marketing, 2013, 77 (6): 91-107.

[212] Hoejmose S., Brammer S., Millington A. An empirical examination of the relationship between business strategy and socially responsible supply chain management [J]. International Journal of Operations & Production Management, 2013, 33 (5): 589-621.

[213] Hofmann H., Busse C., Bode C., et al. Sustainability-related supply chain risks: Conceptualization and management [J]. Business Strategy and the Environment, 2014, 23 (3): 160-172.

[214] Holmen E., Pedersen A. C., Jansen N. Supply network initiatives-a means to reorganise the supply base? [J]. Journal of Business & Industrial Marketing, 2007, 22 (3): 178-186.

[215] Homburg C., Krohmer H., Cannon J. P., Kiedaisch I. Customer satisfaction in transnational buyer-supplier relationships [J]. Journal of International Marketing, 2013, 10 (4): 1-29.

［216］Huang M.C., Liu T. C., Yen G.F., Chiu C. Y. How to integrate supply chain as spider-web through Governance Mechanism ［J］. Commerce and Management Quarterly, 2012, 13（4）: 339-375.

［217］Huang M.C., Yen G. F., Liu T.C. Reexamining supply chain integration and the supplier's performance relationships under uncertainty ［J］. Supply Chain Management: An International Journal, 2014, 19（1）: 64-78.

［218］Humphreys P. K., Li W. L., Chan L. Y. The impact of supplier development on buyer-supplier performance ［J］. Omega, 2004, 32（2）: 131-143.

［219］Humphreys P., Cadden T., WenLi L., McHugh M. An investigation into supplier development activities and their influence on performance in the Chinese electronics industry ［J］. Production Planning & Control, 2011, 22（2）: 137-156.

［220］Huo B., Han Z., Zhao X., Zhou H., Wood C. H., Zhai X. The impact of institutional pressures on supplier integration and financial performance: Evidence from China ［J］. International Journal of Production Economics, 2013, 146（1）: 82-94.

［221］Huo B.F.. The impact of supply chain integration on company performance: An organizational capability perspective ［J］. Supply Chain Management: An International Journal, 2012, 17（6）: 596-610.

［222］Inemek A., Matthyssens, P. The impact of buyer-supplier relationships on supplier innovativeness: An empirical study in cross-border supply networks ［J］.Industrial Marketing Management, 2013, 42（4）: 580-594.

［223］Ireland R. D., Webb J. W. A multi-theoretic perspective on trust and power in strategic supply chains ［J］. Journal of Operations Management, 2007, 25（2）: 482-497.

［224］Jain N., Girotra K., Netessine S. Recovering global supply chains from sourcing interruptions: The role of sourcing strategy ［J］. Manufacturing & Service Operations Management, 2022, 24（2）: 846-863.

［225］Jain S. C., Laric M. A model for purchasing strategy ［J］. Journal of Purchasing and Materials Management, 1979（15）: 2-7.

［226］Janda S., Seshadri S. The influence of purchasing strategies on performance ［J］. Journal of Business & Industrial Marketing, 2001, 16（4）: 294-308.

［227］Jaspers F., van den Ende J. The organizational form of vertical relationships: Dimensions of integration ［J］. Industrial Marketing Management, 2006, 35（7）: 819-828.

［228］Jayaram J., Pathak S. A holistic view of knowledge integration in collaborative supply chains ［J］. International Journal of Production Research, 2013, 51（7）: 1958-1972.

［229］Jayaram J. Supplier involvement in new product development projects: Dimensionality and contingency effects ［J］. International Journal of Production Research, 2008, 46（13）: 3717-3735.

[230] Jean R-J. B., Kim D., Sinkovics R. R. Drivers and performance outcomes of supplier innovation generation in customer-supplier relationships: The role of power - dependence [J].Decision Sciences, 2012, 43 (6): 1003-1038.

[231] Jean R-J. B., Sinkovics R. R., Hiebaum T. P. The effects of supplier involvement and knowledge protection on product innovation in customer-supplier relationships: A study of global automotive suppliers in China [J].Journal of Product Innovation Management, 2014, 31 (1): 98-113.

[232] Jean R-J. B., Sinkovics R. R., Kim D. Antecedents and outcomes of supplier innovativeness in international customer-supplier relationships: The role of knowledge distance [J].Management International Review, 2016, 57 (1): 121-151.

[233] Jean R-J. B., Sinkovics R. R. Relationship learning and performance enhancement via advanced information technology [J].International Marketing Review, 2010, 27 (2): 200-222.

[234] Jia F., Orzes G., Sartor M., et al. Global sourcing strategy and structure: Towards a conceptual framework [J]. International Journal of Operations & Production Management, 2017, 37 (7): 840-864.

[235] Jia F., Zuluaga-Cardona L., Bailey A., et al. Sustainable supply chain management in developing countries: An analysis of the literature [J]. Journal of Cleaner Production, 2018 (189): 263-278.

[236] Jia M., M. Stevenson and L.C. Hendry, The boundary-spanning role of first-tier suppliers in sustainability-oriented supplier development initiatives [J]. International Journal of Operations & Production Management, 2021, 41 (11): 1633-1659.

[237] Johnsen T. E. Purchasing and supply management in an industrial marketing perspective [J]. Industrial Marketing Management, 2018, 69 (8): 91-97.

[238] Johnsen T. E., Ford D. Customer approaches to product development with suppliers [J]. Industrial Marketing Management, 2007, 36 (3): 300-308.

[239] Johnsen T. E., Miemczyk J., Howard M. A systematic literature review of sustainable purchasing and supply research: Theoretical perspectives and opportunities for IMP-based research [J]. Industrial Marketing Management, 2017 (61): 130-143.

[240] Johnsen T. E. Supplier involvement in new product development and innovation: Taking stock and looking to the future [J]. Journal of Purchasing and Supply Management, 2009, 15 (3): 187-197.

[241] Joshi A. W., Stump R. L. The contingent effect of specific asset investments on joint action in manufacturer-supplier relationships: An empirical test of the moderating role of reciprocal asset investments, uncertainty, and trust [J]. Journal of the Academy of Marketing Science, 1999, 27 (3): 291-305.

[242] Joshi A. W. OEM implementation of supplier–developed component innovations: The role of supplier actions [J] . Journal of the Academy of Marketing Science, 2017, 45 (4): 548–568.

[243] Kabra G., Srivastava S. K., Ghosh V. Mapping the field of sustainable procurement: A bibliometric analysis [J] . Benchmarking: An International Journal, 2023, 30 (10): 4370–4396.

[244] Kähkönen A. K., Lintukangas K. The underlying potential of supply management in value creation [J] . Journal of Purchasing and Supply Management, 2012, 18 (2): 68–75.

[245] Kamath R. R., Liker J. K. A second look at Japanese product development [J] . Harvard Business Review, 1994 (1): 154–170.

[246] Kanapathy K., Khong K. W., Dekkers R.. New product development in an emerging economy: Analysing the role of supplier involvement practices by using bayesian markov chain monte carlo technique [J] . Journal of Applied Mathematics, 2014 (4): 285–304.

[247] Kannan D.Sustainable procurement drivers for extended multi–tier context: A multi–theoretical perspective in the Danish supply chain [J] .Transportation Research Part E: Logistics and Transportation Review, 2021 (146): 102092.

[248] Kaplan R. S., Norton D. P. The balanced scorecard––measures that drive performance [J] . Harvard Business Review, 1992, 70 (1): 71–79.

[249] Kaufman A., Wood C. H., Theyel G. Collaboration and technology linkages: A strategic supplier typology [J] . Strategic Management Journal, 2000, 21 (6): 649–663.

[250] Kaufmann P. J., Stern L.W. Relational exchange norms, perceptions of unfairness and retained hostility in commercial litigation [J] . Journal of Conflict Resolution, 1988, 32 (3): 534–552.

[251] Kibbeling M., der Bij H., Weele A. Market orientation and innovativeness in supply chains: Supplier's impact on customer satisfaction [J] . Journal of Product Innovation Management, 2013, 30 (3): 500–515.

[252] Kim D. Y.. Understanding supplier structural embeddedness: A social network perspective [J] . Journal of Operations Management, 2014, 32 (5): 219–231.

[253] Kim M. and S. Chai The impact of supplier innovativeness, information sharing and strategic sourcing on improving supply chain agility: Global supply chain perspective [J] . International Journal of Production Economics, 2017 (187): 42–52.

[254] Kim Y., Choi T. Y., Yan T., Dooley K. Structural investigation of supply networks: A social network analysis approach [J] . Journal of Operations Management, 2011, 29(3): 194–211.

[255] Kiser G. E. Elements of purchasing strategy [J] . Journal of Purchasing and Materials

Management, 1976, 12（4）: 3–7.

［256］Kiser, G.E.. Elements of Purchasing Strategy［J］. Journal of Purchasing and Materials Management, 1976, 12（3）: 3–7.

［257］Kisperska–Moroń D., Klosa E. Innovative suppliers as a source of risk for manufacturing companies［J］.Logistics and Transport, 2012, 1（14）: 61–71.

［258］Klassen R. D., Vereecke A. Social issues in supply chains: Capabilities link responsibility, risk（opportunity）, and performance［J］. International Journal of Production Economics, 2012, 140（1）: 103–115.

［259］Knight L., Harland C. Managing supply networks: Organizational roles in network management［J］. European Management Journal, 2005, 23（3）: 281–292.

［260］Kocabasoglu C., Suresh N. C. Strategic sourcing: An empirical investigation of the concept and its practices in U.S. Manufacturing firms［J］. Journal of Supply Chain Management, 2006, 42（2）: 4–16.

［261］Koufteros X. A., Edwin Cheng T., and Lai K. H.. "Black–box" and "gray–box" supplier integration in product development: Antecedents, consequences and the moderating role of firm size［J］. Journal of Operations Management, 2007, 25（4）: 847–870.

［262］Koufteros X., Vonderembse M., Jayaram J. Internal and external integration for product development: The contingency effects of uncertainty, equivocality, and platform strategy ［J］.Decision Sciences, 2005, 36（1）: 97–133.

［263］Kraljic P. Purchasing must become supply management［J］. Harvard business Review, 1983, 61（5）: 109–117.

［264］Krause D. R., Vachon S., Klassen R. D. Special topic forum on sustainable supply chain management: Introduction and reflections on the role of purchasing management［J］. Journal of Supply Chain Management, 2009, 45（4）: 18–25.

［265］Krause D. R., Ellram L. M. Critical elements of supplier development: The buying–firm perspective［J］. European Journal of Purchasing & Supply Management, 1997, 3（1）: 21–31.

［266］Krause D. R., Handfield R. B., Scannell T. V.. An empirical investigation of supplier development: Reactive and strategic processes［J］. Journal of Operations Management, 1998, 17（1）: 39–58.

［267］Krause D. R., Handfield R. B., Tyler B. B. The relationships between supplier development, commitment, social capital accumulation and performance improvement ［J］. Journal of Operations Management, 2007, 25（2）: 528–545.

［268］Krause D. R., Pagell M., Curkovic S.. Toward a measure of competitive priorities for purchasing［J］.Journal of Operations Management, 2001, 19（4）: 497–512.

［269］Krause D. R., Scannell T. V., Calantone R. J. A structural analysis of the effectiveness of buying firms' strategies to improve supplier performance [J] . Decision Sciences，2000，31（1）：33–55.

[270] Krause D. R.，Scannell T. V. Supplier development practices：Product–and service–based industry comparisons [J] . Journal of Supply Chain Management，2002，38（1）：13–21.

[271] Krause D. R. Supplier development：Current practices and outcomes [J] . Journal of Supply Chain Management，1997，33（2）：12–19.

[272] Krause D. R. The antecedents of buying firms' efforts to improve suppliers [J] . Journal of Operations Management，1999，17（2）：205–224.

[273] Kroes J. R.，Ghosh S. Outsourcing congruence with competitive priorities：Impact on supply chain and firm performance [J] . Journal of Operations Management，2010，28（2）：124–143.

[274] Kumar D.，Rahman Z.. Sustainability adoption through buyer supplier relationship across supply chain：A literature review and conceptual framework [J] . International Strategic Management Review，2015，3（1）：110–127.

[275] Laing A.W.，Lian P. C. S. Inter–organisational relationships in professional services：Towards a typology of service relationships [J] . Journal of Services Marketing，2005，19（2）：114–127.

[276] Large R. O.，Thomsen C G. Drivers of green supply management performance：Evidence from Germany [J] . Journal of Purchasing and Supply Management，2011，17（3）：176–184.

[277] Larson P. D. An empirical study of inter–organizational functional integration and total costs [J] . Journal of Business Logistics，1994，15（1）：153–165.

[278] Larson P. D.，Kulchitsky J. D. Single sourcing and supplier certification：Performance and relationship implications [J] . Industrial Marketing Management，1998，27（1）：73–81.

[279] Lascelles D. M.，Dale B. G. Examining the barriers to supplier development [J] . International Journal of Quality & Reliability Management，1990，7（2）：46–65.

[280] Lau A. K.，Yam R. C.，Tang E. P. Supply chain integration and product modularity：An empirical study of product performance for selected Hong Kong manufacturing industries [J] . International Journal of Operations & Production Management，2010，30（1）：20–56.

[281] Lau A. K. W. Influence of contingent factors on the perceived level of supplier integration：A contingency perspective [J] . Journal of Engineering and Technology Management，2014，33（1）：210–242.

[282] Lawson B.，Cousins P. D.，Handfield R. B.，Petersen K. J. Strategic purchasing，supply

management practices and buyer performance improvement: An empirical study of uk manufacturing organisations [J]. International Journal of Production Research, 2009, 47 (10): 2649-2667.

[283] Lawson B., Potter A.. Determinants of knowledge transfer in inter-firm new product development projects [J]. International Journal of Operations & Production Management, 2012, 32 (10): 1228-1247.

[284] Lazzarini S. G., Claro D. P., Mesquita L. F. Buyer-supplier and supplier-supplier alliances: Do they reinforce or undermine one another? [J]. Journal of Management Studies, 2008, 45 (3): 561-584.

[285] Lazzarini S. G., Chaddad F. R., Cook M. L. Integrating supply chain and network analyses: The study of netchains [J]. Journal on Chain and Network Science, 2001, 1 (1): 7-22.

[286] Lazzarini S. G., Claro D. P., Mesquita L. F.. Buyer-supplier and supplier-supplier alliances: Do they reinforce or undermine one another? [J]. Journal of Management Studies, 2008, 45 (3): 561-584.

[287] Le Dain M. A., Calvi R., Cheriti S. Developing an approach for design-or-buy-design decision-making [J]. Journal of Purchasing and Supply Management, 2010, 16 (2): 77-87.

[288] Lee S Y, Klassen R D. Drivers and enablers that foster environmental management capabilities in small-and medium-sized suppliers in supply chains [J]. Production and Operations management, 2008, 17 (6): 573-586.

[289] Lee D., Dawes P. Guanxi, trust, and long-term orientation in Chinese business markets [J]. Journal of International Marketing, 2005, 13 (2): 28-56.

[290] Lee P. K. C., Humphreys P. K. The role of Guanxi in supply management practices [J]. International Journal of Production Economics, 2007, 106 (2): 450-467.

[291] Lee, P.K., Humphreys, P.K.. The role of guanxi in supply management practices [J]. International Journal of Production Economics, 2007, 106 (2): 450-467.

[292] Leek S., Mason K. The utilisation of network pictures to examine a company's employees' perceptions of a supplier relationship [J]. Industrial Marketing Management, 2010, 39 (3): 400-412.

[293] Leenders M. R., Blenkhorn D. L.. Reverse marketing: The new buyer-supplier relationship [J]. Journal of Marketing, 1988, 53 (2): 189-206.

[294] Leenders M. R. Supplier development [J]. Journal of Purchasing, 1966, 2 (4): 47-62.

[295] Leire C., Mont O.. The implementation of socially responsible purchasing [J]. Corporate Social Responsibility and Environmental Management, 2010, 17 (1): 27-39.

［296］Lejeune M. A., Yakova N. On characterizing the 4C's in supply chain management ［J］. Journal of Operations Management, 2005, 23（1）: 81–100.

［297］Li S., Jayaraman V., Paulraj A., Shang K–C. Proactive environmental strategies and performance: Role of green supply chain processes and green product design in the Chinese high–tech industry ［J］.International Journal of Production Research, 2015, 54（7）: 2136–2151.

［298］Li S., Wu M., Zhu M. What's in it for me? the occurrence of supplier innovation contribution in the context of supplier-dominant innovation: The supplier's perspective ［J］. Industrial marketing management, 2022, 104（5）: 182–195.

［299］Li, Suicheng, Mengchao Wu, and Mingwei Zhu. What's in it for me? The occurrence of supplier innovation contribution in the context of supplier–dominant innovation: The supplier's perspective ［J］. Industrial Marketing Management, 2022（104）: 182–195.

［300］Li W., Humphreys P. K., Yeung A. C. L., Cheng T. C. E.. The impact of specific supplier development efforts on buyer competitive advantage: An empirical model ［J］. International Journal of Production Economics, 2007, 106（1）: 230–247.

［301］Li W., Humphreys P. K., Yeung A. C. L., Cheng T. C. E. The impact of supplier development on buyer competitive advantage: A path analytic model ［J］. International Journal of Production Economics, 2012, 135（1）: 353–366.

［302］Li Y., Li S., Cui H. Effect of supplier supply network resources on buyer–supplier collaborative product innovation: A contingency perspective ［J］. Journal of Business & Industrial Marketing, 2021, 36（10）: 1846–1863.

［303］Liao Y., Hong P., Rao S.S. Supply management, supply flexibility and performance outcomes: An empirical investigation of manufacturing firms ［J］. Journal of Supply Chain Management, 2010, 46（3）: 6–22.

［304］Liker J. K., Rajan W., Wasti S. N., Nagamachi M. Supplier involvement in automotive component design: Are there really large U.S.–Japan differences? ［J］. Research Policy, 1996, 25（1）: 59–89.

［305］Littler D., Leverick F., Bruce M. Factors affecting the process of collaborative product development: A study of UK manufacturers of information and communications technology products ［J］. Journal of Product Innovation Management, 1995, 12（1）: 16–32.

［306］Littler D., Leveriek F., Wilson D. Collaboration in new technology based markets ［J］. International Journal of Technology Management, 1998, 15（1/2）: 139–159.

［307］Lockström M., Lei L. Antecedents to supplier integration in China: A partial least squares analysis ［J］. International Journal of Production Economics, 2013, 141（1）: 295-306.

［308］Lockström M., Schadel J., Harrison N., Moser R., Malhotra M. K. Antecedents to supplier integration in the automotive industry: A multiple-case study of foreign subsidiaries in China [J]. Journal of Operations Management, 2010, 28 (3): 240-256.

[309] Lorentz H., Aminoff A., Kaipia R., et al. Acquisition of supply market intelligence-An information processing perspective [J]. Journal of Purchasing and Supply Management, 2020, 26 (5): 100649.

[310] Lu R. X. A., Lee P. K. C., Cheng T. C. E. Socially responsible supplier development: Construct development and measurement validation [J]. International Journal of Production Economics, 2012, 140 (1): 160-167.

[311] Lumpkin G. T., Dess G. G. Clarifying the entrepreneurial orientation construct and linking it to performance [J].Academy of management Review, 1996, 21 (1): 135-172.

[312] Luzzini D., Brandon-Jones E., Brandon-Jones A, et al. From sustainability commitment to performance: The role of intra-and inter-firm collaborative capabilities in the upstream supply chain [J]. International Journal of Production Economics, 2015 (165): 51-63.

[313] Maestrini V., Luzzini D., Caniato F., Ronchi S.Effects of monitoring and incentives on supplier performance: An agency theory perspective [J].International Journal of Production Economics, 2018 (203): 322-332.

[314] Maignan I., Hillebrand B., McAlister D. Managing socially-responsible buying: How to integrate non-economic criteria into the purchasing process [J]. European management journal, 2002, 20 (6): 641-648.

[315] Maloni M. J., Benton W, C. Supply chain partnerships: Opportunities for operations research [J]. European Journal of Operational Research, 1997, 101 (3): 419-429.

[316] Mandal, Santanu and Rajneesh Ranjan Jha. Exploring the importance of collaborative assets to hospital-supplier integration in healthcare supply chains [J]. International Journal of Production Research 56.7 (2018): 2666-2683.

[317] Manuj I., Omar A., Yazdanparast A. The quest for competitive advantage in global supply chains: The role of interorganizational learning [J]. Transportation Journal, 2013, 52 (4): 463-492.

[318] Marshall D., Fynes B., Donk D. P. V., Ambrose E., Lynch D. Communication media selection in buyer‐supplier relationships [J]. International Journal of Operations & Production Management, 2008, 28 (4): 360-379.

[319] Masella C., Rangone A. A contingent approach to the design of vendor selection systems for different types of co-operative customer/supplier relationships [J]. International Journal of Operations & Production Management, 2000, 20 (1): 70-84.

[320] Matopoulos A., Bell J. E., Aktas E. The use of modelling in purchasing/supply management research [J]. Journal of Purchasing and Supply Management, 2016, 22(4):

262–265.

[321] Matthyssens P., Bocconcelli R., Pagano A., Quintens L.. Aligning marketing and purchasing for new value creation [J]. Industrial Marketing Management, 2016 (52): 60–73.

[322] McGinnis M. A., Vallopra R. M. Purchasing and supplier involvement: Issues and insights regarding new product success [J]. Journal of Supply Chain Management Summer, 1999, 35 (2): 4–15.

[323] McIntyre K., Smith H., Henham A., et al. Environmental performance indicators for integrated supply chains: The case of Xerox Ltd [J]. Supply Chain Management: An International Journal, 1998, 3 (3): 149–156.

[324] Mcivor R., Humphreys P. Early supplier involvement in the design process: Lessons from the electronics industry [J]. Omega, 2004, 32 (3): 179–199.

[325] Meixell M. J., Luoma P. Stakeholder pressure in sustainable supply chain management: A systematic review [J]. International Journal of Physical Distribution & Logistics Management, 2015, 45 (1/2): 69–89.

[326] Melander L., Pazirandeh A. Collaboration beyond the supply network for green innovation: Insight from 11 cases [J]. Supply Chain Management: An International Journal, 2019, 24 (4): 509–523.

[327] Miemczyk, Joe, Thomas E. Johnsen, and Monica Macquet. Sustainable purchasing and supply management: A structured literature review of definitions and measures at the dyad, chain and network levels [J]. Supply Chain Management: An International Journal, 2012, 17 (5): 478–496.

[328] Möllering G. A typology of supplier relations: From determinism to pluralism in inter-firm empirical research [J]. Journal of Purchasing and Supply Management, 2003, 9 (1): 31–41.

[329] Min H., Galle W. P. Green purchasing practices of US firms [J]. International Journal of Operations & Production Management, 2001, 21 (9): 1222–1238.

[330] Min H., Galle W P. Green purchasing strategies: Trends and implications [J]. International Journal of Purchasing and Materials Management, 1997, 33 (2): 10–17.

[331] Miocevic D., Crnjak-Karanovic B. The mediating role of key supplier relationship management practices on supply chain orientation—The organizational buying effectiveness link [J]. Industrial Marketing Management, 2012, 41 (1): 115–124.

[332] Mirzaei B. State-of-the-art and implications of early supplier involvement: 5 years after the review of Johnsen (2009) [D]. University of Twente, 2014.

[333] Mitrega M., Forkmann S., Ramos C., Henneberg S. C.. Networking capability in business relationships—Concept and scale development [J]. Industrial Marketing Management,

2012, 41 (5): 739–751.

[334] Modi S. B., Mabert V. A. Supplier development: Improving supplier performance through knowledge transfer [J]. Journal of Operations Management, 2007, 25 (1): 42–64.

[335] Molinaro, Margherita, et al. Implementing supplier integration practices to improve performance: The contingency effects of supply base concentration [J]. Journal of Business Logistics, 2022, 43 (4): 540–565.

[336] Mikkola J. H., Skjoett-Larsen T. Early supplier involvement: Implications for new product development outsourcing and supplier-buyer interdependence [J]. Global Journal of Flexible Systems Management, 2003, 4 (4): 31–41.

[337] Monczka R. M., Handfield R. B., Searmell T. V.. New product development: strategies for Supplier integration [M]. ASQ Quality Press, 2000.

[338] Monczka R. M., Trent R. J. Global sourcing: A development approach [J]. Journal of Supply Chain Management, 1991, 27 (2): 2–8.

[339] Monczka R. M., Trent R. J., Callahan T. J. Supply base strategies to maximize supplier performance [J]. International Journal of Physical Distribution & Logistics Management, 1993, 23 (4): 42–54.

[340] Monczka R.M., Trent R. J. Evolving sourcing strategies for the 1990s [J]. International Journal of Physical Distribution & Logistics Management, 1991, 21 (5): 4–12.

[341] Montabon F., Sroufe R., Narasimhan R. An examination of corporate reporting, environmental management practices and firm performance [J]. Journal of Operations Management, 2007, 25 (5): 998–1014.

[342] Montgomery C. A., Wernerfelt B.. Diversification, ricardian rents, and tobin's q [J]. The Rand Journal of Economics, 1988 (19): 623–632.

[343] Mooi E. A., Frambach R. T. Encouraging innovation in business relationships—A research note [J].Journal of Business Research, 2012, 65 (7): 1025–1030.

[344] Morgan J., Monczka R. M. Supplier integration: A new level of supply chain management [J].Purchasing, 1996, 120 (1): 110–113.

[345] Mouzas S., Henneberg S., Naudé P. Developing network insight [J]. Industrial Marketing Management, 2008, 37 (2): 167–180.

[346] Mu J., Di Benedetto A. Networking capability and new product development [J]. IEEE Transactions on Engineering Management, 2012, 59 (1): 4–19.

[347] Mudambi R., Helper S. The "close but adversarial" model of supplier relations in the US auto industry [J].Strategic Management Journal, 1998, 19 (8): 775–792.

[348] Nagati H., Rebolledo C.. Supplier development efforts: The suppliers' point of view [J]. Industrial Marketing Management, 2013, 42 (2): 180–188.

[349] Nagati H., Rebolledo C.. Fostering innovation through customer relationships [J].Supply

Chain Forum: An International Journal, 2013, 14 (3): 16-29.

[350] Nair A., Jayaram J., Das A. Strategic purchasing participation, supplier selection, supplier evaluation and purchasing performance [J]. International Journal of Production Research, 2015, 53 (20): 6263-6278.

[351] Narasimhan R., Das A. An empirical investigation of the contribution of strategic sourcing to manufacturing flexibilities and performance [J]. Decision Sciences, 1999, 30 (3): 683-718.

[352] Narasimhan R., Das A. The impact of purchasing integration and practices on manufacturing performance [J]. Journal of Operations Management, 2001, 19 (5): 593-609.

[353] Narasimhan R., Kim S. W. Effect of supply chain integration on the relationship between diversification and performance: Evidence from Japanese and Korean firms [J]. Journal of Operations Management, 2002, 20 (3): 303-323.

[354] Nevries F. Wallenburg C. M. Performance improvements in logistics outsourcing relationships: The role of LSP and customer organizational culture archetypes [J]. International Journal of Operations and Production Management, 2021, 41 (12): 1807-1843.

[355] Nollet J., Ponce S., Campbell M. About "strategy" and "strategies" in supply management [J]. Journal of Purchasing and Supply Management, 2005, 11 (2): 129-140.

[356] Nollet J., Rebolledo C., Popel V. Becoming a preferred customer one step at a time [J]. Industrial Marketing Management, 2012, 41 (8): 1186-1193.

[357] Nonaka I. A dynamic theory of organizational knowledge creation [J]. Organization Science, 1994, 5 (1): 14-37.

[358] Noordhoff C. S., Kyriakopoulos K., Moorman C., Pauwels P., Dellaert B. G. The bright side and dark side of embedded ties in business-to-business innovation [J]. Journal of Marketing, 2011, 75 (5): 34-52.

[359] Nyaga G. N. L. D. F., Marshall D., et al. Power asymmetry, adaptation and collaboration in dyadic relationships involving a powerful partner [J]. Journal of Supply Chain Management, 2013, 49 (3): 42-65.

[360] Nyaga G. N., Whipple J. M., Lynch D. F.. Examining supply chain relationships: Do buyer and supplier perspectives on collaborative relationships differ? [J]. Journal of Operations Management, 2010, 28 (2): 101-114.

[361] Olsen R. F., Ellram L. M. A portfolio approach to supplier relationships [J]. Industrial Marketing Management, 1997, 26 (2): 101-113.

[362] Padhi S. S., Wagner S. M., Aggarwal V. Positioning of commodities using the kraljic portfolio matrix [J]. Journal of Purchasing and Supply Management, 2011 (1): 7-14.

［363］Pagell M. Understanding the factors that enable and inhibit the integration of operations, purchasing and logistics［J］. Journal of Operations Management, 2004, 22（5）: 459-487.

［364］Palmer R. The transaction-relational continuum: Conceptually elegant but empirically denied［J］. Journal of Business & Industrial Marketing, 2007, 22（7）: 439-451.

［365］Park J., Shin K., Chang T. W., et al. An integrative framework for supplier relationship management［J］. Industrial Management & Data Systems, 2010, 110（4）: 495-515.

［366］Patil V., Tan T., Rispens S., Dabadghao S., Demerouti E. Supplier sustainability: A comprehensive review and future research directions［J］.Sustainable Manufacturing and Service Economics, 2022（1）: 7-14.

［367］Patil S. K., Kant R. A fuzzy AHP-TOPSIS framework for ranking the solutions of knowledge management adoption in supply chain to overcome its barriers［J］. Expert Systems with Applications An International Journal, 2014, 41（2）: 679-693.

［368］Patrucco A. S., Moretto A., Knight L.Does relationship control hinder relationship commitment? The role of supplier performance measurement systems in construction infrastructure projects［J］.International Journal of Production Economics, 2020（1）: 7-14.

［369］Patrucco A. S., Moretto A., Knight L. Does relationship control hinder relationship commitment? The role of supplier Performance measurement systems in construction infrastructure projects［J］. International Journal of Production Economics, 2021（233）: 108000.

［370］Paulraj A., Chen I. J., Blome C.Motives and performance outcomes of sustainable supply chain management practices: A multi-theoretical perspective［J］.Journal of Business Ethics, 2017, 145（2）: 239-258.

［371］Paulraj A., Chen I.J., Flynn J. Levels of strategic purchasing: Impact on supply integration and performance［J］. Journal of Purchasing and Supply Management, 2006, 12（3）: 107-122.

［372］Paulraj A., Chen I. J. Environmental uncertainty and strategic supply management: A resource dependence perspective and performance implications［J］. Journal of Supply Chain Management, 2007, 43（3）: 29-42.

［373］Paulraj A., Chen I. J. Strategic supply management and dyadic quality performance: A path analytical model［J］. Journal of Supply Chain Management, 2005, 41（3）: 4-18.

［374］Paulraja A., Chen I. J., Flynn J. Levels of strategic purchasing: Impact on supply integration and performance［J］. Journal of Purchasing & Supply Management, 2006, 12（3）: 107-122.

［375］Petersen K. J., Handfield R. B., and Ragatz G. L.. Supplier integration into new product development: Coordinating product, process and supply chain design [J]. Journal of Operations Management, 2005, 23 (3): 371–388.

[376] Petersen K. J., Handfield R. B., Ragatz G. L. Supplier integration into new product development: Coordinating product, process and supply chain design [J].Journal of Operations Management, 2005, 23 (3/4): 371–388.

[377] Peterson H. C., Weatherspoon D. D. The role of scientific and business inetegrity in the future of biotechnology: A scenario analysis [J]. Staff Papers, 2001, 75 (9): 627–628.

[378] Pihlajamaa M., Kaipia R., Aminoff A. How to stimulate supplier innovation? Insights from a multiple case study [J]. Journal of Purchasing and Supply Management, 2019, 25 (3): 1–14.

[379] Poot T., Faems D., Vanhaverbeke W. Toward a dynamic perspective on open innovation: A longitudinal assessment of the adoption of internal and external innovation strategies in the Netherlands [J].International Journal of Innovation Management, 2009, 13 (2): 177–200.

[380] Potter A., Lawson B. Help or hindrance? causal ambiguity and supplier involvement in new product development teams [J]. Journal of Product Innovation Management, 2013, 30 (4): 794–808.

[381] Pradhan S. K. Analyzing the performance of supplier development: A case study [J]. International Journal of Productivity & Performance Management, 2014, 63 (2): 209–233 (225).

[382] Prahalad C. K., Hamel G. The core competence of the corporation [J]. Harvard Business Review, 1990, 68 (4): 79–91.

[383] Prahinski C., Benton W. C. Supplier evaluations: Communication strategies to improve supplier performance [J]. Journal of Operations Management, 2004, 22 (1): 39–62.

[384] Prajogo D., Chowdhury M., Yeung A. C., Cheng T. The relationship between supplier management and firm's operational performance: A multi-dimensional perspective [J]. International Journal of Production Economics, 2012, 136 (1): 123–130.

[385] Prajogo D., Olhager J. Supply chain integration and performance: The effects of long-term relationships, information technology and sharing, and logistics integration [J]. International Journal of Production Economics, 2012, 135 (1): 514–522.

[386] Praxmarer-Carus S., Sucky E., Durst S. M. The relationship between the perceived shares of costs and earnings in supplier development programs and supplier satisfaction [J]. Industrial Marketing Management, 2013, 42 (2): 202–210.

[387] Primo M. A. M., Amundson S. D. An exploratory study of the effects of supplier relationships on new product development outcomes [J]. Journal of Operations

Management, 2002, 20 (1): 33–52.

[388] Pulles N. J., Veldman J., Schiele H. Identifying innovative suppliers in business networks: An empirical study [J].Industrial Marketing Management, 2014, 43 (3): 409–418.

[389] Öberg C. Using network pictures to study inter-organisational encounters [J]. Scandinavian Journal of Management, 2012, 28 (2): 136–148.

[390] Quinn J. B., Hilmer F. G. Strategic outsourcing [J]. Sloan Management Review, 1994, 35 (4): 43–55.

[391] Ragatz G. L., Handfield R. B., Petersen K. J. Benefits associated with supplier integration into new product development under conditions of technology uncertainty [J]. Journal of Business Research, 2002, 55 (5): 389–400.

[392] Ragatz G. L., Handfield R. B., Scannell T. V. Success factors for integrating suppliers into new product development [J]. Journal of Product Innovation Management, 1997, 14(3): 190–202.

[393] Ramos C., Henneberg S. C., Naudé P. Understanding network picture complexity: An empirical analysis of contextual factors [J]. Industrial Marketing Management, 2012, 41 (6): 951–972.

[394] Ramsay J. The resource based perspective, rents, and purchasing's contribution to sustainable competitive advantage [J]. Journal of Supply Chain Management, 2001, 37 (2): 38–47.

[395] Rao P.Greening the supply chain: A new initiative in South East Asia [J].International Journal of Operations & Production Management, 2002, 22 (6): 632–655.

[396] Reck R. F., Long B. G. Purchasing: A competitive weapon [J]. Journal of Purchasing and Materials Management, 1988, 24 (3): 2–8.

[397] Rese M. Successful and sustainable business partnerships: How to select the right partners [J].Industrial Marketing Management, 2006, 35 (1): 72–82.

[398] Reuter C., Goebel P., Kai F.. The impact of stakeholder orientation on sustainability and cost prevalence in supplier selection decisions [J]. Journal of Purchasing and Supply Management, 2012, 18 (4): 270–281.

[399] Revilla E., Knoppen D. Building knowledge integration in buyer-supplier relationships: The critical role of strategicsupply management and trust [J]. International Journal of Operations & Production Management, 2015, 35 (10): 1408–1436.

[400] Revilla E., Villena V. H. Knowledge integration taxonomy in buyer-supplier relationships: Trade-offs between efficiency and innovation [J]. International Journal of Production Economics, 2012, 140 (2): 854–864.

[401] Richardson J., Roumasset J. Sole sourcing, competitive sourcing, parallel sourcing:

Mechanisms for supplier performance [J]. Managerial and Decision Economics, 1995, 16 (1): 71–84.

[402] Roberts E. B. Benchmarking global strategic management of technology [J]. Research-Technology Management, 2001, 44 (2): 25–36.

[403] Roseira C., Brito C., Ford D. Network pictures and supplier management: An empirical study [J]. Industrial Marketing Management, 2013, 42 (2): 234–247.

[404] Roseira C., Brito C., Henneberg S. C. Managing interdependencies in supplier networks [J]. Industrial Marketing Management, 2010, 39 (6): 925–935.

[405] Rosell D. T., Lakemond N., Wasti S. N. Integrating knowledge with suppliers at the R&D–manufacturing interface [J]. Journal of Manufacturing Technology Management, 2014, 25 (2): 240–257.

[406] Rosell D. T., Lakemond N.. Collaborative innovation with suppliers: A conceptual model for characterising supplier contributions to NPD [J]. International Journal of Technology Intelligence and Planning, 2012, 8 (2): 197–214.

[407] Rossetti C., Choi T. Y. On the dark side of strategic sourcing: Experiences from the aerospace industry [J]. The Academy of Management Executive, 2005, 19 (1): 46–60.

[408] Rossetti C. L., Choi T. Y. Supply management under high goal incongruence: An empirical examination of disintermediation in the aerospace supply chain [J]. Decision Sciences, 2008, 39 (3): 507–540.

[409] Routroy S., Kumar C. V. S. Strategy for supplier development program implementation: A case study [J]. International Journal of Services & Operations Management, 2015, 21 (2): 238.

[410] Routroy S., Pradhan S. K. Evaluating the critical success factors of supplier development: A case study [J]. Benchmarking An International Journal, 2013, 20(20): 322–341.

[411] Roy S., Sivakumar K., Wilkinson I. F. Innovation generation in supply chain relationships: A conceptual model and research propositions [J]. Journal of the Academy of Marketing Science, 2004, 32 (1): 61–79.

[412] Ruvio A. A., Shoham A., Vigoda–Gadot E., Schwabsky N.. Organizational innovativeness: Construct development and cross - cultural validation [J]. Journal of Product Innovation Management, 2013, 31 (5): 1004–1022.

[413] Ryu S., Cook M. The effect of LTO culture on international supply chain contracts [J]. Journal of Applied Business Research, 2005, 21 (4): 95–106.

[414] Saghiri S. S., Mirzabeiki V. Buyer–led environmental supplier development: Can suppliers really help it? [J]. International Journal of Production Economics, 2021 (233): 7–14.

[415] Saghiri S. S. and V. Mirzabeiki, Buyer–led environmental supplier development: Can

suppliers really help it？［J］. International Journal of Production Economics， 2021（233）：107969.

［416］Sajjad A.， Eweje G.， Tappin D.Sustainable supply chain management：Motivators and Barriers［J］.Business Strategy and the Environment， 2015， 24（7）：643-655.

［417］Salavou H. The concept of innovativeness：Should we need to focus? ［J］.European Journal of Innovation Management， 2004， 7（1）：33-44.

［418］Samaddar S.， Nargundkar S.， Daley M. Inter-organizational information sharing：The role of supply network configuration and partner goal congruence［J］. European Journal of Operational Research， 2006， 174（2）：744-765.

［419］Sancha C.， Wong C. W. Y.， Gimenez C.Do dependent suppliers benefit from buying firms' sustainability practices? ［J］.Journal of Purchasing and Supply Management， 2019， 25（4）：100542.

［420］Sancha C.， Wong C. W. Y.， Gimenez Thomsen C.Buyer-supplier relationships on environmental issues：A contingency perspective［J］.Journal of Cleaner Production， 2016（112）：1849-1860.

［421］Sancha C.， Longoni A.， Giménez C. Sustainable supplier development practices：Drivers and enablers in a global context［J］. Journal of Purchasing & Supply Management， 2015， 21（2）：95-102.

［422］Sancha C.， Wong C.W.， Thomsen C.G.. Buyer-supplier relationships on environmental issues：A contingency perspective［J］. Journal of Cleaner Production， 2016， 112（3）：1849-1860.

［423］Sánchez-Rodríguez C.， Hemsworth D.， Martínez-Lorente Á. R.. The effect of supplier development initiatives on purchasing performance：A structural model［J］. Supply Chain Management， 2005， 10（4）：289-301.

［424］Sarang J. P.， Bhasin H. V.， Verma R.， Kharat M. G.. Critical success factors for supplier development and buyer supplier relationship：Exploratory factor analysis［J］. International Journal of Strategic Decision Sciences， 2016， 7（1）：18-38.

［425］Schiele H.， Calvi R.， Gibbert M. Customer attractiveness， supplier satisfaction and preferred customer status：Introduction， definitions and an overarching framework［J］. Industrial Marketing Management， 2012， 41（8）：1178-1185.

［426］Schiele H.， Veldman J.， Hüttinger L. Supplier innovativeness and supplier pricing：The role of preferred customer status［J］. International Journal of Innovation Management， 2011， 15（1）：1-27.

［427］Schiele H. How to distinguish innovative suppliers? Identifying innovative suppliers as new task for purchasing［J］.Industrial Marketing Management， 2006， 35（8）：925-935.

［428］Schneider L.， Wallenburg C.M. 50 years of research on organizing the purchasing function：

Do we need any more? [J]. Journal of Purchasing and Supply Management, 2013, 19(3): 144-164.

[429] Schoenherr T., Wagner S. M. Supplier involvement in the fuzzy front end of new product development: An investigation of homophily, benevolence and market turbulence [J]. International Journal of Production Economics, 2016 (180): 101-113.

[430] Schulze H., Bals L. Implementing sustainable purchasing and supply management (SPSM): A Delphi study on competences needed by purchasing and supply management (PSM)professionals [J]. Journal of Purchasing and Supply Management, 2020, 26(4): 100625.

[431] Seuring S., Müller M. From a literature review to a conceptual framework for sustainable supply chain management [J]. Journal of Cleaner Production, 2008, 16 (15): 1699-1710.

[432] Shafiq A., Johnson P. F., Klassen R. D.Building synergies between operations culture, operational routines, and supplier monitoring: implications for buyer performance [J]. International Journal of Operations & Production Management, 2022, 42 (5): 687-712.

[433] Shahzad M., Rehman S. U. R., Zafar A. U., et al. Sustainable sourcing for a sustainable future: The role of organizational motives and stakeholder pressure [J]. Operations Management Research, 2023 (1): 1-16.

[434] Shan S., Shou Y., Kang M., et al. The effects of socio-technical integration on sustainability practices: A supply chain perspective [J]. Industrial Management & Data Systems, 2022, 122 (2): 419-441.

[435] Shou Y., Shan S., Chen A., et al. Aspirations and environmental performance feedback: A behavioral perspective for green supply chain management [J]. International Journal of Operations & Production Management, 2020, 40 (6): 729-751.

[436] Sillanp I., K. Shahzad and E. Sillanp. Supplier development and buyer-supplier relationship strategies-a literature review [J]. International Journal of Procurement Management, 2015 (8): 227-250.

[437] Silva M. E., Nunes B. Institutional logic for sustainable purchasing and supply management: Concepts, illustrations, and implications for business strategy [J]. Business Strategy and the Environment, 2022, 31 (3): 1138-1151.

[438] Silva M. E., Ruel S. Inclusive purchasing and supply chain resilience capabilities: lessons for social sustainability [J]. Journal of Purchasing and Supply Management, 2022, 28 (5): 100767.

[439] Simpson D., Power D., Samson D. Greening the automotive supply chain: A relationship perspective [J]. International Journal of Operations & Production Management, 2007, 27 (1): 28-48.

［440］Singh Srai J., Gregory M.. A supply network configuration perspective on international supply chain development ［J］. International Journal of Operations & Production Management, 2008, 28（5）: 386–411.

［441］Sislian E., Satir A. Strategic sourcing: A framework and a case study ［J］. Journal of Supply Chain Management, 2000, 36（2）: 4–11.

［442］Soundararajan V., Brammer S.Developing country sub–supplier responses to social sustainability requirements of intermediaries: Exploring the influence of framing on fairness perceptions and reciprocity ［J］. Journal of Operations Management, 2018, 58–59（1）: 42–58.

［443］Soylu A, Oruç C, Turkay M, et al. Synergy analysis of collaborative supply chain management in energy systems using multi–period MILP ［J］. European Journal of Operational Research, 2006, 174（1）: 387–403.

［444］Spekman R. E. Competitive procurement strategies: Building strength and reducing vulnerability ［J］. Long Range Planning, 1985, 18（1）: 94–99.

［445］Spina G., Caniato F., Luzzini D., Ronchi S. Assessing the use of external grand theories in purchasing and supply management research ［J］. Journal of Purchasing and Supply Management, 2016, 22（1）: 18–30.

［446］Spina G., Caniato F., Luzzini D., et al. Past, present and future trends of purchasing and supply management: An extensive literature review ［J］. Industrial Marketing Management, 2013, 42（8）: 1202–1212.

［447］Stevens G. C. Integrating the supply chain ［J］. International Journal of Physical Distribution and Materials Management, 1989, 19（8）: 3–8.

［448］Svahn S., Westerlund M. Purchasing strategies in supply relationships ［J］. Journal of Business & Industrial Marketing, 2009, 24（3/4）: 173–181.

［449］Svensson G. Supplier segmentation in the automotive industry: A dyadic approach of a managerial model ［J］. International Journal of Physical Distribution & Logistics Management, 2004, 34（1）: 12–38.

［450］Swink M. L.. Threats to new product manufacturability and the effects of development team integration processes ［J］. Journal of Operations Management, 1999, 17（6）: 691–709.

［451］Tachizawa E. M., Thomsen C. G., Montes–Sancho M. J. Green supply management strategies in spanish firms ［J］.IEEE Transactions on Engineering Management, 2012, 59（4）: 741–752.

［452］Takeishi A. Bridging inter–and intra–firm boundaries: Management of supplier involvement in automobile product development ［J］. Strategic Management Journal, 2001, 22（5）: 403–433.

[453] Tang D. Collaborative Supplier Integration for Automotive Product Design and Development [C] //2007 11th International Conference on Computer Supported Cooperative Work in Design. IEEE, 2007: 882–887.

[454] Tangpong C., Michalisin M. D. and Melcher A. J. Toward a typology of buyer–supplier relationships: A study of the computer industry [J]. Decision Sciences, 2008, 39 (3): 571–593.

[455] Tangpong C., Michalisin M. D., Traub R. D., et al. A review of buyer–supplier relationship typologies: Progress, problems, and future directions [J]. Journal of Business & Industrial Marketing, 2015, 30 (2): 153–170.

[456] Thomas E. Supplier integration in new product development: Computer mediated communication, knowledge exchange and buyer performance [J]. Industrial Marketing Management, 2013, 42 (6): 890–899.

[457] Thompson J. D. Organizations in action: Social science bases of administrative theory [M]. New York, McGraw–Hill, 1967.

[458] Tong P., Johnson J. L., Umesh U. N., Lee R. P. A typology of interfirm relationships: The role of information technology and reciprocity [J]. Journal of Business & Industrial Marketing, 2008, 23 (3): 178–192.

[459] Toon M.A., Morgan R. E., Lindgreen A., Vanhamme J., Hingley M. K. Processes and integration in the interaction of purchasing and marketing: Considering synergy and symbiosis [J]. Industrial Marketing Management, 2016 (52): 74–81.

[460] Touboulic A., Walker H.Love me, love me not: A nuanced view on collaboration in sustainable supply chains [J].Journal of Purchasing and Supply Management, 2015, 21 (3): 178–191.

[461] Tran P.N.T., M. Gorton and F. Lemke, Buyers' perspectives on improving performance and curtailing supplier opportunism in supplier development: A social exchange theory approach [J]. Industrial Marketing Management, 2022 (106): 183–196.

[462] Trent R. J., Monczka R. M. Achieving world–class supplier quality [J]. Total Quality Management, 1999, 10 (6): 927–938.

[463] Trent R. J., Monczka R. M. Purchasing and supply management: Trends and changes throughout the 1990s [J]. International Journal of Purchasing and Materials Management, 1998, 34 (3): 2–11.

[464] Tseng M. L., Ha H. M., Lim M. K., et al. Sustainable supply chain management in stakeholders: Supporting from sustainable supply and process management in the healthcare industry in Vietnam [J]. International Journal of Logistics Research and Applications, 2022, 25 (4–5): 364–383.

[465] Tzabbar D., Aharonson B. S., Amburgey T. L.. When does tapping external sources of

knowledge result in knowledge integration? ［J］. Research Policy, 2013, 42（2）: 481-494.

［466］Um K.H., Oh J.Y. The interplay of governance mechanisms in supply chain collaboration and performance in buyer-supplier dyads: Substitutes or complements ［J］. International Journal of Operations & Production Management, 2020, 40（4）: 415-438.

［467］Vachon S., Klassen R. D. Environmental management and manufacturing performance: The role of collaboration in the supply chain ［J］. International Journal of Production Economics, 2008, 111（2）: 299-315.

［468］Vachon S., Klassen R. D. Extending green practices across the supply chain: The impact of upstream and downstream integration ［J］. International Journal of Operations & Production Management, 2006, 26（7）: 795-821.

［469］Vachon S., Klassen R. D. Supply chain management and environmental technologies: The role of integration ［J］. International Journal of Production Research, 2007, 45（2）: 401-423.

［470］Vachon S., Klassen R. D. Extending green practices across the supply chain: The impact of upstream and downstream integration ［J］. International Journal of Operations & Production Management, 2006, 26（7）: 795-821.

［471］Valk W. V. D., Wynstra F.. Supplier involvement in new product development in the food industry ［J］. Industrial Marketing Management, 2005, 34（7）: 681-694.

［472］Vallet-Bellmunt T., Rivera-Torres P. Integration: Attitudes, patterns and practices ［J］. Supply Chain Management: 2007（1）: 7-14.

［473］Van Echtelt F. E., Wynstra F., Van Weele A. J., Duysters G. Critical processes for managing supplier involvement in new product development: An in-depth multiple-case study ［R］. Eindhoven Center for Innovation Studies Working Paper, 2004.

［474］Van Echtelt F. E., Wynstra F., Van Weele A. J., Duysters G. Managing supplier involvement in new product development: A multiple-case study ［J］. Journal of Product Innovation Management, 2008, 25（2）: 180-201.

［475］Van Echtelt F., Wynstra F. Managing supplier integration into product development: A literature review and conceptual model ［C］. Conference the Future of Innovation Studies, Eindhoven University of Technology, the Netherlands, 2001.

［476］Van Weele A. J., Van Raaij E. M.. The future of purchasing and supply management research: About relevance and rigor ［J］. Journal of Supply Chain Management, 2014, 50（1）: 56-72.

［477］Vanpoucke E., Vereecke A., Wetzels M. Developing supplier integration capabilities for sustainable competitive advantage: A dynamic capabilities approach ［J］. Journal of Operations Management, 2014, 32（7-8）: 446-461.

[478] Venkatesan, R.. Strategic sourcing: To make or not to make [J] . Harvard Business Review, 1992, 70 (6): 98–107.

[479] Ventovuori T. Elements of sourcing strategies in fm services–a multiple case study [J] . International Journal of Strategic Property Management, 2006, 10 (4): 249–267.

[480] Vickery S. K. A theory of production competence revisited [J] . Decision Sciences, 1991, 22 (3): 635–643.

[481] Vidal N. G., Spetic W., Croom S., et al. Supply chain stakeholder pressure for the adoption of sustainable supply chain practices: Examining the roles of entrepreneurial and sustainability orientations [J] . Supply Chain Management: An International Journal, 2023, 28 (3): 598–618.

[482] Villena V. H., Gomez-Mejia L. R., Revilla E.. The decision of the supply chain executive to support or impede supply chain integration: A multidisciplinary behavioral agency perspective [J] . Decision Sciences, 2009, 40 (4): 635–665.

[483] Villena V. H., Revilla E., Choi T. Y.. The dark side of buyer–supplier relationships: A social capital perspective [J] . Journal of Operations Management, 2011, 29 (6): 561–576.

[484] Voss C. A. The role of users in the development of applications software [J] .Journal of Product Innovation Management, 1985, 2 (2): 113–121.

[485] Voss M. Impact of customer integration on project portfolio management and its success—Developing a conceptual framework [J] . International Journal of Project Management, 2012, 30 (2): 567–581.

[486] Wagner S. M. Indirect and direct supplier development: Performance implications of individual and combined effects [J] . IEEE Transactions on Engineering Management, 2010, 57 (4): 536–546.

[487] Wagner S. M., Bode C. Supplier relationship–specific investments and the role of safeguards for supplier innovation sharing [J] .Journal of Operations Management, 2014, 32 (3): 65–78.

[488] Wagner S.M., Johnson J.L. Configuring and managing strategic supplier portfolios [J] . Industrial Marketing Management, 2004, 33 (8): 717–730.

[489] Wagner S. M., Krause D. R. Supplier development: Communication approaches, activities and goals [J] . International Journal of Production Research, 2009, 47 (12): 3161–3177.

[490] Wagner S. M. Indirect and direct supplier development: Performance implications of individual and combined effects [J] . IEEE Transactions on Engineering Management, 2010, 57 (4): 536–546.

[491] Wagner, S. M.. Supplier development practices: An exploratory study [J] . European

Journal of Marketing, 2006, 40 (5/6): 554–571.

[492] Wagner S. M. Tapping supplier innovation [J]. Journal of Supply Chain Management, 2012, 48 (2): 37–52.

[493] Wagner S. M. Getting innovation from suppliers [J] .Research–Technology Management, 2009, 52 (1): 8–9.

[494] Wagner S. M., Eggert A. Co–management of purchasing and marketing: Why, when and how? [J] . Industrial Marketing Management, 2016 (52): 27–36.

[495] Wagner S. M., Johnson J. L. Configuring and managing strategic supplier portfolios [J] . Industrial Marketing Management, 2004, 33 (8): 717–730.

[496] Wagner S. M. Intensity and managerial scope of supplier integration [J] . The Journal of Supply Chain Management, 2003, 39 (3): 4–15.

[497] Walker H., Brammer S. Sustainable procurement in the United Kingdom public sector [J]. Supply Chain Management: An International Journal, 2009, 14 (2): 128–137.

[498] Walker G. Strategic sourcing, vertical integration, and transaction costs [J] . Interfaces, 1988, 18 (3): 62–73.

[499] Walker G., Weber D. A transaction cost approach to make–or–buy decisions [J] . Administrative Science Quarterly, 1984, 29 (3): 373–391.

[500] Walker H., Miemczyk J., Johnsen T., et al. Sustainable procurement: Past, present and future [J] . Journal of Purchasing and Supply Management, 2012, 18 (4): 201– 206.

[501] Walter A. Relationship–specific factors influencing supplier involvement in customer new product development [J] . Journal of Business Research, 2003, 56 (9): 721–733.

[502] Wan H. W. M., Tahar N. M., Rahman M. N. A., Baba Deros M. Supply chain enhancement through product and vendor development programme [J] . Journal of Modelling in Management, 2011, 6 (2): 164–177.

[503] Wang Y., Modi S. B., Schoenherr T. Leveraging sustainable design practices through supplier involvement in new product development: The role of the suppliers' environmental management capability [J]. International Journal of Production Economics, 2021 (232): 7–14.

[504] Wang C. L., Ahmed P. K. The development and validation of the organisational innovativeness construct using confirmatory factor analysis [J] .European Journal of Innovation Management, 2004, 7 (4): 303–313.

[505] Wang C., Siu N., Barnes B. The significance of trust and renqing in the long–term orientation of Chinese business–to–business relationships [J] . Industrial Marketing Management, 2008, 37 (7): 819–824.

[506] Wang Q., Bradford K., Xu J., et al. Creativity in Buyer–seller relationships: The role of

governance [J]. International Journal of Research in Marketing, 2008, 25 (2): 109–118.

[507] Wang Y., Gilland W., Tomlin B. Mitigating supply risk: Dual sourcing or process improvement? [J]. Manufacturing & Service Operations Management, 2010, 12 (3): 489–510.

[508] Wang Y., Rajagopalan N. Alliance capabilities review and research agenda [J]. Journal of Management, 2015, 41 (1): 236–260.

[509] Wang Z., Huo B., Qi, Y., Zhao X.. A resource–based view on enablers of supplier integration: Evidence from China [J]. Industrial Management & Data Systems, 2016, 116 (3): 416–444.

[510] Wasti, S. N., Liker, J. K.. Collaborating with suppliers in product development: A U.S. and Japan comparative study [J]. IEEE Transactions on Engineering Management, 1999, 46 (2): 245–257.

[511] Wasti S. N., Liker J. K. Risky business or competitive power? Supplier involvement in Japanese product design [J]. Journal of Production and Innovation Management, 1997, 14 (5): 337–355.

[512] Watts C. A., Chan K. H. Supplier development programs: An empirical analysis [J]. Journal of Supply Chain Management, 1993, 29 (1): 10–17.

[513] Watts C. A., Kim K. Y., Hahn C. K. Linking purchasing to corporate competitive strategy [J]. International Journal of Purchasing and Materials Management, 1995, 31(1): 2–8.

[514] Watts C. A., Kim K. Y., Hahn C. K. Linking purchasing to corporate competitive strategy [J]. Journal of Supply Chain Management, 1995, 31 (2): 2–8.

[515] Weber C. A., Current J. R., Benton W. C.. Vendor selection criteria and methods [J]. European Journal of Operational Research, 1991, 50 (1): 2–18.

[516] Webster F. E. The changing role of marketing in the corporation [J]. Journal of Marketing, 1992, 56 (4): 1–17.

[517] Welch J. A., Nayak P. R. Strategic sourcing: A progressive approach to the make–or–buy decision [J]. The Executive, 1992, 6 (1): 23–31.

[518] Wilhelm M., Villena V. H. Cascading sustainability in multi–tier supply chains: When do Chinese suppliers adopt sustainable procurement? [J].Production and Operations Management, 2021, 30 (11): 4198–4218.

[519] Wilhelm M. M. Managing coopetition through horizontal supply chain relations: Linking dyadic and network levels of analysis [J]. Journal of Operations Management, 2011, 29 (7–8): 663–676.

[520] Williamson O. E. Comparative economic organization: The analysis of discrete structural alternatives [J]. Administrative Science Quarterly, 1991, 36 (2): 269–296.

［521］Williamson O. E. The economics of organization: The transaction cost approach ［J］. American Journal of Sociology, 1981, 87（3）: 548.

［522］Winter S., Lasch R.. Management of supplier innovation: A framework for accessing and realizing innovation from suppliers ［R］. Sucky E., Asdecker B., Dobhan A, 2011.

［523］Winter S., Lasch R. Recommendations for supplier innovation evaluation from literature and practice ［J］.International Journal of Operations & Production Management, 2016, 36（6）: 643-664.

［524］Wolf J. The relationship between sustainable supply chain management, Stakeholder pressure and corporate sustainability performance ［J］. Journal of Business Ethics, 2014, 119（3）: 317-328.

［525］Won Lee, C., Kwon I. W. G., Severance D. Relationship between supply chain performance and degree of linkage among supplier, internal integration, and customer ［J］. Supply Chain Management: An International Journal, 2007, 12（6）: 444-452.

［526］Wong C. Y., Boon-Itt S., Wong C. W. The contingency effects of environmental uncertainty on the relationship between supply chain integration and operational performance ［J］. Journal of Operations management, 2011, 29（6）: 604-615.

［527］Woo C., Kim M. G., Chung Y., Rho J. J. Suppliers' communication capability and external green integration for green and financial performance in Korean construction industry ［J］. Journal of Cleaner Production, 2016（112）: 483-493.

［528］Wu S. J., Ragatz G. L. The role of integrative capabilities in involving suppliers in new product development: A knowledge integration perspective ［J］. International Journal of Manufacturing Technology and Management, 2010, 19（1）: 82-101.

［529］Wu Z., Choi T. Y., Rungtusanatham M. J. Supplier-supplier relationships in buyer-supplier triads: Implications for supplier performance ［J］. Journal of Operations Management, 2010, 28（2）: 115-123.

［530］Wu Z., Choi T. Y. Supplier-supplier relationships in the buyer-supplier triad: Building theories from eight case studies ［J］. Journal of Operations Management, 2005, 24（1）: 27-52.

［531］Wu Z., Choi T. Y., Rungtusanatham M. J.. Supplier-supplier relationships in buyer-supplier-supplier triads: Implications for supplier performance ［J］. Journal of Operations Management, 2010, 28（2）: 115-123.

［532］Wynstra F., Pierick E. T. Managing supplier involvement in new product development: A portfolio approach ［J］. Journal of Product Innovation Management, 2000, 6（1）: 49-57.

［533］Wynstra F., Weggeman M., Van Weele A. Exploring purchasing integration in product development ［J］. Industrial Marketing Management, 2003, 32（1）: 69-83.

［534］ Wynstra F. Purchasing involvement in product development ［D］. Doetoral Thesis, Eindhoven University of Teehnology, ECIS, 1998.

［535］ Xu L, Jia F, Yan F, et al. Circular procurement: A systematic literature review ［J］. Journal of Cleaner Production, 2022 (365): 7-14.

［536］ Yadlapalli A., Rahman S., Gunasekaran A.Socially responsible governance mechanisms for manufacturing firms in apparel supply chains ［J］.International Journal of Production Economics, 2018 (196): 135-149.

［537］ Yan T., Yang Y., Dooley K, Chae S. Trading-off innovation novelty and information protection in supplier selection for a new product development project: Supplier ties as signals ［J］. Journal of Operations Management, 2020, 66 (7/8): 1-25.

［538］ Yang C. L., Lin, R. J., Krumwiede D., Stickel E., Sheu C.. Efficacy of purchasing activities and strategic involvement: An international comparison ［J］. International Journal of Operations & Production Management, 2013, 33 (1): 49-68.

［539］ Yawar S.A. and S. Seuring The role of supplier development in managing social and societal issues in supply chains. Journal of Cleaner Production, 2018 (182): 227-237.

［540］ Yeniyurt S., Henke Jr J. W., Yalcinkaya G. A longitudinal analysis of supplier involvement in buyers' new product development: Working relations, inter-dependence, co-innovation, and performance outcomes ［J］. Journal of the Academy of Marketing Science, 2014, 42 (3): 291-308.

［541］ Yeung A. C. L. Strategic supply management, quality initiatives, and organizational performance ［J］. Journal of Operations Management, 2008, 26 (4): 490-502.

［542］ Yeung J. H. Y., Selen W., Zhang M., Huo, B.. The effects of trust and coercive power on supplier integration ［J］. International Journal of Production Economics, 2009, 120 (1): 66-78.

［543］ Yeung K., Cheng T., Lee P. K. Buyers' perceptions on the impact of strategic purchasing on dyadic quality performances ［J］. International Journal of Production Economics, 2015 (168): 321-330.

［544］ Yildiz Çankaya S. The effects of strategic sourcing on supply chain strategies ［J］. Journal of Global Operations and Strategic Sourcing, 2020, 13 (2): 129-148.

［545］ Yu A. T. W., Yevu S. K., Nani G. Towards an integration framework for promoting electronic procurement and sustainable procurement in the construction industry: A systematic literature review ［J］. Journal of Cleaner Production, 2020 (250): 119493.

［546］ Yu W., Chavez R., Feng M.Green supply management and performance: A resource-based view ［J］.Production Planning & Control, 2017, 28 (6/8): 659-670.

［547］ Yu H., Zeng A. Z., Zhao L. Single or dual sourcing: Decision-making in the presence of supply chain disruption risks ［J］. Omega, 2009, 37 (4): 788-800.

［548］Zeng A. Z. A synthetic study of sourcing strategies［J］. Industrial Management & Data Systems, 2000, 100（5）: 219–222.

［549］Zhang C., Henke J. W., Griffith D. A..Do buyer cooperative actions matter under relational stress? Evidence from Japanese and U.S. assemblers in the U.S. automotive industry［J］.Journal of Operations Management, 2009, 27（6）: 479–494.

［550］Zhang C., Henke J. W., Viswanathan S. Reciprocity between buyer cost sharing and supplier technology sharing［J］. International Journal of Production Economics, 2015, （163）: 61–70.

［551］Zhao G., Feng T., Wang D. Is more supply chain integration always beneficial to financial performance［J］. Industrial Marketing Management, 2015, 45（1）: 162–172.

［552］Zhao, Xuesong, Jieyi Pan, and Yongtao Song. Dependence on supplier, supplier trust and green supplier integration: The moderating role of contract management difficulty［J］. Sustainability 10.5（2018）: 1673.

［553］Zhao Y., Tamer Cavusgil S. The effect of supplier's market orientation on manufacturer's trust［J］. Industrial Marketing Management, 2006, 35（4）: 405–414.

［554］Zhu Q., Sarkis J., Lai K.–h.Examining the effects of green supply chain management practices and their mediations on performance improvements［J］.International Journal of Production Research, 2012, 50（5）: 1377–1394.

［555］Zhu Q.Institutional pressures and support from industrial zones for motivating sustainable production among Chinese manufacturers［J］.International Journal of Production Economics, 2016（181）: 402–409.

［556］Zhu Q., Sarkis J., Lai K. H.. Green supply chain management implications for "closing the loop"［J］. Transportation Research Part E Logistics and Transportation Review, 2008, 44（1）: 1–18.

［557］Ziggers G., Henseler J. Inter–firm network capability: How it affects buyer–supplier performance［J］. British Food Journal, 2009, 111（8）: 794–810.

［558］Zirger B. J., Hartley J. L.. The effect of acceleration techniques on product development time［J］. IEEE Transactions on Engineering Management, 1996, 43（2）: 143–152.

［559］Zolkiewski J., Turnbull P.. Do relationship portfolios and networks provide the key to successful relationship management?［J］. Journal of Business & Industrial Marketing, 2002, 17（7）: 575.

［560］Zsidisin G. A., Siferd S P. Environmental purchasing: A framework for theory development ［J］. European journal of purchasing & supply management, 2001, 7（1）: 61–73.

［561］Zsidisin, G. A., Lamming, R., Harland, C., Wynstra, F., Ancarani, A., Tate, W. L., Knight, L. Reflecting on the past 25 years of the journal of purchasing and supply management: The editors' perspectives［J］. Journal of Purchasing & Supply Management,

2019，25（4）：100559.1–100559.9.

[562] 白鸥，魏江.技术型与专业型服务业创新网络治理机制研究［J］.科研管理，2016，37（1）：11–19.

[563] 曹智，沈灏，霍宝锋.基于三元视角的供应链关系管理研究前沿探析与未来展望［J］.外国经济与管理，2011，33（8）：8–16.

[564] 曾德明，胡林辉.新产品开发过程中供应商知识整合机理分析［J］.湖南大学学报（社会科学版），2012，26（6）：57–61.

[565] 程博，邱保印，殷俊明.信任文化影响供应商分布决策吗？［J］.外国经济与管理，2021，43（7）：54–67.

[566] 崔贺理，李随成.买方驱动知识转移活动与供应商合作创新态度［J］.科学学研究，2019，37（6）：1079–1090.

[567] 丁宝军，马文聪，朱桂龙.供应商参与对新产品开发效率的影响：以知识获取为中介［J］.预测，2013（5）：63–68.

[568] 方健.供应商管理与企业技术创新［J］.科研管理，2023，44（5）：113–121.

[569] 高攀，李随成.低碳导向下的供应商关系管理策略研究：形态视角［J］.西安理工大学学报，2019，35（4）：524–530.

[570] 谷珊珊，李随成.供应商开发行为分类及实证研究［J］.西安理工大学学报，2012，7（2）：244–251.

[571] 黄铭章，邱秋燕，洪俊钦.中心厂商的供应链管理能力对供应商整合之影响［J］.东吴经济商学学报，2006，（53）：1–32.

[572] 黄聿舟，李随成.供应商参与新产品开发中治理机制对创新绩效影响研究［J］.经济与管理研究，2013（7）：122–128.

[573] 黄聿舟，李随成.战略采购导向对制造企业竞争能力的影响研究：供应商网络视角［J］.预测，2014，33（6）：20–24.

[574] 黄聿舟，裴旭东.构型理论视角下的供应商网络研究［J］.求索，2015（10）：90–94.

[575] 霍宝锋，韩昭君，赵先德.权力与关系承诺对供应商整合的影响［J］.管理科学学报，2013，6（4）：33–50.

[576] 蒋晓荣，李随成.企业－供应商关系承诺影响因素探索性研究［J］.管理评论，2014，26（8）：188–208.

[577] 蒋晓荣，李随成.制造－供应商关系承诺形成及对合作行为影响［J］.经济管理，2012，34（5）：153–162.

[578] 焦媛媛，吴业鹏.供应商参与新产品设计：社交媒体使用与企业能力的调节作用［J］.预测，2021，40（1）：1–8.

[579] 解学梅，陈佳玲.供应链多维协同创新与企业绩效：一项元分析的检验［J］.管理工程学报，2022，36（2）：20–36.

[580] 李勃，和征，李随成.供应商参与绿色产品创新中的权力组合策略研究——基于资源动员视角 [J].研究与发展管理，2020，32（4）：84-96.

[581] 李勃，李随成.制造企业供应商整合对供应商创新性影响研究 [J].科技进步与对策，2015，32（4）：77-84.

[582] 李勃，徐慧，和征.如何使供应商参与绿色产品创新更有效——参与模式及治理形式适配的作用 [J].科技进步与对策，2021，38（18）：114-123.

[583] 李华焰，马士华，林勇.供应链的绩效驱动与平衡 [J].电子商务世界，2003（Z1）：100-106.

[584] 李金华，黄光于.供应链社会责任治理机制、企业社会责任与合作伙伴关系 [J].管理评论，2019，31（10）：242-254.

[585] 李娜，李随成，崔贺珵.供应商创新性的利用机制：企业网络化行为的作用 [J].南开管理评论，2018，21（1）：39-53.

[586] 李娜，李随成，王玮.供应商供应网络位置与企业绩效：网络认知能力的作用 [J].管理科学，2015，28（2）：49-59.

[587] 李娜，李随成.利用供应商创新性实现产品创新——基于关系管理视角 [J].软科学，2017，31（1）：58-62.

[588] 李随成，崔贺珵，石霞.供应风险缓解策略选择研究 [J].软科学，2020，34（5）：50-56.

[589] 李随成，谷珊珊，王巧.供应商参与新产品开发的影响因素模型及实证研究 [J].科研管理，2009，30（2）：84-93.

[590] 李随成，黄聿舟，裴旭东.供应商参与新产品开发的治理机制前置因素研究 [J].管理评论，2014（4）：166-176.

[591] 李随成，黄聿舟，王玮.探索式与利用式产品创新的治理机制匹配研究 [J].软科学，2015，29（4）：5-8.

[592] 李随成，李勃，张延涛.供应商创新性，网络能力对制造企业产品创新的影响——供应商网络结构的调节作用 [J].科研管理，2013，34（11）：103-113.

[593] 李随成，李静，杨婷.基于供应商参与新产品开发的供应商选择影响因素分析及实证研究 [J].管理评论，2012（1）：146-154.

[594] 李随成，李娜，禹文钢，王玮.三元采购策略的影响因素研究 [J] 南开管理评论，2014，17（6）：126-138.

[595] 李随成，栗玉忠，李娜.供应商网络洞察的构念及实证研究 [J].管理评论，2021，33（1）：278-290.

[596] 李随成，王玮，禹文钢.供应商网络形态构念及实证研究 [J].管理科学，2013，26（3）：19-30.

[597] 李随成，武梦超，李娜，王玮.战略供应商管理对供应商网络整合的影响机理研究 [J].南开管理评论，2016b，19（6）：58-69.

［598］李随成，武梦超．供应商整合能力对渐进式创新与突破式创新的影响——基于环境动态性的调节作用［J］．科技进步与对策，2016（3）：96-102．

［599］李随成，肖鸿，谷珊珊．供应商参与产品开发对产品开发绩效的影响研究［J］．研究与发展管理，2008，20（6）：8-15．

［600］李随成，肖鸿．技术不确定条件下供应商参与程度对产品开发绩效的影响分析［J］．科技进步与对策，2007，24（9）：32-35．

［601］李随成，杨婷．供应商早期参与制造企业新产品开发的实证研究：供应商视角［J］．管理评论，2011，23（1）：114-120．

［602］李霞，宋维维，项平，郭要梅．供应商参与新产品开发知识转移影响因素模型［J］．武汉理工大学学报（信息与管理工程版），2011，33（2）：331-334．

［603］梁建，樊景立．理论构念的测量．陈晓萍，徐淑英，樊景立主编．组织与管理研究的实证方法（第二版）．北京：北京大学出版社，2012：325-328．

［604］刘小玫，陈浩然，谢恩．制造企业供应网络治理策略选择研究［J］．运筹与管理，2009，18（1）：47-53．

［605］刘欣萌，李随成，张彩林，王祥．伙伴关系对企业创新绩效的影响：有调节的中介模型［J］．科研管理，2023，44（4）：154-163．

［606］马士华，林勇，陈志祥．供应链管理［M］．北京：机械工业出版社，2000．

［607］裴旭东，李随成，黄聿舟．供应商模糊前端参与对制造企业技术创新能力的影响［J］．系统工程，2013，31（12）：74-80．

［608］裴旭东，李随成，黄聿舟．模糊前端参与对突破性创新的影响研究［J］．科学学研究，2015（3）：460-470．

［609］邱钊，黄俊，李传昭，等．供应商早期参与新产品开发的障碍研究［J］．科学学研究，2009，27（2）：274-277．

［610］任胜钢．企业网络能力结构的测评及其对企业创新绩效的影响机制研究［J］．南开管理评论，2010，13（1）：69-80．

［611］任志安．网络治理理论及其新进展：一个演化的观点［J］．中国管理研究，2008，3（2）：94-106．

［612］孙道银，纪雪洪．供应链整合动力，整合能力与权威分布：基于联泰制衣的案例研究［J］．管理评论，2012，24（6）：160-166．

［613］唐纳德·J.鲍尔索克斯，戴维·J.克劳斯．物流管理：供应链过程的一体化［M］．北京：机械工业出版社，1999．

［614］王巧．供应商参与新产品开发的影响因素研究［D］．西安理工大学博士学位论文，2008．

［615］王琴．网络治理的权力基础：一个跨案例研究［J］．南开管理评论，2012（3）：91-100．

［616］王玮，李随成，禹文钢，李娜．产品创新导向与供应商网络形态适配对产品创新绩效的影响［J］．管理评论，2016，28（6）：86-99．

［617］王玮，李随成，禹文钢，李娜.制造企业供应商创新性构念的探索性研究［J］.科学学研究，2015，33（10）：1584–1599.

［618］王玉，贾涛，陈金亮.供应商交互、创新双元与企业绩效：跨部门协调的作用［J］.管理科学，2021，34（5）：93–107.

［619］吴结兵，郭斌.企业适应性行为、网络化与产业集群的共同演化——绍兴县纺织业集群发展的纵向案例研究［J］.管理世界，2010（2）：141–155.

［620］谢恩，梁杰.伙伴选择，伙伴控制与供应商网络治理［J］.软科学，2016，30（6）：57–61.

［621］徐金发，卢蓉.战略采购的过程模型及其作用模式［J］.中国工业经济，2006（3）：115–121.

［622］闫泽斌，谢恩，路江涌，卢任.供应商网络中关系强度差异对采购企业知识获取的影响［J］.管理学报，2022，19（10）：1534–1542.

［623］颜安，周思伟.虚拟整合的概念模型与价值创造［J］.中国工业经济，2011（7）：97–106.

［624］叶飞，李怡娜，徐学军.供应商早期参与新产品开发的动机与模式研究［J］.研究与发展管理，2006（6）：51–57.

［625］殷国鹏，杨波.服务外包的供应商能力研究——基于中国的现实思考［J］.管理评论，2009，21（10）：78–85.

［626］于茂荐，孙元欣.供应商网络技术多元化如何影响企业创新绩效——中介效应与调节效应分析［J］.南开管理评论，2020，23（2）：51–62.

［627］禹文钢，李随成.采购效力：采购实践形态与采购竞争优先权间适配［J］.管理科学，2015，28（4）：132–144.

［628］禹文钢，李随成.供应商对制造企业的创新贡献研究——基于供应商集成和采购集成能力的调节作用［J］.软科学，2016，30（2）：83–87.

［629］禹文钢，李随成.战略采购，高管低碳态度与制造企业低碳采购［J］.软科学，2016，30（8）：57–60.

［630］张国良，陈宏民.关于组织创新性与创新能力的定义，度量及概念框架［J］.研究与发展管理，2007，19（1）：42–50.

［631］张延涛，李随成，李勃.供应商整合对新产品绩效的影响——技术不确定性的调节作用［J］.华东经济管理，2014，28（5）：99–104.

［632］赵刚，许德惠.企业资源对供应商整合及财务绩效的影响［J］.科研管理，2017（2）：135–143.

［633］周英，贾甫，王飞，姜燕.引导供应商早期参与新产品开发的平台型采购组织——基于海尔采购组织的单案例研究［J］.管理学报，2019，16（9）：1290–1300.

［634］祝明伟，李随成.供应商为制造商带来更多的研发创新还是非研发创新？——社会资本视角［J］.科研管理，2022，43（7）：61–68.